语法化与语法研究

(七)

吴福祥　汪国胜　主编

2015年·北京

主编与编委

主编：吴福祥　汪国胜
编委：何宛屏　洪　波　匡鹏飞　李宗江
　　　刘丹青　汪国胜　吴福祥　张谊生

目　　录

汉语中序列到量化的语义演变模式…………………… 董正存(1)
粤语方言三个全称量化词的来源和语法化…… 郭必之　李宝伦(25)
从《左传》看先秦汉语"也""矣"的语气功能差异…… 洪　波(57)
汉语时间分句的表达功能及形成机制 …… 匡鹏飞　龚琼芳(69)
论"汇拢"源义总括副词的演变规律与例外…… 雷冬平　胡丽珍(85)
试谈语言中的主体性与主观性 ………………………… 李　明(114)
汉语语法化演变中的音变模式
　　——附论音义互动关系………………………… 李小军(148)
语气词"不成"的来源及其语法化补议…… 刘子瑜　黄小玉(176)
双关系小句标记现象分析 ………………… 龙海平　闻　静(190)
被动介词"著"的来源探析 ………………… 马贝加　张纪花(203)
从等待义到时间指示功能的演变 ………… 邱丽媛　董秀芳(227)
小句语法化为语气标记二例 …………………………… 宋文辉(247)
白语 no^{33} 的多功能模式及演化路径 ………………… 吴福祥(269)
闽东北片方言两种处置式介词的来源
　　及其语法化………………………………………… 吴瑞文(304)
话说"永远"：从孔子到老舍 …………………………… 邢福义(334)

"者"衰"底(的)"兴及二者之间的关系 ………… 杨荣祥（341）
从'往'义动词到远指代词
　　——上古汉语指示词"之"的来源 ………… 张　定（360）
从前加到后附："(有)所"的跨层后缀化研究
　　——兼论"有所"的词汇化及其功能与表达 …… 张谊生（374）
武汉方言"得"的模态用法及其语法化 ………… 赵葵欣（403）
"对了"的两种话语标记用法及其浮现动因 ………… 朱　军（431）

后记 ……………………………………………………（447）

汉语中序列到量化的语义演变模式

董正存

（中国人民大学文学院）

1 引言

在现代汉语中，"随时""随地""随处""逐一""逐个"等词具有量化特征，能够约束论域内的任何一个或每一个个体成员，如：

(1) 我是队里最高的球员，所以当我们到达后，所有镜头都<u>随时随地</u>地对准我。（姚明《我的世界我的梦》）

(2) 巴黎的街巷里，有关中国的灯箱广告<u>随处</u>可见。（新华社 2004 年新闻稿）

(3) 中方代表对文本中的<u>每一个字</u>都<u>逐一</u>推敲，据理力争。（1996 年《人民日报》）

(4) <u>尸骨</u>被<u>逐一</u>编号鉴定。（《读书》vol-203）

(5) 这也暗示出，他愿意开门见山的把来意说明，而且不希望<u>逐一</u>的见祁家全家的老幼。（老舍《四世同堂》）

(6) 商场内的疏散标志已全部粘贴到位，<u>112 个应急照明灯</u>也<u>逐个</u>检修完毕。（新华社 2004 年新闻稿）

(7) 刘主席在牡丹园里<u>逐个品种</u>仔细观看。（1993 年《人

民日报》)

(8)那些钻石和金银制品在灯光的照耀下闪烁着迷人的光芒,她逐个逐个地品评着,欣赏着。(白帆《那方方的博士帽》)

从以上几例可以看出,(a)如果上述各词的内部结构为 XY,量化意义的解读应该跟 X 密切相关,X 可看作量化限定成分(如"随""逐")[①],Y 既可以是所约束的论域(如"时""地""处"),也可以是论域内的个体成员(如"一""个");(b)"逐一""逐个"所约束的论域既可以在其左侧[如(3)、(4)、(6)],也可以在其右侧[如(5)、(7)];(c)"逐个"可以重叠使用[如(8)],其后也可以出现名词性成分[如(7)],此名词性成分即为所约束的论域。

在现代汉语方言中,"随""逐"作为构词语素构成的组合也具有量化特征,如:

(9)随 X:随项 随会儿[②]

(10)逐 X:逐工 逐个 逐位 逐事 逐种 逐搭 逐一搭 逐所在[③]

除了"随""逐"外,现代汉语中的"列位"与近代汉语的"排日"也具有量化功能。"列位"后可以不出现所约束的论域,如若出现,只能出现名词性成分,义为"各位",一般用在呼语中,最常出现在讲话、演说等的开头,如:

(11)列位办学堂,尽不必问教育部规程是什么,须先问这块地方上最需要的是什么。(胡适《归国杂感》)

(12)列位先生,列位朋友,列位大人,列位弟兄,列位看官……

实际上,"列"的量化用法早在上古就已出现,如:

(13)吴将伐齐,越子率其众以朝焉,王及列士皆有馈赂。(《左传·哀公十一年》)

(14)今学者之说人主也,不乘必胜之势,而务行仁义则可以王,是求人主之必及仲尼,而以世之凡民皆如列徒,此必不得之数也。(《韩非子·五蠹》)

(15)吕后欲召,恐其党不就,乃与萧相国谋,诈令人从上所来,言豨已得死,列侯群臣皆贺。(《史记·淮阴侯列传》)

(16)管氏亦有三归,位在陪臣,富于列国之君。(《史记·货殖列传》)

此外,还有"列民""列邦""列臣""列都"等格式在上古也很常见。

近代汉语的"排日"义为"每天",如:

(17)排日醉过梅落后,通宵吟到雪残时。(陆游《小饮梅花下作》)

(18)要饭钱排日支持,索赍发无时横取。(刘致《端正好·上高监司》)

"排"与名词性成分构成具有量化义的"排 X"格式,在现代汉语方言中也有一些证据,如:

排天:名词,义为"每天",湘语。
排年:名词,义为"每年",湘语。
排处儿:副词,义为"到处",中原官话。

(19)a. 面糊自己参加了犁耙小组,排天耖田和耙田,忙得不可开交。(周立波《山乡巨变》十四)

b. 你到哪儿去了?我排处儿找你找不着。

由上文所举例子可知,汉语中"随""逐""列""排"都可以作为

3

量化限定成分,与其所约束的论域或论域中的个体成员共同实现量化功能表达。它们的量化意义由何发展出来,量化功能的获得经历了怎样的发展演变过程,以及制约它们演变的动因是什么,目前尚未见到相关的研究成果,本文尝试对此进行解释与说明。

2 量化意义由何而来?

综合考察"随""逐""排""列"发现,它们具有共同的义项,这一义项跟"顺序"或"次序"有关,本文概称为"序列"。既然它们四个都能够表达序列义,又都具有量化意义,按照语言演变规律,是不是可以断定它们的量化意义是由序列义发展而来的,也就是说,汉语存在着"序列>量化"的语义演变模式呢?这恐怕需要先考察它们的序列义用法和量化用法之后才能确定。本文以"逐"为例[①],探讨序列义与量化义用法之间的关系。在探讨之前,先交代一下"逐"表序列义和量化义的用法;为易于理解,下面以现代汉语为例说明。

2.1 在现代汉语中,"逐"可用作介词,义为"挨着(次序)","逐"与其后出现的名词性成分组成介宾短语来修饰其后的谓词性成分VP,如"逐句翻译""逐条说明""逐次解决"等。另外,"逐"还可以作为构词语素出现在双音副词"逐一""逐个""逐年""逐日"中,它们在权威工具书中的释义均含有序列义。可见,不管是介宾短语还是双音副词,"逐X"均具有顺序义。我们发现,这种顺序隐含在指称集合内部不同个体成员的有序排列中,"逐"能够将同一个谓词性成分VP所表达的动作行为分配给有序集合内每一个不同的个体成员,从而使得每一个不同的个体成员均实施或参与这个谓词性成分VP所表达的动作行为,或者是受到这个谓词性成分的支配,即通过对每一个个体的周延达成对整个集合的周延,具有分配性(distributivity)特征,"逐"的这一特征在方式副词"逐一"的用法中体现得甚为明显。

根据语言事实可知,副词"逐一"要求具有复数意义的名词性成分作为指称集合,这可由以下几个方面判断得出:

(a)与"每""各""全""都""所有""全部"等量化成分连用

(20)各部门主管都将与部属逐一交谈,讨论得失。

(21)海口交巡警支队已将所有特种号牌车辆的违章、违法情况逐一登记。

(b)与"几""一些""许多""部分""一系列"等量化成分连用

(22)出版社费时7个月,对几万片经板逐一清点登录,重新按《千字文》序号排列出来。

(23)目前两国领导人确定的各项共识和双方达成的一系列协议正在逐一得到落实。

(c)上下文中出现并列格式

(24)前进中道路上的困难和问题当然要逐一解决。

(d)出现具有复数意义的具体数目

(25)全县对县直75个部、办、委、局领导班子的310名干部逐一考评。

(e)上下文出现重叠格式

(26)将大大小小的毛病一一列举在车间的黑板报上,逐一加以克服。

(f)上下文中出现带复数意义的后缀"们"

(27)李鹏总理逐一解答了代表们提出的问题。

5

有时,虽然上下文中缺乏表示复数意义的形式标志,但指称集合依然需要做复数意义理解,如:

(28)中共中央办公厅、国务院厅和有关部门,对民主党派的建议逐一答复。

从指称集合与副词"逐一"所修饰的谓词性成分VP之间的语义关系来看,具有复数意义的名词性成分可以是施事、受事和与事,其中受事既可以是受事宾语也可以是受事主语,指称集合为谓词性成分的受事宾语最为常见,占全部用例的近90%,如:

(a)受事宾语

(29)胡锦涛夫妇和希拉克夫妇在奥赛博物馆馆长勒穆瓦讷的陪同下,逐一欣赏、品评着这些佳作。

(b)受事主语

(30)现在对许多都市家庭来说,彩电、冰箱、音响、录像机等家用电器都已逐一添置。

(c)施事

(31)唐翔千、唐骥千、倪少杰、丁午寿、罗肇强、格士德、朱祖涵、邵炎忠逐一走进人民大会堂,聆听邓小平讲香港前途问题。

(d)与事

(32)邓小平亲自走到门外迎接,与他们逐一握手。

副词"逐一"既可以左向指称,也可以右向指称,以前者最为常见,例见引言。有时,"逐一"并不严格要求与其所指称的集合毗邻,但是要求与其他构成事件的谓词性成分处在同一个完整的语义框架中,如:

(33)各有关部门和各地区要统一部署,在清理市场、控制流通的同时,对违法侵权产品穷根究底,查明来源,查明集散地,逐一予以重点整顿。

通过上述三个方面,可以概括出"逐一"的分配性具有三个特点:(a)"逐一"所约束的指称集合是一个具有复数意义的名词性成分,指称集合内部的不同个体成员之间应该呈有序性排列;(b)"逐一"所约束的名词性指称集合与其所修饰的谓词性成分应该出现在同一个语义框架中;(c)指称集合的复数意义是语义上的,而不是语法上的。从另一个角度来看,可以把"逐一"看成一个修饰符,它以事件中多名参与者为目标,将一个事件分解为若干个有序子事件,并将多名参与者分配在这些子事件中。"逐"的分配性特征依托内部有序的复数集合而存在,序列性是"逐"表达量化的基础与前提,二者关系十分紧密。另外,"逐"作为量化限定成分参与构成的双音副词与作为介词构成的顺序义介宾短语在现代汉语中广有用例,双音副词应该由介宾短语词汇化而来。下面重点揭示"逐"由序列义演变出量化义的发展过程。

2.2 "逐"本义为"追逐、追赶",在甲骨文中,动词"逐"的对象主要是动物[5],从西周金文开始,"逐"后对象不再受限于动物。"逐"可以和其他动词搭配成连动结构,始于春秋时期(黄成,2011),如:

(34)蔡昭侯将如吴,诸大夫恐其又迁也,承公孙翩<u>逐而射之</u>,入于家人而卒。(《左传·哀公四年》)

在这样的句法环境中,"逐"逐渐引申出"随、跟随"义,依然用作动词,如:

(35)目随色而变易,眼<u>逐</u>貌而转移。(《全梁文》)

(36)<u>逐流</u>牵荇叶,缘岸摘芦苗。(储光羲《江南曲》)

(37)白发<u>逐梳</u>落,朱颜辞镜去。(白居易《渐老》)

7

无论是"追逐、追赶"义还是"随、跟随"义,"X 逐 Y"的语义均可理解为 X 在 Y 后,X 随 Y 而实施某种动作行为。当 Y 是一个具有复数意义、内部可离散为若干个个体成员的有序集合或有序集合内的某个个体成员时,X 就可以依照有序集合 Y 内的个体成员顺序顺次实施"逐 Y"后谓词性成分 VP 所代表的动作行为,"逐"也因此发展出介词用法,义为"依照/按照……次序/顺序"[⑥],如:

(38)种法:黄场时,以楼构,<u>逐垄</u>手下之。(《齐民要术·卷三·种蒜》)

(39)大历六年二月,量定三等,<u>逐月</u>税钱,并充布绢进奉。(《通典》)

(40)黄金燃桂尽,壮志<u>逐年</u>衰。(孟浩然《秦中寄远上人》)

例中"垄"应理解为内部可离散为若干条在空间上有序排列的"垄"组成的复数集合,"月"和"年"应理解为内部可离散为若干个在时间上有序排列的"月"和"年"组成的复数集合。此种用法中的复数集合 Y 具有如下几个特点:

(a)有定性(definiteness)

一般而言,"逐"后具有复数意义的名词性成分,能够提供可供理解和确认的既定指称集合或范围,能够涵盖名词性成分指称事物的总和,这是有定性的两个本质属性——可确认性(identifiability)和全括性(inclusiveness)的要求(C. Lyons,1999;术语翻译见王欣,2003)。

(b)离散性(discreteness)

如果对一个数量体形成的概念是在其构成整体中有分离或中断的情况,这个数量体内部就是离散性的(Talmy,2000)。"逐"后名词性成分所指称的集合或范围能够离析出若干个可分离或中断的个体,如"垄"这一集合就由若干条在空间彼此挨序但又各自分离的"垄"构成。

"有定性"与"离散性"是"逐"后名词性成分所构成集合的整体属性,接下来的"序列性"和"量增性"是从内部个体成员这一角度来看得出来的。

(c)序列性(sequentiality)

"逐"后名词性成分所指称集合的内部个体成员在时间和空间上呈有序性排列,全部个体成员彼此依序存在,个体成员之间的序列性存在造成集合为一个有序集合。

(d)量增性(quantity increasement)

不同个体成员之间的序列性存在会对集合的内部容量造成影响,集合内的不同个体成员依序递增排列,会对集合造成增量影响,使得集合可以无限增容。

需要补充说明的是,从逻辑上来分析,指称集合 Y 中的个体成员出现于"逐 Y"格式时不能从最后一个个体成员开始,从最后一个个体成员开始无法保证其后续接个体成员,从而造成"逐 Y"格式表达在逻辑上不成立,这说明指称集合 Y 的个体成员不能落实为排序最后的一个个体成员,只能从与最后一个个体成员挨序邻接的前一个成员开始依序递增。这可概括为如下公式:

$$\Omega = \{x_1, x_2, x_3, \cdots x_n\}$$
$$A = \{x_m : x_{m+1} \in \Omega\}$$

Ω 表示一个集合,这一集合有 n 个个体成员,m 表示与最后一个成员 n 挨序邻接的前一个成员,即 n-1,要保证"逐 Y"格式的表达在逻辑上成立,个体成员要从 m 开始依序递增。

2.3 复数集合及复数集合可离散为不同的个体成员,即有定性和离散性,是"逐"获得量化义的首要语义前提。以指称集合为谓词性成分的施事为例,复数集合内部的不同个体成员按照排列次序一个接一个地实施谓词性成分 VP 所表示的动作行为,依序行进到最后一个个体成员来实施谓词性成分 VP 所表示的动作行为时,就可以推导出排序在前的所有个体成员均已实施了谓词性成分 VP 所表示的动作行为,在此基础上,可以进一步推导出集合所指称的全部个体成员,即整个集合均已实施了谓词性成分 VP 所表示的动作行为。可以这样理解,"逐"在序列和量增两个维度上对集合内不同个体成员加以影响并进而影响整个集合,个体成员的有序存在实现为量的累积,集合个体成员的数量依序递增导致集合增容,序列和量增具有正比关系,当个体成员依序行进到排序最后的一个个体成员时就会使集合最终封闭化和明确化为范围与界限都十分明晰的一个有定集合,集合内部成员的数量以累积的方式增长,使得集合的内部容量最终具体体现为具有复数意义的一个数值,该数值能够涵盖集合内所有个体成员,这就满足了量化表达的语义要求——复数集合内的所有不同个体均都依序实施相同的动作行为,表现在语言上,当"逐"参与构成的格式能够与其他量化表达形式连用或对举使用时,可以说明"逐"已能做量化义解读[7],如:

(41)渚蒲随地有,村径逐门成。(杜甫《漫成二首》)

(42)终身拟作卧云伴,逐日须收烧药钱。(白居易《酬元郎中书怀见赠》)

(43)问"致曲"。曰:"曲是逐事上着力,事事上推致其极。……"(《朱子语类》卷六十四)

(44)逐事都如此理会,便件件知得个原头处。(《朱子语类》卷一百一十七)

(45)学者须是撒开心胸,事事逐件都与理会过。(《朱子语类》卷一百一十九)

(46)首蹄肝肺心肠肚尾肾等,每件逐位皆均有。(《朱子语类》卷八十九)

(47)逐朝每日醉醺醺,信着谗言坏好人。(关汉卿《邓夫人苦痛哭存孝》第二折)

(48)逐朝忍冻饿,每日在破窑中。(无名氏《越调·柳营曲》)

当"逐"参与构成的格式单独使用仍然具有量化功能时,说明"逐"的量化功能日益稳固,"逐"已将量化义内化其中,如:

(49)某受命于冥曹,主给一城内户口逐日所用之水。(《太平广记》卷一百五十七)

这也可由《宋语言词典》和《元语言词典》所辑录的词条"逐处""逐次"和"逐日""逐朝"的义项及配例看出,"逐处""逐次"分别被释为"随处,就地""屡次","逐日"和"逐朝"均被释为"天天"[8],例如:

(50)(诏河北缘边诸州军寨):今后应是先落北界来归僧人,取问如不愿出家者,其随身公凭并僧衣逐处纳下。(《会要·道释》一)

(51)均州奏:为本州岛编管、前漳州军事判官练亨甫,逐次与兄练劼、弟练冲甫往女弟子鲁丽华家踰滥,后收养在宝林院郭和尚房下,令求食。(《玉照新志》卷一)

(52)不想老虔婆逐日嚷闹,百般啜哄。(《青衫泪》三[拨不断]白)

11

(53)典房卖舍,弃子休妻,逐朝价密约幽期。(宋方壶[一枝花]《妓女》)

通过上述诸例可知,"逐"参与构成的格式表达量化义时,主要出现在谓词性成分前,用作状语性成分,但通过考察语料可知,它们有时也能用在名词性成分前,用作定语①,用例少见,这能更好地说明"逐"已完全将量化意义固化其中,如:

(54)右宜遍降敕三京诸道州府长吏,分明晓示逐处管界,各令遵守。(《唐文拾遗》)

(55)皇帝车驾出城面会,上表称臣,宗社再造,惟候逐处州郡抚定了当,方欲敛军,仍要逐处官员血属质于军前,才候交割了当,便即放还。(《大金吊伐录》第七十九)

2.4 上文说明了"逐"发展出量化义的演变过程,"逐"的量化意义由序列义用法直接发展而来,而其序列义的用法与本义又有着十分密切的关系。因而,可以十分肯定地推测出②,从本义到量化义,"逐"大概历经了如下几个发展阶段:

阶段一:"逐"用作动词,义为"追逐、追赶",用作谓语,所出现的句法格式为"(X)逐Y",甲骨文中已见;

阶段二:"逐"用作动词,义为"随、跟随",用作连动谓语的前项,所出现的句法格式为"(X)逐Y+(而)VP",春秋时期始见;

阶段三:"逐"用作介词,其后出现体词性宾语,介宾短语用作其后谓词性成分VP的状语,义为"依照/按照……次序/顺序",所在的句法格式为"[逐+Y]+VP",六朝以降直至现代汉语仍在使用;

阶段四:"逐"获得了量化意义,"逐"和Y的意义可以解读为"每Y""逐Y"或"YY",使用情况较前三个阶段复杂,可分为两类:(a)"逐"用作介词,与Y构成介宾短语,所在的句法格式仍为

"[逐＋Y]＋VP",现代汉语仍在使用,如"逐字审读""逐句说明""逐行扫描"等;(b)"逐"和Y内部结构日益紧密,凝固性增强,已高度词汇化为一个副词,所在的句法格式为"[逐 Y]＋VP","逐"为量化限定成分,如"逐日""逐朝""逐处""逐次""逐一"和"逐个"。两类情况的"逐"与Y构成的组合均用作谓词性成分VP的状语。

这四个阶段"逐"的意义及用法可概括为下表:

	阶段一	阶段二	阶段三	阶段四
意义	追逐、追赶	随、跟随	依照/按照……次序/顺序	每Y、逐Y、YY
所在句法格式	(X)逐Y	(X)逐Y+(而)VP	[逐＋Y]＋VP	[逐＋Y]＋VP [逐 Y]＋VP
句法功能	谓语	连动谓语前项	状语	状语
性质	动词	动词	介词	介词、构词语素

据此,可概括出"逐"的语义演变连续统:

追逐、追赶＞随、跟随＞序列＞量化

伴随着连动谓语前项语法化过程和介宾短语"逐 Y"词汇化过程的发生,这一连续统日益虚化与抽象化;与此相应的是,"逐"由动词发展成介词,并进而词汇化为副词的构词语素,起量化限定作用。需要补充说明以下几点:

(a)具有量化义的"逐"直接由序列义发展而来,在最初获得量化义时,要求其后出现的成分常为内部有序的时间或空间义类名词性成分,以前者最为常见。在量化义渐趋稳固的过程中,"逐"后的成分日趋多样和丰富,其后可以出现数词、量词以及"数词＋量词",其中"逐"后独用量词时,量词既可以是名量词,也可以是动量词,上下文中出现数词或量词的指称集合,该集合同样为具有复数意义的名词性成分,如:

(56)须是入去里面,逐一看过,是几多间架,几多窗棂。(《朱子语类》卷十)

(57)今请观察使、刺史到任一年,即悉具厘革制置诸色公事,逐件分析闻奏,并申中书门下。(《唐会要》)

(58)只管恁地逐项穷教到极至处,渐渐多,自贯通。(《朱子语类》第九)

(59)大男小女,逐个出来为寿。(辛弃疾《感皇恩》)

(60)得底固是好,不得底也逐番看得一般书子细。(《朱子语类》第一百九)

(61)滕爷把纸笔教他细开逐次借银数目。(《喻世明言·滕大尹鬼断家私》)

(62)一书不读,则阙了一书道理;一事不穷,则阙了一事道理;一物不格,则阙了一物道理。须着逐一件与他理会过。(《朱子语类》第十五)

需要说明的是,由于数词和量词本身并不能够构成内部有序的指称集合,不能形成"逐Y"格式语义表达的前提与基础,但客观的语言事实中又确实存在着数词和量词出现在"逐"后的"逐Y"格式,这说明此种情况下的"逐Y"格式中"逐"的量化义已非常稳固,并不需要像量化义刚开始产生时一定要借助内部有序的名词性指称集合才能保证该格式具有量化意义的解读。

(b)"逐"参与构成的格式具有量化义,其量化义与序列义的关系密切并非本文首次发现,早在清代就有人提及。李调元在《勦说·卷一》中曾提到,"自宋以来,多用逐字为辞,如逐人、逐事、逐件、逐年、逐日、逐时之类,皆谓随其事件以为区处,无所脱漏,故云逐也"。这段话中有三个重要信息:第一,"逐Y"格式产生于宋代;

第二,指称集合内部具有顺序性(随其事物以为区处);第三,表达量化义或全量义(无所脱漏)。

(c)除了所参与构成的格式具有量化意义外,单字"逐"独立出现在谓词性成分前,也可做量化义解。这种现象早在西汉时代就已出现,用例极少,整个北大中文 CCL 语料库古代汉语库只发现 3 例,如:

(63)始皇闻之,遣御史逐问,莫服,尽取石旁居人诛之,因燔销其石。(《史记·秦始皇本纪》)

(64)大夫曰:"巫祝不可与并祀,诸生不可与逐语,信往疑今,非人自是。"(桓宽《盐铁论·卷九·论灾第五十四》)

(65)前苏令发,谓苏令初发起为盗贼。欲遣大夫使逐问状,时见大夫无可使者,谓见在大夫皆不堪为使。(《通典·卷十六·选举》)

(d)"随""逐""排""列"等虽然本义各不相同,但却经常连用或对举使用,如"随逐""逐 X 随 Y""随 X 逐 Y""排列"等语言形式;它们都由本义发展出了序列义,并且都由序列义直接发展出了量化义,遵循"序列>量化"的语义演变模式。以"排"为例,在近代汉语中,除了"排日"外,"排"还可作为构词语素参与构成"排门""排年""排家""排头儿"等词,如:

(66)a.应是人家皆快活,排门比户散□(堆)钱。(《敦煌变文集新书·双恩记》)

b.人皆欲得长年少,无那排门白发摧。(王建《岁晚自感》)

(67)今将各处排年未纳药物开坐前去,请催贡。(《元典章·礼部五·医药》)

15

(68)兴哥送了些人事,排家的治酒接风,一连半月二十日,不得空闲。(《喻世明言·蒋兴哥重会珍珠衫》)

(69)无正事尊亲,着俺把各自姓排头儿问,则俺这叫爹娘的无气忿。(关汉卿《邓夫人苦痛哭存孝》第二折)

(66)中的"排门",《唐五代语言词典》释为"挨家挨户,引申为家家、人人";(67)中"排年"的《汉语大词典》释为"连年、逐年",《元语言词典》释为"历年";(68)中的"排家",《汉语大词典》释为"挨家挨户";(69)中的"排头儿",《元语言词典》释为"从头、逐一"。各个词典的这些释义揭示出了序列义和量化义之间的发展演变关系。

2.5 通过上述现代汉语和汉语史的语言事实可知,在汉语中确实存在着"序列＞量化"的语义演变模式,量化义可由序列义发展而来,序列义是量化义的一个语义来源,由序列义发展而来的量化成分具有分配性特征。

3 序列到量化的演变动因

本节以"逐"为例探讨序列到量化的演变动因。上文已述,"逐"由追逐义动词发展到量化义经历了四个阶段,其中由追逐义动词发展成序列义介词即前三个阶段并不与量化意义的获得直接相关,本文不做讨论。另外,序列义到量化义的发展包含语法化和词汇化两个过程,在量化意义获得后,某些"逐 X"格式又词汇化为一个副词,"逐"成为了构词语素,对词汇化的动因本文也不做讨论,本文只讨论"逐"由序列义到量化义演变的语法化动因。

上文已述,当"逐"发展为介词,义为"依照/按照……次序/顺序"时,其后所出现的名词性成分具有有定性和离散性,这两个性质也是周遍的两个特性(董正存,2011),而从本质上来看,周遍是量的表达,周遍除了强调"某一集合或范围内的没有例外"(朱德熙,1982;韩志刚,2002)外,还应具有"每一个成员"(石毓智,2001)这个义项。也就是说,"逐"在表达序列义与量化义时,均要求所指称的集合具有有定性和离散性,离散出的不同个体依序增量,这是二者共同具有的语义属性,是"逐"由序列义发展出量化义的语义前提。

当"逐"表达序列义时,指称集合内的不同个体成员依序渐次、各自分别实施同一个谓词性成分 VP 所表达的动作行为,不同的个体成员对应相应的子事件,集合内部成员的依序增量造成子事件的持续量变,个体成员的数量与事件量变成正比关系,个体成员数量在时间轴上依序递增,子事件数量也同时会随之依序递增,集合容量的不断扩充最终导致事件总量的持续增加。从认知上来看,不同个体成员依序实施同一个谓词性成分 VP 所表达的动作行为,在认知上凸显渐进性事件的持续与发展进程,事件具有过程性与可重复性,这两个属性与指称集合的序列性、量增性有十分密切的关系。具有依赖关系的不同个体成员之间依序存在,它们与同一个谓词性成分形成若干个与个体成员数量相应的子事件,随着个体成员的依序增量,也就是说,事件相应持续发生量变。当个体成员依序增量至最后一个个体成员且它与谓词性成分也形成相应的子事件时,个体成员无法再进行依序增量会导致相对应的子事件无法发生,这说明渐进性事件已无法重复,整个事件的渐进性过程业已终结。简而言之,指称集合内排序最后的一个个体成员终结了事件的渐进性过程,使得事件的渐进性过程不再得到凸显。排序最后的个体成员与谓词性成分形成了相应的子事件时,表明排序在其前的其他所有个体成员都与同样的谓词性成分形成了相应的子事件,在此基础上,可进一步得出集合内的所有个体成员都与同一个谓词性成分形成了相应的子事件,在事件的渐进性过程不能得到凸显的情况下,集合内的个体成员数量就得到了凸显,这样"逐"就获得了量化意义,实现了序列义到量化义的质变。在序列义到量化义的演变过程中,集合内部不同个体成员的有序排列和事件的渐进性过程由认知的前景逐渐转移为认知的背景,而集合内部不同个体成员的依序增量与事件的持续量变则由原来认知的背景日益成为认知的前景。也就是说:在"逐"表达序列义时,集合内部不同个体成员的有序排列及它们依序分别与谓词性成分形成子事件的渐进性过程为该集合或事件的前景信息;在"逐"表达量化义时,集合内部个体成员的数量及它们造成的事件容量为该集合或事件的前景信息。

　　Langacker(1987)指出,人类对事物及其运动的观察可以采取"渐次扫描(sequential scanning)"和"总括扫描(summary scanning)"两种扫描方式。渐次扫描对于事件在不同时间阶段的不同状态做连续性观察。"逐"表达序列义时,所采取的是渐次扫描方式。渐次扫描注重事件在不同时间阶段的渐进性,关注事件在时间进程中的数量变化。陈忠(2008)在讨论"V完了"时指出,"V完了"采取的也是渐次扫描方式,强调事物在时间进程中数量由多到少的递减性变化。而具体到表达序列义的"逐","逐"强调事物依序在不同时间和事件进程中数量由少到多的递增性变化,相应地,子事件的数量或事件集合的容量也会呈现递增性变化。由于指称集合具有离散性,内部可离散为不同个体,各个不同个体与谓词性成分形成的子事件之间会形成一定的时间间隔,尽管如此,这并不影响整个事件的连续性以及我们对整个事件做连续性观察,因而,"逐"的这种扫描方式可以称为"离散为渐次扫描"(王世凯,2011)。由上文所述可知,"逐"获得量化义的前提是集合内排序最后的个体成员终结了事件的渐进性过程,使事件的终结状态凸显而事件的渐进性与连续性不再得到凸显,强调某种状态在某个时点上的顿变,由于是最后一个个体成员,其后不能再出现接续的其他成员,因而无法再强调事件的量变,这种扫描方式是总括扫描。总括扫描凸显单一状态而不凸显连续状态,因而会淡化或忽略时间上的渐变,对量变并不敏感,但是它终结渐进性的事件过程,造成事件无法重复,凸显事件的最终状态,这样就使得指称集合内排序最后的个体成员作为事件参与者得到凸显。排序最后的个体成员与谓词性成分形成了相应的子事件,终结了事件进程,它作为事件参与者得到了凸显,相应地,与它相同、位于其前的其他所有个体成员也都可以作为事件参与者得到凸显,也就是说,此时,并不凸显事件或集合的有序化,而是凸显事件或集合的量化。张敏(1999)在探讨重叠式语法意义的认知语义学模型时,提出了与"渐次扫描"和"总括扫描"相类似的两个概念——"串行处理(serial processing)"和"并行处理(parallel processing)"。"逐"所指称集合内部的个体成员因具有共同的语义特征而聚合在一起形成一个指称集合,个体成员的依序出现可对应于张文所提出的"类同物复现",个体成员依序与同一个谓词性成分形成相应的子事件,子事件的相继出现可以认为是"类同复现",类同物依序复现会导致子事件依序复现,此时得到凸显的是时间序列,而这正是"串行处理"的结果,因为"串行处理"强调时空序列特征得到凸显。当排序最后的个体成员与同一个谓词性成分形成相应的子事件时,所有类同物和类同事件都全部复现,此时,可理解为复现的类同物和类同事件进行并行处理,这是因为"任何出现在现实时空环境和心智空间的类同物,都可以并行处理的方式为个体所感知"(张敏,1999),"并行处理"的结果是意象无维向的叠加。当所有类同物和类同事件都全部复现时,类同物和类同事件作为意象简单叠加,凸显数量的增加,它们内部存在的维向明晰的时间序列不再得到凸显而只能作为背景出现。

综合上述,在序列义到量化义的演变过程中起决定性作用的因素是完形认知。在表达序列义时,处在认知前景位置上、得到凸显的是指称集合内部不同个体成员之间、子事件之间的序列性和事件的渐进性过程,而在表达量化义时,这些都不处在认知前景位置上,而是作为背景出现,得到凸显的是指称集合内部个体成员的数量和事件的数量。指称集合内部的个体成员与事件成正比关系,事件随着个体成员的依序递增而发生渐进性过程和量变,指称集合是事件的基础。指称集合具有序列性和量增性,二者交替出现在认知前景和认知背景的位置上,互相影响、互相作用、互相制约、互相支持,体现为一种此消彼长的互动关系。

4 结语

大量语言事实说明,在汉语中确实存在着"序列＞量化"的语义演变模式。除了"随""逐""排""列"外,现代汉语的"一个个""一个一个"也同时具有序列义用法和量化义用法。杨雪梅(2002)指出,"一个个"做状语时,有时表示动作的次序性,有"依次""逐一"的意思,有时表示出现较多的一种情况,有"纷纷"的意思;做定语有"数量多"的意思,有时含有"每"的意思。"一个一个"一般做状语,表示动作的次序性;做定语只有"数量多"的意思。由此可以概括出,不管是在词法层面,还是在句法层面,汉语都存在着"序列＞量化"的语义演变。

在序列义向量化义发展演变的过程中,起关键作用的是完形认知。序列义对应渐次扫描的认知模式,而量化义的获得是经历总括扫描后、数量得到凸显的最终结果。序列性和量增性交替出现在认知前景和认知背景的位置上。

另需说明的是:(a)"序列＞量化"这一语义演变在某些语言项目的发展过程中还未最终演变完全与彻底,现代汉语的"逐"就如是。在现代汉语中,"逐"既有序列义,也有量化义,有时会存在语义理解依违两可的过渡地带。不过,通过上述分析可知,当强调事件的渐进性过程时应理解为序列义,当强调事件渐进性过程终结后造成的最终状态或结果时应理解为量化义,如:

(70)a.问题正逐一得到解决。

b.问题逐一得到了解决。

(70)a 时间副词"正"表明"解决问题"这一事件处于渐进性的过程中,"逐一"以理解为序列义为宜,(70)b 动态助词"了"表明"问题"的解决过程已经结束,强调所有问题都得到了解决之后的最终结果,"逐一"应理解为应量化义。(b)"序列＞量化"的语义演变是否也适用于其他语言、是否为人类语言普遍具有的语义演变模式,还需要进一步对其他语言进行考察与探讨。

附 注

① 虽然"随""逐"都可以看作量化限定成分,但是二者实现量化意义的方式有所不同。"随"为任指限定成分,任意指称一定范围内的任何一个对

象;"逐"为逐指限定成分,逐个指称一定范围内的全部对象(徐颂列,1998)。本文不区分二者之间的差异,只关注二者的相同点——具有量化限定功能。

② 方言词条、词性标注、释义与例句均见许宝华、宫田一郎(1999),下文同。"随项",副词,义为"逐一;逐个",闽语;"随会儿",副词,义为"随时",西南官话。

③ "逐工",名词,义为"每天",闽语;"逐个",代词,义为"每个;各个",闽语;"逐位",名词义为"随处;各处",代词义为"各位",闽语;"逐带",名词,义为"随处;到处",闽语;"逐搭",名词,义为"到处",闽语;"逐一搭",名词,义为"到处",吴语;"逐所在",名词,义为"各处",闽语;"我头谷顶有一个冕旒是灿烂辉煌,我的光线照到~"。

④ 和其他三个相比,之所以选择"逐",有如下几方面考虑:第一,"逐"的序列义用法和量化用法在现代汉语中还在大量使用,有助于发现和揭示二者之间的联系;第二,自发展出序列义用法始直至现代汉语,"逐"的使用频率更高;第三,汉语语言学术语"逐指"中的"逐"做量化意义解。

⑤ 杨树达(1986)指出,"盖追必用于人,逐必用于兽也"。

⑥ "追逐"义发展出"序列"义,并不只在汉语中存在,在人类语言中亦具有普遍性。张定(2013)运用语义图模型对30种语言或方言的50个"追逐"义动词进行取样,得出构成"追逐"义概念空间的27个节点,本文的"序列"义应对应于其中的第8个节点——"挨序"。

⑦ 需要特别说明的是:

(a)在宋代及明代文献中,偶尔出现过"逐"与名词或量词的重叠形式连用的情况,如:

莫只悬空说个"一"字作大罩了,逐事事都未曾理会,却不济事。(《朱子语类》卷第二十七)

你看那新媳妇,口快如刀,一家大小,逐个个都伤过。(《清平山堂话本·快嘴李翠莲记》)

那葛衣又逐缕缕绽开了,却与蓑衣相似。(《醒世恒言·李汧公穷邸遇侠客》)

(b)明代偶尔出现过两个相同的"逐X"形式叠用的情况,如:

金生拿书房里去,从头至尾,逐封逐封备审来意,一一回答停当,将稿来与将军看。(《二刻拍案惊奇》卷六)

⑧ 在近代汉语中,还有一个与"逐日"表义相同、同素逆序的"日逐"存

在,如:

你如今多大年纪?日逐柴米,是那个供给你?(无名氏《玎玎珰珰盆儿鬼》第三折)

(王冕)就买几本旧书,日逐把牛拴了,坐在柳阴树下看。(《儒林外史》第一回)

⑨ 这种情况在现代汉语中仍偶有所见,"逐个"就可以用作定语,例如引言例(7)。

⑩ 之所以说"推测",原因在于汉语史中"逐"发展出量化义的演变过程和演变轨迹在文献用例中一直鲜见,"逐"的量化用法早在上古即已出现(见下文),在其后的传世文献中一直少有用例,但是,这些少见的语言事实又可以揭示"逐"发展演变的蛛丝马迹,通过这些语言事实并结合语言演变的相关理论,还是能够十分肯定地推测和建构出"逐"的发展演变阶段的。"[逐+Y]"表示"逐"和 Y 的语义联系比较紧密,但还未词汇化为一个词,二者构成介宾短语;下文"[逐Y]"表示"逐"和 Y 的语义联系比"[逐+Y]"紧密得多,二者已词汇化为一个副词,"逐"和 Y 分别为双音副词的构词语素。实际上,"逐"构成的双音格式自唐代以来就已经广泛使用了,比李调元所说的宋代要早。

参考文献

北京大学中文系 1955、1957级语言班 1982 《现代汉语虚词释例》,商务印书馆。

陈 忠 2008 "V完了"和"V好了"的替换条件及其理据——兼谈"终结图式"的调控和补偿机制,《中国语文》第2期。

董正存 2011 "完结"义动词表周遍义的演变过程,《语文研究》第2期。

谷衍奎(编) 2003 《汉语源流字典》,华夏出版社。

韩志刚 2002 表事物周遍义时"每"与"各"的差异,载《似同实异——汉语近义表达方式的认知语用分析》,中国社会科学出版社。

侯学超 1999 《现代汉语虚词词典》,北京大学出版社。

胡 勇 2009 语气副词"并"的语法化,载《语法化与语法研究(四)》,商务印书馆。

黄 成 2011 《上古汉语三组常用词演变研究》,西南大学硕士学位论文。

江蓝生、曹广顺(编著) 1997 《唐五代语言词典》,上海教育出版社。

李崇兴、黄树先、邵则遂(编著) 1998 《元语言词典》,上海教育出版社。

李调元 1985 《勦说》,中华书局。

罗竹风(主编) 1993 《汉语大词典》,汉语大词典出版社。

邱 峰 2013 副词"并"的形成机制,《兰州学刊》第8期。

石毓智 2001 《语法的形式和理据》,江西教育出版社。

王 欣 2003 《有定性》评述,《当代语言学》第1期。

王世凯 2011 "没完没了地VP"与相关结构——兼谈非终结图式与渐次扫描,《汉语学习》第3期。

徐颂列 1998 《现代汉语总括表达式研究》,浙江教育出版社。

许宝华、宫田一郎(主编) 1999 《汉语方言大词典》,中华书局。

杨树达 1986 《积微居甲文说·释追逐》,上海古籍出版社。

杨雪梅 2002 "个个"、"每个"和"一个(一)个"的语法语义分析,《汉语学习》第4期。

袁 宾、段晓华、徐时仪、曹澂明(编著) 1997 《宋语言词典》,上海教育出版社。

张 斌(主编) 2001 《现代汉语虚词词典》,商务印书馆。

张 定 2013 "追逐"动词语义图,中国社会科学院语言研究所语言学沙龙报告PPT。

张 敏 1999 汉语方言体词重叠式语义模式的比较研究,载伍云姬主编《汉语方言共时与历时语法研讨论文集》,暨南大学出版社。

中国社会科学院语言研究所词典编辑室 2012 《现代汉语词典》(第6版),商务印书馆。

周绪全、王澄愚(编著) 1991 《古汉语常用词源流辞典》,重庆出版社。

朱德熙 1982 《语法讲义》,商务印书馆。

Adrian Brasoveanu, Robert Henderson 2009 *Varieties of Distributivity: One by One vs Each*, Semantics and Linguistic Theory(SALT)19, The Ohio State University.

C. Lyons 1999 *Definiteness*, Cambridge University Press.

Langacker, R. W. 1987 *Foundations of Cognitive Grammar*, Vol. I, 北京大学出版社, 2004。

Talmy, L. 2000 *Toward a Cognitive Semantics*, The MIT Press.

粤语方言三个全称量化词的来源和语法化*

郭必之　李宝伦

(香港城市大学)

1　引言

本文从方言比较的角度出发,探讨粤语"晒""齐""了"三个动词后置成分(作为补语或助词)的语法化路径,并尝试指出这三条路径的共相与殊相,以及它们彼此的关系。之所以把这三个词放在一起讨论,是因为它们有一个共通点:在粤语方言里充当全称量化词(universal quantifier)。本文希望解答下述几个问题:

第一,这几个全称量化词的来源到底是什么?

第二,全称量化词能不能进一步语法化?

第三,这几个全称量化词到底有什么关系(尤其是"晒"和"齐")?

---

* 本文的部分内容,曾经在"第七届汉语语法化问题国际学术讨论会"(武汉:华中师范大学,2013年10月)和"第十四届粤语讨论会"(香港:香港城市大学,2014年3月)上宣读,感谢邓思颖、董正存、冯淑仪、洪波、李行德、吴福祥、张洪年、邹嘉彦(汉语拼音序)诸位惠赐意见。本文为香港特别行政区政府研究资助局优配基金(GRF)项目CityU146311(主持人:李宝伦)及香港城市大学战略研究基金(SRG)项目 7002791(主持人:郭必之)的阶段成果。

第四,为什么全称量化词和完整体助词很多时候使用同一形式?

在重建语法化路径之前,让我们先简单介绍一下前人的相关研究(第 2 节),以及这几个词在各种粤语方言里的语法功能(第 3 节)。

2 前人研究

"晒"在粤语语法研究中早就备受关注。一来是语义上具有特殊性,二来是普通话里没有一个完全对当的成分。张洪年(1972/2007:168、170)把香港粤语的"晒"/ʃai³³/视为"介乎补语和词尾之间"的"一个独特的虚词",意思是"全盘概括,一体皆然"。以后许多相关的论述(如李行德,1994;Matthews & Yip,1994;Tang,1996;欧阳伟豪,1998;P. Lee,2012 等),都是在这个基础上展开的。这点会在第 3 节里再做讨论。至于南宁粤语"晒"/ɬai³³/的功能,则由白宛如(1985)明文揭橥。她留意到:"晒"在南宁粤语中除了"全部"的意思外,还有另外两种职能,"一个是相当于广州话中表示完成的动词词尾'咗',另一个是相当于广州话句子末尾的语气词'嘞'。"(白宛如,1985:140)林亦、覃凤余(2008)对此补充了大量例子。一直以来,对"晒"的研究都围绕着它的量化功能展开,对其历史来源的兴趣比较缺乏。Yue-Hashimoto(1991:306)属于例外。她认为粤语这个词可能和苗语的/sai²ᵇ/"所有"有关,可惜没有进行深入的讨论。

香港粤语的"齐"/tʃʰei²¹/是一个表"齐全"义的形容词。它能以补语的身份出现在述补结构中,但对于左侧动词的配搭有较大的限制(见第3节),还不是一个成熟的全称量化词。南宁粤语情形就不一样了。林亦、覃凤余(2008:290)指出:南宁的"齐"/tʃʰɐi²¹/"与普通话的'全'、'都'、'光'、'完'相当,用来概括动作所涉及的整个范围和对象",发展出量化的功能,而且在很多情况下,已经取代了原来表全称量化的"晒"(林亦、覃凤余,2008:325)。

"了"在现代香港粤语里并不是一个口语词,但它却以完整体助词的身份出现在早期粤语口语文献(十九世纪初至二十世纪初)中,有 *liu*、*leu* 等读法。Cheung(1997:155)认为文献中的"了"可能只是一个训读词,因为它违背了粤语母语者的语感。郭必之(2012)根据田野调查得来的资料,指出广西地区有多种粤语方言用"了"做体助词(包括完成体[perfect]助词和完整体[perfective]助词)。早期粤语文献上所反映的,应该是真实的情况。"了"很可能在早期粤语中存活过,到了二十世纪初才被其他体助词取代。

综合上面所述,前人对粤语"晒""齐""了"的研究,有两个特点。第一,主要由共时层面切入。这点在探讨香港/广州粤语"晒"的语义特征方面显得尤其明显。相反,历时的考察相当缺乏,没有人以语法化的视角探讨过这几个量化词的来源。第二,讨论的方言以香港/广州粤语为主。虽然最近其它粤语方言(例如南宁)也逐渐受到关注,但论述的质量仍然没法满足严格的比较研究,好像"了"的量化功能就从来没报道过。我们认为:一些在共时层面中不容易解决的问题,如全称量化和程度量化的界线、"晒"在香港粤语句法层面中的异常分布等,或者都可以通过历时的考察找到解答的线索。利用历时分析反馈共时研究,是本文期待的其中一个成果。

3 共时描述

笔者曾经对八种"边缘性"粤语方言的语法系统进行过调查。[①]结果发现:"晒""齐""了"都可以做全称量化词。但它们的地域分布颇有差异,量化以外的语法功能也不尽相同。请看表 1 的归纳[②]:

表1 "晒""齐""了"在九种粤语方言中的功能

	晒	齐	了
香港广府片	UQ;DQ	ADJ	X
新会荷塘四邑片	UQ	ADJ(?)	X
化州良光吴化片	X	ADJ(?)	UQ
廉江市区高阳片	X	ADJ	UQ
封开开建勾漏片	UQ(?)	ADJ(?);UQ;DQ	PC;UQ(?)
贺州桂岭勾漏片	X	ADJ(?);UQ;DQ	PERF
玉林福绵勾漏片	X	ADJ(?);PC;UQ	PERF;PFV
南宁市区邕浔片	V;PERF;PFV;CONJ;UQ	ADJ;UQ;DQ	X
百色市区邕浔片	V;PERF;PFV;UQ	ADJ(?);UQ	X

简称:ADJ-Adjective(形容词);CONJ-Conjunction(连词);DQ-Degree quantifier(程度量化词);PC-Phase complement(动相补语);PERF-Perfect(完成体);PFV-Perfective(完整体);UQ-Universal quantifier(全称量化词);V-Verb(动词);X-没有相关功能

尽管这张图表还有许多地方做得不够细致,但已经可以看出大概的轮廓来:"晒"和"齐"都经常做全称量化词。"晒"集中在广府片、四邑片和邕浔片中,"齐"则见于勾漏片和邕浔片。"了"作为全称量化词分布并不广,只可以在粤西的吴化片和高阳片中找到踪影。封开开建话是目前知见的唯一一种"晒""齐"和"了"三个都可以做全称量化词的粤语方言,其中"齐"最常用,"晒"和"了"只能出现在个别业已凝固的结构中。下文我们会把注意力放在香港粤语、廉江粤语、南宁粤语(表1中被打上灰色底色的部分)这三种方言上,它们分别以"晒""了""齐"作为主要的全称量化词。为了使文章更流畅,本文会逐个讨论它们的语法功能。

3.1 "晒"的语法功能

在粤语方言中,"晒"除了做全称量化词外(香港、南宁),还可以做"完结"义动词(南宁)、程度量化词(香港)、完成体助词、完整体助词(南宁)和顺承连词(南宁)。

3.1.1 "完结"义动词

黄阳(2012)首先留意到南宁粤语的"晒"有动词的用法,表示"完结":

(1)南宁粤语:电影<u>晒</u>晒盟?(电影完了没有?)

(2)南宁粤语:缸里嘅米<u>晒</u>晒哦。(缸里的米用完了。)

例子里的"晒晒"是[V-PFV]结构。作为动词的"晒",可以单独做谓语中心,可以被否定,也可以带体助词。这个新近的发现相当重要,因为在这之前我们根本不知道"晒"的词汇义。相信"晒"的其他语法功能都是由"完结"义衍生出来的。

知道"晒"来源于"完结"义动词后,我们就能解释为什么香港粤语的"晒"可以充当能性述补结构中的补语。先看两个例子:

(3)香港粤语:时间太急,写唔<u>晒</u>篇文出嚟添。(时间太急了,不能把文章全都写出来。)

(4)香港粤语:呢个人都唔衰得<u>晒</u>。(这个人不算坏透。)

(张洪年,1972/2007:169)

香港粤语能性述补结构的格式是[V-得/唔-C]("C"代表补

语),原则上只有动词才可以充当补语。张洪年(1972/2007:170)一方面把"晒"归入"谓词词尾"一类,另一方面又注意到它能出现在能性述补结构中。在这两难的情况下,他只能说"晒"的性质是"介乎补语和词尾之间"。本文认为例(3)(4)的"晒"是早期动词用法的残留,它的语义已经由"完结"发展为"周遍"。香港粤语一般用作全称量化词的"晒",其实是进一步语法化的结果。换言之,能性述补结构的"晒"和全称量化词的"晒"反映了语法化前后的两个阶段。

3.1.2 全称量化词

"晒"在香港粤语里最主要的功能是做全称量化词。它出现在[(NP$_1$-)V(-C)-晒(-NP$_2$)]的格式中,给予关联成分(NP$_1$或NP$_2$)一个全称义。在Partee(1995)的量化分类中,"晒"属于修饰语量化词。先举两个例子:

(5)香港粤语:我已经睇<u>晒</u>嗰五本书啦。(我已经把那五本书全都看过了。)

(6)香港粤语:公园啲树畀台风吹冧<u>晒</u>。(公园里的树木全部都给台风吹倒了。)

例(5)的量化对象是处于宾语位置的"嗰五本书",例(6)的量化对象则是主语的"公园啲树"。"晒"在进行量化时,受制于"有定(definite)/有指(specific)"和"复数"(plural)两个条件(参看莫华,1993;李行德,1994;Tang,1996;欧阳伟豪,1998;P. Lee,2012等)。下面两个例句都不合语法:

(7)a.香港粤语:(?)我已经睇晒五本书啦。(? 我已经把五本书都看过了。)

b.香港粤语:*我已经买晒呢本书啦。(* 我把这本书全都买了。)

(7)a 的关联成分"五本书"是无定的,所以跟(5)比较起来,显然不够自然。(7)b 之所以不合语法,是因为"买呢本书"(买这本书)属于一次性的事件('once-only'predicate),而"呢本书"跟"买"这个动词配搭时只能被视为整体,在语义上属于单数,句中又没有其他关联成分可以让"晒"进行量化,因此不符合复数限制的条件。值得留意的是,如果动词变成"睇",句子便变为合法,因为"呢本书"能满足有定条件,与"睇"配搭时,会被解读为以页数为单位的复数名词。

南宁粤语也用"晒"做全称量化词。但由于南宁粤语"晒"的功能已经发生转移,以标记体貌为主(第3.1.4节),为免出现混淆,所以表达全称量化时,比较倾向用"齐"(林亦、覃凤余,2008:325)。以下两例的"晒"都可以改用"齐",意思保持不变:

(8)南宁粤语:一筐果总烂<u>晒/齐</u>。(一筐水果全都坏了。)(林亦、覃凤余,2008:325)

(9)南宁粤语:冇买<u>晒/齐</u>啲豆芽冇得返屋。(不卖完这些荳芽不能回家。)(林亦、覃凤余,2008:325)

注意例(8)被量化的"一筐果"是无定的。看来南宁粤语在进行量化时并不像香港粤语那样,受"有定/有指"条件限制。这点还需要进一步确定。

早期粤语口语文献中也有用"晒"做全称量化词的例子。虽然字体的写法不太稳定(既可写作"晒",又可写作"嗮"),但它的语法功能和今天的香港粤语没有明显的差异:

(10)早期粤语:嗰啲荷兰羽缎卖<u>嗮</u>咯。(I have sold all I had.)(Bridgman,1841:20)[③]

(11)早期粤语:所有嘅多人嚟齐**晒**。[All the men came (as many men as there were without an exception).](Ball, 1883:37)

例(11)的翻译十分精到。全部参与、没有例外,正是全称量化的本义。

3.1.3 程度量化词

把香港粤语"晒"的某些行为归类为程度量化(degree quantification)这个主张,主要是由 Lei & T. Lee(2013)提出的。程度量化是指相关的谓词性成分被量化后,其所表示的程度或特性达到最高的水平。暂且撇除最大化之说,全称量化和程度量化虽然有类同之处,但前者的量化对象是针对名词性成分的(如例5"嗰五本书"),而后者则指向谓词性成分。Lei & T. Lee(2013)指出:作为程度量化词的"晒",有四种主要类型:

- 形容词性谓语:块面红**晒**(脸红极了)④
- [V-O]型复合形容词:扮嘢(装蒜)＞扮**晒**嘢(装蒜装得令人意想不到)
- [V-O]型状态谓语:靠**晒**你(全靠你)
- 惯用语式:唔该**晒**你(非常感谢你)

他们的观察大抵是正确的。以下四例均由笔者自拟:

(12)香港粤语:有钱大**晒**呀?(字面意思:有钱就最大吗?实际意思:有钱就可以横行霸道吗?)

(13)香港粤语:佢喺 K 度玩到颠**晒**。(她在卡拉 OK 里玩得极度疯狂。)

(14)香港粤语:去边度呀?打**晒**呔咁夸张?(到哪儿去啊?结领带那么夸张?)

(15)香港粤语:佢做啲嘢实在令人摱晒头。(他做的事情实在使人完全摸不着头脑。)

例(12)的"大晒"属于惯用语,意思是指某一特定范围内地位最高、影响力最大。(13)的"晒"的量化对象明显是形容词"颠"(疯狂)。"玩到颠晒"的程度要比"玩到颠"高。(14)的"打晒呔"表达了说话者的主观值,即说话对象"结领带"的行为完全令人意想不到。句中的"晒"已经没有任何实义,语法化程度相当高。根据我们初步的调查,广州粤语的"晒"还未发展出这种功能。(15)的"摱头"(摸不着头脑)是一个复合形容词。加上"晒"之后,所指的程度便提升到最高的级别。

南宁粤语虽然也用"唔该晒""多谢晒"(非常感谢),但发音人都觉得那是从广州/香港粤语借移过去的。撇除了这两个惯用语外,我们没有发现南宁粤语用"晒"做程度量化词的例子。

3.1.4 完成体助词/完整体助词

根据 Chappell(1992)等人的分类,普通话的"了$_2$"是完成体助词,"了$_1$"是完整体助词。南宁粤语相当于普通话"了$_1$"和"了$_2$"的成分都是"晒"。普通话"吃了饭了",南宁粤语是"食晒饭晒"。从这个角度理解,不妨说:南宁粤语的完成体和完整体都用"晒"作为标记。举四个例子:

(16)南宁粤语:我哋住喺南宁得三十年晒。(我们住在南宁有三十年了。)

(17)南宁粤语:只猫仔开始捉老鼠晒。(这只小猫开始捉老鼠了。)

(18)南宁粤语:佢上个月结晒婚晒。(他上个月结了婚了。)

(19)南宁粤语:佢捱烂仔头打只脚断**晒**。(他被流氓打断了一条腿。)

例(16)、(17)和(18)句末的"晒"都是完成体助词。它出现在[VP-晒]格式中,表达一个与现实相关的情况。例(19)的"晒"和例(18)"结晒婚"的"晒"则属于完整体助词,出现在[V-O-C-晒]、[V-C-O-晒]、[V-C-晒-O]几种格式中。

用"晒"做完成体/完整体助词普遍见于广西中西部的邕浔片粤语(南宁、百色等)。其他粤语方言片暂时还没发现这种用法。

有些学者认为香港/广州粤语的"晒"带有动作实现的意思,而且相关动词必须含[＋变化]的语义特征(如张双庆,1996;彭小川,2010 等)。比较以下两个例句:

(20)a.香港粤语:出面啲人走**晒**。(外面的人全都离开了。)

b.香港粤语:出面啲人走**咗**。(外面的人离开了。)

例(20)a 用"晒",例(20)b 则用典型的完整体助词"咗"。两个句子都合语法。例(20)a 的"晒"除了对"出面啲人"(外面的人)进行量化外,好像也表达了动作"走"(离开)实现的意思。虽然如此,我们还不能把香港/广州粤语的"晒"视为体助词。(21)a 和(21)b 两个例句能清楚说明问题:

(21)a.香港粤语:出面嗰个人走**咗**。(外面那个人离开了。)

b.香港粤语:* 出面嗰个人走**晒**。(* 外面那个人全都离开了。)

明显地,"晒"的功能还是在量化方面。只要关联成分不符合第 3.1.2 节提及的两个要求的其中一项,句子便马上不合语法

[(21)b 的主语不是复数]。可是"咗"却没有这样的限制。它专注于标记体貌。

3.1.5 顺承连词

白宛如(1985:144—145)首先注意到南宁粤语的"晒"可以紧跟在一般名词或时间名词之后,表示"先后顺序"。其后林亦、覃凤余(2008:326)把"晒"这种用法视为"顺序义标记",并指出:"'晒'在两个动作或事件之间,表示前一个动作或事件结束,开始另一个动作或事件……。'晒'跟在名词之后,也表示先后顺序……"举两个例子:

(22)南宁粤语:我十几岁来广西,<u>晒</u>一直住喺南宁。(我十几岁来广西,之后一直住在南宁。)

(23)南宁粤语:书记先,书记<u>晒</u>,院长至讲。(书记先讲,书记讲完了,到院长讲。)

本文暂时把这些例子中的"晒"视为顺承连词。它们看来还可以进一步分为几个小类(尤其是当它和后面的语气词结合的时候)。但由于这不是本文的重点,所以不拟详谈。在我们的语料中,以"晒"作为顺承连词的现象,只可以在南宁粤语中找到。

3.2 "齐"的语法功能

在香港粤语和南宁粤语里,"齐"属于形容词,有"齐全"的意思。"齐"在南宁粤语中还可以做全称量化词,甚至程度量化词。

3.2.1 "齐全"义形容词

"齐"在大部分粤语方言里都做形容词用,有"完全、齐全"(参考白宛如,1998:122 对广州粤语的描述)的意思。这里举香港粤语两个句子为例:

(24)香港粤语:啲餸<u>齐</u>晒未?(菜都全了吗?)

(25)香港粤语:你收集啲资料都几齐下。(你收集的资料颇为齐全。)

"齐"可以被否定,可以带量化词"晒"[例(24)],也可以被程度副词修饰[例(25)]。

香港粤语的"齐"补语也常常以补语的身份出现在述补结构中:

(26)香港粤语:记得带齐啲书过去啊。(记得把书全都带过去啊。)

(27)香港粤语:做齐啲嘢先准收工。(把事情全都做完才可以下班。)

例子中的"齐"分别指向"啲书"(那些书)和"啲嘢"(那些事情),颇有量化的意味。这两个"齐"都可以改换为"晒",意思没有明显改变。例如(26)可以改写为(28):

(28)香港粤语:记得带晒啲书过去啊。(记得把所有书都带过去啊。)

"齐"甚至可以和"晒"共现,构成[V-齐-晒-O]结构,如:

(29)香港粤语:记得带齐晒啲书过去啊。(记得把所有书一并都带过去啊。)

可是,既然我们把"晒"视为全称量化词,那么"齐"就不太可能有和"晒"一模一样的功能。另一方面,"齐"出现的范围颇有限制,它只能配搭个别含[-消失]义的动词(如"做"、"攞"[拿]、"储"、"执"[执拾]、"到"等)。试比较下面两句:

(30)a.香港粤语:啲书唔见晒。(那些书全都不见了。)

b.香港粤语:*啲书唔见齐。(那些书全都不见了。)

"唔见"(不见、丢失)含[+消失]义,它只能用"晒"进行量化,不能用"齐"。基于上述原因,我们认为香港粤语的"齐"不是严格意义的全称量化词。

早期粤语口语文献里也有若干用"齐"做补语的例子,其用法和现代香港粤语的"齐"似乎没有任何分别:

(31)早期粤语:佢点知个啲客几时嚟<u>齐</u>㗎呢?(他怎么知道客人什么时候全都来了呢?)(Ball,1912)

(32)早期粤语:我哋使用嘅对象已经办<u>齐</u>。(我们用的对象已经全都做出来了。)(Fulton,1931)

3.2.2 全称量化词

南宁粤语"晒"的全称量化功能已逐渐被"齐"所取代。在这情况下,"晒"和"齐"便形成了功能上的分工(division of labor)——"晒"负责标记体貌,"齐"则专注于量化。以下是"齐"做全称量化词的例子:

(33)南宁粤语:我哟钱全部使<u>齐</u>晒。(我的钱全部用光了。)

(34)南宁粤语:我买啲西瓜返嚟<u>齐</u>晒哦。(我把西瓜全都买回来了。)

(35)南宁粤语:话啊盟讲<u>齐</u>。(话还没全说完。)

(36)南宁粤语:噜几只人都落岗<u>齐</u>晒。(那几个人全都失业。)

"齐"出现的句法格式为[VP-齐(-晒$_{PERF}$)]。它的词汇意义已经变得不明显,可以和多种动词,包括含[＋消失]义的动词[例(33)]配合,不像香港粤语那样受到限制。

3.2.3 程度量化词

林亦、覃凤余(2008:294)把南宁粤语的"齐$_2$"(相对于做全称

量化词的"齐₁")归类为"程度副词","表示程度很高"。我们认为这一类"齐"是程度量化词:

(37)南宁粤语:我吓到□/nɐŋ⁵⁵/鸡都青**齐**去。(我吓得连脸都青了。)⑤

(38)南宁粤语:我哋笑得脚总奀**齐**。(我们笑得腿都软了。)

(39)南宁粤语:做晒一日工,劾**齐**去哦。(干了一天活,累极了。)

作为程度量化词的"齐",经常出现在[ADJ-齐-去]的格式中[例(37)(39)]。句末的"去"是程度事态助词,强调事件的结果/状态达到极深或令人意外的程度(郭必之,2014:670—672),例如(39)"劾齐去"是指"劾"(疲累)的程度达到最高点。第3.1.3节提过,香港粤语的程度量化词"晒"可出现在复合形容词、状态谓语和个别习惯语中[如(12)"大晒"、(14)"打晒呔"和(15)"揿晒头"],但南宁的"齐"却都没有相应的形式。

3.3 "了"的语法功能

"了"在现代粤语方言里的分布非常局限,只见于高阳片、吴化片和勾漏片个别方言中。它们有的充当全称量化词,有的标记完成体和完整体。值得注意的是,早期粤语的口语文献里反而有不少用"了"的例子,都是完整体助词。

3.3.1 全称量化词

粤西的廉江粤语、化州粤语都用"了"做全称量化词。这种现象以前从未报道过。下面举三个廉江的例子:

(40)廉江粤语:我银纸使**了**喇。(我的钱用光了。)

(41)廉江粤语:每次有人讲佢叻,佢面就红**了**喇。(每次有人夸奖他,他的脸就通红了。)

(42)廉江粤语:唐诗三百首我背熟了嘚。(唐诗三百首我全都背熟了。)

这个"了"在廉江粤语里读/liu²³/,出现在[V(-C)-了-PERF]的格式中。三个例子的量化对象分别是"银纸"(钱)、"面"(脸)和"唐诗三百首"。

3.3.2 完成体/完整体助词

广东、广西交界的勾漏片粤语,有些方言用"了"做体助词,标示完成体和完整体。下面四个例子,分别取自玉林粤语和贺州粤语:

(43)玉林粤语:我借了老陈三只饭煲。(我借了老陈三个锅。)

(44)玉林粤语:白拈抢了我只表。(贼人抢了我的手表。)

(45)贺州粤语:佢分我去,我就去了。(他让我走,我就走了。)

(46)贺州粤语:大齐家都来开了。(大家都来了。)

例(43)和(44)的"了"(玉林读/liu²⁴/)是完整体助词,表示动作的实现;例(45)和(46)的"了"(贺州读/liu³³/)则是完成体助词,标记一个新情况。

"了"在早期粤语里可以充当完整体助词,和普通话的"了₁"无异:

(47)早期粤语:禾割了又点样做呢?(and what is to be done with the rice after it has been reaped?)(Bridgman 1841:341)

(48)早期粤语:我做了三年厨,两年企枱。(I was a cook

for three years and a waiter for two.)(Stedman & Lee 1888:28)

现代广州/香港粤语都已经完全不用"了"这个词了,取而代之的是典型的完整体助词"咗"。(47)(48)两例告诉我们:粤语"了"的使用在过去一百多、二百年间有所萎缩,在个别方言里甚至遭到淘汰。

4 语法化路径

本节首先指出"晒""齐""了"的词汇来源(lexical source),并据此拟构这三个词的语法化路径,以及说明语法化出现的具体环境。

通过上文的讨论,我们已经掌握了"晒"和"齐"的词汇义。"了"的词汇义则可以在古汉语中找到:

- "晒":完结(南宁粤语)
- "齐":齐全(香港粤语等)
- "了":完结(古汉语)

"完结"和"齐全"这两个词汇义,相信就是语法化的起点。

4.1 "完结"义动词＞全称量化词(助词)

无论是古汉语,抑或是现代汉语方言,都可以找到"完结"义动词演变为全称量化词的证据。古汉语方面,标示全称量化的"完结"义动词有"毕""讫""尽"等。请看以下三例(皆转引自李宗江,2004;董正存,2011):

(49)《左传·哀公二年》:师毕入,众知之。

(50)《尚书·秦誓》:民讫自若是多盘。

(51)《论衡·实知篇》：尽知万物之性，毕睹千道之要也。

例中的"毕""讫""尽"都是范围副词，占据状语的位置［参看董正存(2011)的分析］。它们的量化对象是处于主语位置或宾语位置的名词性成分，如(49)是"师"，(51)是"万物之性"（由"尽"量化）和"千道之要"（由"毕"量化）。至于现代汉语方言，西安话、西宁话、北京话等官话方言都用不同的补语成分表达动作的量化和动作对象的量化，其中后者很多时候会用"完""了"等做标记(李思旭，2010：337—338)：

(52)西安官话：吃完了再买。（吃完了再买。）

(53)西宁官话：米吃完了再买呵成？（米吃完了再买行吗？）

(54)北京官话：吃了两个菜了。（两个菜都吃光了。）⑥

要注意的是，例(54)的"了"念弱化形式/lou/。"吃了/lou/"相当于"吃光"。显而易见，"完"和"了"原来都是"完结"义动词。上述例子为拟构粤语量化词"晒"和"了"的语法化路径提供了宝贵的讯息。

我们认为粤语"晒"和"了"语法化的起点是［NP$_1$-V$_1$-V$_2$-NP$_2$］，当中 NP$_1$ 或 NP$_2$ 具复数意义或离散性；[V$_1$-V$_2$]是述补结构，V$_2$ 由"晒"或"了"充当。在语法化发生之前，V$_2$ 指向 V$_1$，表示 V$_1$ 所指的事件或状态已经结束。可是，由于 V$_2$ 的语义特征，NP$_1$ 或 NP$_2$ 又具复数意义或离散性，再加上特定的语境，这个结构也可以被理解为：NP$_1$ 或 NP$_2$ 的每个成员或每个部分都参与了 V$_1$ 所指的事件或状态。假如出现例外，就不能称为"完结"。这情况造就了重新分析(reanalysis)的出现。⑦经过重新分析之后，"晒"和"了"由原来出现在补语位置的动词(V$_2$)演变为助词（可以出现在述补

41

结构后,构成[V-C-晒/了]格式,如"做完晒"),语义也由原来的"完结"演变为"周遍"。让我们用一个具体的例子来说明一下(句中的"晒"也可以替换为"了"):

(55)a. 齣戏晒啦。(戏完了。)("晒"是谓语中心,"完结"义动词。)

b. 齣戏做晒啦。(戏演完了。)("晒"是述补结构补语的成分,语义指向左侧的动词。)

c. 齣戏做晒啦。(整套戏都演完了。)("晒"是全称量化词,语义指向主语的名词性成分。)

例(55)的 a、b、c 代表语法化的三个阶段。在 a 句中,"晒"占据谓语位置,明显还是一个动词。b 句代表第二步。"晒"出现在补语的位置,语义指向占谓语核心位置的动词"做"。由于主语"齣戏"具离散性,可以分割为不同的部分,所以"齣戏做晒"也可以理解为戏的每一个部分都已经演过了。当这种理解成为主流后,"晒"作为全称量化词的身份便正式确立了(参看 c 句的翻译)。

"晒"在不少粤语方言里都可以表全称量化。估计在那些方言分支以前,"晒"已经由动词演变为全称量化词了。在众多粤语方言中,只有南宁粤语保留了"晒"的语法源义——"完结"。

还有一个问题:"晒"的最终来源到底是什么?现在知道它是一个表"完结"的动词。可是,其他汉语方言里好像都没找到它的同源词,古代的字书、韵书里也都没有什么可靠的消息。这使我们怀疑它是一个源自民族语言的底层词。Yue-Hashimoto(1991)拿粤语的"晒"跟苗语的 *sai*(全部)做比较,是一个可行的方向,可惜苗语 *sai* 的意思并不是"完结"。对本段起首提出的问题,目前最老实的回应是:我们并不知道"晒"是怎么样来的。

4.2 "齐全"义形容词＞全称量化词(助词)

"齐"的语法化起点应该和"晒""了"一样,即[NP$_1$-V$_1$-V$_2$-NP$_2$],当中 NP$_1$ 或 NP$_2$ 具复数意义或离散性;[V$_1$-V$_2$]是述补结构,V$_2$ 由"齐"充当。和"晒""了"不同的是,[V$_1$-齐]的"齐"一开始便指向 NP$_1$ 或 NP$_2$。另一方面,由于"齐"的词汇义仍然存在,所以如果 V$_1$ 含[＋消失]义,"齐"便会排斥它,使整个句子变得不合语法。在这个阶段,"齐"出现的环境比较局限,还不算是个成熟的全称量化词。直至 V$_1$ 放宽了对语义的限制,[＋消失]义的词也能进入相关的格式中,"齐"才算是真正的全称量化词。V$_1$ 对语义的要求由紧变松,属于扩展(extension)的行为。比较下面三个句子:

(56)a. 啲人**齐**啦。(人齐了。)("齐"是谓语中心,"齐全"义形容词。)

b. 啲人到**齐**啦。(所有人都到了。)("齐"是述补结构补语的成分,逐渐发展为全称量化词,语义指向主语的名词性成分。)

c. 啲人趯**齐**啦。(所有人都离开了。)("齐"是全称量化词,语义指向主语的名词性成分,可以和"趯"[离开]等[＋消失]义动词配搭。)

例(56)a 和(56)b 在香港粤语中都是合语法的,但 b 的 V$_1$ 不能含[＋消失]义。(56)c 则只可以在南宁粤语中听到。充当 V$_1$ 的"趯"(离开)是个[＋消失]义动词。也就是说,南宁粤语比香港粤语多走了一步,"齐"已经由"齐全"义形容词语法化为表全称量化的助词。

4.3 全称量化词(助词)＞程度量化词(助词)

在 Heine & Kuteva(2002:36—37)的语法化词库中,记录了

"全部＞最高级"(All＞Superlative)这条演变路径,相当于本节所说的"全称量化词＞程度量化词"。Heine & Kuteva(2002)指出:最高级形成的主要模式,是把比较中的个人标准改换为整个级别所有成员的标准。书中举了非洲 Amharic 语的 *hullu*、Hamer 语的 *wul-* 和 Teso 语的 *kere* 等为例,但没有汉语的例子。

就我们的观察而言,香港粤语的"晒"被理解为全称量化词还是程度量化词,很多时候是取决于语境的(因此容易出现歧义,见下文)。这个认识十分关键,我们可以以"语境引发的语法化"(context-induced grammaticalization)理论(Heine,2002)作为框架,阐释"全称量化词＞程度量化词"这条语法化路径。简单来说,"语境引发的语法化"可以分为四个阶段:第一,初始阶段(initial stage),结构 x 还没产生语法化;第二,搭桥语境(bridging context),某些语境会支持 x 推断出一个新的语法意义,但来源意义仍然存在;第三,转换语境(switch context),某一新语境和 x 的来源意义不相容;第四,固化语境(conventionalization),新的语法意义已经无需依靠语境烘托,可以应用于新的语境中。以下四个含"晒"的例句,分别代表"语境引发的语法化"的四个阶段:

(57) a. 老板炒晒你哋。(老板把你们全部都解雇了。)

b. 多谢晒你。(非常感谢你。/感谢你所做的一切。)

c. 妈咪锡晒你。(妈妈最爱你。)

d. 佢扮晒斯文,其实好粗鲁。(她假装斯文[达到令人意想不到的程度],其实很粗鲁。)

例(57)a 的"晒"在任何语境下都只能指向占宾语位置的"你哋"(你们)。宾语作为句中唯一的复数及有定名词成分,若把它改为单数"你"便马上不合语法。句中的"晒"是全称量化词。(57)b最能清楚地说明何谓"搭桥语境"。"搭桥"的关键在于占宾语位置的"你"。在特定的语境中,这个"你"不一定是指某一个人,也可以是那个人所做的每一件使说话者受益的事。假设有这样一个情形:对方给说话者送了很多礼物,说话者回应说:"多谢晒你!""你"很容易就理解为"你送来的所有礼物"。这时候"晒"还是一个全称量化词,指向有复数意义的礼物。现在设想另一个场景:对方只是给说话者送了一份礼物,而那份礼物既不是复数,又没有离散性(譬如一本书),但说话者依然可以以"多谢晒你!"做回应。这时候"你"只能理解为送礼的那个人或者是他送出的那份礼物。无论指向的是人还是物,都是单数。"晒"在这样的语境中只能视为程度量化词,目的是提升左侧谓词所表达的程度,使它到达最高级。"多谢晒"于是衍生出就对方赠送礼物这个动作表示"非常感谢"的意思。[8]至于(57)c,"你"在任何情形下都只能理解为一个人,是单数。前面说过,"晒"作为全称量化词时关联成分必须遵守有定/有指和复数两个条件。这样看来,"妈咪锡晒你"的"晒"只能是程度量化词,指向左侧的谓词"锡"(爱),表示妈妈对他的爱到了极点。这个例子反映"转换语境"。最后,当"晒"作为程度量化词的身份获得确立以后,便能较自由地出现在[V-O]结构中(复合词或述宾短语),不再需要语境的烘托,如"着晒西装"(令人意想不到地穿着西装)、"打晒呔"(令人意想不到地结领带)、"爆晒粗"(令人意想不到地狂喷脏话)。这些"晒"已经进入了"固化语境"的阶段。表2概括以上部分例子以及它们的属性:

表 2 "语境引发的语法化"框架下香港粤语"晒"的表现

	全称量化词	程度量化词
初始阶段	炒晒你哋	
搭桥语境	多谢晒你	多谢晒你
转换语境		锡晒你
固化语境		扮晒斯文

由"多谢晒你"发展至"扮晒斯文"(57)b—d 这一段中,有几个现象值得关注。首先是扩展。[V-晒-O]的 O 原来必须是复数或具离散性。但经历扩展后,单数或不具离散性的宾语也可以进入这个格式中,例如前文已经详细讨论过的(57)b、c,还有(57)d 的"扮晒斯文"和"擦晒头"。"着晒西装"自然也不能理解为"把所有西装都穿上了"。如前所述,广州粤语现在还不能接受"扮晒斯文"这种说法。换言之,广州粤语的[V-晒-O]还没经历扩展。香港粤语在这方面比广州粤语多走了一步。另一个现象是主观化(subjectification)。主观化是指"语义越来越基于说话人对所说的话的主观理解、说明和态度"(Traugott 1989:35;参考邢志群 2005:325 的译文)。在上表中,越是靠近"固化语境"阶段的例子,主观化的程度也就越高。(57)d 的"扮晒斯文",意思是"假装斯文到了极限",在梯级的最高点。这个"极限"是说话者的主观值,是他想象中的最高程度。事实上,"固化语境"阶段的例子中的"晒",已经由"程度最高"衍生出"令人意想不到"的意思,带有夸张的效果。这是由于说话人对"晒"周边的词或短语有主观的理解,导致语义发生了演变。最后要说明的是"分层"(layering)。"分层"是语法化一个重要的原则,指一个范围较广的功能领域中,新旧层次共存,并互相影响(Hopper 1991:22)。[9] 香港粤语"晒"在发展出标示程度量化的功能之余,也完好地保留了全称量化词的用法,是"分层"

极佳的例证。

我们详细检查过早期粤语"晒"(包括其他写法)的用法,有一个发现:"晒"在十九世纪中叶至二十世纪初期的香港/广州粤语中普遍用作全称量化词,但极少标示程度量化。"早期粤语标注语料库"收录了十种文献,年代介乎于1872年至1931年间。"晒"和它的同源词共有157笔,其中156笔做全称量化词,只有一例属于程度量化词,即:

(58)早期粤语:多烦嗮咯。(I am much obliged to you.) (Stedman & Lee 1888:20)

本文主张程度量化词源自全称量化词。对于上述情况,最有力解释应该是:早期粤语的"晒"还没全面发展出程度量化词的用法。一直到了二十世纪中期,标示程度量化的"晒"才普及起来。至于属于"固化语境"阶段的"扮晒斯文""着晒西装"等,更加是最近二十年才开始流行的新兴说法。

南宁粤语的"齐"虽然也可以做程度量化词,但其出现的环境和香港粤语的"晒"颇不相同。"齐"只可以出现在形容词之后,不可以出现在述宾结构中间。更重要的是,我们搜集到的例句似乎都有歧义:

(59)南宁粤语:我吓到□/nɐŋ^{55}/鸡都青齐去。(我吓得连脸都青了。/我吓得整张脸都青了)[=(37)]

(60)南宁粤语:我一听讲考博,头都痛齐。(我一听要考博,头疼极了。/我一听要考博,整个头都痛了。)(林亦、覃凤余,2008:294)

例(59)"□/nɐŋ^{55}/鸡都青齐去"的意思可以是"脸变得极青"("□/nɐŋ^{55}/鸡"其实是"疤痕"),也可以是"整张脸都变青了"。前一种读法是把"齐"当成程度量化词,后一种读法是把"齐"当成全称量化词。同样的道理,(60)"头都痛齐"既可解作"头疼极了"("齐"是程度量化词),也可以解作"整个头都痛了"("齐"是全称量化词)。这样看来,在"语境引发的语法化"的框架中,南宁的"齐"只是到达了"搭桥语境"的阶段:

表3 "语境引发的语法化"框架下南宁粤语"齐"的表现

	全称量化词	程度量化词
初始阶段	洗齐啲衫(把衣服全洗了)	
搭桥语境	头都痛齐	头都痛齐
转换语境		?
固化语境		?

可以说,作为程度量化词,香港粤语的"晒"出现的环境远比南宁粤语的"齐"阔大,"晒"也比"齐"活跃得多。

4.4 "完结"义动词＞完成体助词＞完整体助词

这一条语法化路径早已为人所熟知(cf. Bybee et al.,1994;Heine & Kuteva,2002:134—138 等),相信无需多做介绍。在本文的例子中,参与演变的,有南宁粤语的"晒"和玉林粤语的"了"。"齐"受它的语法源义所限,所以没发展出标示体貌的功能。

4.5 "完结"义动词＞顺承连词

Heine & Kuteva(2002:137—138)指出:"完结"义动词容易语法化为表连接的话语标记(discourse marker)。这在世界上许多语言中都出现过。他们所说的表连接的话语标记,相当于本文的"顺承连词"。在汉语方言里,由"完结"义动词语法化为顺承连词的例子,除了第 3.1.5 节报道过的"晒"外,还有台湾闽南语的"了后"(参考杨秀芳、梅祖麟,1995):

(61)台湾闽南语:伊本来住台北,<u>了后</u>搬去台南。(他本来住台北,后来搬去台南。)

闽南语的"了"本身是个动相补语,意思就是"完结"。"了后"的形成,和南宁作为顺承连词的"晒"的形成十分相似。"了"和"晒"本来都以"完结"义动词的身份出现在[VP$_1$-FINISH,VP$_2$]格式中(以'FINISH'表示"晒"和"了")。这个格式后来被重新分析为[VP$_1$,FINISH-VP$_2$],表"完结"的动词也随之语法化为连词,表"接着"的意思。闽南语"了后"的"后"来源于原来VP$_2$句首的成分。在词汇化的过程中,它和原来VP$_1$句末的"了"结合在一起,现在"了后"已变成了一个词。

4.6 小结

上文分别介绍了"晒""齐""了"的语法化路径,讨论了它们作为全称量化词、程度量化词和体助词的来源。这几个词在同一方言中往往有几个功能(如"晒"在香港粤语中既可做全称量化词,又可做程度量化词),我们认为这是语法化路径上不同阶段的反映。"晒"和"了"本来都是"完结"义动词,它们的语法化路径也相当接近,只是"了"没发展出程度量化词和顺承连词等功能。图1是"晒"和"了"的语法化路径:

```
                 全称量化词(助词) ——→ 程度量化词(助词)    量化
"完结"义动词 ——→ 完成体助词 ——————→ 完整体助词           体貌
                 顺承连词                                    连接
```

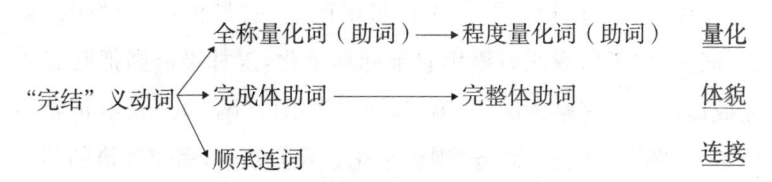

图1 粤语"晒"和"了"的语法化路径

这张图显示"完结"义动词有三个主要的语法化方向——量化、体貌和连接,属于"多向语法化"(poly-grammaticalization)模式。

49

"齐"的语法化路径比较简单。它只专注在量化方面发展：

"齐全"义形容词 ⟶ 全称量化词（助词）⟶ 程度量化词（助词）

图 2 粤语"齐"的语法化路径

路径上的三个阶段,都可以在南宁粤语中找到。

如果把上面两张图合并在一起,再标上"晒""齐""了"在各种粤语方言中的功能,那就会得出图 3：

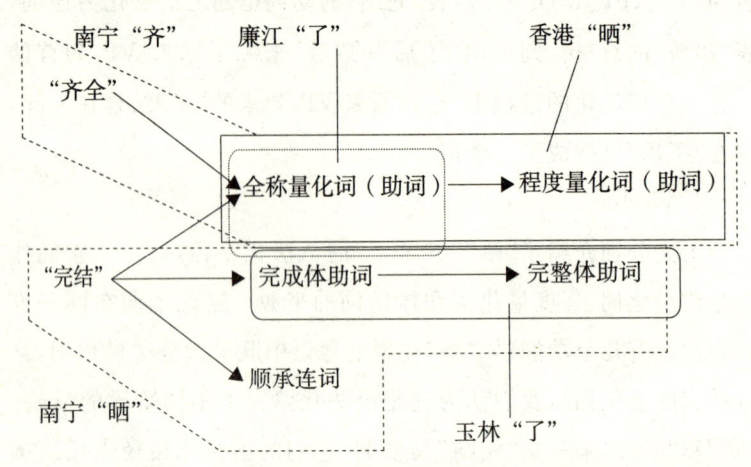

图 3 粤语"晒""齐""了"的语法化路径及其功能

图中有三点需要注意：第一,同一个"晒",在南宁粤语里专注于"体貌域"和"连接域",但香港粤语则只在"量化域"中发展；第二,同一个"了",廉江粤语用它来标示量化,玉林粤语则把它当成完成体助词和完整体助词；第三,南宁粤语的"晒"和"齐"有清晰的分工。"晒"表体貌,而"齐"则表量化。我们知道,南宁粤语的"晒"其实也可标示量化,只是功能正在衰退,有被"齐"取代的趋势。正如林亦、覃凤余(2008:325)所指出："齐"在"量化域"上替代"晒",主要原因是避免歧义。试看以下例句：

(62)a.南宁粤语：佢哋上个月结<u>晒</u>婚晒。（他们上个月结了婚了。/他们上个月全都结了婚了。)

  b.南宁粤语:佢哋上个月结婚<u>齐</u>。(他们上个月全都结了婚。)

  例(62)a 的"结晒婚"是有歧义的。"晒"既可理解为完整体助词,指向动词"结婚";也可以理解为全称量化词,指向占主语位置的"佢哋"(他们)。相反,(62)b 的"结婚齐"的"齐"只能当作全称量化词。在"量化域"里,"晒""齐"具有竞争(competition)的关系。"晒"显然是落败的一方。我们用图4概括"晒"和"齐"在南宁粤语中的关系:

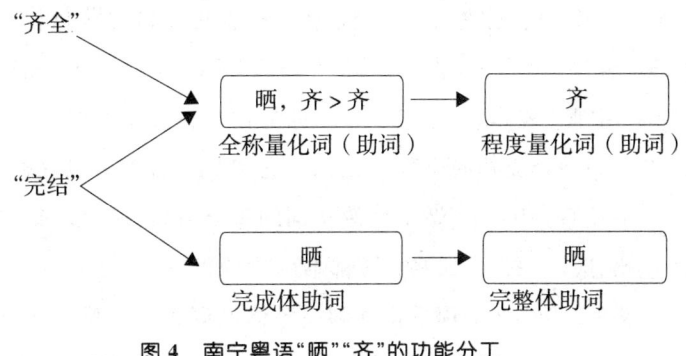

图4 南宁粤语"晒""齐"的功能分工

5 结论

  以上我们讨论了"晒""齐""了"在不同粤语方言中的功能,以及它们的语法化路径。现在可以回答在本文首段中提出的几个问题:

  第一,"晒""齐""了"作为全称量化词,它们的来源到底是什么?答:"晒"和"了"都源于"完结"义动词,而"齐"则来自"齐全"义形容词。它们原先都处于[NP$_1$-V$_1$-V$_2$-NP$_2$]格式里 V$_2$ 的位置,属 V$_1$ 的补语,经语法化后演变为表全称量化的助词。在汉语中,述补结构是其中一种最容易发生语法化的结构(cf. Chappell & Peyraube, 2011)。

第二,全称量化词能不能进一步语法化?答:"晒"和"齐"在个别粤语方言中已经语法化为程度量化词。程度量化的量化对象是左侧的谓词性成分。经量化后,该谓词性成分所表示的程度或特性便提升至最高水平,如"癫晒"就是"最疯狂"的意思。程度量化往往伴随着主观化。

第三,这几个全称量化词到底有什么关系(尤其是"晒"和"齐")?答:在南宁粤语中,"晒"和"齐"都可以做全称量化词。但由于"晒"具有多功能性,容易引起歧义,所以南宁人倾向用"齐"表量化,用"晒"表体貌,造成了分工的局面。在香港粤语中,"齐"还没发展为一个成熟的全称量化词。它和"晒"有时可以互换,但没有竞争关系。用"了"做全称量化词的粤语方言并不多,集中在粤西化州、廉江一带。那些方言都不用"晒"和"齐"。

第四,为什么全称量化词和完整体助词很多时候使用同一形式?答:因为全称量化词往往来自"完结"义动词,而"完结"义动词正好也是完整体助词最主要的源头。换言之,全称量化词和完整体助词都和"完结"义动词有密切的关系。至于全称量化词本身能不能直接演变为体助词?还有待进一步研究。

附 注

① 所谓"边缘"是指那些方言远离珠江三角洲广府片粤语流行地区。香港粤语为笔者二人的母语,有关例句除特别注明者外均由笔者自拟。

② 粤语区的分片以《中国语言地图集》(中国社会科学院等,1987)为标准。

③ 本文所引的早期粤语例子,都是通过"早期粤语口语文献数据库"及"早期粤语标注语料库"检索得来的,谨致谢忱。这两个语料库都是香港科技大学建立的,对外公开,参看:http://ccl.ust.hk/useful_resources/useful_resources.html(检索日期:2014年8月20日)。

④ "块面红晒"这类例子是有歧义的。当中的"晒"既可分析为程度量化词("脸红极了"),也可以当成全称量化词看待("脸通红了")。Lei & T. Lee(2013:13)已注意到这一点。其实南宁粤语类似的例子也有歧义(见注⑤),不过涉及的量化词是"齐",不是"晒"。

⑤ 例(37)至(39)的"齐"其实也可以理解为全称量化词。换言之,这些例句都有歧义。参看本文第4.3节的讨论。

⑥ 如果表达动作的完成,西安官话会用"毕"(如"吃毕了再买"),西宁官话会用"罢"(如"话吃罢了再说呵成?"),北京官话则用"了"/lə⁰/。参看李思旭(2010:337—338)。

⑦ 董正存(2011)对"完结"义动词发展出"周遍"义的机制做了非常详细的说明。他认为:在演变的过程中,有关动词的认知域经历了"动作＞性状＞量"的演变,其中在"性状＞量"的过程中隐喻(metaphor)起了作用,是演变的关键。

⑧ 在一般的情况下,不带宾语的"多谢晒""唔该晒"中的"晒"只能理解为程度量化词。

⑨ Heine(2002:86)也指出:当四个阶段共现在同一语言里,构成由语境决定的变体后,"层次"便会形成。

参考文献

白宛如　1985　南宁白话的[ɬai˧]与广州话的比较,《方言》第2期。
——　1998　《广州方言词典》,江苏教育出版社。
贝罗贝、徐　丹　2009　汉语历史语法与类型学,《历史语言学研究》第2辑。
董正存　2011　从"完结"到"周遍",载吴福祥、张谊生主编《语法化与语法研究》(五),商务印书馆。
郭必之　2012　原始粤语完整体的拟构,"第十七届国际粤方言研讨会"(广州)。
——　2014　南宁地区语言"去"义语素的语法化与接触引发的"复制",

《语言暨语言学》第 5 期。

黄　阳　2012　南宁粤语多功能语素"晒"体貌标记功能的发展,"第十七届国际粤方言研讨会"(广州)。

黄　阳、郭必之　2014　壮语方言"完毕"动词的多向语法化模式,《民族语文》第 1 期。

李思旭　2010　全称量化和部分量化的类型学研究,载徐丹主编《量与复数的研究——中国境内语言的跨时空考察》,商务印书馆。

李行德　1994　粤语"晒"的逻辑特点,载单周尧主编《第一届国际粤方言研讨会论文集》,现代教育研究社。

李宗江　2004　"完成"类动词的语义差别及其演变方向,《语言学论丛》第 30 辑。

林　亦、覃凤余　2008　《广西南宁白话研究》,广西师范大学出版社。

莫　华　1993　试论"晒"与"埋"的异同,载郑定欧、周小兵主编《广州话研究与教学》,中山大学出版社。

欧阳伟豪　1998　也谈粤语"晒"的量化表现特征,《方言》第 1 期。

彭小川　2010　《广州话助词研究》,暨南大学出版社。

邢志群　2003　汉语动词语法化的机制,《语言学论丛》第 28 辑。

——　2005　从"就"的语法化看汉语语义演变中的"主观化",载沈家煊等主编《语法化与语法研究》(二),商务印书馆。

杨秀芳、梅祖麟　1995　几个闽语语法成分的时间层次,《中研院历史语言研究所集刊》第 66 期第 1 分。

张洪年　1972/2007　《香港粤语语法的研究》(修订版),中文大学出版社。

张双庆　1996　香港粤语动词的体,载张双庆主编《动词的体》,香港中文大学中国文化研究所吴多泰中国语文研究中心。

中国社会科学院等　1987　《中国语言地图集》,朗文。

Ball, J. Dyer　1883　*Cantonese Made Easy*. Hong Kong: China Mail Office.

——　1912　*How to Speak Cantonese*(4th Edition). Hong Kong/Shanghai/Singapore/Yokohama: Kelly & Walsh Limited.

Bridgman, Elijah C　1841　*A Chinese Chrestomathy in the Canton Dialect*. Macao: S. W. Williams.

Bybee, Joan, Revere Perkins & William Pagliuca　1994　*The Evolution of Grammar: Tense, Aspect and Modality in the Languages of the World*.

Chicago:Chicago University Press.

Chappell, Hilary 1992 Towards a typology of aspect in Sinitic languages. *Chinese Languages and Linguistics* Ⅰ:*Chinese Dialects*, 67 – 106. Taipei: Institute of History and Philology, Academia Sinica.

Chappell, Hilary & Alain Peyraube 2011 Grammaticalization in Sinitic languages. In Heiko Narrog & Bernd Heine(eds.) *The Oxford Handbook of Grammaticalization*, 786 – 796. Oxford/New York: Oxford University Press.

Cheung, Samuel H-N. 1997 Completing the completive: (Re) constructing early Cantonese grammar. In Chaofen Sun(ed.) *Studies on the History of Chinese Syntax*, 133 – 165. Journal of Chinese Linguistics Monograph Series No. 10. Berkeley:Project on Linguistic Analysis.

Fulton, A. A. 1931 *Progressive and Idiomatic Sentences in Cantonese Colloquial*. Hong Kong/Shanghai/Singapore: Kelly & Walsh Limited.

Heine, Bernd 2002 On the role of context in grammaticalization. In Ilse Wischer & Gabriele Diewald(eds.) *New Reflections on Grammaticalization*, 83—101. Amsterdam/Philadelphia:John Benjamins.

Heine, Bernd & Tania Kuteva 2002 *World Lexicon of Grammaticalization*. Cambridge:Cambridge University Press.

Hopper, Paul J. 1991 Some principles of grammaticalization. In Elizabeth G. Traugott & Bernd Heine(eds.) *Approaches to Grammaticalization*, volume 1, 17—35. Amsterdam/Philadelphia:John Benjamins.

Lei, Margaret K-Y. & Thomas H.-T. Lee 2013 The semantic properties of *saai3* in quantifying nominals and predicates: how it differs from aspectual and phase markers, paper presented at the '13th Workshop on Cantonese'(WOC – 13). Hong Kong.

Lee, Peppina P-L. 2012 *Cantonese Particles and Affixal Quantification*. Dordrecht:Springer.

Matthews, Stephen & Virginia Yip 1994 *Cantonese: A Comprehensive Grammar*. London:Routledge.

Partee, Barbara H. 1995 Quantificational structures and compositionality. In Emmon Bach et al(eds.) *Quantification in Natural Languages*, 541—

601. Dordrecht:Kluwer Academic.

Stedman,T. L. & K. P. Lee 1888 *A Chinese and English Phrase Book in the Canton Dialect*. New York:William R. Jenkins Co.

Tang,Sze-Wing 1996 A role of lexical quantifiers. *Studies in the Linguistic Sciences* 26.1/2:307—23.

Traugott,Elizabeth 1989 On the rise of epistemic meanings in English: an example of subjectification in semantic change. *Language* 65:31–55.

Yue-Hashimoto, Anne 1991 The Yue dialect. In William S-Y. Wang(ed.) *Languages and Dialects of China*,294–324. Journal of Chinese Linguistics Monograph Series No.3.

从《左传》看先秦汉语"也""矣"的语气功能差异

洪 波

(首都师范大学文学院)

"也"和"矣"是先秦汉语最常见的两个句末语气助词,其间的差别古人早有认识,《淮南子·说林训》:"'也'之与'矣',相去千里。"《马氏文通》认为:"'也'字所以助论断之辞气,'矣'字惟以助叙说之辞气。故凡句意之为当然者,'也'字结之;已然者,'矣'字结之。所谓当然者,决是非、断可否耳。所谓已然者,陈其事,必其效而已。"(引自《马氏文通读本》536—537页)后来之学者讨论"也""矣"的功能差别,大抵不出《文通》之概。蒲立本(1995)认为"也"不是一个体助词(particle of aspect)而"矣"是一个体助词,他的说法极有见地,但不认为"矣"有语气功能则是不符合语言实际的。刘承慧(2007、2008)深入探讨了"也""矣"的功能及其差别。她指出,"也"的语气功能是表示"指认","矣"的语气功能是表示"评断"。这是一个非常好的见解,但如何界定"指认"与"评断"则是一个问题。本文以《左传》为据,进一步研究"也""矣"作为句末语气助词的功能差别。选择《左传》的主要原因是这部文献的人物对话部分语境都很明确,要讨论"也""矣"所表示的语气意义差别,没有明确的语境支持,往往难以说清楚。

1 "也""矣"的语气功能

语气助词"也"来源于判断词(洪波,2000),其基本功能是出现在判断句句末表示判断。由表示判断拓展到表示说明、释因、列举等功能。例如:

(1)夏,君氏卒——声子也。不赴于诸侯,不反哭于寝,不祔于姑,故不曰"薨"。不称夫人,故不言葬。不书姓,为公故,曰"君氏"。(隐公三年)

(2)三月,公及邾仪父盟于蔑。邾子克也。未王命,故不书爵。曰"仪父",贵之也。(隐公元年)

(3)元年,春,王周正月,不书即位,摄也。(隐公元年)

(4)男女同姓,其生不蕃,晋公子,姬出也,而至于今,一也;离外之患,而天不靖晋国,殆将启之,二也;有三士,足以上人,而从之,三也。(僖公二十三年)

例(1)表示判断,例(2)之"曰'仪父',贵之也"是说明,例(3)表示释因,例(4)表示列举。《左传》中凡史官所用之"也",大抵不出上述四种功能。

除了上述四种用法之外,"也"还可以表示推论。例如:

(5)若弃德不让,是废先君之举也。(隐公三年)

(6)陈桓公方有宠于王,陈、卫方睦,若朝陈使请,必可得也。(隐公四年)

(7)吾不得志于汉东也,我则使然。我张吾三军,而被吾甲兵,以武临之,彼则惧而协以谋我,故难间也。(桓公六年)

(8)谋及妇人,宜其死也。(桓公十五年)

这种用法只见于人物对话当中。这种用法与前四种用法的区别在于：前四种用法都是对客观事实的"按断"，因而基本上不反映言者的个人观点和态度；而这种用法虽然是基于某种事实或者事理做出推论，但都免不了要体现出言者的个人观点和态度。以往的研究不区别对待"也"的前四种功能和第五种功能的差别，将其笼统地归入语气词。我们认为，前四种用法的"也"都是判断词，只有第五种功能的"也"才是真正的语气助词。"也"与"矣"之间不易分别的地方也都集中在"也"的这种用法上。

"矣"的来源还不清楚，可能跟存在动词"有"有关。"矣""有"的上古音很接近，都属于"云"母"之"部字；据郑张尚芳（2003），"矣"的上古语音形式是*Gɯʔ，"有"的上古语音形式是*Gʷɯʔ。但这需要证明。在春秋战国文献里，"已"也有句末语气助词功能，其用法与"矣"接近，因此有人认为"矣"跟"已"有关。俞敏（1987）在《经传释词札记》里说："卷一说'已，语终辞也'，就是'矣'的原始形式。"（66页）但"矣"与"已"的语音形式不同，两者之间没有渊源关系。语气助词"已"由完成义动词"已"语法化而来，其演化过程在春秋战国文献里能清楚地看出来；而"矣"最早见于《尚书》，在《诗经》里已有大量用例。

"矣"有两种功能。其一是表示事件的已然或者将然。表示已然例如：

(9) 太子曰："君非姬氏，居不安，食不饱。我辞，姬必有罪。君老矣，吾又不乐。"（僖公四年）

(10) 将杀里克，公使谓之曰："微子，则不及此。虽然，子杀二君与一大夫，为子君者，不亦难乎？"对曰："不有废也，君何以兴？欲加之罪，其无辞乎？臣闻命矣。"伏剑而死。（僖公

十年)

(11)将适齐,谓季隗曰:"待我二十五年,不来而后嫁。"对曰:"我二十五年矣,又如是而嫁,则就木焉。请待子。"(僖公二十三年)

(12)楚子登巢车,以望晋军。子重使大宰伯州犁侍于王后。王曰:"骋而左右,何也?"曰:"召军吏也。""皆聚于中军矣。"曰:"合谋也。""张幕矣。"曰:"虔卜于先君也。""彻幕矣。"曰:"将发命也。""甚嚣,且尘上矣。"曰:"将塞井夷灶而为行也。""皆乘矣,左右执兵而下矣。"曰:"听誓也。""战乎?"曰:"未可知也。""乘而左右皆下矣。"曰:"战祷也。"(成公十六年)

(13)公使阳处父追之,及诸河,则在舟中矣。(僖公三十三年)

例(9)至(12)都是人物对话,"矣"所表示的已然皆以说话的时间为参照时间。例(13)为史官记叙语言,"矣"所表示的已然以前一句"及诸河"的事件发生时间为参照时间。

有时候,"矣"出现在表示虚拟事件的句子末尾,表示该虚拟事件之已然。例如:

(14)夫狐蛊,必其君也。蛊之贞,风也;其悔,山也。岁云秋矣,我落其实,而取其材,所以克也。实落材亡,不败,何待?(僖公十五年)

(15)秦伯使公孙枝对曰:"君之未入,寡人惧之;入而未定列,犹吾忧也。苟列定矣,敢不承命?"(僖公十五年)

(16)邾文公卜迁于绎。史曰:"利于民而不利于君。"邾子曰:"苟利于民,孤之利也。天生民而树之君,以利之也。民既利矣,孤必与焉。"左右曰:"命可长也,君何弗为?"邾子曰:"命

在养民。死之短长,时也。民苟利矣,迁也,吉莫如之!"遂迁于绎。(文公十三年)

以上各例的"矣"字句都是虚拟句,"矣"表示虚拟事件的已然,后接表达虚拟事件已然带来的结果。"矣"表示将然例如:

(17)羽父请杀桓公,将以求大宰。公曰:"为其少故也,吾将授之矣。使营菟裘,吾将老焉。"羽父惧,反谮公于桓公而请弑之。(隐公十一年)

(18)二年,春,虢公败犬戎于渭汭。舟之侨曰:"无德而禄,殃也。殃将至矣。"遂奔晋。(闵公二年)

(19)冬,晋侯围原,命三日之粮。原不降,命去之。谍出,曰:"原将降矣。"军史曰:"请待之。"(僖公二十五年)

(20)臾骈曰:"使者目动而言肆,惧我也,将遁矣。薄诸河,必败之。"(文公十二年)

(21)子仪之乱,析公奔晋,晋人寘诸戎车之殿,以为谋主。绕角之役,晋将遁矣,析公曰:"楚师轻窕,易震荡也。若多鼓钧声,以夜军之,楚师必遁。"晋人从之,楚师宵溃。(襄公二十六年)

例(17)至(20)"矣"表示将然,以言者说话的时间为参照时间;例(21)"矣"表示将然,以言者提供的"绕角之役"为参照时间。

其二是表示言者对命题的强烈断言语气。例如:

(22)闰月不告朔,非礼也。闰以正时,时以作事,事以厚生,生民之道于是乎在矣。不告闰朔,弃时政也,何以为民?(文公六年)

(23)先轸怒曰:"武夫力而拘诸原,妇人暂而免诸国,堕军实而长寇雠,亡无日矣!"(僖公三十三年)

(24)宣子曰:"乌呼!'我之怀矣,自诒伊戚',其我之谓矣。"(宣公二年)

(25)今其谋曰:"晋政多门,不可从也。宁事齐、楚,有亡而已,蔑从晋矣。"(成公十六年)

(26)庚寅,郑子国、子耳侵蔡,获蔡司马公子燮。郑人皆喜,唯子产不顺,曰:"小国无文德而有武功,祸莫大焉。楚人来讨,能勿从乎?从之,晋师必至。晋、楚伐郑,自今郑国不四、五年弗得宁矣。"(襄公八年)

(27)见舞《韶箾》者,曰:"德至矣哉,大矣!如天之无不帱也,如地之无不载也。虽甚盛德,其蔑以加于此矣,观止矣。若有他乐,吾不敢请已。"(襄公二十九年)

表示已然或将然的"矣"都是从参照时间点上看待事件的状态,属于体(aspect)范畴,而以上各例中的"矣"都与时间视点无关,纯粹表达言者对待命题的认识和态度,表示强烈的断言语气,属于真正的语气(mood)范畴。在《左传》中,"矣"的这种用法基本不见于史官的叙述语言,例(22)是唯一出自史官之口的例子。这正如表示推论语气的"也"不出现在史官的叙述语言里一样。

2 "也""矣"的语气功能比较

表示判断的"也"和表示已然与将然的"矣"在功能上没有交叉,正可谓"相去千里"。但表示推论语气的"也"和表示断言语气的"矣"相当接近,推论也是一种断言,因此两者之间的差异需要说明。

据观察,"也""矣"表达纯语气意义有两点差异。其一,两者体现言者主观性程度不同。表示推论的"也"总是以事实或者事理为据。例如：

(28)公曰："姜氏欲之，焉辟害？"对曰："姜氏何厌之有？不如早为之所，无使滋蔓！蔓，难图也。蔓草犹不可除，况君之宠弟乎？"(隐公元年)

(29)少师归，请追楚师。随侯将许之。季梁止之，曰："天方授楚，楚之嬴，其诱我也。"(桓公六年)

(30)秋，随及楚平，楚子将不许。斗伯比曰："天去其疾矣，随未可克也。"(桓公八年)

(31)公子偃曰："宋师不整，可败也。宋败，齐必还。请击之。"公弗许。(庄公十年)

(32)丕豹奔秦，言于秦伯曰："晋侯背大主而忌小怨，民弗与也。伐之，必出。"(僖公十年)

(33)利而用之，阻隘可也；声盛致志，鼓儳可也。(僖公二十二年)

(34)郑子华之弟子臧出奔宋，好聚鹬冠。郑伯闻而恶之，使盗诱之。八月，盗杀之于陈、宋之间。君子曰："服之不衷，身之灾也。《诗》曰：'彼己之子，不称其服。'子臧之服，不称也夫！"(僖公二十四年)

例(28)"蔓，难图也"的推论依据是"蔓草犹不可除，况君之宠弟"。例(29)"楚之嬴，其诱我也"的推论依据是"天方授楚"。例(30)"随未可克也"的推论依据是"天去其疾矣"。例(31)"可败也"的推论依据是"宋师不整"。例(32)"民弗与也"的推论依据是"晋侯背大主而忌小怨"。例(33)"阻隘可也"的推论依据是"利而用之"，"鼓儳可也"的推论依据是"声盛致志"。例(34)"不称也夫"的推论依据是子臧因好聚鹬冠而遭杀身之祸。

"矣"表示断言语气不一定需要事实或者事理依据,往往只是表达言者个人的一种看法或主张。例如:

(35)公子吕曰:"国不堪贰,君将若之何?欲与大叔,臣请事之;若弗与,则请除之,无生民心。"公曰:"无庸,将自及。"大叔又收贰以为己邑,至于廪延。子封曰:"可矣。厚将得众。"(隐公元年)

(36)公子州吁,嬖人之子也。有宠而好兵,公弗禁。庄姜恶之。石碏谏曰:"臣闻爱子,教之以义方,弗纳于邪。骄、奢、淫、泆,所自邪也。四者之来,宠禄过也。将立州吁,乃定之矣;若犹未也,阶之为祸。夫宠而不骄,骄而能降,降而不憾,憾而能眕者,鲜矣。"(隐公三年)

(37)初,郑伯将以高渠弥为卿,昭公恶之,固谏,不听。昭公立,惧其杀己也,辛卯,弑昭公而立公子亹。君子谓昭公知所恶矣。公子达曰:"高伯其为戮乎!复恶已甚矣。"(桓公十七年)

(38)夏,宋公伐郑。子鱼曰:"所谓祸在此矣。"(僖公二十二年)

(39)己巳,晋师陈于莘北,胥臣以下军之佐当陈、蔡。子玉以若敖之六卒将中军,曰:"今日必无晋矣。"(僖公二十八年)

正因为"矣"所表达的断言语气能体现言者的个人看法或主张,所以在《左传》中史官引用君子评价历史人物之言,其中往往有"矣"字。例如:

(40)君子曰:"宋宣公可谓知人矣。"(隐公三年)

(41)郑伯使卒出豭,行出犬、鸡,以诅射颍考叔者。君子谓郑庄公:"失政刑矣。政以治民,刑以正邪。既无德政,又无威刑,是以及邪。邪而诅之,将何益矣!"(隐公十一年)

(42)六年,春,王人救卫。夏,卫侯入,放公子黔牟于周,放宁跪于秦,杀左公子泄、右公子职,乃即位。君子以二公子之立黔牟为不度矣。(庄公六年)

(43)秋,七月丙申,振旅,恺以入于晋,献俘、授馘,饮至、大赏,征会讨贰。杀舟之侨以徇于国,民于是大服。君子谓文公其能刑矣,三罪而民服。(僖公二十八年)

"也""矣"的这种差别通过下面两个对比可以更清楚地看出来:

(44)a. 楚子伐郑。子驷将及楚平,子孔、子蟜曰:"与大国盟,口血未干而背之,可乎?"子驷、子展曰:"吾盟固云'唯强是从',今楚师至,晋不我救,则楚强矣。盟誓之言,岂敢背之?且要盟无质,神弗临也。所临唯信,信者,言之瑞也,善之主也,是故临之。明神不蠲要盟,背之,可也。"乃及楚平。(襄公九年)

b. 战于长勺。公将鼓之。刿曰:"未可。"齐人三鼓。刿曰:"可矣!"齐师败绩。公将驰之。刿曰:"未可。"下,视其辙,登轼而望之,曰:"可矣!"遂逐齐师。(庄公十年)

(45)a. 臣闻之:唯则定国。《诗》曰:"不识不知,顺帝之则。"文王之谓也。又曰:"不僭不贼,鲜不为则。"无好无恶,不忌不克之谓也。(僖公九年)

b. (楚子)曰:"无从晋师!晋侯在外十九年矣,而果得晋国。险阻艰难,备尝之矣;民之情伪,尽知之矣。天假之年,而除其害,天之所置,其可废乎?军志曰:'允当则归。'又曰:'知难而退。'又曰:'有德不可敌。'此三志者,晋之谓矣。"(僖公二十八年)

例(44)a"背之,可也"是基于"明神不蠲要盟"的推论,而例(44)b第一个"可矣"并不是基于"齐人三鼓"所做出的推论,第二个"可矣"也不是基于"下,视其辙,登轼而望之"所做出的推论。例(45)a"文王之谓也"是对所引诗句的解释,同样,"无好无恶,不忌不克之谓也"也是对所引诗句的解释。而例(45)b"晋之谓矣"是根据所引军志之言对晋国当时政治状况的一种断言。

其二,"也"所表示的推论语气由于总是以事实或事理为据,因而它所体现的断言语气强度相对较弱;"矣"所表示的断言语气由于可以完全出于言者的个人观点,因而其断言语气强度比"也"要高。比较下面的例子:

(46)a.卫宁武子来聘,公与之宴,为赋《湛露》及《彤弓》。不辞,又不答赋。使行人私焉。对曰:"臣以为肄业及之也。昔诸侯朝正于王,王宴乐之,于是乎赋《湛露》,则天子当阳,诸侯用命也。诸侯敌王所忾,而献其功,王于是乎赐之彤弓一、彤矢百、玈弓矢千,以觉报宴。今陪臣来继旧好,君辱贶之,其敢干大礼以自取戾?"(文公四年)

b.夫人氏之丧至自齐。君子以齐人之杀哀姜也为已甚矣。女子,从人者也。(僖公元年)

例(46)a卫国的宁武子到鲁国聘问,鲁公在宴会上为他赋《湛露》和《彤弓》两首诗,完全不合乎周礼,所以宁武子不辞谢,也不答赋。而鲁公却不明白宁武子为什么会这样,还派人私底下去探问缘故。宁武子不便明说鲁公失礼,于是委婉地说"臣以为肄业及之也"。这句话的意思是:我以为熟悉《诗经》的人知道呢。例(46)b是史官借君子之口表达对齐国杀死哀姜这件事情的批评。哀姜是鲁庄公的妻子,她不仅与一个臣子私通,还参与了闵公夺取君位的阴谋,但是史官认为她一个女子,即使有诸多不淑,也罪不至死,更不应该由她的娘家人来处置她,杀死她。"君子以齐人之杀哀姜也为已甚矣。"断言语气是很强烈的。

在《左传》中,除了"也""矣","也已"和"其……乎"也能表示断言语气。"也已"表示断言语气不像"矣"那样完全可以不需要事实或事理依据,但也不像"也"那样完全依赖于事实或事理。例如:

(47)晋桓、庄之族偪,献公患之。士蒍曰:"去富子,则群公子可谋也已。"(庄公二十三年)

(48)子文闻其死也,曰:"古人有言曰:'知臣莫若君。'弗可改也已。"(僖公七年)

(49)公厚敛焉,陈氏厚施焉,民归之矣。《诗》曰:"虽无德与女,式歌且舞。"陈氏之施,民歌舞之矣。后世若少惰,陈氏而不亡,则国其国也已。(昭公二十六年)

(50)今闻夫差,次有台榭陂池焉,宿有妃嫱嫔御焉;一日之行,所欲必成,玩好必从;珍异是聚,观乐是务;视民如雠,而用之日新。夫先自败也已,安能败我?(哀公元年)

"(其)……乎"表示断言语气不仅依赖于事实或事理,而且明显带有测度和不肯定性,在语用上往往用于需要委婉表达的场合。例如:

(51)周内史闻之曰:"臧孙达其有后于鲁乎!君违,不忘

谏之以德。"(桓公二年)

(52)对曰:"童谣云:'丙之晨,龙尾伏辰;均服振振,取虢之旗。鹑之贲贲,天策焞焞,火中成军,虢公其奔。'其九月、十月之交乎! 丙子旦,日在尾,月在策,鹑火中,必是时也。"(僖公五年)

(53)二十一年,春,宋人为鹿上之盟,以求诸侯于楚。楚人许之。公子目夷曰:"小国争盟,祸也。宋其亡乎! 幸而后败。"(僖公二十一年)

(54)舜有大功二十而为天子,今行父虽未获一吉人,去一凶矣。于舜之功,二十之一也,庶几免于戾乎!(文公十八年)

根据上述情况可以看出,"矣""也已""也""(其)……乎"四者在断言语气的强弱程度上构成一个连续统,"矣"字最强,"也已"次之,"也"字较弱而"(其)……乎"最弱,如下图:

矣 ＞ 也已 ＞ 也 ＞ (其)……乎

参考文献

洪　波　2000　先秦判断句的几个问题,《南开学报》第5期。
刘承慧　2007　先秦"矣"的功能及其分化,《语言与语言学》8.3。
──── 2008　先秦"也""矣"之辨──以《左传》文本为主要证据的研究,《中国语言学集刊》第2卷第2期。
蒲立本　1995　古汉语体态的各方面,《古汉语研究》第2期。

汉语时间分句的表达功能及形成机制*

匡鹏飞　龚琼芳

（华中师范大学语言与语言教育研究中心
武汉理工大学政治与行政学院汉语言学系）

如果复句的某一分句主要用于表达与另一分句所述事件有关的时间意义，这样的复句就是"时间复句"。其中，表示时间的分句称为"时间分句"，被修饰的分句称为"正分句"。我们曾发表过系列论文，对时间复句进行过一些专题性研究（匡鹏飞，2010a、2010b、2011、2013；龚琼芳、匡鹏飞，2013）。本文以上述研究为基础，着重探讨时间复句中时间分句的时间表达功能和时间分句的语法化问题。本文所用语料，凡没有注明出处的，皆来自北京大学中国语言学研究中心语料库（CCL语料库）。

1　时间分句的时间表达方式

时间复句由时间分句和正分句两个部分构成。其中，正分

---

* 本研究得到国家社科基金一般项目"现代汉语事件表述中的时间量研究"（11BYY086）和教育部人文社科重点研究基地重大项目"汉语词汇和语法关联互动的理论探讨与专题研究"（14JJD740006）的资助。

句表述主要事件,是复句的表义重心,时间分句为正分句所述事件提供时间背景,其主要功能是表示正分句所述事件发生或持续的时间。

由于时间分句组成成分和语义内容的差异,它对事件时间的表达也有不同的方式。具体来说,主要有以下两种方式。

1.1 时间背景式

时间背景式的主要特点是:时间分句中的主要成分是各种形式的时间词语,时间分句通过时间词语所指示的时间概念,或直接或间接地表达正分句所述事件的发生或持续时间。

时间背景式是一个大类,根据具体表达事件时间的不同方式,又可以分为直接表达和间接表达两种不同的方式。

所谓直接表达,是指时间分句中时间词语所包含的时间概念就是正分句所述事件发生或持续的时间。例如:

(1)那是1985年的冬天,我受编辑部之派,到贫困县磐安最穷的村之一———仁川乡下石岗村蹲点采访。

(2)大约有两年的光景,王腊狗和安素小姐在一条穿过桑树林子的黄泥小路上天天相遇。(池莉《预谋杀人》)

(3)到了1965年,宇宙背景辐射的发现使大爆炸说重见天日。

例(1)和例(3)中,"1985年的冬天"和"1965年"就是正分句所述事件发生的时间;例(2)中,"两年"就是正分句所述事件持续的时间。

在这种类型中,还有一种较为特殊的情况,即时间分句中虽然不出现时间词语,但其主要内容却是人们常用的表示时间的语言形式,如天象变化、钟表走时等,它所含蓄表示的时间概念就是正

分句所述事件发生的时间。例如:

(4)天将破晓了,起床号还没吹。(李存葆《高山下的花环》)

(5)时钟敲了八下,王族驾临,表演开始。

例(4)通过"天将破晓了"表达"黎明之前"这一时刻,例(5)通过"时钟敲了八下"表达"八点钟"这一时刻,两者均是正分句所述事件发生的时间。

所谓间接表达,是指时间分句中时间词语所包含的时间概念并非正分句所述事件发生或持续的时间,但却是与之密切相关的一个时间概念,通过这一时间概念间接地表示了事件发生或持续的时间。例如:

(6)过了正月十五,有了悔改之意的李恒由其父亲带领到俱乐部要求归队。

(7)过了两年,石勒在襄国自称皇帝,国号仍是赵。

(8)到了三个小时,我进去催了第二次。

例(6)中的时间词语"正月十五"并非正分句所述事件的发生时间,其发生时间应是"正月十五"之后的一天;例(7)中的时段时间词语"两年"并非正分句所述事件的持续时间,也不是其发生时间,而是参照时间与事件发生时间之间的时间间隔,在参照时间的基础上再加两年,便是事件发生时间,但参照时间在时间分句中是未知的,它隐含在上文之中;例(8)中的时段时间词语"三个小时"并不能直接指明正分句所述事件的发生时间,该时段的起点是参照时间,终点才是事件发生时间,但参照时间在时间分句中也是未知的,同样隐含在上文之中。

无论是直接表达,还是间接表达,时间分句的主要内容都是各种形式的时间概念,这种时间复句我们称之为"时间背景类时间复句"。

1.2 事件背景式

事件背景式的主要特点是:时间分句表述一个事件,并以这一事件的发生时间作为背景,来表达正分句所述事件的发生时间。在整个复句中,时间分句所述事件是次要事件,只起提供背景信息的作用,正分句所述事件是主要事件,是复句表义的重心。

事件背景式时间表达方式所表示的事件时间,都是一种相对时间,即以时间分句所述事件的发生时间作为参照时间,来观察正分句所述事件发生时间与它的相对关系。从这个角度来看,这种时间表达方式又可以分为同时、先时和后时三个小类。

所谓同时,是指正分句所述事件与时间分句所述事件的发生时间相同。从时间分句表达事件时间的角度来看,时间分句所述事件的发生时间即是正分句所述事件的发生时间。例如:

(9)姜永泉正跟刘区长商量对策,德强悄悄爬过来。(冯德英《苦菜花》)

(10)她正要去打水,恰巧碰见勤杂工秀英。(杨绛《洗澡》)

例(9)正分句所述事件"德强悄悄爬过来"与时间分句所述事件"姜永泉跟刘区长商量对策"同时发生,后者是前者的时间背景;例(10)正分句所述事件"(她)碰见勤杂工秀英"与时间分句所述事件"她正要去打水"同时发生,后者是前者的时间背景。

所谓先时,是指正分句所述事件先于时间分句所述事件发生。从时间分句表达事件时间的角度来看,时间分句所述事件只是一个时间背景,正分句所述事件发生在它之前。例如:

(11)梁松到了五溪,马援已经害病死了。

(12)等我回到盥洗台前,他已经把热水给我打开了。

例(11)正分句所述事件"马援害病死了"发生在时间分句所述

事件"梁松到了五溪"之前,后者是前者的时间背景;例(12)正分句所述事件"他把热水给我打开了"发生在时间分句所述事件"我回到盥洗台前"之前,后者是前者的时间背景。

所谓后时,是指正分句所述事件后于时间分句所述事件发生。从时间分句表达事件时间的角度来看,时间分句所述事件只是一个时间背景,正分句所述事件发生在它之后。[①]例如:

(13)娟子刚穿好衣服,敌人就闯进来。(冯德英《苦菜花》)

(14)周大勇手一摆,六连连长卫刚指挥战士们爬上窑顶。(杜鹏程《保卫延安》)

例(13)正分句所述事件"敌人闯进来"发生在时间分句所述事件"娟子穿好衣服"之后,后者是前者的时间背景;例(14)正分句所述事件"六连连长卫刚指挥战士们爬上窑顶"发生在时间分句所述事件"周大勇手一摆"之后,后者是前者的时间背景。

无论是同时、先时还是后时,时间分句的主要内容都是表述一个事件并以该事件的发生时间作为正分句所述事件的时间背景,这种时间复句我们称之为"事件背景类时间复句"。

2 时间分句表达时间的特点

时间分句是一个句子,它对于事件时间的表达,与时间词和时间短语存在明显差异,因而具有较为明显的特色。主要表现在以下几个方面。

2.1 陈述性

所谓陈述性,是指时间分句用句子的形式表达特定的时间信息。时间词和时间短语对于事件时间的表达,一般是通过指称的方式,即通过其时间概念本身,来直接表达事件时间。但是,时间分句作为句子这一层面的语法单位,它与词和短语的最大区别是具有陈述性。因此,时间分句是通过陈述的方式来表达事件时间;或者陈述某个时间概念,通过这个时间概念提示事件的发生时间;或者陈述某个事件,以这一事件的发生时间作为参照来表明另一事件的发生时间。

由于时间分句本身是个句子,因此它在形式上比时间词和时间短语复杂。当它陈述某个时间概念时,句子中不仅包括时间概念,还包括谓词、时体标记等其他成分;当它陈述某个事件时,句子中也可以包含时体标记或时间词和时间短语。例如:

(15)到了1994年,绝大多数东欧国家的经济爬出谷底而回升。

(16)时钟敲过9下,徐虎穿着沾满污迹的工作服,拎着工具袋回家来了。

(17)正跑着,迎面并排走来三个鬼子。(冯德英《苦菜花》)

(18)1998年我挑他进国家队,巴特尔和王治郅已经在国家队了。

前两例,时间分句陈述某个时间概念,句子中出现了"了""过"等时体标记;后两例,时间分句陈述某个事件,句子中出现了时体标记"着"和时间词语"1998年"。

2.2 隐含性

所谓隐含性,是指时间分句并非直截了当地以单纯词汇形式指出事件时间,而是把时间信息隐含在时间分句这个句子之中。根据时间分句时间表达方式的不同,隐含性的体现形式也有所不同。

对于时间背景类时间复句而言,时间分句是将事件时间隐含于句子中的时间词语或其含蓄表达的时间概念之中。例如:

(19)已经是9月下旬了,有些晚稻还没有收割。

(20)太阳落山了,只要他的哨子一吹,成群的猪就乐呵呵地跟着他往回跑。

例(19),时间分句将正分句所述事件的发生时间隐含于它所包含的时间词语"9月下旬"之中;例(20),时间分句将正分句所述事件的发生时间隐含于"太阳落山了"所含蓄表达的时间概念之中。

对于事件背景类时间复句而言,时间分句是将正分句所述事件的发生时间隐含于自身所表述的事件之中。例如:

(21)我正要移动,有人踩了我的左脚。

(22)他们刚翻过一道山岭,迎头又响起密集的枪声。(冯德英《苦菜花》)

例(21),时间分句将正分句所述事件的发生时间隐含于它所表述的事件"我正要移动"之中,这一事件发生的时间即正分句所述事件的发生时间;例(20),时间分句将正分句所述事件的发生时间隐含于它所表述的事件"他们刚翻过一道山岭"之中,正分句所述事件的发生时间在这一事件发生时间之后。

陈述性和隐含性都体现出时间分句相对于时间词和时间短语而言是一种较为间接的时间表达方式。

2.3 多功能性

所谓多功能性,是指时间分句除了提示时间信息之外,往往还有衔接上文、表达时间的动态推移、进行视点转换等其他功能。

时间分句是一个句子,句子是比词和短语高一层级的语法单位,其语法功能自然也就比时间词和时间短语要丰富得多。时间分句在指示时间信息之外的其他功能,主要来自于两个方面:一是句子中除了时间词语或表述时间成分之外的其他成分,如复句标记、时体标记、指示代词等;二是时间分句与正分句、时间复句与其他句子经联结后所形成的语境。

具体而言,时间分句的其他功能主要包括以下几种。

2.3.1 语篇衔接功能

时间分句中常常会有人称代词、指示代词或上文出现过的有定成分,这些成分通过对上文有关人物、事物的回指,实现语篇中句子与句子之间的关联衔接。例如:

(23)他正想打个电话问问前面的战况,电话铃响了起来。(吴强《红日》)

(24)那是一九四七年夏,国民党向山东发动了重点进攻。(李存葆《高山下的花环》)

(25)一家人正哭得难割难舍,恰好高一功到陈家湾有事,知道了这情形,立刻给他一些周济。(姚雪垠《李自成》第一卷)

上述三例中时间分句的基本功能都是陈述正分句所述事件发生的时间背景,但同时还通过代词"他""那"和表示有定的"一家人",实现与上文进行衔接的功能。

2.3.2 表达时间的动态推移

时间分句所陈述的时间概念,常常并非某个静止不变的时点或时段,而是一种具有动态推移性的时间历程。因此,与时间词和时间短语只表静态的时间概念不同,时间分句往往能表现出时间的动态变化。例如:

(26)时间已经过了六十年,布哈林对于过渡时期提出的极有启发的问题迄今还有待于进一步研究。

(27)到了1955年,他和睡眠完全绝缘了。

(28)天黑下来,整天以白开水和蒸不熟的凉馒头充饥的人们,拖着冻得快发僵的身子,又投入到了红军夜宿草地高歌《马赛曲》的拍摄中。

例(26),时间分句中的"过了六十年"体现出从六十年前到说话时的一种时间推移;例(27),时间分句"到了1955年"体现出从1955年之前到1955年的一种时间推移;例(28),时间分句"天黑下来"体现出天黑之前到天黑之时的一种时间推移。

不过,这种功能主要是时间背景类时间复句中的时间分句才具有,并且具有两个方面的特点:一是其功能的产生多与时间分句中特定的词汇和语法手段有关,如表示时间推移的动词"过""到"等以及体现时间动态性的一些体标记"了""下来"等;二是动态推移的前提是有一个参照时间,这个参照时间在时间分句中可以是已知的,但更常见的情况是隐含在上文中的。

2.3.3 进行话题转换

在事件背景类时间复句中,时间分句和正分句都陈述了一个事件,但前者是次要事件,是时间背景信息,后者是主要事件,是前景信息。其中,前后分句的主语可以相同,但以不相同更为常见。当前后分句的主语不相同时,时间分句的主语往往是旧信息,是上文出现过的人物或事物,一般会用同形回指或代词回指的方式与上文进行衔接照应,而正分句的主语虽然既可以是上文出现过的,也可以是没有出现过的,但无论怎样,它相对于时间分句的主语来说都是一个新的陈述对象。因此,从时间分句主语到正分句主语

的改变,实际上起到了话题转换的作用。这种话题转换,同时也进一步凸显了正分句在复句中表述主要事件的地位。例如:

(29)我正犯心思,新支书来了。

(30)徐明洗漱完,妻子已经把早餐做好了。

(31)他们刚刚坐好,小勤务员端进洗脸水来。

上述三例中,时间分句的主语都是上文中已提及的人物,它一方面具有衔接上文的功能,另一方面为正分句的话题转换进行铺垫,从而实现时间分句表述时间背景的功能。

需要说明的是:上述功能有的适用于全部时间复句,如语篇衔接功能;有的只适用于部分时间复句,如表达时间的动态推移只有时间背景类时间复句才可能具有,进行话题转换只有事件背景类时间复句才可能具有。但是,即使是适用于某类时间复句,也不意味着这类时间复句一定要具备这种功能。因此,除了表述事件时间之外的这些功能,有的时间复句可能会有几种,有的可能只有一种,有的可能一种也没有。

2.4 多样性

所谓多样性,是指时间分句表达时间的方式和所表达的时间内容多种多样。

从方式上来看,既可以较为直接,也可以含蓄间接,这在 1.1 部分已进行了阐述,此处不再重复。

从内容上来看,既可以表达时点性时间,也可以表达时段性时间,既可以是绝对时间,也可以是相对时间或是两者相结合。

在时间背景类时间复句中,时间分句主要表达的是时点性时间,即正分句所述事件发生的时间,但有时也可以是时段性时间,即正分句所述事件持续的时间,比如上述例(2)中的"两年"。此外,时间背景类时间复句的时间分句所表达的一般都是绝对时间,其时间词语一般都明确表示时间轴上的某个具体时间,如例(1)中的"1985年的冬天""1965年"等。事件背景类时间复句的时间分句所表达的一般都是相对时间,即正分句所述事件以时间分句所述事件作为参照的一种相对时间关系,但如果在时间分句中出现了具体的时间词语,那么就是相对时间和绝对时间的双重表达。比如,上述例(18)中的"1998年我挑他进国家队","1998年"是时轴上的一个具体的点,属于绝对时间,"我挑他进国家队"是正分句所述事件发生时间的参照时间,属于相对时间。

3 时间分句的形成机制

时间分句这一时间表达形式,在先秦时期就已出现(匡鹏飞,2010b)。那么,这种表达事件时间的语法手段是如何从无到有、如何语法化而来的?本节重点探讨时间分句的形成机制问题。由于时间背景类时间分句和事件背景类时间分句在结构和时间表达方式上的差异,两者的语法化途径和形成机制有所不同。

3.1 时间词语的陈述化

时间背景类时间分句的形成机制是时间词语的陈述化,即在时间词语的基础上添加动词,或是将时间词语改换成具有陈述性的表示时间意义的句子,从而使指称性时间变为陈述性时间。例如:

(32)二年以内,君必无患。→不过二年,君必无患。(《左传·庄公二十四年》)

(33)第二天,他回来了。/一天以后,他回来了。→过了

79

一天,他回来了。

(34)一九四七年夏,国民党向山东发动了重点进攻。→那是一九四七年夏,国民党向山东发动了重点进攻。

时间背景类时间复句的时间分句一般都包含时间词语。在表达时间方面,时间词和时间短语是较为简短、直接的方式,相对而言,时间分句不仅形式复杂而且多是间接表达。因此,从语言发展演变的角度来看,时间分句这种时间表达方式一定产生在时间词和时间短语之后。那么,时间背景类时间分句的形成,不妨看成是在时间词语的基础上添加动词及其他成分使之成为句子而形成的。经过这种添加,指称性时间就转变为陈述性时间。无论是古代汉语还是现代汉语,这一机制都是相同的。如上述例(32),同样的意思,如果用短语来表达,就是"二年以内",这属于指称性时间,如果添加动词"过"说成"不过二年",就由时间短语变为时间分句,从而成为陈述性时间了。例(33),既可以用短语形式的"第二天""一天以后",但如果添加动词说成"过了一天"之后,就是时间分句,从而成为陈述性时间。例(34),"一九四七年夏"是时间短语,"那是一九四七年夏"是时间分句,从前者到后者,既是时间分句的语法化,也是时间词语的陈述化。

当然,即使意思大致相同,时间词、时间短语与时间分句在语义和功能上也并非完全对等。时间分句对事件时间的表述有其自身的特点,对此,本文前两部分已进行了全面论述。

对于时间分句中不包含时间词语的含蓄表达式来说,情况要稍微特殊一些。它虽然不是直接由一个时间词语通过陈述化的方式而形成,但却可以看成是由某个指称性的时间改换成与之同义的陈述性时间之后而形成的。例如:

(35)昧旦之时,颠倒衣裳。→东方未明,颠倒衣裳。(《诗经·齐风·东方未明》)

(36)黎明之前,起床号还没吹。→天将破晓了,起床号还没吹。

例(35)的"东方未明"即指"天将明未明的时候",这一表述形式是陈述的方式。在上古汉语中还有"昧旦"等时间名词,表达同样的时间意义。因此,"东方未明"可以看成是由"昧旦"之类的时间词转化为陈述性同义形式之后而形成的。同样,例(36)的"天将破晓了",可以看成是由"黎明之前"之类的时间短语转化为陈述性同义形式之后而形成的。

时间词语的陈述化,其产生动因来自于人们对于时间表达的精细化、生动性,以及表达手段多样化的追求。从这一意义上来说,与大多数语法化现象的动因是"语用推理"不同,它的形成,虽然也是由于语用因素的推动,但并不涉及听说双方,而只与说话人一方有关,并不是一种由无意识行为而导致的语言演变,而是一种有意识的语言行为而产生的结果。

3.2 事件表述的时间化

事件背景类时间分句的形成机制是事件表述的时间化,即通过句子的联结,使仅表述事件本身的单句变为以事件作为时间背景的分句,从而由单纯陈述事件变为通过陈述事件表达时间背景。例如:

(37)荆轲游于邯郸。→荆轲游于邯郸,鲁句践与荆轲博,争道……。(《史记·刺客列传》)

此例中,如果"荆轲游于邯郸"是个单句,则只是单纯陈述这一事件,与时间表达无关;但它经与其他小句联结为复句,变成表示时间背景的分句之后,就不再只是对事件本身的简单陈述,而是通过陈述这一事件,以该事件发生的时间作为后续小句的时间背景。

有时,时间分句中常会出现时间副词或时间名词,这就更加强化了它表示时间背景的功能。例如:

(38)令初下,群臣进谏。(《战国策·齐策》)

(39)晨往,寝门辟矣,盛服将朝。(《左传·宣公二年》)

例(38)时间分句中出现了时间副词"初",例(39)时间分句中出现了时间名词"晨",它们更加强化了时间分句表示时间的意味。

事件表述的时间化,其动因来自于人们对客观世界各个事件之间在时间关联性方面认识的深化,并在一定程度上丰富了事件时间的表达方式。

3.3 时间分句形成发展过程中的伴随现象

匡鹏飞(2011)曾对上古汉语、近代汉语和现代汉语时间复句的历时演变和主要差异做过一些初步的描写和讨论。在该文基础上,我们进一步认为,时间分句在语法化及之后的发展变化过程中,同时还伴随着以下两种演变现象:一是时间分句表达形式的丰富化,二是时间分句特定标记的虚化。时间分句的表达形式,经历了由简单到复杂的发展变化。比如,上古汉语中,无标式时间背景类时间复句还没有出现直陈式,含蓄式则非常少见,有标式也相对较为简单,[②]从上古汉语到现代汉语,时间背景类时间复句表达时间的手段越来越丰富,形式也越来越复杂。时间分句的特定标记,在上古汉语时期不仅数量相对较少,而且动词或介词性较强,连词化倾向还不太明显。但在时间复句的发展演变中,一方面,一些旧标记逐渐退出历史舞台,新标记逐渐取代旧标记,另一方面,标记的连词性越来越明显,标记功能越来越鲜明。

4 结语

时间分句是时间复句中为正分句所述事件提供时间背景的分句。根据时间分句组成成分和语义内容的差异,它对事件时间的表达可以分为时间背景式和事件背景式两种不同的方式。时间背景式又可以分为直接表达和间接表达两个小类,事件背景式又可以分为同时、先时和后时三个小类。时间分句表达事件时间的特点,可以概括为陈述性、隐含性、多功能性和多样性,这些特点体现了时间分句与时间词、时间短语在时间表达功能上的差别。时间分句的形成机制,主要是时间词语的陈述化和事件表述的时间化,在时间分句形成发展的过程中,还伴随着时间分句表达形式的丰富化和时间分句特定标记的虚化等相关语言演变现象。

附 注

① 我们对后时性事件背景复句的认定,按照"抓住特定标记、突出时间关系"的原则,将其限定为以下几种句式:(1)刚 VP_1,(就)VP_2;(2)一 VP_1,(就)VP_2;(3)VP_1,正(在)VP_2;(4)等(到)VP_1,VP_2。限于篇幅和文章主旨,在此不做详细论证。

② 关于无标式时间背景类时间复句及其分类和有标式时间背景类时间复句,详见匡鹏飞(2013)。

参考文献

戴浩一 1988 时间顺序和汉语的语序,黄河译,《国外语言学》第 1 期。
龚琼芳、匡鹏飞 2013 先时性事件背景类时间复句,《云南师范大学学报》(对外汉语教学与研究版)第 6 期。
匡鹏飞 2010a 后时性时间背景复句,《汉语学报》第 2 期。

匡鹏飞　2010b　上古汉语时间复句说略,《华中师范大学学报》(人文社会科学版)第 5 期。
——　2011　《儿女英雄传》时间复句研究,载《汉语史研究集刊》(第十四辑),巴蜀书社。
——　2013　无标式时间背景复句,《汉语学习》第 6 期。
李宇明　2000　《汉语量范畴研究》,华中师范大学出版社。
吕叔湘　1942/1982　《中国文法要略》,商务印书馆。
彭晓辉　2010　"等"的语法化:糅合导致的重新分析,《语言研究》第 2 期。
陶红印、张伯江　2000　无定式把字句在近、现代汉语中的地位问题及其理论意义,《中国语文》第 5 期。
王　志　1998　时间副词"正"的两个位置,《中国语文》第 2 期。
邢福义　2001　《汉语复句研究》,商务印书馆。

论"汇拢"源义总括副词的演变规律与例外[*]

雷冬平　胡丽珍

(湘潭大学文学与新闻学院)

0　引言

语言研究的主要任务就是探索各种语言的内在规律,从而进一步探索人类语言的本质和共性。因而,对不同语言中具有共同性的发展趋势的语言现象的归纳和总结,成为探讨人类语言本质的前期工作。也就是说,要找出语言的共性,也许要先充分了解语言结构的多样性(沈家煊,2007)。但是语言不是一个均质的系统,在具有共同发展趋势的规律背后,往往有着不守规则的例外。那么要寻找这些规律,必须首先对各种各样被认为是例外情况的现象进行研究分类(石毓智,2003)。因为例外可能就蕴含了规律,正如青年语法学派所主张的:"语言里没有一条例外是没有规则的,

---

[*] 本文曾在第七届汉语语法化问题国际学术讨论会(华中师范大学,2013年10月)上宣读,研究工作得到湖南省哲学社会科学基金项目(项目号:12YBA300)和国家社会科学基金青年项目(项目号11CYY040)的支持。谨致谢忱!

例外有例外的规则。"(Robert,1964)因此,规律和例外的关系应该是相辅相成的。汉语中,具有"汇拢"义的动词向总括副词演变具有相同的词义演变规律,而在整个词义演变过程中,又具有不少例外,但是这些例外同样隐含着语言演变的某些规律。

1 "总"与"拢"类总括副词的表义规律

1.1 "总"与"拢"

《说文·糸部》:"总(總),聚束也。"段玉裁注:"谓聚而缚之也,恩有散意,系以束之。"也就是说,"总"具有"汇拢"义。如:

(1)万物之总,皆阅一孔;百事之根,皆出一门。(《淮南子·原道训》)

(2)总集瑞命,备致嘉祥。(《文选·张衡〈东京赋〉》)

而"拢"亦有"汇拢"义。如:

(3)聿经始于洛汭,拢万川乎巴梁。(晋·郭璞《江赋》)

(4)桃蕊飘霞,杨花弄风。翠袖生寒,乌云不拢。(元·白朴《董秀英花月东墙记》第四折)

"汇拢"义正含有将动作涉及的对象总括起来的意思,因此二词都可以演变成总括副词。如:

(5)春风十里扬州路,卷上珠帘总不如。(唐·杜牧《赠别》诗之一)

(6)千门万户曈曈日,总把新桃换旧符。(宋·王安石《除日》诗)

以上二例之"总"都是总括副词,相当于"都""皆",是对"总"前对象的概括,如例(6)的"总"是总括前面的"千门万户",表示他们都把新桃换旧符。

(7)造佛道帐之制,自坐龟脚至鸱尾,共高二丈九尺,内外拢深一丈二尺五寸。(宋·李诫《营造法式·小木作制度四·佛道帐》)

"内外拢深"表示"内外都深"之义,"拢"是对"内外"两个方面的总括。《汉语方言大词典》(第3201页)记录了"拢"在闽语中做总括副词的用法,意义为"都"或者"全",具体是"福建厦门读为[loŋ^{53}]、东山读为[loŋ^{42}]"。在台湾闽语中读如福建厦门的读音。如:

(8)他修理阿目,全像老鹰抓小鸡,阿目连还手的机会拢没有。(司马中原《失去监狱的囚犯》)

"拢"的这种用法在粤语中同样有体现,《汉语方言大词典》(第3201页)记录广东揭阳读"拢"为[loŋ^{53}]。如:

(9)全班个人拢未到。

1.2 "拢总"

具有相同功能的"拢"和"总"同样也可以构成并列双音节的总括副词"拢总"。如:

(10)多不过一卷两卷,少只好片言半语。拢总收来,仅有两小包袱。(《后西游记》第三十九回)

(11)我说凹而,敏姆,喊无,色姆,克兰司,是说拢总分几班?他说一脱一司,土昔克司,克兰司,俺午特,夫挨害无,克兰司,土台温,克兰司,土挪害脱,是说就是共总六班。(《海上尘天影》第五十三回)

(12)他心中痛快,身上轻松,仿佛把自从娶了虎妞之后所有的倒霉一股拢总都喷在刘四爷身上。(老舍《骆驼祥子》)

例(10)中"拢总收来"即"全部收来"之义,例(11)中的"拢总"

与下文的"共总"同义,例(12)中"拢总都"表示"全部都"之义。《现代汉语词典》(2012:838)收录了"拢总"一词,标注为副词,并释之为"一共;总共"。如:站上职工拢总五十个人。

"拢总"作为双音节的总括副词在方言中亦有体现。如:

(13)买个东西拢总花了几多钱?

《梅县方言词典》(第238页)释此例"拢总[luŋ˩˩ tsuŋ˧]"为"总共"。"拢总"不仅在粤语中使用,在闽语中也大量使用。如:

(14)拢总十个人。

"拢总十个人"表示"一共十个人"之义。《闽南方言大词典》(第474页)释此例中的"拢总"为"全部;一共;总共"。该词在各地的读音也略有差异,厦门漳州读为[lɔŋ³⁻¹ tsɔŋ³],泉州读为[lɔŋ³⁻² tsɔŋ³]。

虽然"拢"和"总"是同义词,但是在历史文献中并没有发现"总拢"这样的词汇,也就是说,即使是两个同义的单音节语素,它们在构成双音节并列复合词的时候,有时候可能只有一种形式,而另一种逆序的形式并没有产生,或者产生了而在文献中没有保存下来。却是我们在现代汉语方言中发现了有"总拢"这样的词汇,却都是用如动词,而没有副词的用法。《汉语方言大词典》(第4440页)以"总拢"为动词,并释之为"总揽;一把抓"。福建厦门"总拢"读为[tsɔŋ⁵³ laŋ⁵³]。《闽南方言大词典》(第475页)也收录了"总拢"一词,并释之为"全面掌握或包揽",意义和《汉语方言大词典》的释义基本一致,厦门漳州读为[tsɔŋ³⁻¹ laŋ³],泉州读为[tsɔŋ³⁻² laŋ⁵³],用例如:"代志伊总拢,你着去问伊。"从方言词典的记录来看,虽然在闽南方言中同时存在"拢总"和"总拢"一词,但是"总拢"没有副词用法。(当然,如果扩大调查范围,也许可以发现"总拢"的副词用法。)

1.3 "总共""共总"与"拢共""共笼"

《说文·共部》:"共,同也。""共"的本义具有"共同具有或者承受"之义。如:

(15)愿车马,衣轻裘,与朋友共,敝之而无憾。(《论语·公冶长》)

(16)三年之丧,齐疏之服,飦粥之食,自天子达于庶人,三代共之。(《孟子·滕文公上》)

这种语义的"共"同样隐含着"汇拢"的意义,该义用来修饰动词的时候,也可以演变成总括副词,表示"皆、共同、一起"之义。如:

(17)羽生与乾俱出,因擒之,遂平殷州。又共定策推立中兴,拜乾侍中、司空。(《北齐书·高乾列传》)

(18)白露下百草,萧兰共雕悴。(唐·韩愈《秋怀诗》之二,《全唐诗》第三三六卷)

因此,总括副词"总"和"拢"都分别可以和"共"构成同义的双音节总括副词。"总"可以与"共"构成"总共"和"共总"两个同素逆序的并列双音节总括副词。先看"总共"。如:

(19)禀爷,那船上死尸,是一个老的,又是一个小孩儿,又是一个女人,又是三个男子汉,总共六个尸首。(元·无名氏《冯玉兰夜月泣江舟》第三折)

(20)初年叫做开元,不觉又过了九年。总共四十三年。(《醒世恒言》卷三十八)

(21)原来枪头上是个活人心,心是一包血,故此有一枪就有一个红点儿。总共一数,得七七四十九个点子。(《三宝太监西洋记通俗演义》第七十三回)

(22)本朝开科以来,总共九十七个状元,江苏倒是五十五

个。(《孽海花》第二回)

"总共"一词一直到现代汉语普通话都在使用,《现代汉语词典》(2012:1733)收录了"总共"一词,并释之为"一共"。如:

(23)工钱方面总共五万多块,月底发放,还有五六天光景,这算不了怎么一回事。(矛盾《子夜》)

(24)在全地区60多万25至45岁之间的男子中,总共筛选出了这样的对象37800多人。(张平《十面埋伏》)

"总共"在现代汉语方言中也有用例。如《梅县方言词典》中收录了"总共"一条,并释之为"一共"。如:

(25)来开会个总共十个人。

再看"共总"。这个词从近代汉语到现代汉语汉语中皆有表示总括副词的用法。如:

(26)我这里连方丈、佛殿、钟鼓楼、两廊,共总也不上三百间。(《西游记》第三十六回)

(27)主人开箱,却是五十两一包,共总二十包,整整一千两。(《拍案惊奇》卷一)

(28)你娘儿们,主子奴才共总没十个人,吃的穿的仍旧是官中的。(《红楼梦》第四十五回)

(29)请别忘了,我可是一月才共总进六块钱!吃的苦还不算什么,一顿一顿想主意可真教人难过。(老舍《我这一辈子》)

(30)脸上共总有十来根比较重一点的胡子茬儿。(老舍《二马》)

同样,1.1节中的总括副词"拢"也可以和总括副词"共"并列形成双音节的总括副词"拢共"。该词从近代汉语产生后,一直沿

用到现代汉语中。如:

(31)造牙脚帐之制:共高一丈五尺,广三丈,内外拢共深八尺。(宋·李诫《营造法式·小木作制度四·牙脚帐》)

(32)造九脊小帐之制:自牙脚坐下龟脚至脊共高一丈二尺,广八尺,内外拢共深四尺。(宋·李诫《营造法式·小木作制度四·九脊小帐》)

(33)这册子上拢共六十二人,都是当世名人,要请各位按着省分去搜罗的。(《孽海花》第十三回)

(34)把你亲家的门栅捐拨到你身上,你只要拢共缴清这五十块。(张天翼《儿女们》)

(35)从建台到大功告成,拢共不到一个月时间。(吴越《破译密码的奇才》)

(36)我们俩身上拢共包圆也不过十来块钱。(王朔《千万别把我当人》)

《现代汉语词典》(2012:838)收录了"拢共"一词,标注为副词,并释之为"一共;总共"。同时,现代汉语方言中也保留了"拢共"表示总括副词的用法。李申(1985:263)就明确指出了徐州方言中"拢共"[luŋ35 kuŋ42]义同"一共,总共"。基本用法是表示数量的总和,后面跟着数量词。例如(以下四例转引自李申,1985):

(37)买了三十斤苹果,拢共花了九块钱。

(38)家里拢共还剩三十斤米。

"拢共"也可以直接修饰数量词。例如:

(39)几个人的工资加起来,拢共一百八十元。

(40)从家里到妈妈的学校,再到爸爸厂,拢共八里路。

另外,《闽南方言大词典》(第474页)中也收录了"拢共"一词,认为义同"拢总"(详上文"拢总"),只是各地的读音有些差异,厦门读为[ləŋ³⁻¹ kiɔŋ⁶],泉州读为[liəŋ[←ləŋ]³⁻² kiɔŋ⁵]。

虽然"拢共"一词未见同形的同素逆序同义词"共拢",但却在方言中发现"共笼"一词,《汉语方言大词典》(第1637页)指出该词在江淮官话中使用,如江苏涟水就有使用,读为[kɔŋ⁼ ⁼nɔŋ]。我们认为"共笼"义同"共拢",因为"笼"亦有"包括;聚拢"之义。如:

(41)遣私情以标至公,拟宇宙以笼万殊。(晋·葛洪《抱朴子·君道》)

(42)丘之小不能一亩,可以笼而有之。(唐·柳宗元《钴鉧潭西小丘记》)

又因为"拢"与"笼"语音相同,因此,在方言中,"共笼"与"共拢"实为一词。

此外,还出现了"拢共拢""共拢总"这样的三音节并列的总括副词。先看前者,如:

(43)一会,将家中一切东西拢共拢儿搬来,堆在上房院里。(《红楼复梦》第一回)

(44)这也赔,那也赔,拢共拢儿算我的就完了。(《红楼复梦》第五回)

(45)二月间老爷赏牡丹做群芳会,同着太太、姨娘、姑娘、丫头、嫂子们拢共拢儿坐在一堆赏花饮酒,我见了心中很乐。(《红楼复梦》第十七回)

"拢共拢"在现代汉语方言中还在大量使用。《汉语方言大词典》(第3202页)就以"拢共拢"为副词,并释之为"总共"。在中原官话、山东曲阜都有使用,在江苏徐州也有使用,读为[luŋ³⁵ kuŋ⁴² luŋ³⁵],《徐州方言志》(第263页)也指出了"拢共拢"的用法同"拢共"的用法。《汉语方言大词典》(第3202页)指出在中原官话和江苏徐州还有"拢拢儿"的形式,徐州读为[luŋ³⁵ lūrº]。如:

(46)拢拢儿花了八毛钱。

《徐州方言志》(第263页)则记录为"拢儿拢儿",认为用法同"拢共"。《汉语方言大词典》(第3202页)还记录了"拢共"加后缀形式的一个词"拢共脑儿",该词同样可以用如总括副词,表示"总共"之义,在冀鲁官话中皆有使用,如在河北保定读为[˻luŋkuŋ ˻nau·uər]

再看"共拢总"。它同样是以三个音节并列复合的总括副词。该词不见于历史文献和现代汉语普通话中,但见于闽语中。《汉语方言大词典》(第1637页)释之为"一共;总共",福建建瓯读为[kɔŋ⁴⁴ lɔŋ³³ tsɔŋ²¹],松溪读为[køyŋ⁵⁵ louŋ³³ tsouŋ²¹³]。

1.4 "捞拢"与"捞总"

"捞"在古今汉语中常见的义项是"从水或其他液体中取物"。如:

(47)宜少时住,勿使挠搅,待其自解散,然后捞盛,飧便滑美。(《齐民要术》卷九)

但是在现代汉语方言中,"捞"还有另外一个常见的义项,就是"聚拢;混合"。如:

(48)两帮鸭捞做一起喇。

《南宁平话词典》(第135页)将该例中"捞"释之为"掺合",不是特别准确,不过"掺合"其实就有"聚拢"和"混合"之义。再如:

(49)两个人啯钱捞埋用。

(50)大家啲衫裤都捞乱晒。

(51)呢两种药唔好捞埋食。

《东莞方言词典》(第131页)将此类"捞"解释为"混合"。例

93

(51)的意思是说:这两种药不好合在一起吃。

因此,"捞"同样具有"汇拢"义,它也可以和同义的"拢""总"构成同义的复合词"捞拢"和"捞总"。先看"捞拢"。安福方言中,"捞拢"可以做动词,表示"汇拢"义。如:

(52)把我物个钱捞拢得来看看还有几多唧。

此例的意思是说:把我们的钱合在一起看看还有多少。《汉语方言大词典》(第4707页)也记录了江西赣州蟠龙的客家话也可以说"捞拢",表示"混合到一起"之义,同时也可以有总括副词的用法,表示"总共"义。除此之外,柳州方言中的"捞拢"也可以有总括副词的用法。如:

(53)捞拢才十条排+个人,够你们去忙的啰。

(54)有几久捞拢没够半个月。

《柳州方言词典》就将此类"捞拢"[lɑ˦loŋ˦]解释为"一共,总共"。

再看"捞总"一词。该词在江西安福方言中可做总括副词(其详细用法和特征请详本文第2节)。如:

(55)佢捞总买哩十本书。

(56)佢身上捞总五十块钱。

1.5 小结

通过以上描写,我们可以得出以下规律:

第一,涉及"总""拢"及"共"等具有"汇拢"语义的动词都具备了向总括副词演变的语义基础,并在动词和数量短语前基本都能够演变出总括副词用法。除了上文所论及的诸词,具有"汇拢"义的"合"同样有这样的演变规律。如:

(57)刚柔分,动而明,雷电合而章。(《易经·噬嗑》)

(58)永平中,显宗追感前世功臣,乃图画二十八将于南

宫云台,其外又有王常、李通、窦融、卓茂,合三十二人。(南朝宋·范晔《后汉二十八将传论》)

例(57)之"合"为动词,而例(58)之"合"为总括副词。

第二,"总"类的单音节总括副词基本都能双音化成同义连言的双音节总括副词,并且基本上都存在同素逆序两种形式。

2 "捞总"表义例外的规律性解释

在总结以上两条规律的时候,我们都使用了"基本"一词,因为都存在例外情况。如"捞"具有"混合""聚拢"的语义,但是它没有演变出总括副词的用法。我们认为这是受到常用义压制的结果。不论是在历史文献中,还是在现代汉语方言中,"捞"最常用的意义是"从水或其他液体中取物",而"聚拢"义还是次要意义,使用频率也要远低于前者,因为临界环境的使用频率,即临界频率(彭睿,2011)是词汇项发生语法化的有利推动。这种不能引申的例外不是本文探讨的重点,本文要探讨的是以下三种例外:

2.1 总括副词"捞总"的限定义例外用法的规律解释

2.1.1 总括副词"捞总"的限定义例外用法

上文我们谈到江西安福方言中"捞总"具有总括副词的用法。《汉语方言大词典》(第4708页)指出在江西赣州蟠龙的客家话中"捞总"[lo²⁴ tsəŋ³¹]同样具有总括副词用法,表示"总共"之义。这和前文的总括副词形成规律是一致的。但是在长沙方言中,"捞总"作为总括副词,有表示数量少的意思,这和上文的研究比较起来,又好像是个例外。如:

(59)她屋里劳总只有两个人。

(60)捞总八个人,你抽九双筷子做么子。

《长沙方言词典》(第145页)将此二例中的"捞总"记为"劳总"[lau˩ tsoŋ˧],"劳"字应只是记音,其本字应该是"捞"。并指出"劳总"为副词,表示"总共"义,多指数量不太多。从《长沙方言词典》所举之例来看,表示数量不太多的意义似乎是句中其他成分所传达的,如例(59)中的"只有",或者是由于前后分句语义的对比而凸显的,如例(60)中,单看前一分句"捞总八个人"是看不出表示数量多还是数量少的,因为客观上八个人吃饭并不少,只是由于和后一分句中的"九双筷子"进行对比,"劳总"才具有"只有"之义,意思是说"只有八个人,你拿九双筷子干什么呢?"但是,"捞总"的这种表示限定的用法不是孤证。再如萍乡方言:

(61)捞总十几个人,哪里够得?

《萍乡方言词典》(第231页)认为此例中的"捞总"[lau˩ tsəŋ˧]为"总共;一共"义,但隐含有少的意思。我们觉得,这种隐含的少的意思也应该是因前后分句语义对比的凸显才有的。

再看于都方言中的"捞五"[ləu˩ ŋ˧]。如:

(62)那只屠户老板冇点影_{不应该},偃捞五斫佢四两猪肉,佢少了偃一两零。

(63)偃捞五读哩两年书。

(64)佢底屋里蛮多人食饭哇?——冇,捞五三介人食饭。

《于都方言词典》(第79页)认为此类"捞五"为"仅仅、一共、才"之义,表示数量不多。其中"五"应该是个记音字,因为数字"五"的读音在《于都方言词典》(第219页)中记为[əŋ˧]。因此,"捞五"中的[ŋ˧]可能是某个字音变的结果,本字待考。但不管怎么样,"捞五"一词与"捞拢"和"捞总"是结构和意义都相同的总括副词。

从上面三部方言词典对"捞总"类词的记录来看,前二者认为该词是总括副词,但是隐含有限定义的用法,而《于都方言词典》则认为该词为限定副词。这种现象与前面所谈到的"捞拢"等总括副词又有所不同,本文所涉及的其他总括副词尚未发现这种限定的功能,这就在规律之外又呈现出例外。

2.1.2 范围副词总括与限定互相转化的规律

"捞总"具有限定的用法这一例外中又隐含着总括与限定互相转化的规律。这是因为,这种现象不仅限于"捞总"一词,而是一种普遍存在的语言现象。王锳先生(1986:280—281)早就发现了范围副词"亦"既具有限定的用法,表示"只,仅"义,又具有总括的用法,表示"总,多"义。如:

(65)卷帘唯白水,隐几亦青山。(唐·杜甫《闷》诗)

(66)邑人多秉笔,州吏亦负笈。村女解收鱼,津童能用楫。(唐·李端《送路司谏侍从叔赴洪州》诗)

二例前者"唯""亦"互文,表限定;后者"多""亦"互文,表总括。

王锳先生(1986:321)还指出了限定副词"只"在唐宋诗词中具有表全量的总括副词用法。如:

(67)人生代代无穷已,江月年年只相似。(唐·张若虚《春江花月夜》诗)

(68)翠袖香寒,朱弦韵悄,无情流水只东流。(宋·张孝祥《多丽》词)

"只相似""只东流"犹言"总相似""总东流"。

葛佳才先生(2005:124—136)也指出副词"亦""适""犹""偏""专""多""只"在历史演变过程中,既具有表指多的总括功能,又具有表指少的限定功能。他(2012)又进一步从容器隐喻认知的角度来解释了这一类副词既表限定又表总括的现象。张谊生先生(2010:212—237)探讨了"净"与"尽"兼表统括与限制的用法,并认为(2010:218—219)"实际上统括与限制是相通的,是一个问题互相关联的两个方面。人们以往在具体语境中归纳出来的'净'与'尽'不同的表达功能,其实是说话人或者受话人观察的角度即着眼点的不同而导致的。所谓全部,看似是个整体,但说话人的着眼点如果不是其内部的一致性,而是与其他的相关事物、现象、概念的差异性关联,那么这个整体也可以认为是排他的、限制的。反过来,对于一些个体,如果着眼点不是与其他同类事物的差异,而是强调其内部各个部分一致性,那么该个体也可以认为是个整体、有统括性。而且,整体上面还有更大的上位概念,个体下面有时还可以有更小的下位概念,随着发话人或受话人的着眼点的转移,统括与限制也就可以互相转换"。我们认为张谊生先生这段论述是比较有道理的,总括和限定的转换其实是因为人们在认知事物的时候所要凸显的对象是不同的,总括凸显的是个体成员特征的一致性,限定凸显的则是对象在同一概念域下排他特征的单一性。如(转引自张谊生,2010:219):

(69)新到的杂志都借走了,剩下的净是一些过期的。

此例之"净"既可以理解成总括副词"全""都",也可以理解成限定副词"只""仅"。之所以可以形成这样两可的理解,是由于表达凸显的不同,这表明总括和限定在概念化的过程中所形成的意象图式是不同的。当将"净"理解成总括副词时,例(69)所形成的意象图式应该是图一;而当将"净"理解成限定副词时,例(69)形成的意象图式应该是图二:

新 →〔过期〕 图一　　　新│过期 图二

但是以前的研究只注意了限定向总括的转变,其实总括也可以向限定转变。除了"捞总"外,汉语中常见的总括副词"总"就可以表示限定。如:

(70)以后众人一齐动手,排头杀去。总是一个船中,躲得在那里?(《初刻拍案惊奇》卷十九)

(71)这首词说着人世上诸般戏事,皆可遣兴陶情,惟有赌博一途最是为害不浅。盖因世间人总是一个贪心所使。(《二刻拍案惊奇》卷八)

(72)乞丐虽贱,生命则同;总是偷窃,不该死罪。(《二刻拍案惊奇》卷二十八)

"总是一个船中"即"只是一个船中"之义,"总是一个贪心所使"即"只是一个贪心所使"之义,"总是偷窃,不该死罪"即"只是偷窃,不该死罪"之义。总括和限定之间的语义转换,就好比数字"一",既可以表示"一个",又可以表示"全、满"之义,都是由于个体和整体的相对性,由于满足表达需要时所凸显的特征不同而造成。因此,副词"捞总"既有总括又有限定的用法是符合汉语副词的表义规律的。

2.2 "捞总"表总括与限定的语音变调例外之规律解释

2.2.1 "捞总"表总括与限定的语音变调之例外

从研究来看,无论是汉语史上的"亦""总"等副词,还是现代汉语中的"净"等副词,都要依赖于具体的语境才能够判断它们是表示总括还是表达限定,也就是说,总括和限定的不同功能的凸显是语用的结果。从2.1节也可以看出,长沙方言和萍乡方言中的总括副词"捞总"表示限定的用法也需要依赖具体的语境。但是在江西安福方言中,副词"捞总"表示总括和表示限定是通过语音的变化来区别的,这在"总"类副词的总括与限定互相转化规律中是一个例外。在安福方言中,表示总括的"捞总"读如[lau^{55} tsəŋ^{53}],"捞"与"总"二语素读的是本音。义如"总共、一共"。如:

(73)今年个收入捞总五万块。

(74)今日捞总卖哩二百斤鱼唧。

而表示限定义的时候,"捞总"读如[lau^{214} tsəŋ^{35}],"捞"与"总"的读音发生了变调,"捞"由高平的音调变成了曲折调,"总"则由低降调变成了高升调。如:

(75)佢捞总读哩三年书。

(76)我包里捞总几十块唧[1]钱。

(77)我存哩捞总三万块钱。(我存了才三万块钱)

限定义的"捞总"[lau^{214} tsəŋ^{35}]所限定的数量表示"少"数,但这种少的概念是说话人主观认为的,如(77)中"三万块",客观上来说,"三万"所表示的数量已经不少,但是如果用表示限定的"捞总"[lau^{214} tsəŋ^{35}]来修饰的话,表明说话人认为这个数量是少的。同样的,例(73)、(74)中的"捞总",如果读成升调的[lau^{214} tsəŋ^{35}],则表示的是少数,意思是"今年的收入才五万块""今天才卖了二百斤鱼"。当然,如果后面的数量词本身就是表示少的,如例(75)的"三年",则句中的主观语义更隐晦一些。例(76)中的"唧"表示小称,限定义不是来源于"唧",因为这种例子去掉"唧"同样表示限定,如例(76)可以说成"我包里捞总[lau^{214} tsəŋ^{35}]几十块钱",还是表示"我包里只有几十元钱"的意思。不过表小称的"唧"和表限定的"捞总"连用是一种少量表达的强调格式,两种表示"小"义的手段叠加,在说话人看来,更突出数量的少。

2.2.2 高调的小称表义规律

小称变调的语音形式较多,高声调是其中的一种常见形式,以这种语音形式表示小义的小称变调现象在江西方言中比较普遍。颜森(1986:22)就曾指出,江西赣语中,"宜萍片"宜丰、上高、新干、万载四县有变音现象,变音为高升的↑调,表示小称、爱称、鄙称等感情色彩。邵慧君、万晓梅(2006)也指出了江西乐安县万崇话中存在高平调和高声调的小称变调现象,虽然其中也涉及了某些程度副词的变调,但是变调的意义已经不是表示小称,而是为了突出或者强调后面所修饰的动词或形容词具有程度较深的意义。邵宜(2006)指出赣语宜丰话中词汇层面的高声变调表达一种小称的意义,并探讨了小称意义的引申和泛化。高声调与意义之间的关系不仅体现在赣语中。周祖瑶(1987)讨论了广西容县话中名词、动词、形容词、数词以及量词都可以用高声调来区分事物的大小、动作的久暂、程度的深浅、数目的多少以及单位的大小等意义。李冬香(2009)指出广东韶关曲江区白土镇大村土话含有多种小称变调形式,其中就包含有纯高声调型。赵越(2007)发现在浙北杭嘉湖方言中小称音的类型也包括了高声调的形式。罗昕如、李斌(2008)也指出湖南的一些方言中高调配合重叠等其他手段可以表示小称。可见,高声调表示小称义是汉语方言中的一条较为普遍的规律。朱晓农(2004)进一步将高调与小义的关系提升到更具一般规律性的广度,引入生物学原理——"高频声调表示体型小"来解释汉语方言中的小称变调和其他高调现象,提出"小称调来源于儿语"的观点,系统解释了如台湾"美眉"、北京女国音、香港女孩名以及某些躯体语言等现象。

具体到江西安福方言中,小称变调也比较普遍,名词和形容词在重叠形式或者添加"唧"尾的形式下,双音节的后一音节一般都变为高调表示小称,详下文。且在诸多方言中都有体现。这里先细说比较特殊的副词小称变调。安福方言中,除了"捞总"变调表示限定义外,还有程度副词"□[ku^{53}]"(有音无字)具有高调表小义的功能。"□[ku^{53}]"一般用来修饰形容词,表示其性质的程度深,相当于"很,这么",且这类形容词一般是表示语义在性质状态上含有"大""多""长"等义素的词。如:

　　□[ku^{53}]大　　　　□[ku^{53}]清楚　　　　□[ku^{53}]厉害
　　□[ku^{53}]热　　　　□[ku^{53}]好看　　　　□[ku^{53}]干净

而如果将"□[ku^{53}]"的降调变成升调的"□[ku^{35}]",则"□[ku^{35}]"修饰形容词带上"唧"尾的结构虽不改变形容词的意义,但说话者在主观上认为形容词所表示的性质特征在程度上不够深或者不够大。如:

　　□[ku^{35}]长唧　　　□[ku^{35}]深唧　　　　□[ku^{35}]聪明唧
　　□[ku^{35}]冷唧　　　□[ku^{35}]重唧　　　　□[ku^{35}]斩齐整齐唧

"□[ku^{35}]长唧"即"不够长"之义,"□[ku^{35}]深唧"则为"不够深",依此类推。再如:

(78)你买一只□[ku^{35}]太唧个箱唧回来,哪里装得落□[ku^{53}]多书?(你买一只这么一点大的箱子回来,怎么装得下那么多的书?)

江西安福方言中还存在一类有音无字的副词,这类副词只修饰特定的形容词,本音表示形容词性状的程度深,但是变为升调后,表示形容词的性状程度不那么深。如:

　　□[p^{h}i^{53}]滑/淡 很滑/淡　　　　□[p^{h}i^{35}]滑/淡 比较滑/淡

□[kɑ⁵³]瘦很瘦　　　　　　□[kɑ³⁵]瘦比较瘦

□[kai⁵³]青很青　　　　　　□[kai⁵³]□[kai³⁵]青比较青

□[tɕiu⁵³]苦很苦　　　　　　□[tɕiu³⁵]苦比较苦

□[pʰau⁵³]轻很轻　　　　　　□[pʰau³⁵]轻比较轻

精[tɕin⁵³]咸/甜很咸/甜　　　精[tɕin³⁵]咸/甜比较咸/甜

这类程度副词还比较多，不一一列举。即使不是程度副词，但是用于形容词前，含有程度意义的词也可以有这类变调，如"雪[ɕye⁵³]白"表示"很白"之义，而"雪[ɕye³⁵]白"则表示"比较白"之义。因此，无论是对范围副词而言，还是对程度副词而言，在江西安福方言中，通过降调变为升调来表示范围小或者程度小都是一条普遍规律。这与上文提到的汉语方言高声调表示小称义是一致的。

2.3 "总"类总括副词的时间义例外与规律解释

2.3.1 "总"与"拢共"的时间义之例外用法与规律解释

在我们第一节讨论到的"总""拢"类总括副词中，只有"总""拢共"和"捞总"可以表示时间上的总括，其他总括副词只能表示空间上的总括，同类副词没有呈现集体共同的词义演变，而只是其中几个具有相同的演变路径，从聚合的角度看，这显然也是一种例外。但是，词义从空间域向时间域的演变是一条普遍规则，因此，"总""拢共"和"捞总"三词在时间上的总括义的发展是符合语言演变规律的。

先看"总"从空间向时间的演变。

从唐代开始，具有"汇拢"义的动词"总"引申出总括副词的用法，义同"皆、都"。如：

(79)动容皆是舞，出语总成诗。(唐·张说《醉中作》，《全唐诗》卷八十九)

"总"与"皆"互文见义。用作总括副词时,"总"的语义指向其前的名词性成分,是对事物数量的总括,事物总是占据一定的空间,因此对事物的总括体现的是空间义。当"总"的语义既可以和其前的名词性成分发生关系,又可以和其后的谓词性成分发生关系时,"总"发生重新分析。如:

(80)人生在世总无常,若个留名史册香。大鹏飞上梧桐树,自有旁人说短长。(元·无名氏《金水桥陈琳抱妆盒》第三折)

"人生在世总无常"既可以理解成"人生在世都无常","总"的语义指向"人生"的各个阶段,是总括数量;也可以理解成"人生在世一直无常",或者说"人生在世老是无常","总"的语义指向"无常",表达"无常"这种状态一直持续或者频繁重复出现,这时,"总"所凸显的是动词的时间。当"总"前的名词是单数,其后的动作或者状态是可持续或反复出现的,"总"的语义不再和前面的名词性成分发生关系,这时,"总"相当于一个频度副词,义同"一直,老是",该义在元代就已经完全形成,其后一直沿用到现代汉语中。如:

(81)虽然是俏苏氏真心儿陪伴,赤紧的村冯魁大注儿扛揽,总寻思必索停时暂。(元·赵彦晖《散曲·套数·嘲僧》)

(82)不上几时,就勾销了。总是不把这几项人看得在心上。(明·凌濛初《初刻拍案惊奇》卷二十九)

(83)于是又想起夫人虽然很爱他,但闭口不提婚姻的事,并且让他与娉娉认作兄妹,总觉得有可疑之处,但又无从问起。(明·李昌祺《剪灯余话》卷五)

(84)如今随我怎么说,你总也不信。(明·孟称舜《娇红记》第三十一出)

(85)文书行到河北贝州,州衙前悬挂榜文,那个去处总是热闹。(明·罗贯中《三遂平妖传》第十三回)

(86)谁知你总不理我,叫我摸不着头脑,少魂失魄,不知怎么样才好。(清·曹雪芹《红楼梦》第二十八回)

(87)我也不懂,叠衣裳总爱叼在嘴里叠,怎么会不弄一袖子胭脂呢?(清·文康《儿女英雄传》第三十八回)

(88)无论约他开会,还是吃饭,他总迟到一个多钟头,他的表并不慢。(老舍《马宗融先生的时间观念》)

(89)天气不早了,不能总这样哭下去呀。(杨沫《青春之歌》第一部第三章)

《汉语大词典》收录了"总"的"一直、老是"这个义项,但是例证都是现代汉语的例子,表明对"总"这一义项的形成认识不足。

再看"拢共"表时间的用法。该词在历史文献中未发现这种用法。但李申(1986:263)在《徐州方言志》中揭示了"拢共"表示时间的用法,"'拢共'还有一种用法,不是表示数量的总和,而是表示全部情况如何,多出现在否定句中。"如:

(90)拢共也没有谁来过。

(91)拢共也没有听过这样的怪事。

"'拢共'相当于'一直'、'从来'。这种用法,是普通话的'一共'、'总共'所没有的。"李申先生的观察是非常正确的。《汉语方言大词典》(第3202页)也认为"拢共"可为时间副词,在中原官话中表"从来"义,并指出了"从来"义的"拢共"读音是[luŋ^{35} kuŋ^{42}]。可见,"拢共"表示"从来"义时的读音和李申(1986:263)所揭示的"拢共"表示"总共"义时的读音是一致的,并且前者是从后者演变而来的,符合空间义向时间义的语义演变规律。虽然总括副词

"总"和"拢共"都能够从"总共"义向时间域映射,但是二者的演变还是有差异的,前者侧重动作和状态的重复高频出现,而后者凸显的是动作或状态的一直持续。如例(88),"总迟到"是说他几乎每次都迟到,强调的是迟到次数多,这使得"总"更像一个频度副词;而例(90)表达的是在说话人的知识体系认知中,"谁来过"这种情况是从来没有发生过的,这种状态从过去一直持续到现在。"拢共"表示的时间以说话人为参照点,回溯过去的一段时间,即从过去的某个时间点一直到说话人说话时候的一段过去的时间。而动作一般都是有界的,有一个起始和终止的时间点,因此要表示某一动作的一种持续,在没有其他语法标记的形式下,动作状态就会以一种否定的方式来表示持续,这就是为何副词"从来""拢共""捞总"多用于否定的原因。

此外,"拢"的重叠加儿化的形式"拢拢儿"的"总共"义可以进一步引申出时间义。《汉语方言大词典》(第 3202 页)指出:"拢拢儿,中原官话,江苏徐州[luŋ³⁵ lur°]。①<副>总共:～花了八毛钱。②<副>从来,历来:～也没有这样的事儿。"

2.3.2 "捞总"时间义的小称词尾例外与规律解释

"捞总"表时间义见于江西安福话中,义同徐州话中的"拢共""拢拢儿",表示"从来"义,多用于否定句中。与"拢共""拢拢儿"不同的是,"捞总"从数量总括义引申出时间总括具有形式标记。这个形式标记就是在表示总括副词"捞总[lau⁵⁵ tsəŋ⁵³]"的后面添加小称标记"唧",构成"捞总唧"。如:

(92)你捞总唧有来过,来哩就多息几工。(你从来没有来过,既然来了就多玩几天。)

(93)佢捞总唧未去过县里。(他从来没有去过县城里。)

"捞总唧"构词形式不是孤立现象。在安福话中,以总括副词加上小称词尾"唧"来表示时间的副词还有"一下"。"一下"表示"全部"之义。如：

(94)你把我个书一下买□[kæ⁴⁴]去个话,可以便宜一些[fɑ⁴⁴]唧。(你把我的书全部买去的话,可以便宜一些。)

(95)今日吃晚头,你物唧人一下去。(今天吃完饭,你们全部都去。)

"一下"[øi⁵³ xɑ⁵³]快读可合音为[iɑ⁵³],其义不变。如：

(96)你买个东西我[iɑ⁵³]嚓[tɕʰiɑ⁵³]□[kæ⁴⁴]哩。(你买的东西我全部吃完了。)

这种表示数量的总括副词也可以添加小称"唧"尾表示时间的短暂,义同"一会儿、顷刻"。如：

(97)你买个东西我一下唧就嚓[tɕʰiɑ⁵³]□[kæ⁴⁴]哩。(你买的东西我一会儿吃完了。)

(98)老师布置个作业我一下唧就做圆哩。(老师布置的作业我一会儿就做完了。)

"一下"的合音形式[iɑ⁵³]是不能加小称"唧"尾的。如例(97)可以加"唧",而例(96)是不能加"唧"的。这是因为在安福方言中,具有程度意义的单音节词一般不加小称"唧"尾,如果需要添加"唧"尾,则需要将单音节重叠或者变成双音节后方可。如"慢",一般不说"慢唧",只能说"慢慢唧"或"慢些唧"。再如时间副词"得",它可以用在动词或者形容词的前面,表示动作或者某种状态将要持续较长的时间。如：

(99)不等佢哩,佢得吃。(不等他了,他还要吃很久。)

(100)我今日个作业太多哩,得写。(今天的作业太多了,要写很久。)

(101)□[kei³¹]种花得红。(这种花会红很久。)

这种单音节的副词"得"后面不能加"唧"尾。但是"得"的重叠形式则可以,"得"重叠形成"得得 V"的格式,表达动词 V 的完成需要很长时间,是"得 V"格式的一种语义强调式。如:

(102)不等佢哩,佢得得吃得。(不等他了,他还要吃很久。)

这时候,可以在"得得"后面加上表示小称的"唧",形成"得得唧 V",这种结构在突出动作持续的时间久的基础上,由于添加了小称"唧",因此它又比"得得 V"格式更凸显动作的幅度小而且慢、显得悠然自得的样子。如:

(103)就是有天大个事,佢吃饭都是得得唧吃。(即使有天大的事情,他吃饭都是小口慢慢地吃。)

因此,在"唧"尾这种分布规律下,单音节的[ia⁵³]后不能添加"唧",而双音节的"一下"后面则可以,"捞总"也是双音节副词,因而同样符合这一规律。但是"一下"加"唧"尾后,意义变为表示短时的时间副词,这个短时侧重极短,这与"捞总唧"表示"从来"之义又有所差异。但是总的来说都是从总括副词向表示时间的副词演变,而且"唧"的意义都具有小称意义。

前文我们说,"唧"是一个记音字,"唧"音在安福方言中是一个表示小称的词尾,它除了前文所说的可以添加在副词后面表示小称,还可以附着在名词、动词、形容词、数量词、指代词等后面表示小称意义。如:

名词+唧:尺唧_{小尺子}、桌子唧_{小桌子}、镢头唧_{小镢头}、圆圈唧_{小圆圈}、外甥唧_{外甥}、老打唧_{老头}(后二者表示亲昵);

形容词＋唧：三米高唧、四尺深唧、五丈宽唧、两寸厚唧、巴掌太唧、扁担长唧、矮矮唧、高高唧、胖胖唧、瘦瘦唧、轻轻唧、重重唧（单音节形容词加"唧"详见2.2.2节）；

动词＋唧：打架唧_{打架闹着玩，不是真打}、斗嘴唧_{一种带有嬉戏的争论，不是吵嘴}、吃吃唧_{慢慢吃或吃一吃}；

数量词＋唧：两千块唧钱_{才两千块钱}、四个唧人_{才四个人}、两瓶唧酒_{才两瓶酒}、十张唧纸_{才十张纸}；

指代词＋唧：你物唧_{你们}、我物唧_{我们}、□[kei²¹⁴]唧人_{这些人}、□[kei⁵¹]唧人_{那些人}、□[keŋ²¹⁴]唧_{这样}、□[keŋ⁵¹]唧_{那样}。

"唧"（或记为"叽"）的这种加在名词、动词、形容词、数量词、指代词后面表示小称义的功能，除了江西安福方言具有外，在江西吉安话（昌梅香，2007）中亦有体现。此外，这种"唧"在湖南涟源方言（刘仁江、蒋重母，2000）、湖南湘乡方言（姚兰、胡彭华，2007）、湖南炎陵县西向话（霍生玉，2000）、湖南株洲方言（言岚，2002）、湖南冷水江方言（谢元春，2002）、湖南浏阳方言（盛新华、罗晶，2008）、湖南新邵县寸石方言（周敏莉，2006）中皆有体现，只不过这些方言中，均未提到"唧"可以加于副词之后。当然，副词后面加"唧"尾，除了安福方言中存在外，在湖南涟源杨家滩镇方言中也有体现（彭春芳，2003），如"恰好唧_{正好、恰好}""当界唧_{刚才、刚刚}""正好唧_{正好}""有滴唧_{有点儿}""碰到唧_{表可能}"等。因此，我们所论及的"捞总唧"这种副词加"唧"尾的语言现象是有规律可循的。

"唧"在各方言中表示的是小称义，而在安福方言中，为何添加在总括副词"捞总[lau⁵⁵ tsəŋ⁵³]"后面可以表示时间副词呢？首先，当然是因为总括副词演变成时间副词是汉语的一条普遍规律。但是我们还要解释的是："捞总"添加小称"唧"尾与"从来"义之间有何相通之处呢？匡鹏飞(2010)和陈昌来、张长永(2011)都认为"从来"的一个来源是"从……来"结构，这一结论是比较可信的。其实，从"从……来"到"从来"的演变过程也是一个从具体到概括的过程。"从……来"表达的是一个更为具体的时间段，带有客观性，如"从我受伤来就没有好好休息过"表达"从受伤以来"的具体客观时间。而"从来"是"从……来"短语压缩即构词语素间距小化的结果。从语言像似性的角度来看，语言单位空间的压缩和靠近，与其语义的表达应该是一致的；也就是说，压缩后的"从来"的语义比"从……来"的语义更为融合，表达的是一个笼统的概念，它泛指过去的一段时间。这种时间段的长短，从说话人的角度看，有时候可以指代由过去的任何一个时间点开始，因而带有一定的主观性，从时间长度来看，也就要小于具体的"从……来"的时间表达长度，如"我受伤后从来就没有好好休息过"表达"受伤后"主观认为的任何时间都没有休息好，由于它可任指过去的一段，因而认知主体感知其所指时间更短。且这种"从来"不仅仅表示时间，已经带有些说话人主观强调的语气了，强调否定的状态确实就是这样。因此，我们认为，从"从……来"到"从来"的演变，存在一个客观语义"小"化的过程。这种"小"义与"唧"的语法意义是有相通之处的。

3 结语

"汇拢"义的动词基本都能够演变成总括副词，这些词语有"总""拢""拢总""总共""共总""拢共""共笼""拢共拢""拢拢儿""捞拢"以及"捞总"等。这些词语的演变模式在汉语中有的在历史文献中已经存在，有的则保留在方言中。因为从认知的角度来看，

"汇拢"义和"总括"义是相通的。"汇拢"的意义是"聚集",即将散落的、分散的事物聚合到一起;而"总括"同样是把各方面的事物或者情况汇合在一起。因此,"汇拢"义动词具有向总括副词演变的天然的语义基础,这是我们关于"汇拢"义动词演变所概括的一条总的规律。但是在"汇拢"义动词这个范畴中,并不是所有的成员的语义表现都是一致的,它们还存在不一致的演变,这就在规律之外有了例外。"总"和"捞总"除了能够表示总括副词的功能外,还能够表示限定义副词,然而这个例外符合汉语总括与限定互相转化的词义演变规律。但是二者不同的是,"总"的总括与限定的相互转化需要依靠上下文语境的帮助才能够实现,而"捞总"的限定义表达在安福方言中却是通过高声调的语音形式来表现的,因为高声调可以表示小称义在各大方言中是一条普遍的原则,而高声调的小称义与限定义是具有相通之处的,故安福话"捞总"表限定义的语义变化形式又是符合普遍规律的。另外,在这些"汇拢"义的动词中,只有"总""拢共""拢拢儿"和"捞总"除了表示空间的总括外,还能够表示时间的总括,义为"一直""从来"。"总"既可以用于肯定,也可以用于否定句中,而"拢共""拢拢儿"和"捞总"表示"从来"义一般用于否定句中。其中,"总""拢共""拢拢儿"表示时间意义没有形态上的变化,需要依靠具体语境的重新分析;而安福方言中,"捞总"表示"从来"义是通过添加词尾"唧"来实现的,词尾"唧"的语法意义是表示小称义,这与"从来"隐含的"小"义相通,因而在"捞总"后添加"唧"构成"捞总唧"的语义与"从来"相同。虽然"捞总"添加"唧"尾表示"从来"意义有别于"总"与"拢共"等词,但这种添加"唧"尾表示"小"义的手段显然符合湘赣诸地方言"唧"尾的添加规律,同时又符合语义演变的逻辑推理。

因此,同一演变规律中的例外研究是观察语言变化和规律的一个重要的切入点,"汇拢"义动词的演变路径、规律及其例外向我们展示了例外也许正隐含着语言演变或表达的另一条规律,例外的寻找以及规律的印证正是语言研究所要追求的目标和完成的任务。

附 注

① "唧"是一个记音字(也有的学者记为"叽"),"唧"音在安福方言中表示小称的词尾,它可以附着在名词、动词、形容词、数量词、指代词以及副词等后面表示小称意义。

参考文献

鲍厚星、崔振华等　1998　《长沙方言词典》,江苏教育出版社。
昌梅香　2007　江西吉安赣语"叽"后缀研究,《广西社会科学》第10期。
陈昌来、张长永　2011　"从来"的词汇化历程及其指称化机制,《上海师范大学学报》(哲学社会科学版)第3期。
葛佳才　2005　《东汉副词系统研究》,岳麓书社。
────　2012　兼表总括与限止的认知解释,中国训诂学研究会2012年学术年会论文,浙江杭州,10月。
霍生玉　2000　湖南炎陵县西向话的"唧"尾,《船山学刊》第1期。
匡鹏飞　2010　时间副词"从来"的词汇化及相关问题,《古汉语研究》第3期。
李　申　1985　《徐州方言志》,语文出版社。
李冬香　2009　曲江区大村土话小称变音的变异研究,《文化遗产》第3期。
刘仁江、蒋重母　2000　湖南涟源方言的"子"尾和"唧"尾,《娄底师专学报》第3期。
罗昕如、李　斌　2008　湘语的小称研究——兼与相关方言比较,《湖南师范大学社会科学学报》第4期。
彭春芳　2003　试论杨家滩镇方言的"唧"尾,《娄底师专学报》第3期。
彭　睿　2011　临界频率和非临界频率——频率和语法化关系的重新审视,《中国语文》第1期。

覃远雄　1997　《南宁平话词典》,江苏教育出版社。

邵慧君、万晓梅　2006　江西乐安县万崇话的小称变调,《方言》第 4 期。

邵　宜　2006　赣语宜丰话词汇变调的类型及其意义,《方言》第 1 期。

沈家煊　2007　语言共性何处求？——语言学的新动向,《中国社会科学报》2012 年 7 月 2 日第 B03 版。

盛新华、罗　晶　2008　浏阳方言中"形容词＋唧"的基本格式及句法语义功能,《湘潭大学学报》(哲学社会科学版)第 1 期。

石毓智　2003　语法的规律与例外,《语言科学》第 3 期。

王　锳　1986　《诗词曲语辞例释》(增订本),中华书局。

魏钢强　1998　《萍乡方言词典》,江苏教育出版社。

谢元春　2002　湖南冷水江方言的"仔"和"唧",《湖南省政法管理干部学院学报》(综合版)第 1 期。

谢留文　1998　《于都方言词典》,江苏教育出版社。

许宝华、宫田一郎　1999　《汉语方言大词典》,中华书局。

言　岚　2002　湖南株洲方言中的"叽"尾,《零陵学院学报》第 3 期。

颜　森　1986　江西方言的分区,《方言》第 1 期。

姚　兰、胡彭华　2007　湖南湘乡方言的"唧"尾,《红河学院学报》第 1 期。

詹伯慧、陈晓锦　1997　《东莞方言词典》,江苏教育出版社。

张谊生　2010　《现代汉语副词分析》,学林出版社。

赵　越　2007　浙北杭嘉湖方言中的小称音,《杭州师范学院学报》(社会科学版)第 5 期。

周长楫　2006　《闽南方言大词典》,福建人民出版社。

周敏莉　2006　《新邵县寸石方言"仔"和"唧"的研究》,湖南师范大学硕士学位论文。

周祖瑶　1987　广西容县方言的小称变音,《方言》第 1 期。

朱晓农　2004　亲密与高调——对小称调、女国音、美眉等语言现象的生物学解释,《当代语言学》第 3 期。

Robert A. Hall Fr.　1964　*Introductory Linguistics*,Chilton Books,pp. 300–305.

试谈语言中的主体性与主观性[*]

李 明

(中国社会科学院语言研究所)

1 从三首唐诗说起

(1)两个黄鹂鸣翠柳,一行白鹭上青天。窗含西岭千秋雪,门泊东吴万里船。(杜甫《绝句》)

如果画一幅画,则一定要画出诗人,且诗人正临窗眺望。一个"含"字,透露出这些信息。它告诉我们:诗人在室内窗前,视角是由内向外的。[①]

(2)月落乌啼霜满天,江枫渔火对愁眠。姑苏城外寒山寺,夜半钟声到客船。(张继《枫桥夜泊》)

这首诗描写的是江边岸上的所见所闻吗?不是的。诗题就已指明:"客船"就是"我"坐的船,"我"在船中,"客"就是我。

(3)清明时节雨纷纷,路上行人欲断魂。借问酒家何处有,牧童遥指杏花村。(杜牧《清明》)

---

[*] 本文初稿承蒋绍愚先生、江蓝生先生、杨荣祥先生、张雁兄给出意见和反馈,谨此致谢。本文已发表于《语言学论丛》(第五十一辑)。

熟稔古诗的人,很容易就会把诗中的"行人"理解为"我"。只有把"行人"理解为正体验着乡愁离恨的"我",淫雨霏霏、佳节思亲的阴郁才更能与远方村庄杏花满开的明丽形成强烈的对比,因而从第三句植入情境生动的叙事场景开始,整首诗的调子便由暗转明,有了亮色。如果把"行人"视为一般的行路之人,则作者沦为旁观者,整首诗的情调会黯然失色。

2 "客"的三种观念

类似"客""行人"一类指羁旅之人的词语,古诗中还有很多,如"羁人"、"荡子"(又写作"宕子")、"行子"、"游子"、"游人"、"别人"、"游客"、"游客子"、"客游士"、"客子"、"行客"、"远客"、"远行客"等。这些词语指主体"我",自然有很多的限制。这里以"客"为例简要说明。

古诗中"客"的意味,至少有以下三方面:

一、与主人相对的"客"。主人、客人是对立的,而且是交互的:我去你家,我是客人,你是主人;你来我家,则身份互换,我是主人,你是客人。基于这一社会关系的隐喻,主体、客体也有对立、交互这两个性质。

二、"独在异乡为异客"(王维《九月九日忆山东兄弟》)、"去亲为客"(鲍照《登大雷岸与妹书》)的"客"。这个意义不再以居家为参照,而是以故乡为参照。古乐府有《门有车马客行》一题,多写他乡遇故旧乡里,述亲友凋丧之意。[②] 这时,诗中的第一人称叙述者便有了双重身份:与客人相对,他是主人;但身处异地,他又是客人。这种双重身份就足以预示诗歌悲喜交集的内容。

三、"人生天地间,忽如远行客"(《古诗十九首·青青陵上柏》)中的"客"。《列子·天瑞》:"古者谓死人为归人。夫言死人为归人,则生人为行人矣。"陶渊明《杂诗》:"家为逆旅舍,我如当去客。"李白《拟古》:"生者为过客,死者为归人。"③由于有这个观念,王梵志诗(唐代)写道:"多置庄田广修宅,四邻买尽犹嫌窄。雕墙峻宇无歇时,几日能为宅中客?"即使在自己家中,也还是客。

第二个意思的"客",可以自指,更多的例证如:

(4)大江流日夜,客心悲未央。徒念关山近,终知返路长。(谢朓《暂使下都夜发新林至京邑赠西》前四句)

(5)登高临巨壑,不知千万里。云岛相接连,风潮无极已。时看远鸿度,乍见惊鸥起。无待送将归,自然伤客子。(祖珽《望海》全诗)④

(6)澹澹长江水,悠悠远客情。落花相与恨,到地一无声。(韦承庆《南行别弟》全诗)

(7)恨我阻此乐,淹留楚江滨。月色醉远客,山花开欲然。(李白《寄韦南陵冰,余江上乘兴访之,遇寻颜尚书,笑有此赠》中间四句)

(8)树枝有鸟乱鸣时,暝色无人独归客。(杜甫《光禄坂行》次联)

(9)远别秦城万里游,乱山高下出商州。关门不锁寒溪水,一夜潺湲送客愁。(李涉《再宿武关》全诗)

中国的古诗,叙事诗不发达,主要以抒情诗为主。既然是抒情诗,必然有主体性、主观性的存在。可是,主体性、主观性的表现,不只是第一人称代词的出现;有的时候,诗人会用其他的形式来表示"我"。因此,有必要特别留意诗歌中这些表示"我"的其他形式。

像杜牧的《清明》,如果不知道诗中的"行人"就是指作者,则这首诗的抒情诗的地位都很难确立了。

3 从三个词的比较来看主体性

作品是作者的产物,从这个意义上说,作者总在幕后、无所不在。但是,作者也可以以不同方式、不同形式出现在台上,也就是显现在字面里。下面以李白的《月下独酌》来说明:

(10)花间一壶酒,独酌无相亲。举杯邀明月,对影成三人。月既不解饮,影徒随我身。暂伴月将影,行乐须及春。我歌月徘徊,我舞影零乱。……

诗中的"月",与作为主体的作者无关,因而客体性强;"我"指作者自己,因而主体性强;至于"影",一方面它是客体,但这个影既非花影也非树影,而是作者的人影,因而它又与作者有关联,带有主体性。

上面说的是作为被观察者的词语一方的主体性。从作为观察者的作者一方来说,情况则相反。在"我"这个词中,作者已经由幕后走上前台,客体化了,因而作者的主体性弱;在"月"这个词中,作者仍居幕后,未客体化,因而作者的主体性强;在"影"这个词中,作者进入了该词的概念结构,但未完全客体化,因而较之前两个词,作者的主体性居中。

列表如下:

	"月"	"影"	"我"
被观察者—词语的主体性	无	中	强
观察者—作者的主体性	强	中	弱

上面的意思,进一步阐释如下:以剧场做比方,作者可以以观察者的身份居于幕后。这时,作为观察的主体,作者的主体性最强;而作为被观察的客体,观察对象(即词语)的客体性最强。这是"月"的情况。另一方面,作者也可以出现于台上。这时,观察的主体与被观察的客体重合。从作者而言,他客体化了;从被观察者而言,观察对象(即词语)因为指称主体,因而带上了主体性。这是"我"的情况。

由于"观察者"与"被观察者"的不对称性,因而,词语的主体性弱,就意味着作者的主体性强;反之亦然。谈论主体性时,一定要分清是从哪个角度来说的。否则,同一个现象,甲说主体性强,而乙说主体性弱,如果不知道是从不同角度说的,就会很迷惑。⑤

4 再看三个词

(11)老夫情怀恶,呕泄卧数日。(杜甫《北征》)

上例"老夫"是自指。它与"月""影"不同,因为后二者都指称实在的外界客体。"老夫"近似"我",但又不全同于"我"。如果"月""影"是外观,是主体观察客体,"我"是主客体同一,则"老夫"为内观,是主体观察主体,似乎作者在审视内心里的自我,审视自己的体貌、身份等。从观察者—作者而言,"老夫"与"我"一样,主体性弱,因为作者出现于字面,客体化了;从被观察者—词语而言,"老夫"与"我"一样,主体性强,因为这个词不是指称山呀,水呀,花呀,草呀,猫呀,狗呀等客体,也不是指其他人,而是指主体自己;而且,从被观察者—词语而言,"老夫"的主体性比"我"更强,因为"老夫"不是指泛泛的"我",而是指作为老龄人的"我"。

"老夫"(自指)与"月""影""我"的比较,列表如下:

	"月"	"影"	"我"	"老夫"
被观察者—词语的主体性	无	中	强	增强
观察者—作者的主体性	强	中	弱	弱

有没有与"老夫"相反的情形?看到"李白乘舟将欲行,忽闻岸上踏歌声"(李白《赠汪伦》)以及"杜子将北征,苍茫问家室"(杜甫《北征》)、"有客有客字子美,白头乱发垂过耳"(杜甫《乾元中寓居同谷县作歌七首》)这样的句子,如果预先不知道作者,还真会以为作者并不是李白和杜甫。自称其名的效果是:作者与"李白"好像不是一个人,"李白"好像是其他人;也就是说,作为被观察者—词语的"李白",被客体化了,其主体性减弱。

"老夫"与"李白"的情形正好相反,"老夫"是主体观察主体的内面,因而词语显现的自我意识较"我"更为强烈;"李白"是把自身作为描写对象,好像是主体在观察客体,因而词语的主体性较"我"减弱。当然,"老夫""李白"由于是自指,其主体性依然很强,这里说增强与减弱,是相对"我"而言的。

"李白"(自指)与之前讨论的四个词,列表比较如下:

	"月"	"影"	"我"	"老夫"	"李白"
被观察者—词语的主体性	无	中	强	增强	减弱
观察者—作者的主体性	强	中	弱	弱	弱

上文提到的自指的"客",属于哪种情形?有时候,它同"老夫"一样,是主体的内观,上文所举例(2)、例(4)—(9)都是如此。如"夜半钟声到客船"应理解为:夜半钟声敲响时,我这个远客乘坐的船只到了;而不应简单地理解为:夜半钟声敲响时,一艘客船到了。但有时候,它又与"李白"一样,是化主体为客体,即外化。如杜甫

《新安吏》头两句:"客行新安道,喧呼闻点兵。"

杜甫《立春》最后四句:"巫峡寒江那对眼,杜陵远客不胜悲。此身未知归定处,呼儿觅纸一题诗。""杜陵远客"显然是内观,应理解为"我这个杜陵远客""身为杜陵远客的我",带有强烈的主体性,这样才能与其前其后表主观抒情的"那对眼"(义为"哪堪对眼、不忍目睹")、"不胜悲"谐调,也才可以与后两句中带主体性的"此身"(表示"我此身")、"儿"(表示"我儿")搭配。如果理解为外化,即理解为"有个杜陵远客""那个杜陵远客",则主体性减弱,有一种距离感,这种距离感非但与"那对眼""不胜悲"很不搭调,也与后两句衔接不上。同理,杜甫《哀江头》头两句:"少陵野老吞声哭,春日潜行曲江曲",自指的"少陵野老"也宜视为内观。但杜甫《投简咸华两县诸子》:"长安苦寒谁独悲?杜陵野老骨欲折。……君不见空墙日色晚,此老无声泪垂血。"自指的"杜陵野老""此老"却是外化,像是在写他人而不是自己。杜甫《自京赴奉先县咏怀五百字》起首两句:"杜陵有布衣,老大意转拙。""杜陵布衣"出现于存现句,显然也是外化。

下面再看"家祭无忘告乃翁"(陆游《示儿》)中"乃翁"的情形。"乃翁"也是作者自指,但是从孩子的角度而言的。这时,观察者好像不再是我,而是换位为他人。如果说"月""影"是主体观察客体("影"这个客体实为主体的投影),"我"是主客体同一,"老夫"(自指)是主体观察主体的内面,"李白"(自指)是主体观察主体的外部化身,则"乃翁"便像是受话人(另一个主体)在观察主体了。与"我"相比,在观察者—作者一端,"乃翁"的主体性更弱。因为在"我"这个词中,观察者—作者虽已因出现于字面而客体化,但毕竟还是主体自己,但在"乃翁"这个词中,观察者-作者已被置换为他人。

"乃翁"与上述五个词的比较,列表如下:

     "月" "影" "我" "老夫" "李白" "乃翁"
被观察者—词语的主体性 无 中 强 增强 减弱 强
观察者—作者的主体性 强 中 弱 弱 弱 减弱

5 《老子》、三大诗人与主体性

先以《老子》为例。梅广先生发现:今本《老子》(王弼本)用"吾"、用"我"的地方,很多不见于郭店本。郭店本有"吾"的地方很少,即使有,"吾"也并不凸显一个作者,只是虚指。有的地方,郭店本没有"吾",今本加上了,比如郭店本"万物方作,居以须复也"(甲,简24),今本作"万物并作,吾以观复"。梅广先生据此认为:郭店本(目前最早的《老子》版本)时《老子》并没有作者,只是把一些格言短语搜集起来,加以编辑;但是后来,出现了作者的影子,这个作者,是一个道家圣人的形象。(参看曹银晶,2011:14—17)这么说来,主体我的有无,是非常重要的。没有我的时候,《老子》还只是大众格言、群众智慧;加上我之后,便成为个人的思想。这让我们想起 Benveniste(1958[1966:262])的话:"语言是这样组织的:它能使每个说话人在自称为'我'的同时,将全部语言据为己有。"[6]

再看唐诗的例子。"唐诗诸家中,以李白在诗中直接写明'我'如何如何最多。"(叶萌,2009:275)在李白的《古风》59 首之中,多半都有代词"吾""我"出现;而且,李白的诗,有不少都是以"吾""我"打头写起的。(同上)与李白不同,杜甫的诗,虽然也有直言"我"的慷慨豪迈,如"悲风为我从天来"(《乾元中寓居同谷县作歌七首》),但多数情况下,他的自称是屈曲沉郁的,如他爱自称"老夫"。而且,杜甫的诗,作者虽然常常就在台面上,但却是隐身或伪装着的。如《石壕吏》头两句"暮投石壕村,有吏夜捉人",投宿的自然是作者,但作者又并未以第一人称出现于字面。这是隐身。至于伪装,就是上一节所说的外化,上文已举数例。如《新安吏》头两句"客行新安道,喧呼闻点兵","客"就是作者自己。又如《兵车行》,全诗没有一个"我",但有两处暗示作者存在于场景之中:一是"道旁过者问行人,行人但云点行频",二是后面的"长者虽有问,役夫敢伸恨?"。后者包含在即将出征的士兵即诗中"行人"的答话之中,"长者"就是称呼杜甫,"役夫"是士兵的自称;由此可推知,前一处发问的"道旁过者",也是杜甫。因此,杜甫的诗中,"诗人不只是在客观地叙述,作品中也同时浮动着他本身的形象"(林庚,1985[2006:119])。"后来白居易的新乐府之所以比不上杜甫这些诗深厚,原因也就在其中缺少这样一个自身的形象。"(同上:120)

上文提到:作品是作者创作的,从这个意义上说,作者像是导演,总在幕后。但是,李白这样的诗人,又总爱跑上前台,充当演员;杜甫虽然也出场,但常是隐身或伪装着的;白居易则不爱出面,老老实实待在幕后,静观其变。当然,这只是总体的印象。白居易的《琵琶行》,作者的形象也是丰满的。

本节提到的主体性,都是从被观察者一词语的角度而言的。"我"出现于文中,则显示出主体性。但如果从观察者一作者而言,"我"的出现,则恰好减弱作者的主体性。

6 主体性

人如何有主体即自我的观念?笛卡尔说:"我思,故我在。"人在思考的时候,有了自我的意识。但 Benveniste(1958[1966:259])说:"人是在语言中并且是通过语言自立为主体的。因为,实际上,唯有语言……奠定了'自我'(ego)的概念。"思维与言说关系密切,思想是内在的言语(Lyons,1982:104),所以这么说也不为过。Lyons(同上)据此还仿造出一句:"我说,故我在。"[7]

语言中的主体性,"是指说话人自立为'主体'的能力"(Benveniste,1958[1966:259])。那么,说话人凭什么自立为主体?首当其冲,当然就是第一人称代词"我"。"语言之所以成为可能,正是因为每个说话人都自立为本体,并同时在言语中将其自身称为'我'。"(同上:260)这个"我"是个空洞的形式,甲说"我"的时候,他把"我"据为己用;但下一刻,乙说"我"的时候,"我"又变成了乙。"我"只指说话当下的说话人。"正是在'我'指代说话人的那一言说时刻,说话人作为主体进行陈述。"(同上:262)因此,"主体性的基础正在于语言的使用。……除了主体自身这样(笔者按:即通过言语活动)对自己进行证明之外,并不存在其他关于主体身份的客观证据"。(同上)

当然,主体性并不全都由"我"承担。第二要素就是第二人称代词"你"。"自我意识只有经过比照才成为可能。我只有在与某个人说话时才会说'我',而那个人在我的言说中将成为'你'。……反过来,当对方自称为'我'的时候,我便在他的言说中变成'你'。"(同上:260)由"我""你"为基点扩展开去,主体性的范围,还包括其他以"我—此时—此地"为参照的直示语(deictic expressions)和时的表达等。按照 Benveniste 的观点,语言的各个部分都有主体性表达的印记,否则,语言是否仍然行之有效、仍然被称为语言,就成了问题。(同上:261)

7 主观性

上面谈的都是主体性,那么,主观性是什么?

"主体性"与"主观性"这两个术语在汉语中有区分,但在英语、法语、德语等语言中,却是用一个词来表示的。⑧汉语的主体性概念,指实体不指关系,比如上文提到的"影",指称实体,我们就说它带主体性。凡涉及关系的词语⑨,都说主观性而不说主体性。比如,"明年"虽然是个名词,可并不是指实体,而是指时间关系,所以一般不说它是否有主体性,而说是否有主观性。"明年"本义为"第二年",不带主观性;但当它表示直示义的"今年的第二年"时,如"春草明年绿,王孙归不归"(王维《山中送别》),它带有主观性。动词、形容词、虚词(副词、介词、助词等)、小句、句子,都指关系而不指实体,所以都不说它们是否有主体性,而说是否有主观性。

当然,这种主观性都是从被观察者—词语一方而言的,至于观察者—作者一方,主观化反而使其主体性减弱了:比如"明年"主观化之后,作者进入了该词的概念结构,因而在一定程度上客体化了。

上面这种主观性,是比较明显的。它的特点就是都可以视为广义的直示义。但是,有的主观性则是隐晦的,它是一种因表达方式不同而反映出来的主观性。这种主观性,通常只有通过与其他惯常的表达方式的比较才能显现出来,而且与直示现象没有直接的关联:不管这个表达式自身有没有直示义,它都可能通过与其他表达式的比较,显现出新的主观性。比如上面所举的"老夫""李白""乃翁",都指作者,可是作者为什么不直接说"我",而用这些词？不直言肯定有不直言的动机，这背后隐藏的作者的动机、情绪等，便是这种主观性。"老夫"这样的自指，类同于下面一类在"我"前加修饰语的例子：

　　(12)(你)穷极无路，只好写封信给一个和你素不相识而你也明明知道和你一样穷的我。(郁达夫1924年《给一个文学青年的公开状》，"你"暗指沈从文)⑩

这都是写出"我"的内面，感情的投入是很明显的。与之相反，"李白"一类自称其名，则显现出疏离感。这里也举一例现代汉语的例子：

　　(13)廖香妹希望我们在结婚之前，回乡下一趟。……电话这头，我颇为不满。……那头很委婉地将电话嗒地搁下了。电话嗒地那一声，我晓得，我又完了。八点三十九分，毕宝亮出现于台北东站五号剪票口。(朱天文《最想念的季节》)⑪

上例"我"的名字就是"毕宝亮"。自称其名，显示出毕宝亮对自己未能紧守防线的蔑视，好像那是另一个陌生的自己。

　　杜甫的自称，有"老夫"、"杜陵野老"、"杜陵野客"(《醉时歌》)、"杜陵远客"、"杜陵翁"(《复阴》)、"杜陵老翁"(《惜别行送刘仆射判官》)、"少陵野老"等。这些自称，如果是内观，则是直接显出感情的投入；如果是外化，则是好像无关于己，看似平心静气淡然处之，故意压抑着自己的情感。其效果殊途同归，都有一种沉郁蕴结的情绪，词语背后的主观性是非常强的。

　　"乃翁"一类自称，则同母亲训斥小孩子"不要对妈妈说谎！"一样，都是换位为受话人，显示感情上的亲近。

　　再以直示词"来/去"为例，直示词"来/去"是以说话人当下的所在为参照，趋近说话人则用"来"，背离说话人则用"去"，但如果说话人在电话中对对方说"我马上来",而不是说"我马上去",则是换用了对方的视角,来显示对受话人的认同感。这时,这种新的主观义就替换了以前直示意义的主观义。又如:

(14)a. 保证一定做完!

b. 我保证一定做完!

c. 我向你保证一定做完!

随着说话人的客体化(b),以及说话人和受话人(另一个主体)同时客体化(c),说话人愈加显得信誓旦旦。这也是因表达方式不同而反映的主观性。Lyons(1982:107—109)比较了 I remember switching off the light、I remember myself switching off the light、I remember that I switched off the light 三句的主观性。沈家煊(2002)通篇都是通过"把"字句与非"把"字句的比较,来谈"把"字句的主观性。

当然,换用不同的表达方式,并不一定必然带来主观性。比如陶渊明《饮酒》"采菊东篱下,悠然见南山",对译成现代汉语,无论加不加主语"我",即无论主体是否客体化,句子的意味都无明显变化。

概括如下:

一、就指实体的词语而言,从被观察者—词语的角度看,我们说它是否有主体性;从观察者—作者(或说话人)的角度看,我们说作者(或说话人)是否客体化。

二、就指关系的词语而言,从被观察者—词语的角度看,我们说它是否有主观性;从观察者—作者(或说话人)的角度看,我们说作者(或说话人)是否客体化。

三、无论是指实体还是指关系的词语,都可能因为与惯常表达方式不同而显现主观性。如果词语自身已有主体性或主观性,这种新的主观义会替换以往的主体性义或主观性义。

一般来说,我们谈主体性/主观性,都是指(一)、(二),而且都是从被观察者—词语的角度看的,比如 Benveniste(1958)、Lyons(1982)、Traugott(1989、1995)。不过 Benveniste 主要是以人称代词"我"为中心来谈主体性的;Lyons、Traugott 则是谈主观性的,所以 Traugott 的文章,从来没有专门讨论代词"我"。Langacker(1985)谈主体性/主观性时,注意到(一)、(二)中被观察者—词语、观察者—说话人的不对称,他说:"在观察者与被观察者保持一定距离、因而有明确区分的情况下,观察者的主体性最大,被观察者的客体性/客观性最大。"(121 页)但他谈主体性/主观性时,则是从观察者—说话人的角度来说的。

8 从主体性、主观性看三种"境界"

王国维在《人间词话》中,提出了著名的"有我之境"与"无我之境":

> 有有我之境,有无我之境。"泪眼问花花不语,乱红飞过秋千去"(笔者按:出自南唐·冯延巳《鹊踏枝》)、"可堪孤馆闭春寒,杜鹃声里斜阳暮",有我之境也。"采菊东篱下,悠然见南山"、"寒波澹澹起,白鸟悠悠下"(笔者按:出自金·元好问《颖亭留别》),无我之境也。有我之境,以我观物,故物皆著我之色彩。无我之境,以物观物,故不知何者为我,何者为物。古人为词,写有我之境者为多,然未始不能写无我之境,此在豪杰之士能自树立耳。[12]

叶嘉莹(1997:201—202)提到:"有我之境"中,我与外物有对立;"无我之境"中,我与外物无对立、泯然合一。黄霖、周兴陆(1998:28—29)也认为"无我之境"是与物俱化、物我合一,"有我之境"是我与外物有对立关系。据此,"有我之境"类同于上文"月"的情形,这时,物我对立、主客体保持着距离,从观察者—作者而言,我没有客体化、主体性强,故"有我"。"无我之境"类同于上文"我"的情形,这时,主客体的对立坍塌了,浑然一体,主体融于客体,从观察者—作者而言,我客体化了,故"无我"。[13]

王国维在《人间词话》中还提出了"造境"与"写境":"有造境,有写境,此理想与写实二派之所由分。"[14] "有我之境""无我之境"都属于"写境",境为实景。"造境"之境,则为心象。秦观《踏莎行》上阕:"雾失楼台,月迷津度,桃源望断无寻处。可堪孤馆闭春寒,杜鹃声里斜阳暮。"后两句"可堪孤馆闭春寒,杜鹃声里斜阳暮"是"有我之境",是"写境";但前三句"雾失楼台,月迷津度,桃源望断无寻处",则是"造境"。(参看叶嘉莹,1997:209)马奔腾(2010:133)说:"王维《辛夷坞》,其中所写芙蓉花之类虽也是自然所常见之事物,但那'涧户寂无人,纷纷开且落'的微妙景致倒更像是心中应然之情景。"《诗经·秦风·蒹葭》:"蒹葭苍苍,白露为霜。所谓伊人,在水一方。溯洄从之,道阻且长。溯游从之,宛在水中央……"整首诗都是"造境"。

就"造境"而言,它类同于上文"老夫"的情形。这时,客体的一端完全消失。主体为内观,而不再是外观。

从历史发展来看,"有我之境""无我之境""造境",总体看是依次发展而出的。"有我之境"是有情在先,借景言情,移情于物,这在先秦就有,如"我来自东,零雨其蒙"(《诗经·豳风·东山》)、"昔我往矣,杨柳依依。今我来思,雨雪霏霏"(《诗经·小雅·采薇》)。

"无我之境"是即景生情,情缘境起,触物兴感,只有"景"自觉地成为观照对象,即田园山水诗在魏晋南北朝兴起之后,才始多见。至于"造境",直至晚唐,才出现了最擅造境的诗人——李商隐。

从主观性而言,上言"情""景",一为主观,一为客观。"有我之境"是主观之情借客观之景宣泄出来,"无我之境"是主观的情与客观的景融为一体[15],"造境"则全系主观。

9 三种"风""月"

如果保持历史发展的观念,还会发现:除了上述三类意境是先后出现的,不同的意象,其产生也是有先后顺序的,比如"琴"作为有特定含义的意象,出现于汉末,而"笛"入诗,则迟至南北朝,到唐代,"笛"成为边塞诗中的宠儿。又如"风"在先秦已成为艺术形象,"月"的诗化在汉魏,但"雨"的佳作大量出现,则要等到隋唐。(参看林庚,1948;蒋绍愚,2004)更进一步,一个意象自身,也有一个不断发展的过程。以"风"为例,《诗经》有"北风"(《邶风·北风》),也有"凯风"(《邶风·凯风》,"凯风"即和风)、"清风"(《大雅·烝民》),但"悲风"的出现,要直至汉末,如"白杨多悲风,萧萧愁杀人"(《古诗十九首·去者日以疏》)。"北风"是客观的,"凯风"等带有感知,"悲风"则完全是主观了。又如"月",《诗经》有"月出皎兮"(《陈风·月出》),《楚辞》有"被明月兮珮宝璐"(《九章·涉江》),但说"月冷",则始见于南北朝,如"云聚怀情四望台,月冷相思九重观"(陈·江总《宛转歌》),至于说"苦月""月苦",则始见于唐代,如"亭寒照苦月,陇暗积愁云"(宋之问《杨将军挽歌》)、"我行值木落,月苦清猿哀"(李白《过汪氏别业》)、"霜严月苦欲明天,忽忆闲居思浩然"(白居易《早朝思退居》)。从"月出皎兮"到"月冷"再到"月苦",也是主观性逐渐加强。

10 主观化、客体化

Langacker(1990)提到两种"主观化",第一种例如:

(15)a. Vanessa jumped across the table. (Vanessa 跳过了桌子。)

b. Vanessa is sitting across the table from Veronica. (Vanessa 正隔着桌子坐在 Veronica 对面。)(17 页)

Langacker 认为 a 描写的是一个客观的运动,但 b 却没有客观的运动,只有观察者—说话人的"心理扫描"。所谓的心理扫描,可以理解为:说话人要知道 Vanessa 正隔桌坐在 Veronica 对面,一定有一个扫视的动作,扫视的路径是从 Veronica 到 Vanessa。与 a 相比,b 主观化了。Langacker(1999)对上述分析做了修正:不仅 b 有主观的心理扫描,其实 a 也有(说话人要知道 Vanessa 跳过了桌子,当时一定同时有一个扫视的动作);当没有了客观运动,主观的心理扫描就凸显出来。这种"主观化",涉及主观的心理扫描,是从观察者—说话人的角度来谈的。

再看 Langacker(1990:20—21)说的第二种"主观化":

c. Vanessa is sitting across the table from me. (Vanessa 正隔桌坐在我对面。)

d. Vanessa is sitting across the table. (Vanessa 正隔桌坐在对面。义即"坐在我对面"。)

按照 Langacker 的分析,d 句的主观性要强于 c 句,因为 c 中,

"我"出现于台上即字面,像是一个客体,类同于 b 中的 Veronica,而 d 中,"我"隐含在句义之中,未在台上亮相,句子已由一个客观的构造变为一个主观的构造。这种主观化,实际是主体客体化的程度问题。显然,这种主观化也是从观察者—说话人的角度来谈的。

那么,b、c 两句的主观性孰高孰低？Langacker(1990)没有明言。但 Langacker(1985:140)曾举到与 b、c、d 类似的句子(只改换了例句中的人名),并紧接着说明(同上:141):就局部关系而言,b 是完全客观的,后两句则是直示性的、以说话人为参照者;而且,d 的主观性比 c 更强。如此看来,他又认为 c 的主观性要强于 b。这样的话,a、b、c、d 四个句子,主观性逐渐增强,正好构成一个序列。[15]

但是,这里有一个问题:a 向 b 的主观化,以及 c 向 d 的主观化,都是从观察者—说话人的角度来谈的。而说 c 的主观性强于 b——因为 b 以他人(Veronica)为参照点,c 则是直示性的、以说话人为参照点,则是从被观察者—词语的角度来谈的。上文曾以"明年"为例说明:说直示义主观性高,是从被观察者—词语的角度来谈的;从观察者—说话人而言,主观化反而使其客体性增加、主体性减弱。(第 7 节)如果仍从观察者—说话人的角度来谈 b、c,则结果适足以相反:在 b 中,说话人未客体化,而在 c 中,说话人客体化了,参照上述第二种"主观化",b 的主观性强于 c。

从观察者—说话人的角度而言,b、c、d 的主观性是 b>d>c;从被观察者—词语的角度而言,b、c、d 的主观性是 c/d>b。从被观察者—词语而言,c 的主观性高于 b;从观察者—说话人而言,d 的主观性高于 c。所以,说 b、c、d 主观性渐强,实际是混杂了两个角度。

总之，Langacker 谈的主观化，基本是从观察者—说话人的角度来谈的。这同他从观察者—说话人的角度来定义主体性/主观性是一致的。(第 7 节)但在具体分析过程中，他有时会不自觉地掺进被观察者—词语的角度。

Traugott(1995:31)把"主观化"定义为：主观化指一个语用—语义的过程，通过该过程，意义越来越建立在说话人对于命题——也就是说话内容的主观信念/态度之上。这种主观化，同 Lyons、Traugott 谈的主观性一样，都是从被观察者—词语来谈的。比如"明年"就是这样的主观化。Traugott(1995[1999:187—188])曾提到她与 Langacker 所说的主观化的不同，不过，笔者觉得：最关键的不同，并不是历时、共时一类表面上的区别，乃是被观察者—词语、观察者—说话人两个角度的不同。

就观察者—说话人而言，他是实体，故不存在主观化、客观化的问题，只有主体化、客体化的问题。因他本来就是主体，故也不存在主体化的问题，只有客体化的问题，客体化表现在：说话人出现于字面里。

就被观察者—词语而言，如果指实体，则有主体化、客体化的问题。主体化表现在：指实体的词语与说话人有了关联，比如"影"；或者就指说话人，比如"我"。"老夫"这类词，强调主体的某一方面或某几方面，则是进一步的主体化。客体化表现在：本来指主体的词语好像在指他人，比如上文举到的自称其名的现象。这类客体化的现象相对少见，但主体化现象，比如"我"这个代词所体现出来的主体性，则是太司空见惯，司空见惯得让人熟视无睹、懒于理论。正如 Benveniste(1958[1966:261])所言："任何语言，不管是哪种类型、哪个时代、哪个地区的语言，都不会缺少代词"我"

和"你",但谁会想到去注意这样一个如此熟悉的现象呢?"

就被观察者——词语而言,如果指关系,则有主观化、客观化的问题;但历时的研究表明,语义演变的趋势是,只有<u>主观化</u>,没有客观化。

所以,从观察者——说话人而言,只有客体化。从被观察者——词语而言,一般只谈主观化。这大致分别对应于 Langacker、Traugott 谈的"主观化"。

11 主体、说话人、主语

上文谈的语言中的主体,都指说话人/作者。这个主体同主语有没有关联?

在法语中,语言学意义的 sujet,可以同时有以下两个意义:一是说话人,即陈述行为的主体(sujet d'énonciation);二是主语,即被陈述的主体(sujet d'énoncé)。而且,法语还有 sujet parlant 这个词语,指言说主体,即说话人。但是,在英语中,语言学意义的 subject,一般只指主语,英语一般不用 speaking subject(对应法语的 sujet parlant)或 subject of utterance(对应法语的 sujet d'énonciation)这样的提法来指说话人。(参看 Lyons,1982:102)

不过,英语文献中,现在也有了 speaking subject 的提法,来与 syntactic subject(句法主语)对立,如 Traugott(1995:48)。同样,汉语研究中,慢慢也用"言者主语"来指说话人(如沈家煊,2001)。

"言者主语"的提法,暗示主观性词语关联的说话人是比句法主语高一级的主语。这个观念,同上文提到的"客体化"有关。如:

(16)鱼儿好像很快乐。

这样的句子,因为有"好像"这个词显示说话人的推想,整个句子的意思同于下面的句子:

(17)我推想鱼儿很快乐。

(17)中,说话人以"我"的形式出现于台面上,就是客体化了。因(17)说话人"我"是比"鱼儿"更高一级的主语,所以可以说(16)"好像"关联"言者主语"。

陶炼(1995:258)认为情态助动词有自己的施事,即"说话者",但不出现于句子中。把说话人当作高一级的"施事",同把说话人当作高一级的"主语",是差不多的。

12 谁是说话人?

Lyons(1982)、Traugott(1989,1995)所谈的主观性,是指词语带有说话人的印记。"说话人"如何理解?

在(16)中,"好像"带有说话人的推测,有主观性;但下面的句子有所不同:

(18)庄子说鱼儿好像很快乐。

这句话中,"好像"反映说话人庄子的主观性,而非整句话的说话人的主观性。

(19)庄子觉得鱼儿好像很快乐。

上例庄子不再是说话人,但"好像"关联的对象仍是庄子,而非整句话的说话人。

因此,主观性词语关联的对象,有两种情况:

一、如果只有一级主语,则是说话人。

二、如果有高一级的主语,则是高一级的主语,也仅仅是高一级而不是高两级、三级的主语。例如：

(20)惠施听见庄子说鱼儿好像很快乐。

这个"好像"关联的仍然是高一级的主语"庄子"而不是再高一级的主语"惠施"。

不管是未出现于句中的说话人，还是出现于句中的高一级的主语，都是有意识的主体。正因为是意识主体，词语才会有他的主观性。

再看下例：

(21)尔时王子婆奴面上色相出现，于七日内必当命终。……时辟支佛，教授威仪，过六日已，至其七日，定知命终。（阇那崛多译《佛本行集经》,3/931a）

此例"定知命终"如果理解为"(辟支佛)肯定知道(王子)将命终"，则"定"变成了叙述者的推断。从上下文看，显然是"辟支佛知道王子肯定将命终"而不是"辟支佛肯定知道王子将命终"的意思，"定"应该是辟支佛的推断。因此，只能认为"定"的原位在"知"后，这样它便可以与高一级的主语辟支佛关联。也就是说，"定"经过了移位，而且是长距离的移位。

在小说文本中，由于存在叙述层层嵌套的情况，因此，要知道主体性/主观性词语到底是谁的主体性/主观性，就一定要先弄清楚全文的叙事结构。

Leech 和 Short(1981:262—263)曾谈到《呼啸山庄》(*Wuthering Heights*)中第一人称叙事结构的套叠，这里不再赘述。再举一例类似的情况。国木田独步(1871—1908)的《女难》，首先讲叙述者"我"两次碰到一位吹箫盲人的经历，然后，从第3节始，盲人开始以"我"自称，自述生平，直至文末，才重新回到写叙述者"我"

的感怀。很明显,这里存在着第一人称叙事的嵌套。还不止这些。小说的开头是这样的:

> 这是四年前的事情,(一个人开场说)我因事到银座,看见十字路边有一个人在那里吹着洞箫……⑰

可见,与盲人交谈的"我",是"一个人"!"一个人开场说"这句插入语,如同一个"示证"(evidentiality),明确取消了读者把"我"视为作者的可能性。

类似"一个人开场说"这样的示证语,也出现于国木田独步的小说《少年的悲哀》《画的悲哀》的开头。三篇小说的开头如出一辙。金福说:"在形式上,他(笔者按:指国木田独步)特别喜欢以'某某人说'这一类所谓'告白体'来作为开头,而小说中的背景往往是他生活或工作过的地方,里面的主人公,有的就是他自己。"⑱

可见,并不是每个人都爱像李白那样直抒胸臆,有的作家,即使知道读者不会把作品中的(最高一级的)第一人称叙事者"我"当作作者的真实自我,即使这个"我"明明有他自己的影子,仍害怕读者把这个"我"与他本人等同起来,因而使尽手段力图撇清这种干系。

回到(21)。即使"定知"是"辟支佛肯定知道王子将命终"的意思,"定"是否反映了叙述者的主观性? 也不是。因为《佛本行集经》起首一句是"如是我闻"。"如是我闻""闻如是"等起始语,斩断了整个篇章中的主体性/主观性与叙述者"我"的联系。

13　另一个主体

上文提到,反映主体性的第一要素是人称代词"我",第二要素则是人称代词"你"。这个"你",是我们要谈的另一个主体。

伽达默尔说:"只要一个人所说的是其他人不理解的语言,他就不算在讲话。因为讲话的含义就是对某人讲话。讲话中所用的词所以是合适的词,并非仅因为这些词向我自己表现所意指的事情,而是因为它们使我正与之讲话的另一个人也了解这件事情。在这个意义上可以说,讲话并不属于'我'的范围而是属于'我们'的范围。"⑲这里谈到的说话人和受话人的关系,就是主体间性(intersubjectivity)的问题。

Benveniste 曾数次强调,"我"与"你"相对立,然后,二者一起与"他"相对立。(1946,1956)关于语言中的主体间性,Benveniste(1965[1974:76—77])还论述道:如果我讲述曾发生在我身上的事,那么我所参照的过去只能相对于我言语行为的现在来确定,这个时间只关系到我一个人,因为"现在"时刻更新。但是,受话人可以把支配我的话语的这种时间性,当作他的时间性。我的"今天"转化为他的"今天",我的"昨天"也成为他的"昨天"。反之,当他做出回答时,我将变成受话人,把他的时间性转化为我的时间性。这就出现了语言可以理解的条件:尽管说话人的时间性与受话人原本无关并且难以通达,但受话人说话时,可以将自己话语的时间性与说话人的时间性等同起来。于是二者可以步调一致地相互交流。

这实际就是一个心理移情的问题。对叙事而言,受话人要理解说话人,就必须把自己置身于对方话语里的时空关系,有一种"亲历感"。同样,对于描写和抒情,"人能设身处地而想象……他人的快感"(高友工,1988[2008:148]),有一种"亲受感",即感同身受,所以我们能够体会李白描写的"云想衣裳花想容"的动人与杜甫抒写的"欲往城南望城北"的迷茫。⑳

一般认为：从笛卡尔提出"我思故我在"以来，哲学由关注客体性转向关注主体性；现代哲学，从胡塞尔的现象学开始，则又由主体性转向主体间性的研究。顺应这种思潮，说话人/作者的独大地位越来越受到挑战，受话人/读者的地位则得到提升。比如罗兰·巴特因为语言是一套约定俗成的规则，而夸张地发挥道："说话并非像人们常说的那样是交流，而是使人屈服：整个语言是一种泛化的支配关系。……一言以蔽之，语言是法西斯。"（Barthes,1978:13—14）语言如此强势，作者其实很无能。"语言认识'主语'，而不认识'个人'，而这个主语……就足以使语言'站得住'。"（Barthes,1968[1984:63—64]）由此，罗兰·巴特打倒了作者，并判决其死亡，以让读者得以树立。"古典主义的批评从未过问读者；对它而言，文学中没有别人，只有作者。……为使写作有未来，必须把写作的神话倒转过来：读者的诞生应以作者的死亡来换取。"（同上:67）

具体地说，在文学以及语言学的研究之中，作者、读者，说话人、受话人，作为交际的双方，现在总是结伴而行、同出同进。在叙事学中，有"隐含作者"的提法：最高一级的叙述者，并不等同于真实作者，而只是读者由作品构拟出的作者形象。与此同时，也就有"隐含读者"：作者在创作时，心目中设定了一个读者群，这个读者并不是真实读者。（Leech 和 Short,1981:8.1.1 节）在语言研究中，现在认为：语言的起变，导源于受话人在习得语言时根据"回溯推理"（abduction）对说话人说出的结构所做的重新分析。（Roberts,2007:124—125）

Traugott 和 Dasher（2002）谈到的 intersubjectivity，表示说话人对受话人形象的关注（22 页），可以理解为"虑及受话人的主观性",是主观性的一个特殊小类。这种 intersubjectivity 只涉及主观性,而不涉及主体性,这与她谈 subjectivity 只涉及主观性一致。[20]汉语语言学中,近年来也有对于这种"虑及受话人的主观性"的个案研究。

那么,当我们把 intersubjectivity 理解为说话人与受话人之间的主体性,即主体间性时,这个概念是否可以应用于汉语研究?这里举一个例子。在现代汉语中,常用"要说"引导话题;在近代汉语中,用"若论""若说"引出话题也很常见。那么,为什么"问"不用于引出话题?主要是因为"问"反映的主体间性大于"说"。"说"可以引申出"评说"的意思,因而"要说""若论/若说"等可以带出话题,表示"若要评说某某"的意思。而"问"总是会唤起问话人与答话人的形象,因而很不容易有此用法。但是,在诗歌之中,"借问"确实有此用法,其前提是自问自答,削除主体间性,只允许存在一个主体:

(22)借问下车日,匪直望舒圆。(谢朓《宣城郡内登望诗》头两句)(大意:若说赴任之日,月亮已经圆了不止一次了。)

(23)借问怀春台,百尺凌云雾。(萧纲《贞女引》头两句)

(24)借问池台主,多居要路津。(刘禹锡《城东闲游》头两句)

这样的例子,理解为"你若问我赴任之日,那么我告诉你……""你若问我怀春台,那么我告诉你……"已经非常勉强,只宜视为自问自答。但与一般的自问自答(如"借问汉宫谁得似,可怜飞燕倚新妆"(李白《清平调》))不同,此时"借问"后接 NP,因而可以径直视为引出话题。正因为"借问"只在诗歌中有自问自答的用法,所以"借问"这种引出话题的用法,也只见于诗歌之中。

同说话人一样,受话人也有是否客体化,即是否出现于字面的问题。比较:

(25)a. 保证一定做完!(说话人、受话人均未客体化)

b. 我保证一定做完!(说话人客体化,受话人没有)

c. 向你保证:一定做完!(受话人客体化,说话人没有)

d. 我向你保证一定做完!(说话人、受话人均客体化)[参看例(14)]

14 另一种主观性

在文献中,还会碰到另一种主观性。这种主观性,既不是说话人的,也不是受话人的,而是另一意识主体的。这种讨论,最直接地体现在"自己"一类词上。比如:

(26)鸿渐莫名其妙,正要问他缘故,只听得照相机咯嗒声,蓝眼镜放松手,原来迎面还有一个人把快镜对着自己。(《围城》,2章)

上例中的"自己"指方鸿渐,这个"自己"透露出"原来迎面还有一个人把快镜对着自己"是方鸿渐的意识。

英语、日语也有这类非照应(non-anaphoric)用法的"自己",其共同特点是:可以表示句中一个意识主体的言语或内在的思想、感情、感知。(参看 Kuroda,1973;Zribi-Hertz,1989;Brinton,1995)

这种用法的"自己",其指代者或者就是高一级的主语,比如"苏小姐知道他在看自己";或者在句中未出现,但可以"客体化"为高一级的主语,比如上例"原来迎面还有一个人把快镜对着自己",

可以理解为"方鸿渐发现原来迎面还有一个人把快镜对着自己"。这同一般的主观性词语所关联的对象可以就是高一级的主语或者可以客体化为高一级的主语是一致的。之所以有这种一致现象,是因为无论是一般的主观性词语所关联的对象,还是这里谈的"自己"所关联的对象,都是意识主体。

但是,笔者认为汉语中的这种"自己"并不能完全视为是表现意识主体的主观性的。比如:

(27)下一次,他注意女学生还固守着第一排原来的座位,男学生像从最后一排坐起的,空着第二排,第三排孤另另地坐一个男学生。自己正观察这阵势,男学生都顽皮地含笑低头,女学生随自己的眼光,回头望一望,转脸瞧着自己笑。(《围城》,6章)

上例三个"自己"都指"他"(方鸿渐)。后两个"自己"固然可以视为表现方鸿渐的主观意识,即理解为"方鸿渐注意到:女学生随自己的眼光,回头望一望,转脸瞧着自己笑"。但"自己正观察这阵势"无论如何不能这样理解,而只能视为作者的叙述,只不过这叙述,取的是中心人物的视角而不是作者自己的视角。

上一节提到:受话人要理解说话人,必须有心理移情。同样,说话人/叙述者腾挪换位为句中人物,也是一种移情,是 Kuno(1987)所说的移情(empathy)。上面两种情况的"自己",即不管是否反映意识主体的主观性,都可以用这种移情来概括。

上文提到的换位为受话人的"乃翁""我马上来",也是移情。但是,说话人/叙述者换位为他人的移情,并不必然带有说话人/叙述者或中心人物的主观性。比如例(27)"自己正观察这阵势"一句,既没有中心人物的主观性,也看不出叙述者在此有何情感或态度。[22]

141

15 结语

本文主要涉及以下两个很少为人论及的问题：

一、主体性与主观性所指的范围，在汉语中是有区分的；

二、在讨论主体性/主观性、主观化时，有两个不同的视角：观察者—说话人的角度、被观察者—词语的角度。从不同的视角，会得出相反的结论。

当然，本文还讨论了其他一些问题，也还有很多问题有待于进一步研究。

附 注

① 谢朓《郡内高斋闲望答吕法曹》："窗中列远岫，庭际俯乔林。"吴均《山中杂诗》："鸟向檐上飞，云从窗里出。"与杜诗近似。

② 曹植、陆机、鲍照、李白都写有《门有车马客行》，参看宋·郭茂倩编《乐府诗集》。

③ 相应地，人生的过程则称为"寓""寄"。《国语·吴语》："民生于地上，寓也。"韦昭注："寓，寄也。"《古诗十九首·回车驾言迈》："人生忽如寄，寿无金石固。"曹丕《善哉行》："人生如寄，多忧何为？"曹植《浮萍篇》："日月不常处，人生忽若寓。"

④ 此例"客子"也可以理解为泛指。鉴于诗歌的多义性，这并不足为奇。

⑤ 本节所谈观察者、被观察者的不对称性，以及剧场的隐喻，参看 Langacker(1985)。

⑥ 类似表述又见 Benveniste(1956[1966：254、255])。本文所引 Benveniste 的话，参照了王东亮等译《普通语言学问题》（选译本），三联书店，2008年。笔者会据原文调整译文。

⑦ Lyons(1982:104)还指出："我思，故我在"以及"我说，故我在"都应理解为进行体，即"我在思，故我在""我在说，故我在"。

⑧ 英语用 subjectivity,法语用 subjectivité,德语用 Subjektivität。在主观性这个意义上,汉语、英语常有贬义,而法语、德语则无(Lyons,1982:101)。语言研究中的主观性概念,当然是中性的。

⑨ 需要特别指出的是:本文所说的"词语",都泛指表达式,不仅包括词、短语,还包括小句、句子。

⑩ 引自《沈从文别集·自传集》179页,岳麓书社,1992年。

⑪ 引自朱天文《炎夏之都》95页,上海译文出版社,2010年。

⑫ 引自陈杏珍、刘烜重订本1—2页,上海古籍出版社,1998年。

⑬ 关于王国维的"有我之境"与"无我之境",有各种不同的理解。朱光潜(2005:46)评论说:

不过从近代美学观点看,王氏所用名词似待商酌。他所谓"以我观物,故物皆著我之色彩",就是"移情作用","泪眼问花花不语"一例可证。移情作用是凝神注视,物我两忘的结果,叔本华所谓"消失自我"。所以王氏所谓"有我之境"其实是"无我之境"(即忘我之境)。他的"无我之境"的实例为"采菊东篱下,悠然见南山","寒波澹澹起,白鸟悠悠下",都是诗人在冷静中所回味出来的妙境(所谓"于静中得之"),没有经过移情作用,所以实是"有我之境"。

按照朱光潜先生的理解,有移情作用,应是"无我之境",不是"有我之境"。但笔者认为:有移情作用,从主体—作者来看,固然是"无我",因为自我消失了;但从客体—作品来看,则是"有我",因为此时景语变成了情语。另一方面,没有移情作用,从主体—作者来看,固然是"有我";但从客体—作品来看,则是"无我"。由此也可知,区分主体、客体两个不同的角度,来看待主体性/主观性问题,是很重要的。

⑭ 同注⑫,第1页。

⑮ 即使是"无我之境",也并不是只有景而没有情,参看黄霖、周兴陆(1998:27)。如果只写景状物,则会被认为"格卑",参看蒋绍愚(2008:209—210)所引宋·洪刍《洪驹父诗话》对唐·郑谷《雪中偶题》和柳宗元《江雪》二诗(都写到了披着蓑笠的渔翁)的评骘,以及宋·陈岩肖《庚溪诗话》对唐代几首咏鹤、咏鹭诗的评骘。

⑯ 由于 Langacker(1990)没有明言 b、c 两句的主观性孰高孰低,后来的研究者在介绍 Langacker(1990)对这四个句子的分析时,出现了分歧:Traugott(1995:33)说 b、c 的主观性是一样的;沈家煊(2001:274)说 b、c、d 主

143

观性逐渐加强,Mushin(2001:9)也说 a、b、c、d 四句主观性逐渐加强。

⑰ 译文出自夏丏尊。引自《夏丏尊文集·译文之辑》462 页,浙江文艺出版社,1984 年。

⑱ 见金福译《国木田独步选集》(人民文学出版社,1978 年)的《译者前言》。

⑲ 引自伽达默尔(Hans-Georg Gadamer)1966 年的文章《人和语言》。见伽达默尔著《诠释学Ⅱ:真理与方法》181 页,洪汉鼎译,商务印书馆,2007 年。

⑳ 这种心理移情,即读者把自身转换为作者的观念,现代诠释学的开创者施莱尔马赫(Friedrich Schleiermacher,1768—1834)就有。参看伽达默尔《诠释学Ⅰ:真理与方法》262—265 页,版本同上注。

㉑ Traugott(2010:32)说:她主要关心的是,那些能够表明 subjectivity 和 intersubjectivity 的语言标记和表达式,以及它们如何产生的。可见,Traugott 关心的始终是词语,而不是作为主体的说话人和受话人。

㉒ 有的学者严格区分语言的话语和文学的叙事,对于他们而言,文学的叙事并不像话语总有说话人一样总有叙述者。他们反对"全知全能的叙述者"的提法。有的句子,就是从人物的视角来说的,这时,不应再设想背后还有一个叙述者。(参看 Kuroda,1973,1974)按照这种观点,本节所说的叙述者换位为他人这种"移情",这时就会落空。

参考文献

曹银晶 2011 《老子其人及其书——梅广先生访谈录》,未刊稿。
高友工 1988 试论中国艺术精神,作者著《美典:中国文学研究论集》,143—174 页,三联书店,2008。
黄 霖、周兴陆 1998 王国维《人间词话》导读,见《人间词话》,上海古籍出版社。
蒋绍愚 2004 李白、杜甫诗中的"月"和"风",见蒋绍愚 2008:342—363。
—— 2008 《唐诗语言研究》,语文出版社。
林 庚 1948 诗的活力与诗的新原质,见林庚 2006:158—166。
—— 1985 唐代四大诗人,见林庚 2006:95—131。
—— 2006 《唐诗综论》,清华大学出版社。

马奔腾 2010 《禅境与诗境》,中华书局。

沈家煊 2001 语言的"主观性"和"主观化",《外语教学与研究》第4期,268—275页。

—— 2002 如何处置"处置式"?——论把字句的主观性,《中国语文》第5期,387—399页。

陶炼 1995 助动词,见胡裕树、范晓主编《动词研究》,248—263页,河南大学出版社。

叶嘉莹 1997 《王国维及其文学批评》,河北教育出版社。

叶萌 2009 《唐诗的解读》,国家图书馆出版社。

朱光潜 2005 《诗论》,上海古籍出版社。

Barthes, Roland 1968 La mort de l'auteur, repris dans *Le Bruissement de la Langue*, Paris: le Seuil, 1984.

—— 1978 *Leçon*. Paris: le Seuil.

Benveniste, Émile 1946 Structure des relations de presonne dans le verbe, repris dans Benveniste 1966: 225-236.

—— 1956 La nature des pronoms, repris dans Benveniste 1966: 251-257.

—— 1958 De la subjectivité dans le langage, repris dans Benveniste 1966: 258-266.

—— 1965 Le langage et l'expérience humaine, repris dans Benveniste 1974: 67-78.

—— 1966 *Problèmes de Linguistique Générale*, 1. Paris: Gallimard.

—— 1974 *Problèmes de Linguistique Générale*, 2. Paris: Gallimard.

Brinton, Laurel 1995 Non-anaphoric reflexive in free indirect style: Expressing the subjectivity of the-speaker. In D. Stein and S. Wright(eds.), *Subjectivity and Subjectivisation*, 173-194. Cambridge: Cambridge University Press.

Kuno, Susumu 1987 *Functional Syntax: Anaphora, Discourse and Empathy*. Chicago: University of Chicago Press.

Kuroda, S. Y. 1973 Where epistemology, style, and grammar meet. In S. R. Anderson and P. Kipirsky(eds.), *A Festschrift for Morris Halle*, 337-391. New York: Holt Rinehart and Willson.

—— 1974 On grammar and narration. In C. Rohrer and N. Ruwet(eds.),

Actes du Colloque Franco-Allemand de Grammaire Transformationnelle, 165 – 173. Tübingen: Niemeyer.

Langacker, Ronald W. 1985 Observations and speculations on subjectivity. In John Haiman(ed.), *Iconicity in Syntax*, 109 – 150. Amsterdam: John Benjamins.

—— 1990 Subjectification. *Cognitive Linguistics* 1:5 – 38.

—— 1999 Subjectification and grammaticization. In Langacker, Ronald W., *Grammar and Conceptualization*, 297 – 315. Berlin /New York: Mouton de Gruyter.

Leech, Geoffrey N. and Michael H. Short 1981 *Style in Fiction: A Linguistic Introduction to English Fictional Prose*. London: Longman.

Lyons, John 1982 Deixis and subjectivity: *Loquor, ergo sum*? In R. J. Jarvella and W. Klein(eds.), *Speech, Place, and Action: Studies in Deixis and Related Topics*, 101 – 124. New York: Wiley.

Mushin, Ilana 2001 *Evidentiality and Epistemological Stance*. Amsterdam /Philadelphia: John Benjamins.

Roberts, Ian *2007 Diachronic Syntax*. Oxford: Oxford University Press.

Traugott, Elizabeth C. 1989 On the rise of epistemic meanings in English: An example of subjectification in semantic change. *Language* 65: 31 – 55.

—— 1995 Subjectification in grammaticalisation. In D. Stein and S. Wright (eds.), *Subjectivity and Subjectivisation*, 31 – 54. Cambridge: Cambridge University Press.

—— 1999 The rhetoric of counter-expectation in semantic change: A study in subjectification. In A. Blank and P. Koch(eds.), *Historical Semantics and Cognition*, 177 – 196. Berlin /New York: Mouton de Gruyter.

—— 2010 (Inter)subjectivity and (inter)subjectification: A reassessment. In K. Davidse, L. Vandelanotte and H. Cuyckens(eds.), *Subjectification, Intersubjectification and Grammaticalization*, 29 – 71. Berlin /New York: Mouton de Gruyter.

—— and Richard B. Dasher 2002 *Regularity in Semantic Change*. Cambridge: Cambridge University Press.

Zribi-Hertz, Anne 1989 Anaphor binding and narrative point of view: English reflexive pronouns in sentence and discourse. *Language* 65: 695–727.

汉语语法化演变中的音变模式[*]
——附论音义互动关系

李小军

(江西师范大学文学院、中国社会科学院语言所)

0 引言

语音、词汇、语法为语言的三个组成要素,这三个要素之间既具有相对的独立性,又存在错综复杂的联系,因而语言的变化往往具有连锁效应——某一要素的变化经常会引起另两个要素的变化。语法化演变常常会导致语音弱化,无论在国外还是国内,这已经基本成为人们的共识。人们甚至认为,一个典型的语法化过程往往包括"语义—语用"、"形态—句法"和"语音—音系"三个子过程。语法化为什么会导致语音弱化呢?这是因为人们发现,语音形式和语义表达之间存在一种大致的像似性,语义磨损会导致该成分显著性下降,进而在口语中变得含糊,音系形式发生变化——如缩减或变为其他发音更省力的音系形式。

---

[*] 本文为国家社科基金一般项目(10BYY057)及中国博士后科学基金特别资助项目(2015T80186)的阶段成果。本文已发表于《语言学论丛》(第五十一辑)。

不过语法化并不一定导致语音弱化,如 Hopper 和 Traugott (2008:142)所说,"语音的磨损并不是一个必备条件,对于语法化而言,贯穿整个斜坡的通道从来不是必然的或所期待的。"语法化为什么不一定导致语音弱化呢?这方面的研究目前较少。我们认为,从语义演变的角度来看,词汇项的语义在磨损的同时,新意义——语法意义却增加了,同时词汇的主观性也增强了。因此,该词汇项的整体功能(语义或句法功能)可能并没有弱化,语音弱化自然也就不是必然的了。值得注意的是,汉语方言材料显示,语法化演变中的音变并不仅仅限于弱化,亦有分化、强化等,这仍缘于语音与语义的大致对应关系。既然语法化导致的音变跟语义强度有关,而义变又非常复杂,并不仅仅体现为单纯的磨损,因而音变也就不仅仅表现为弱化。义变与音变之间存在一种互动关系,语义变化往往外化为语音形式的变化,而音变对义变又会产生一定的反作用。

本文准备以音变为纲、义变为纬,对语法化演变中的音变类型及音义互动关系做一些系统性的阐释工作。在讨论时,将音变分为弱化、分化、强化三种类型,而后分别论述。

1 语音弱化

语法化演变导致语音弱化方面,近些年有不少深入的研究,较有代表性的如王福堂(1999)、江蓝生(1999)、戴昭铭(2004)、曹逢甫(2006)、冯春田(2009)等。不过已有研究或重在考本字,或重在阐释方言间的音变差异,在音变类型及音义互动关系方面探讨非常不够,尤其在语音分化、强化方面。

语法化演变导致的语音弱化现象非常复杂,每个有音变的词基本上都有自己的弱化史,不同方言之间语音弱化也呈现出不同的特点。不过繁复的现象背后也蕴藏着基本的一致性。从目前总结的规律来看,语音弱化包括声母、韵母、声调三方面。声母方面主要沿着"塞音—塞擦音—擦音—鼻音—流音—半元音—零声母"这样一条轴弱化;韵母方面主要是韵头、韵尾的脱落,以及主元音的央化;声调方面则主要是轻声化和促声化。以上是就演变的趋向而言的。如果关注于演变的结果,那么可以归纳为以下四类:1)变为其他音类,2)音系形式缩短,3)合音,4)音系形式消失(零形化)。

1.1 变为其他音类

不同音类各有自己的生理属性,如果遵循正常的、规律性的历史音变,绝大部分音类是不可能演变为完全不同的其他音类的,比如塞音[t]、[k]与鼻音[n]、边音[l]等。但是,因为声母、韵母、声调等存在如上所说的一个弱化序列,这样,很多规律性历史音变中不见的演化现象在语法化演变导致的音变中就经常能见到。下面略举数例:

声母方面如:持续体标记,苏州方言有[læ]和[tæ]两读,温州方言也有[la]和[ta]两读。罗自群(2006:165—166)认为声母为[l]的持续体标记本字应是"着",[l]即[t]的弱化形式。王莉(2010)也认为温州方言中这个持续体标记本字是"着",并且"着"还可以进一步弱化为[ɦa]或[a]。再如结构助词"的(底)"声母一般为[t]或浊音[d]、"个"的声母为[k]或浊音[g],但是很多方言中结构助词的声母或为[n/l],或为零声母;很显然,这些也大多是"的(底)"或"个"的弱化形式(一些地区可能是指示代词"那"的音变形式)。这种音变在历史文献中都有反映,比如《歧路灯》《醒世姻缘传》等作品中就有"的/得/地"音变为"哩"的情况。如：

(1)我明天在你大爷哩地里,送你一块平安地。(《歧路灯》61回)——的

(2)他临走时,把孩子托于先生,先生跟的紧紧哩。(《歧路灯》8回)——地

(3)咱哥是个忙人,你不记哩咱在乡里时,咱哥不是地里就是园里?(《歧路灯》40回)——得

再如语气词"不",在中古译经中还有记作"婆"的。如(参朱冠明,2007):

(4)汝欲闻四深法义婆?(姚秦·竺佛念《鼻奈耶》卷二)

"不"在中古属非母物韵,分勿切,拟音为[pɨuət₄]；"婆"在中古属并母歌韵,薄波切,拟音为[buɑ₁]。浊音清化是汉语语音史的基本规律,而"不"从清声母[p]浊化为[b],正是语音弱化的典型表现。

韵母方面如语气词"无"入唐以来有很多记音字,如"摩""磨""麽""末"等。中古"无"属微母虞韵,武夫切,拟音为[mɨu₁]；"摩""磨""麽"属明母歌韵,莫婆切,拟音为[muɑ₁]；"末"在中古属明母曷韵,莫拨切,拟音为[muɑt₄],在近代汉语中"末"韵尾脱落,为[muɔ₁]。"无"出现这么多的记音字,正说明它语音有所变化,而这些记音字声母都相同,说明变化在韵母方面。声调方面的弱化主要是轻声化和促化,这方面的例证很多,不一一列举。

1.2 音系形式缩短

音素弱化的极致就是零形化,一个音节在弱化过程中其中某一部分弱化为零形式,那么这个音节的音系形式就缩短了。音系形式的缩短包括声母、韵母两方面；声母方面表现为声母丢失,韵

母方面表现为韵头或韵尾丢失。

声母零化方面,前举温州方言持续体标记"着(赖)"([la]→[ɦa]→[a])就是一个极好的例证。再如河南安阳方言的结构助词"嘞"有[ləi]和[əi]两读;客家话中结构助词"个"很多亦弱化为零声母,如梅县有[kɛ⁵¹]、[ɛ⁵¹]两读,印尼西爪哇有[ke]、[e]两读,连城四堡和清流长校都有[ka⁵⁵]、[a⁵⁵]两读等。(参项梦冰,2001)再如张惠英(2001:104—107)提到闽南话有一个阳平调(23或24)的"兮[e/ie]",可以做量词、助词、还可以接在单名或姓后面表爱称或尊称。如:

(5)十几兮十几个|百外兮一百多个——量词
(6)我兮我的|福建兮福建的——表领属或属性的结构助词
(7)夷猪兮宰猪的人|牵手兮夫妻——表职业或特殊身份
(8)张兮|李兮|英兮——表爱称或尊称

很显然这个[e/ie]的本字不可能是"兮",张惠英认为是"个"失落声母后的音变字。不过李如龙(2001)认为这个[e]虽然与量词"个"声韵都相同,但本字不是"个",而是"其";吕晓玲(2012)也认为是"其"。我们认为,不管这个[e]的本字是"个"还是"其",在演变为结构助词的过程中,声母都存在脱落现象。

韵母音系形式缩短方面的例证就更多了,这里以人称代词复数标记为例略做说明。汉语人称代词复数标记主要有五大类:"们""拉""等""侬""家"。如果不考虑它们的历史演变过程,而只关注音变,那么可以发现很多有意思的现象。比如"们"山西太谷读为[mə²²],临县读为[mi²⁴],祁县读为[m³³⁻³⁵](参侯精一、温端政,1993:117),韵母音系形式缩短了。湘语攸县城关镇东街老人口语中的复数标记为[piɛ̃i],西街则为[pi]且模糊短弱。(参董正谊,2009)可以肯定,[pi]是[piěi]的减省形式,并且这个[piěi]很可能就是"辈(人)"。再如山西万荣方言,第一、二人称复数标记为[ti],第三人称则为[təu],[ti]显然是[təu]的弱化形式。

1.3 合音

一个音节如果声母脱落,就容易与前一音节合音,这样两个或两个以上音节合而为一的现象就出现了。近些年学界讨论较多的动词变韵(变调)表完成、持续,以及名词变韵(变调)等,从历时演变的角度来看,其实都是合音现象。动词变韵(变调)表完成即动词与助词"了"合音,动词变韵表持续则是动词与持续标记"着"合音。名词变韵(变调)多是名词与后缀"儿"或"子"合音的结果。(不过近些年的研究显示,很多方言点变韵参与合音的很可能不是"子",而是"儿"。)

合音大致可分为两种:一种是多音节虚词自身合音,一种是虚词与其他词合音。多音节虚词自身合音方面,汪化云(2011)举了一个极好的案例。湖北黄梅县李陵口话中,并存着三身代词复数标记"□□[tɛ ɕin]"和"这些人[tɛ⁻ɕie ən]",[ɕin]显然为"些人[ɕie ən]"的合音;而黄梅县城南面的濯港镇话复数标记为"□[tɛi]",则是"这几[tɛ⁻ti]"的合音与弱化。如果把多音节语法词看作一个语言单位,那么把这种合音现象归为第二种音变类型"音系形式缩短"更为合适。这样本文所说合音即指虚词与其他词的合音。下面再以复数标记和结构助词为例略做说明。

比如邓永红(2007)提到湖南桂阳方言的人称代词复数标记有三套形式:1)我俚[ŋo⁴² liæ⁴²]/你俚[ni⁴² liæ⁴²]/渠俚[kɤ⁴² liæ⁴²],2)我俚[ŋo⁴² læ⁴²]/你俚[ni⁴² læ⁴²]/渠俚[kɤ⁴² læ⁴²],3)我俚[ŋuæ⁴²]/你俚[niæ⁴²]/渠俚[kæ⁴²]。复数标记"俚"先是音系形式缩减,而后进一

153

步与三身代词合音。山西方言复数标记以"家"为最常见,侯精一、温端正(1993:116−120)提到三种类型:1)附加式,2)合音式,3)变读式。合音式如山阴:第一人称单数为"[uə⁵²]",复数为"[ua⁵²]","[ua⁵²]"为"我[uə⁵²]"与复数标记[tɕia]的合音。史秀菊(2010)也列出了山西很多方言点复数标记"家"与三身代词的合音。如洪洞:我[ŋo³³]+家[tiɑ²¹]→[ŋuɑ⁴²],你[n̩i³³]+家[tiɑ²¹]→[n̩ia⁴²];古县:我[ŋɤ⁵³]+家[tɕiA²¹]→[ŋuA²⁴],你[n̩i⁵³]+家[tɕiA²¹]→[n̩yA³⁵];新绛:我[ŋɤ³²⁴]+家[tɕia³¹]→[ŋa⁵³],你[n̩i⁵³]+家[tɕia³¹]→[n̩ia⁵³]。这种合音在口语中有时还可以直接观察到——语速较快则为合音式,语速较慢则为附加式。比如山西朔州:你们[ni⁵³ mə])→[niəu³¹²],他们[tʰɑ³¹ mə])→[tʰn̩³¹²];曲沃:我家[ŋɤ²¹⁴ tɕia]→[ŋa²⁴],你家[n̩i²¹³ tɕia⁴⁴]→[n̩ia²⁴]。

南方方言常见的结构助词"个"也可以与人称代词合音,比如项梦冰(2001)列举了客家话结构助词"个"与代词的合音,具体为:我[ŋa]+个[ka]→<u>我个</u>[ŋa:]→我[ŋa],尔[n̩i]+个[ka]→<u>尔个</u>[n̩ia],佢[tɻɯ]+个[ka]→<u>佢个</u>[tɻɯa]。项文认为合音过程还不是很清楚,可能是直接合音,也可能是先弱化后合音。不过我们认为应该是先弱化后合音,原因在于合音的前提是"个"辅音声母的脱落,何况如项文所说,客家话不同方言点还有"个"的各种弱化形式,因此先弱化后合音显然更具说服力。

1.4 音系形式消失(零形化)

合音形式如果进一步演化,很可能变为零形式,这又有两种情况。一种是参与合音的两个音节韵母相同或相近,这样一开始合音形式其实就是一个长音,即韵母没有变化,只是音长延长。比如刚才所举连城客家话,第一人称代词与结构助词"个"韵母都为

[a],合音后就是一个长元音[aː]。而如项梦冰(2001)所说,由于当地人合音意识淡化,长音的读法难以为继,这样合音形式后来就消失了,或者说领属表达零形化了。再如动词变韵表完成,如获嘉方言(参贺巍,1982)、浚县方言(参辛永芬,2006)等,很多动词都是零形式变韵。

另一种情况是合音形式进一步弱化为原式,比如后缀"儿"就是这种情况。曹逢甫(2006)曾对汉语儿化形式进行了一个极有价值的研究,他以南方方言(吴方言)为研究对象,得出了一个小称词语义、语用和语法上的轮回表和一个语音演变的轮回表。王洪君(1999[2008:201—210])则以北方方言为对象,讨论了"儿"缀语音形式与语义功能的相关性,发现"儿"缀与前字融合为一个音节且与单字音同模时,"儿"缀词常常极少而且完全没有表小的作用。

下面简单谈谈语义虚化、语音弱化与复标问题。任何一个词汇项都有一个语音形式,且语音与语义存在像似性。如果语音弱化到一定程度,比如语音形式不清晰,甚至零形化时,就必然导致该词汇项语义功能的不足。这时候,口语中为了清晰准确地表达这种语义及句法关系,叠床架屋现象(复标)就极有可能出现。比如深圳(沙头角)的第一人称单数为[$_\subset$ŋai^{11}],[$_\subset$ŋa^{33}]本是"我个"的合音,可是现在可以再加"个":[$_\subset$ŋa^{33}ka$^{\supset 42}$]。项梦冰(2001)发现华阳凉水井客方言中也有这种情况,三身代词都为阳平:"我[ŋai^{13}]""尔[ɲi^{13}]""佢[tɕi^{13}]";阴平的[ŋa^{55}/ɲi^{55}/tɕi^{55}]其实就是三身代词与结构助词"个"的合音形式,不过意义和功能的退化使本地人把原本做定语用的阴平式当作一般形式来使用,而在做定语时往往再加上一个结构助词"个[kieʔ$_\supset$^{32}]"。

再如人称代词复数标记,戴昭铭(2000)提到吴语一些点复数

表达有两套形式,有些合音后又在后面再加复数标记。如绍兴第二人称复数有"㑚/㑚落/㑚辣"三个变体,第三人称复数有"耶/耶落/耶辣"三个变体。问题是"㑚"已经是第二人称"傓"与复数标记"拉(两)"的合音形式,"耶"也是第三人称"伊"与复数标记"拉(两)"的合音形式。戴昭铭认为:"大概是缩合形式产生后,信息有所衰减,人们觉得单音节形式不足以强调复数,于是又加上表复数的'落'、'辣'"。再如湖南常德方言,第一、二人称代词已经与复数标记[ŋan]合音:[uo^{21}]→[uan^{13}],[li^{21}]→[lin^{13}],不过有时"[uan^{13}]"和"[lin^{13}]"也可以表单数,于是[uan^{13}]"[lin^{13}]"后面还可以再加复数标记"[ŋan]"。(参郑庆君,2009)

复标还有另一种情况,比如老派湘语邵阳方言的人称代词复数表示法本是用"个底人",但现在还可以说"我们个底人""你们个底人","们"源自通语,"们"与"个底人"也构成了复标。这种因为方言接触而导致复标的现象非常普遍,不过这种复标跟语法化没有直接的关系,不是我们讨论的对象。

1.5 异源同音与同源异音

语音在弱化过程中,还可能出现异源同音和同源异音现象。这是因为,不同音类的声母、韵母存在一个大致相同的弱化链——即沿着同一方向弱化,这样,语音本来差异较大的词汇项在语法化过程中随着语音弱化语音就可能趋同,这属于异源同音现象。倒过来,词汇化项在语法化过程中随着语义弱化、分化也可能出现几个不同的语音形式,这属于同源异音现象。

同源异音现象十分普遍,这是因为语音与语义存在一种互动关系,语义的变化往往会在语音上反映出来,一个词汇项因为语义的强弱不同,语音形式自然也有差异。从这个角度来说,凡存在语音弱化,必然就存在同源异音。江蓝生(1999)所举持续标记"着"的音变就是一个非常好的个案。下面以儿化现象为例,重点谈谈异源同音。

太田辰夫(1958[2003:89、117])提到"日""里"变作"儿"的现象,认为"日"变"儿"是从清初开始的,"里"变为"儿"则始见于清代后期。不过李思敬(1986:88—95)认为里变儿化现象明代就有,如在《明成化说唱词话》和《古今小说》里有"小河儿两个鱼儿我和你看去""请他到小阁儿坐着"这样的例子,另外在明代《重刊增益词林摘艳》里将词牌名《山坡里羊》写成《山坡儿羊》。至于日变儿化,李思敬根据《重刊老乞大》中的"昨儿个",断定这种现象也出现在明代。此外李思敬提到在京东地区(宁河、宝坻、丰润等)口语中还有"了"弱化为"儿"的现象。李巧兰(2007:171—174)提到河北邯郸方言中完成貌助词"了"、持续貌助词"着"、结构助词都读为[ə]。这些异质的[ə]在语音上相同或相近,因此口语中就可能混淆,从而导致"X儿"的异源叠置现象。其实"了"在口语中混同"儿",历史文献中就有证据。潘攀(1996)提到了《金瓶梅词话》中的两例:

(9)今日大娘来儿没好生拣一著儿。(十五回)

(10)哥,你往那去?这咱才出来,看雀儿撞儿眼!(二十回)

"了""着""日""里"等本来语音形式差异极大,但随着语音弱化,最后都变为[ə],这样异源同音现象就出现了。再如上举持续体标记"着",张世方(2008)提到河南商丘话中读为[tei],而后缀"子"也读为[tei],这样口语中"着"与"子"就混同了。这一现象《金瓶梅词话》中同样也有。如:

(11)趁子奴思个防身之计,信着他,往后过不出个好日子来。(十四回)

(12)有一首歌儿唱得好:尼姑生来头皮光,拖子和尚夜夜忙。(五十七回)

(13)那马见子,只一惊,西门庆在马上打了个冷战。(七十九回)

2 语音分化

跟语法化有关的语音分化有两种情况。一种是纯语音弱化导致的分化,比如普通话中的动词"了[liau^{214}]"与助词"了[lə^0]"语音已经分化,而助词"了"的语音源于动词"了"的语音弱化。这种语音分化非常普遍,甚至可以说有弱化必有分化;从音义互动的角度来说,这事实上是通过语音分化(弱化)来巩固语法化演变的结果。

以上那种情况我们看作弱化而非分化,本文所界定的语音分化主要是指这种情况:词汇 A 分化出几个语义项(A_1、A_2…),同时语音形式也分化为对应的(A_1、A_2…),"A_1"与"$A_2(A_3…)$"语义及句法功能不同,语音形式也不同,同时它们与源词 A 无论在语义上还是语音形式上也都有差异。下面举例来说明。

湖南邵阳方言语气词"咱"可以通过鼻化来区别语气义。鼻化的"咱[tsã^{42}]"表祈使、强调,针对听话人;阴声韵的"咱[tsa^{42}]"表尝试,针对说话人。如:

(14)其要你去,你就去下咱[tsã^{42}]!(他要你去,你就去一下吧!)

(15)去看电影当然要得,不过我要先写起作业咱[tsa^{42}]。(去看电影当然可以,不过我要先写完作业啊。)

语气词"咱"的来源学界多有讨论,不过都认定是"着"的音变字,而语气词"着"则源于其持续义用法。吕叔湘(1941[2002:66—67])说道:"'著'字从'者'得声,二者之音当相近似,而促舒有间。官府文移,有所晓告,率用'者'字。……至于一般告语,则宋人参用'者'、'著'二字,而以'著'为多;金元'者'字转胜,又别增'咱'字。"因而"可知'著'、'者'、'咱'三字之为用尽同"。值得注意的是,元代时"者(着/咱)"就可以分别表祈使(催促)、强调,也可以针对说话人表尝试,但当时的语音似并未分化,就是现代汉语方言中也未见有语音分化方面的报道。邵阳方言中语气词"咱"与动词"着"语音差异较大,且"咱"语音还一分为二,这就颇有意思了。我们认为,语音分化是一种分化语义的手段,邵阳方言中通过鼻化来别义,这与该方言鼻化韵非常普遍有关。不仅仅是"咱",语气词"啊"也有这种情况。鼻化的"啊[ã⁵⁵]"表强调,凸显出说话人的诧异、惊奇;阴声韵的"啊[a⁵⁵]"主要表舒缓语气,同时使说话人的态度显得亲切。屈承熹(2006:110—113)将普通话的"啊"概括为"个人介入",这同样适用于邵阳方言的"啊[a⁵⁵]",亲切意味也正源于说话人的情感介入。如:

(16)等下就呷饭哩啊[a⁵⁵],大家都莫行。(等下就吃饭了啊,大家都不要走。)

(17)你走到个快啊[ã⁵⁵]!(你跑得这样快啊!)

"啊[a⁵⁵]"还可以出现于是非问句,不过是非问句中的"啊[a⁵⁵]"带有明显的肯定性倾向,如李小军(2009)所说,"发话人只是希望听话人对命题进行确认,疑问程度很低"。

再如"个"在邵阳方言中有四个读音:[kɔʔ³³](入声)、[kɔʔ⁰]、[kəʔ³³]、[kəʔ⁰]。"个[kɔʔ³³]"为近指代词;"个[kɔʔ⁰]"为类别词,接在近指代词"个"和远指代词"那"后面表人或事物的类别,亦可与"么"构成疑问代词"么个"(相当于普通话的"什么");"个[kəʔ³³]"为结构助词,"个[kəʔ⁰]"为语气词。如:

(18)个[kəʔ³³]只苹果你们都嗯吃?(这个苹果你们都不吃?)

(19)个[kəʔ³³]个[kəʔ⁰]人,一点规矩都嗯懂!(这种人,一点规矩都不懂!)

(20)个[kəʔ³³]本书是我个[kəʔ³³]。(这本书是我的。)

(21)个[kəʔ³³]只照相机是其昨天把我个[kəʔ⁰]。(这部照相机是他昨天给我的。)

"个"的指示代词、结构助词、语气词用法在南方方言中常见,而类别词用法却比较少见。邵阳方言中"个"的量词用法已经消失,只残留有询问人的"哪个[kɔʔ⁰]"。如果说"个个人",那么指的是"这种人";如果要表达普通话的"这个人",则说成"个只人"。汉语方言中"个"的类别词用法罕见报道,陈淑梅(1999)曾提到鄂东方言"个"有类似用法。如:

(22)我不晓得,他箇个脾气。(我不知道他那么样的一个脾气。)

(23)箇个人,你还去跟他缠?(那么样一个人,你还去跟他来往?)

不过陈文认为上两例"箇个"中的"个"是量词,表示"一个";这两例"个"与邵阳方言表类别的"个"非常相似。我们推测,类别词"个"从量词"个"演变而来,鄂东方言"个"的用法正好为邵阳方言类别词"个"的来源提供辅证。邵阳方言中"个"语音四分,同时语义功能也四分,已经可以看作四个不同的词了。上海崇明方言的"个"语音五分,指示代词"个"读作[kəʔ⁵⁵],量词"个"读作[goʔ²²],在"个人""个体"等词中则读作[ku³³],结构助词"个"读作[gəʔ³],

不过结构助词用法在疑问句末读作[ga³]。(参张惠英,2001:106)"个"语音竟然五分!如此一来,邵阳方言"个"语音四分反而略显简单了。再如黑维强(2009)提到陕北绥德方言"个"字也有四个读音:[kɯ⁵²]、[kər⁵²]、[kuəʔ³]、[kəʔ³],不同音系形式对应不同的语义功能。

下面再以助词"了"的语音分化为例。前面说到北京话中动词"了"与助词"了"语音有差异,而动态助词"了₁"与事态助词"了₂"语音则没有分化,不过山西方言则是另一种情形。"了₁"与"了₂"语音二分山西方言中普遍存在。据侯精一、温端政(1993:129-131):

	了₁	了₂		了₁	了₂		了₁	了₂
大同	ləʔ³²	la	山阴	ləʔ	lʌʔ	太谷	ləɯ³¹	lie³¹
天镇	lə	la	忻州	lɔ	la	祁县	lau³¹	li³¹
原平	liɔ	liɤ	文水	lau³¹	lia³⁵	寿阳	lɔ⁴²³	le³¹
怀仁	lɤ	la	陵川	ləu	lʌ	洪洞	lio	lia
清徐	ləu⁴³	le⁴³	长治	lɔ⁵⁴⁵		汾西	lou	la
平遥	lɔ³¹	la²¹	和顺	ləu	læ	新绛	lao³¹	la³¹
介休	lɔi⁴²³	la	临县	lou	lei			

再如山东中西部方言(据岳立静,2006:102):

	了₁	了₂		了₁	了₂		了₁	了₂
潍坊	liɔ	lə	临朐	liou	lia	济宁	lɔ⁵⁵	lə
寿光	lɔ	læ	利津	li	la	聊城	lou	la
无棣	liou	liã	宁津	liou	lia	菏泽	lou	la
滨州	li	lã	德州	liou/liɔ	lia/liɛ	阳谷	lo	la
淄川	ə	liã	博山	ə	liã	临清	lɔ	la
章丘	lɔ	lia	济南	lɔ	lia	东明	la	le/lo
新泰	lao	liao/lie	汶上	lɔ	lɑ	枣庄	lo	la
临沂	lɔ	la	曲阜	lɔ	la			

"了₁"与"了₂"语音分化不仅仅见于山东和山西方言,其他方言中也多见;就是动态助词"了₁"内部,也还有再分化现象。如孔

祥卿(2001)提到河北辛集方言"了₁"有三个语音形式:[li]、[liɑ]、[lau];陈鹏飞(2005)提到河南林州方言动态助词"了₁"也有三个音变形式:[lʌʔ⁰]、[ləʔ⁰]、[lau⁰];与语音形式相对应的是,语义功能也三分。同样,一些方言中事态助词"了₂"内部也有语音分化。如张宝胜(2011)提到河南汝南话中事态助词"了₂"有两个读音三种分布:"了行"为[lɛ⁰],"了知"为[lɛ⁰]或[lə⁰],"了言"则为[lə⁰]。岳立静(2006:102)也列举了山东中西部地区一些方言点的材料:

	了₂若然	了₂将然		了₂若然	了₂将然
寿光	下雨了[lɔ],就回来。	下雨了[læ],快回来!	德州	下雨了[liə],就回来。	下雨了[lia],快回来!
章丘	下雨了[lɔ],就回来。	下雨了[lia],快回来!	济南	下雨了[lɔ],就回来。	下雨了[lia],快回来!
新泰	下雨了[lao],就回来。	下雨了[liao],快回来!	汶上	下雨了[lɔ],就回来。	下雨了[la],快回来!
曲阜	下雨了[lɔ],就回来。	下雨了[la],快回来!	聊城	下雨了[li],就回来。	下雨了[lia],快回来!
菏泽	下雨了[lou],就回来。	下雨了[la],快回来!	东明	下雨了[lo],就回来。	下雨了[la],快回来!
单县	下雨了[lə],就回来。	下雨了[la],快回来!			

严格来说,以上讨论的语音分化还可以再细分为两种情况。一种情况是分化的"A₁、A₂(A₃…)"等虽然语音形式与源词"A"有差异,但是"A₁"与"A₂(A₃…)"之间又是彼此衍生的关系。比如邵阳方言鼻化的语气词"咱[tsã⁴²]"肯定源于阴声韵的"咱[tsa⁴²]",因为"咱"源于入声的"著(着)"。再如林州方言动态助词"了"的三个音变形式[lʌʔ⁰]、[ləʔ⁰]、[lau⁰],"了[lau⁰]"肯定源于动词"了[li-au⁵⁵]",而"了[ləʔ⁰]"则是"了[lau⁰]"或"了[lʌʔ⁰]"的弱化形式。还有一种情况是分化的"A₁"与"A₂(A₃…)"之间彼此语音上没有

衍生关系,即它们分别源于源词"A"的语音变化。如前举山西方言中动态助词与事态助词语音二分、山东中西部方言事态助词内部语音二分,分化的两个语音形式就看不出有很明显的衍生关系。这两种情况可以从语义分化上进行解释。也就是说,如果分化的"A_1"与"$A_2(A_3…)$"之间存在语义上的衍生关系,那么语音方面也往往存在衍生关系;反之,彼此则没有语音上的衍生关系。

3 语音强化

无论是国内语法学界还是国外语法学界,在讨论语法化演变中的音变时极少涉及语音强化。这主要是因为语音强化现象较少,且往往与"语义虚化——语音弱化"这一普遍规律相左,因而容易为人们所忽视。我们认为,语音强化也是语法化演变中的一种音变现象,且与语音弱化紧密相关。一个词汇项在语法化过程中词汇义虽然虚化了,但是情态义却增加了,如果演变后的整体语义强度还大于以前,那么这一词汇项的语音就很可能强化。大致来说,语音强化有两种类型:1)语法词自身语音强化,2)语法词语义指向的成分语音强化。此外复标也可以算作一种强化,不过无论是哪种形式的复标,都是通过另加一个成分的方式来强化语义表达,因而与本文讨论的语音强化没有直接关系。

3.1 语法词语义指向的成分语音强化

先来看一个具体的例子。现代汉语中常常用介词"把"来引介受事,不过一些方言"把"也可以引介施事。如武汉方言(参赵葵欣,2011):

(24)你快点把渣滓倒了它。——表处置

(25)他把他老子打了一顿,正咱乖多了。(他被他爸爸打了一顿,现在乖多了。)——表被动

引介受事与引介施事是两种完全相反的句法功能,而这种现象很多方言都有(往往还有使役用法)。考之汉语史,"把"表被动这一用法宋代就有例句。如:

(26)彩胜斗华灯,平把东风吹却。(辛弃疾《好事近》)

(27)这明明是天赐我两个横财,不取了他的,倒把别人取了去。(元·无名氏《杀狗劝夫》第二折)

邵阳方言中"担[ta^{55}/na^{55}]"也可以既表处置又表被动。如:

(28)你昨天为什么要担其打一顿?(你昨天为什么要把他打一顿?)——表处置

(29)你真划不来,担其打一顿。(你真不合算,被他打了一顿。)——表被动

换言之,"担其打一顿"既可以理解为处置,也可以理解为被动。"担"具体的语法化过程这里不讨论,问题是口语中如何避免歧义。汉语的一般歧义句,语境可以有效分化,但邵阳方言中的"担"却不一定。比如甲跑过来对乙说:"昨天小明担小海打了一顿。"到底谁打谁,单凭语境很难区分。不过口语中上例并无歧义,或者说只是一种字面歧义。原因在于"担"表处置还是被动存在语音差异。具体为:表处置时,没有语法重音;表被动时,"担"后面的施事/当事要重读。即:

(30)a. 昨天小明担小海打了一顿。——表处置

　　 b. 昨天小明担<u>小海</u>打了一顿。——表被动

换言之,表被动时,"担"所支配的论元语音形式得到了强化,

或者说加上了语音标记(重读)。为什么"担"表处置时没有语法重音(无标记),表被动时却有语法重音(有标记)呢?标记理论认为,无标记项的分布范围要比有标记项的大;在形态学中,无标记项的意义要比有标记项的宽泛。"担"表处置的分布范围无疑远远大于其表被动的用法,从这个角度来说,"担"的处置用法无须标记,而被动用法则需要标记。

遗憾的是,已有研究未见有从语音角度来探讨处置、使役、被动兼用现象的,因而无论是在古近代汉语中,还是现代汉语方言中,兼表处置和被动的"教""与""把""担"等语音是否存在差异不得而知。不过我们推测,很可能不仅仅是邵阳方言,其他一些方言也存在这种语音差异。这是因为义变往往通过音变来反映,处置和被动是汉语中一组最基本的对立语义表达,如果没有语音上的差异,而语境又无法有效区分歧义,这必然会造成表达上的混乱。如果确实没有语音变化,那么很可能表被动用法的"把"等在使用时有一定局限性,或者说存在其他句法方面的限制。其实不仅仅是"担"指向的成分要重读,现代汉语普通话中一些语气副词如"是""就"等也有这种情况。先来看两个例子:

(31)是我昨天下午坐火车去的南京。‖我是昨天下午坐火车去的南京。‖我昨天是下午坐火车去的南京。‖我昨天下午是坐火车去的南京。‖我昨天下午坐火车去的是南京。

(32)我是不知道,你知道?

语气副词"是"源于系词"是",而系词"是"又源于代词"是"。例(31)"是"后被标记的成分第一个音节需要重读。"我昨天下午是坐火车去的南京"稍特别,"坐"不重读而是"火"重读,原因在于"是"标记的是"火车"而不是"坐"。例(32)"我是不知道"则是另一种语音强化模式,即"是"重读,"不知道"不需要重读。从这个角度来说,这两例"是"语法功能存在差异。方梅(1995)认为只有不重读的"是"才是焦点标记,重读的"是"表确认,颇有道理。再如"就":

(33)<u>就你</u>这种水平,我才懒得看呢!

(34)就<u>这</u>种水平,我才懒得看呢!

很显然,上两例"就"所标记的成分第一个音节重读。我们认为,这种重音模式与话语信息结构有直接的关系,重音所在的语法单位正是话语中需要特别凸显的语义中心。

3.2 语法词自身语音强化

这种语音强化主要表现为重读或音长加长。导致这种语音强化的原因有两种。一种是因为该语法词处于句子的焦点结构上,或本身就是焦点。如湖北英山方言中的动态助词"了$_1$"和事态助词"了$_2$"都读作轻声的[lia],不过还有一种重读的"了[liau^{34}]",既可以做动词,也可以在句尾或句中表达已然义。(参项菊,2006)如:

(35)他走了[liau^{34}],你快点儿去。

上例"了"要拖长加重,从句法位置和语义上看,相当于普通话的"了$_2$"或"了$_{1+2}$",不过带有较强的肯定语气,表强调。项文没有讨论表强调的"了[liau^{34}]"的来源,我们认为很可能源于动词"了"的语法化,但不排除这一可能:助词"了$_1$"或"了$_2$"通过语音强化的方式再分化出"了[liau^{34}]"。不管是哪一种来源,"了[liau^{34}]"的语音形式都有不同程度的强化。这是一种很有意思的现象,表确信、强调动作行为或变化已成事实的"了[liau^{34}]"语音强化,显然也与句子的信息结构有关。

另一种语音强化与主观量表达有关。简单地说,语音强化式相较于原式,往往表示一个主观大量。比如浙江遂昌方言的句末"添",据王文胜(2006),可以表示追加数量和剩余义。表示追加数量时,一般读本调[tʰiɛ⁴⁵];如果在一定的语境中表示威胁、警告时则读成[tʰiɛ⁴⁵⁵]。如:

(36) a. 嬉记添[tʰiɛ⁴⁵],反正还早险。(再玩一会儿,反正还早得很。)

b. 嬉记添[tʰiɛ⁴⁵⁵]!(看你还敢再玩!)

表示剩余时,言其多时为本调[tʰiɛ⁴⁵],言其少时则为轻声[tʰiɛ⁰]。如:

(37) a. 箱内还有四个添[tʰiɛ⁴⁵]? 我以为无了。(箱子里还有四个? 我以为已经没有了。)

b. 箱内只有四个添[tʰiɛ⁰]? 我以为还有五个。(箱里只有四个? 我以为还有五个。)

数量少了,声调也弱化了;数量的多少竟然完全通过语音的强弱来区分,这是一种语义与语音的惊人对应。有意思的是,表示极少(甚至少到无)的"添"语音为[tʰiɛ⁴⁵⁵]或[tʰiɛ²¹¹],从45调变为455调或211调,语音反而强化了。我们认为,这是因为此时"添"带有"威胁;警告"意味,换言之,"添"不仅带有数量义,同时还表达很强的语气(情态)义,即带有了两种语义(或语用)功能——表数量和表语气,这样语音自然也强化了。

再如高再兰(2008)提到益阳方言中"搞哒"为低频率副词(其具体来源可以参考高文),表示"偶尔"的意思;不过如果"搞"重读,则为高频率副词,表示"经常"的意思。也是通过语音强化的形式来表达一个主观大量。如:

(38)我搞哒也去看他。(我偶尔也去看他。)

(39)她搞哒要,只好买给她了。(她老是要,只好给她买了。)

4 音义互动关系

下面简单谈谈语法化演变中的音义互动关系。语法化演变中的音变导源于义变,但这种影响不是单向的,音变往往也会反作用于义变。音变对语法化演变的影响主要表现为:1)巩固语法化演变的成果,2)加速语法化进程,3)分化语义、衍生新词,4)增强语用功能。其中又以第一和第二种为主。

增强语用功能主要是就语音强化而言的,如前所述,语音强化往往与句子的信息结构或言者的主观情绪有关,因而语音强化主要体现为两方面:一是增加主观量,二是表强调或标记焦点。

4.1 巩固语法化演变的成果

最早提到这一观点的是戴昭铭(2004),戴文认为语法化演变导致的语音促化是(吴方言)把语法化效应以语音形式固化的一种机制。戴文的观点非常有理。汉字具有非表音性,这样语法化进程在书面语中无法以语音形式显示出来;但是口语是活生生的语言,语法化导致的语音弱化往往可以真实地展现出来。那么语音弱化又是如何巩固语法化演变成果的呢?

先从最简单的说起:北京话中动词"了"读[liau^{214}],助词"了"读[lə^0],口语中两者语音完全不同,甚至绝大部分人根本就不知道助词"了"源于动词"了"的虚化。换言之,一般人语言心理中动词"了"与助词"了"基本上没有关系——无论是语义上还是语音上。这样,动词"了"的语法化成果——动态助词"了$_1$"和事态助词

"了₂"就获得了独立的语法地位,而不是作为动词"了"的演变产品出现的。一些方言中助词"了"的语音弱化程度没有北京话的深,比如河南安阳方言为[lau⁰],记作"咾":"他爷爷没咾₁快十年啦。"记作"咾"的原因非常简单,当地人不清楚这个"咾[lau⁰]"的本字,于是用了一个记音字。近代汉语界曾很长时间都在讨论动态助词"了"的形成过程及鉴别标准,关键原因在于"了"的语义演变缺乏语音上的证明,而语义及句法上的证据往往又不明显。如下一例:

(40)林花谢了春红,太匆匆。(李煜《乌夜啼》)

大家一般认可是完成体助词,不过如曹广顺(2005:201)所说:"虽然大家基本上都同意唐五代的'V了O'中的'了'已经是完成态助词了,但由于完成体助词和结果(动相)补语的语法位置相同,所以这些'了'仍有是补语的可能。"如果此时"了"在语音上有所表现,那么所有的问题就简单得多。而倒过来,语音弱化可以固化语法化演变的成果,也就顺理成章了。

再如语气词"无"的形成时间也曾引起学界的热烈讨论,不过大家寻找的同样都是句法上的标准,因为记音字"摩""磨""麽"等晚唐五代才出现。假如唐代时否定词"无"在语法化过程中语音随之弱化(当然,这种语音弱化还得显示出来),那么讨论起来也就少费很多周折。实际上,我们在讨论一些词缀时往往借助于语音上的证据,比如"儿"和"子",区别它们是否词缀的一个最简单而有效的标准就是轻声。再如趋向词"起来",作为起始体标记时读轻声,显然也是通过语音形式来标记自己的虚词地位。

4.2 加速语法化进程

语音变化的一个关键作用在于,语义有所虚化的词汇项 A_1 较之于前身 A 语音有所弱化,这样时人在口语中使用这个 A_1 时,并不清楚它是 A 的义变及音变形式(甚至记录时都往往采用不同的记音字);于是这个 A_1 很容易脱出原有的句法环境及语义特征,从而加速走上独立的发展道路。

最早提出这一观点的是李小军(2011)。该文以语气词为例,讨论了语音弱化对语法化进程的影响,并以"不→婆""就好了→好了"进行了说明。汉字的非表音性常常会导致口语中的语音弱化无法在书面语中表现出来,甚至在一定程度上会阻碍一个语义表达上已经弱化或羡余成分语音弱化或零形化,有时口语中也存在这种情况。比如"VP 不","不"虚化的确切时间恐怕谁都无法说清楚,就是在口语中,时人在说"VP 不"时,恐怕也难以确定自己说的"不"是否定词还是语气词。这正是语法化的基本原则——渐变原则的体现。但是一旦语音弱化,A_1 的语音与本字产生了差异,比如"不"音变为"婆",时人在说"婆"时恐怕就不会认为它是否定词,这就会在一定程度上加快语气词"不(婆)"的使用。一个完整的语法化过程大致包括两个阶段:一是语法创新阶段,二是语法扩展(扩散)阶段。从这个角度来说,我们认为语音弱化一定程度上会促进语法化的进行——加速语法扩展(扩散)的进程。

弱化导致的复标有时也会加速语法化的进程。合音形式(实词+语法词)随着语音变化,与原式差异很小(甚至同音),这会导致该语法词表义不足,于是口语中人们就再加一个表义功能相同的语法词,这即是复标。问题在于,复标后当地人往往更加认为这种语法功能是后加的语法词所赋予的。比如前举客家话中结构助词"个"与三身代词合音后弱化成一个长音形式,长音形式的"<u>我/尔/佢+个</u>"表领属功能下降,于是出现了"<u>我/尔/佢+个+个</u>",当地人就会认为领属功能是后加的"个"赋予的,而不会想到长音形式已经包含了结构助词"个",这也助推了长音形式的消失,"我/尔/佢+个"又复原为"我/尔/佢"。Givón(1979)提出语法化演变的一个循环模式:章法成分＞句法成分＞词法成分＞形态音位成位＞零形式＞章法成分;那么客家话结构助词"个"从合音到弱化进而消失,整个过程都处于语法化演变的不同阶段,复标的出现会进一步加速原合音形式的零形化,即加速语法化的进程。不仅仅是结构助词有这种情况,助词"了""着"、后缀"儿""子"、复数标记等也都有这种因复标而加速语法化进程的情况。

4.3 分化语义、衍生新词

至于分化语义、衍生新词,主要是就语音分化而言的。方言中大量语音弱化、分化的案例显示,一个虚词在同一方言中可能有两个以上的读音,这些不同的语音形式可能有别义的作用,也可能没有别义的作用。如"下"可以做谓语动词、也可以做补语,在一些方言中两个语音形式[ɕia]和[xa]没有明确的语义分工,但是甘肃临夏方言和东干方言中这两个语音形式却有分工。(参王森,2000)这样的例子还有很多。这带出一个很有意思的问题:为什么语音弱化、分化有时有别义作用,有时没有别义作用?

我们认为,语音弱化和分化也存在层次问题。基本上所有的历史音变都源于共时的语流音变,一个语义功能弱化的语法词,在口语中是很容易发生语流音变的,这种语流音变最初是一种临时的、随机的变化,虽然这种音变总是朝着语音弱化方向演变,比如将[a]发成[ɑ]、[ɐ]、[ʌ]、[e]、[ə]等,音变的结果是同一个词往往会产生几个语音形式。经过一段时间,口语中的语流音变就会逐渐凝固为历史演变,同一个词的两个或多个语音形式都成为常态了,这时人们在使用时就存在一个选择性问题,是用 A 形式还是

B形式(或者C、D……)呢？这种选择性慢慢就会成为一种语言习惯，进而形成一种分工——a语境或句法条件下使用A形式，b语境或句法条件下使用B形式……。这样，不同语音形式的别义功能就出现了。

功能主义学派认为，语法其实就是语用法，或者说是语用法的凝固。这一观点很有道理。人们口语中的不同选择一旦凝固下来，就成为一个词汇项不同语义及语法功能的表现。

5　小结

以上讨论了语法化演变中的音变类型，以及音义互动关系。语音弱化、分化与强化都属于语音变化范畴，但这种音变显然不是纯语音驱动的。李荣(1978)就曾说道："本音和变音之间是语法变化的关系。"语音、词汇、语法往往彼此联系、相互影响。近些年的研究也显示，一个语言单位的句法语义功能与语音形式之间往往存在一种像似性，不同的语音形式对应不同的句法语义功能，在演变过程中则存在互动关系。具体地说，弱化的语音形式对应的往往是较虚的语义功能，强化的语音形式对应的往往是话语中需要凸显的语义表达，如强烈的主观情绪、主观大量等。从这个角度来说，语法化演变中语音弱化并不是必然的，原因在于词汇项在词汇义虚化的同时，其他话语(语用)功能可能反而强化，这样整体来说该词汇项所负载的语义语用信息并没有减少，语音形式自然也就不一定弱化了。反之，如果一个词汇项在语法化过程中整体信息功能较以前增强了，如带有强烈的主观性，那么该词汇项的语音形式也就有可能强化。

语法化演变导致的音变,如果不考虑具体演变过程,其结果大致有三种类型:语音弱化、分化、强化。弱化又有四种表现形式:1)变为其他音类,2)音系形式缩短,3)合音,4)音系形式消失(零形化)。强化也有两种表现形式:1)自身强化,2)语义指向的成分语音强化。在弱化过程中不同音类可能趋同,这样就会出现异源同音和同源异音现象,弱化到一定程度还会出现复标。与语音变化相对应的是,音变也会对语法化的过程和结果产生反作用。具体表现为:1)巩固语法化演变的成果,2)加速语法化进程,3)分化语义及衍生新词,4)增强语用功能。

参考文献

曹逢甫 2006 语法化轮回的研究,《汉语学报》第2期,2—15页。

曹广顺 2005 动态助词,载蒋绍愚、曹广顺主编《近代汉语语法史研究综述》,商务印书馆,198—225页。

陈鹏飞 2005 林州方言"了"的语音变体及其语义分工,《南开语言学刊》第1期,76—80页。

陈淑梅 1999 鄂东方言中"箇"字的用法,《方言》第1期,56—63页。

戴昭铭 2000 历史音变和吴方言人称代词复数形式的来历,《中国语文》第3期,247—256页。

——— 2004 弱化、促化、虚化和语法化,《汉语学报》第2期,26—34页。

邓永红 2007 桂阳土话语法研究,湖南师范大学博士论文。

董正谊 2009 攸县方言的代词,载伍云姬主编《湖南方言的代词》,湖南师范大学出版社,57—69页。

方　梅 1995 汉语对比焦点的句法表现手段,《中国语文》第4期,279—288页。

冯春田 2009 汉语疑问代词演变的特殊规则,《文史哲》第5期,138—146页。

——— 2010 明清山东方言里值得注意的语法问题,《东岳论丛》第10期,184—187页。

高再兰　　2008　湖南益阳方言的"哒"尾频率副词,《方言》第1期,59—63页。
黑维强　　2009　陕北绥德方言"个"的读音和用法,《方言》第3期,283—289页。
侯精一、温端政　1993　《山西方言调查研究报告》,山西高校联合出版社。
贺　巍　　1982　获嘉方言韵母的分类,《方言》第1期,22—36页。
江蓝生　　1999　语法化程度的语音表现,载《中国语言学的新拓展》,香港城市大学出版社。
孔祥卿　　2001　从方言口语看动态助词"了"的不同功能和意义,载《汉语言文化研究》(8),天津人民出版社。
李巧兰　　2007　河北方言中的"X儿"形式研究,山东大学博士论文。
李　荣　　1978　温岭方言的变音,《中国语文》第2期,96—102页。
李如龙　　2001　闽南方言的结构助词,《语言研究》第2期,48—56页。
李思敬　　1986　《汉语"儿"[ɚ]音史研究》,商务印书馆。
李小军　　2009　邵阳方言的"吗呢"问句,《中国语文》第6期,556—557页。
———　　2011　虚词衍生过程中的语音弱化,《语言科学》第4期,353—364页。
李志藩　　1996　《资兴方言》,海南出版社。
刘丹青　　2009　重新分析的无标化解释,载《语法化与语法研究》(四),商务印书馆,202—228页。
罗自群　　2006　《现代汉语方言持续标记的比较研究》,中央民族大学出版社。
吕叔湘　　1941　释《景德传灯录》中"在""著"二助词,载《汉语语法论文集》,商务印书馆,2002,58—72页。
吕晓玲　　2012　福建南安方言结构助词"其"的连用格式,《中国语文》第1期,50—53页。
潘　攀　　1996　《金瓶梅词话》的"儿"尾,《语言研究》第2期,135—145页。
彭逢澍　　1999　湖南方言"咖、嘎"等本字即"过"考,《语言研究》第2期,88—95页。
屈承熹　　2006　《汉语篇章语法》,北京语言大学出版社。
史秀菊　　2010　山西方言人称代词复数的表现形式,《方言》第4期,362—367页。
太田辰夫　1958　《中国语历史文法》,北京大学出版社,2003。
王福堂　　1999　《汉语方言语音的演变和层次》,语文出版社。
汪化云　　2011　方言指代词与复数标记,《中国语文》第3期,250—252页。
王洪君　　1999　《汉语非线性音系学》(增订版),北京大学出版社,2008。

王　力　1958　《汉语史稿》,中华书局,1980。

王　莉　2010　温州吴语虚语素"赖"的语源考辨,《方言》第4期,368—377页。

王　森　2000　东干话的若干语法现象,《语言研究》第4期,66—73页。

王文胜　2006　浙江遂昌方言的"添",《方言》第2期,119—124页。

项　菊　2006　英山话的"了[liau^{34}]"字句,《汉语学报》第4期,35—42页。

项梦冰　2001　客家话人称代词单数领格的语源,《语言学论丛》24辑,商务印书馆,70—105页。

辛永芬　2006　河南浚县方言的动词变韵,《中国语文》第1期,45—54页。

岳立静　2006　《〈醒世姻缘传〉助词研究》,北京语言大学博士学位论文。

张惠英　2001　《汉语方言代词研究》,语文出版社。

张世方　2008　商丘话的子尾[tei]及相关问题,《语言科学》第5期,518—525页。

张宝胜　2011　也说"了$_2$"的行、知、言三域,《中国语文》第5期,427—429页。

赵葵欣　2011　处置、使役、被动同一标记的语法化轨迹,第六届"汉语语法化问题国际学术研讨会论文",西安。

郑庆君　2009　常德方言的代词,载伍云姬主编《湖南方言的代词》,湖南师范大学出版社,330—343页。

朱冠明　2007　关于"VP不"式疑问句中"不"的虚化,《汉语学报》第4期,79—83页。

Givón Tamly 1979 *On Understanding Grammar*. New York：Academic Press.

Hopper & Traugott 2008 *Grammaticalization*,梁银峰译,复旦大学出版社。

John Haiman 2009 *Natural Syntax：Iconicity and Erosion*(自然句法：像似性与磨损),世界图书出版公司。

语气词"不成"的来源及其语法化补议[*]

刘子瑜　黄小玉

（北京大学中文系
北京大学中国语言学研究中心）

"不成"是北宋时期新产生的反诘副词，元代又由反诘副词演变为句末语气助词。关于反诘副词"不成"的来源和语法化过程，学术界已有一些相关研究，代表性的成果主要有钟兆华(1991)、徐时仪(1993、2000)和杨永龙(2000a、2000b)等，上述研究基本上是从句法、语义的角度对反诘副词"不成"的形成过程进行了探讨和解释。从研究结果看，仅从句法、语义的角度难以把反诘副词"不成"的语法化机制和动因完全解释清楚。此外，"不成"由反诘副词向句末语气助词的演变过程和原因也还有待进一步讨论。本文要做的工作，是在已有研究的基础上，从主观化的角度对反诘副词"不成"的语法化以及进一步语法化为语气词的动因机制做一些补充研究。

1　反诘副词"不成"的来源和语法化

学术界一般认为反诘副词"不成"始见于宋代(吴福祥、蒋冀

---

[*] 本研究是教育部规划基金项目《〈朱子语类〉句法研究》(09YJA740008)的阶段性成果。感谢洪波先生惠赐宝贵意见。文中若有谬误，概由笔者负责。

骋,1997:451)。关于它的来源和语法化过程,学者们多是从句法、语义的角度来探讨,有代表性的几家意见如:钟兆华(1991)认为,副词"不成"来源于"莫成","莫成"是"不成"的早期形式,原因是"不"与"莫"义通。徐时仪(1993、2000)认为,"不成"是由表否定的偏正词组发展成为反诘副词的,唐代以前"不成"是表否定的词组,唐代凝固成词,有"未曾""未能""没有"的意思,由于进一步强调否定意思而产生反诘语气,而表示"岂能""难道"义,从而由偏正词组语法化为复音反诘副词,起变的动因在于语法位置和结构关系的改变所带来语义的虚化。杨永龙(2000a)对反诘副词"不成"的形成进行了详细研究,他认为,反诘副词"不成"来自表示评议的否定副词"不成",否定副词"不成"的形成经历了重新分析的过程,是"成"后VP复杂化和"不成"功能迁移的结果,反诘副词"不成"是在测度问句中丢失否定义,逐步演变而来的。

上述研究从句法、语义的角度对反诘副词"不成"的演变过程做出了初步解释。不过,有些具体细节还可以继续讨论,特别是"不成"从否定副词向反诘副词的发展演变,仅从句法、语义的角度还不能把反诘副词"不成"的语法化机制和动因解释清楚。在反诘副词"不成"的演变过程中,究竟是什么因素导致其语法化?这是本文下面要讨论的问题。

首先要讨论的是否定副词"不成"的来源问题。

杨永龙(2000a)认为,否定副词"不成"是在"不+成+VP"格式中逐渐凝固的,经历了"不+成+NP"→"不+成+VP"的发展,唐代,"不成"在"不+成+VP"结构中发生重新分析,至北宋,"不成"后可接复杂形式的VP,标志着否定副词"不成"语法化过程的完成。杨永龙主要从句法语义的角度来分析探讨否定副词"不成"的形成机制。事实上,除了句法语义的因素外,副词"不"的主观化特征对"不成"的语法化起到重要作用。

我们通过北京大学CCL语料库对《临济语录》《洞山语录》《神会语录》《坛经》《敦煌变文校注》《游仙窟》《祖堂集》《北齐书》《全唐诗》《全唐五代词》等数部文献进行了检索,结果发现,隋唐五代时期"不成NP/VP"用例不多见,大多数"不成"后只能跟简单形式的NP/VP,如"不成章/不成儒/不成佛/不成眷属/不成归/不成嘶/不成眠/不成寝"等,未见后接复杂VP或小句的用例。以《敦煌变文校注》《祖堂集》为例,"不成NP"11例,"不成VP"1例,"不成"后接名词性成分的居多,动词例只有1例。可见直到唐五代,否定副词"不成"还处于形成过程中。

《全唐诗》中"不成VP"用例稍多,"VP"基本上也是简单的单音节动词。不过,部分"不成VP"已经可以重新分析,发生了语法化。例如:

(1)独卧不成寝,苍然想谢公。(丘丹《秋夕宿石门馆》)

(2)侧枕对孤灯,衾寒不成寐。(李群玉《登宜春醉宿景星寺寄郑判官兼简空上人》)

上述用例既可以表达没有睡着的客观结果,也可以表达想睡却不能睡着的主观结果。按前者理解,"不成VP"的结构层次是"不+成VP","不"修饰"成VP","不"与"成"没有直接结构关系;按后者理解,"不成VP"的结构层次是"不成+VP","不成"修饰"VP",表示否定性评议,意即"不能",有凝固成词的倾向。

杨永龙(2000a)曾根据同时文献中还存在肯定形式的"成眠/成行/成禽"等,认为"不"与"成"之间没有直接结构关系。我们认为,语言现象是历时演变在共时层面的呈现,新形式产生后一定与旧形式有一个共存的阶段。尽管存在意义相对应的肯定式"成+VP",但是谓词性成分做宾语还是一定程度上削弱了"成"的主要动词的地位并加强了"不成"的黏合程度,因为正如杨永龙(2000a)所说,此时句子的句法主语在语义上跟 V 的关系要比"成"近,如"不成眠"是主语眠而不成,"不成禽"是擒获主语而不成。这样经过重新分析,"不成"开始退居非语义重心地位,并被配置在状语的位置上,而状语位置正是短语取消分界、融合成词的最佳位置。

重新分析的另一个重要原因则在于,"不"本身是一个主观否定词,用在动词前可以表示动作行为难以实施,这和"成"的词义有极大的兼容性。在语用推理的作用下,由"不+成 VP"可推导出"不能够+VP"等特殊会话含义,此时的"不成"介于状中结构和否定副词之间。

比较"未成 VP"和"不成 VP",即可发现二者的差别,例如:

(3)夕殿萤飞思悄然,孤灯挑尽未成眠。(白居易《长恨歌》)

(4)殷勤照永夜,属思未成眠。(杨衡《宿陆氏斋赋得残灯诗》)

例(3)是说唐玄宗守着孤灯整夜失眠,没有睡着觉;后例"未成眠"同义,也是没有睡着的意思。之所以没有歧义,是因为"未"是一个表示事件没有实现的否定词,相当于现代汉语的"没有",往往用于客观叙述已然的语境中,不带主观色彩,这是它跟"不"的区别所在。

由上可见,唐代"不成"已经在相关结构中发生重新分析,向否定副词发展了。

下面讨论反诘副词"不成"的语法化。

在"不成"从否定副词向反诘副词发展变化的过程中,需解释的关键问题是:否定副词"不成"是如何丢失否定义,在"不成+VP"结构中进一步语法化为反诘副词的?在句法语义之外,还有没有其它因素导致反诘副词"不成"的语法化?从已有研究看,这个问题还可进一步探讨。

我们认为,交互主观性的加强是"不成"由否定副词向反诘副词语法化的重要动因。

谈到交互主观性,必然涉及主观性。所谓主观性是指说话者对听话者的态度,在某种意义上体现的是说话者自身的观点和态度,它是交互主观性产生的前提。而交互主观性则体现的是说话者对听话者的认同和关注。最早对"主观性"和"交互主观性"做出区分的是 Benveniste(1958)。他指出,说话者与听话者之间的关系不仅是语言交际的基础条件,也是"交互主观性"的一种体现,在交际过程中,话语"参与人"作为"言者主语",应该同时意识到其他参与人的"言者主语"的地位。[①] Traugott(2002、2003)也对"主观性"和"交互主观性"做过区分。她认为,主观性包含着说话者对事物的主观评价,而交互主观性则体现出说话者对听话者的认同和关注。即主观性表达的是说话者的态度和观点,而交互主观性则融合了说话者对听话者的"自我"关注。Traugott(2003)还指出,主观性和交互主观性的表达是语义——语用意义的焦点,其关注的是标志着主观性和交互主观性产生的话语标记和表达,以及它们是如何形成的。[②] 正如徐晶凝(2008:8)所言,交互主观性是指说话者在语言形式中留下的对听话者表示关注的自我印记。

通过调查,我们发现,宋代以后,"不成"在"不成 VP"结构中进一步语法化。我们检查了《乙卯入国奏请》《河南程氏遗书》《全宋词》(北宋词部分)和《景德传灯录》等北宋文献,不计那些旧有的表达式,另检得19例"不成"后接复杂VP或小句S的例子,其中VP多为连谓、述宾和状中结构(分别有2例、3例、13例),还有1例后接小句。例如:

(5)不成携手折芳菲,兰桡惆怅归。(《全宋词·晁补之·阮郎归》)

(6)且如两军相向,必择地可攻处攻之,右实则攻左,左实则攻右,不成道我不用计也?(《河南程氏遗书》卷十八)

(7)臣括答云:"此来括等奉命回谢,本是传达两朝欢好,以礼会聚,不成却与学士斗颊舌也!……"(《近代汉语语法资料汇编·乙卯入国奏请〈并别录〉》)

(8)(王彦霖问:"道者一心也,有曰'仁者不忧',有曰'知者不惑',有曰'勇者不惧',何也?")曰:"此只是名其德尔,其理一也。得此道而不忧者,仁者之事也;因其不忧,故曰此仁也。知、勇亦然。不成却以不忧谓之知,不惑谓之仁也?……"(《河南程氏遗书》卷一)

例(5)为北宋词人晁补之回忆其与族叔晁端礼同游环溪之作,作品主要表达词人欲与故人携手故地重游而不能的怅惘之情。"不成携手折芳菲"意即"不能携手折芳菲","不成"是对"携手折芳菲"的否定性评价,"不成"相当于一个否定评议副词。例(6)中"不成"后接的是由"道"引导的小句宾语,这种表达形式对反诘副词"不成"的语法化起到了关键作用。我们知道,"说/道"等言说类动词本身有带直接引语的功能,在"不成+说/道+VP/S"中,"不成"的作用是对"说/道+VP/S"这一动作进行否定评价,句义相当于

"不能够+说 VP/S";同时,由于不存在肯定形式的"成+说/道+VP/S",此时的"不成"只能被重新分析为一个词汇单位,即表示"否定性评议"的副词。随着"说/道"的后续成分更多地由说话者藉由对方话语或前文所推理出的特殊会话含义来充任(如例(6)),"说/道"的引述功能就被削弱(此时它们甚至可以脱落,并且不影响句义的表达),这样"不成"就能够直接对 VP/S 实施否定,也即具备了高层谓语的性质,这种变化又反过来进一步强化了"不成"的凝固程度和主观程度。

问题是,从否定副词到反诘副词,"不成"是如何丢失否定义的?根据杨永龙(2000a)推断,反诘副词可用于测度问句和反诘问句是"不成"否定义消失的原因。这种推断面临的问题是,如果推断成立,那么"不成"应该先演变为测度问标记并经常用于测度问句才合逻辑,但早期及以后的文献中却不见或少见这种用法,这是需要解释的。

我们认为,"不成"能够发展为反诘副词更得益于其语用环境的变化:在陈述语境中,"不成"句的功能是呈现说话者的主观否定评述,一旦句子处于对话语境中,交际双方的交互关联性增加,句子就由对客观现象的否定评述转向对跟交际双方有关的观点的否定评述,这样句子也就具备了成为反诘问句的语义基础;再加上之前说话者是用"说/道"引入一个明显与自己想法相左的观点,然后对其加以主观否定,此时句子又具备了反诘问句的表述内容和语用功能。在这种情况下,句子就可以被视为反诘问句,而其诘问功能最终又被句中意义相对较为虚化的"不成"所吸纳,至此,"不成"的反诘副词地位得以确立。

以例(6)为例,说话者先陈述事实——"两军相向,必择地可攻处攻之,右实则攻左,左实则攻右",说话者的预期是希望听话者明白并认可他打仗是使用计谋的,下文又用"说/道"引入一个明显错误的观点——"我不用计",然后用"不成"对其加以主观否定,"不成道我不用计"意即"不能说我不用计",暗含的语义是"我是用计的",这是反诘问句的表述内容和语用功能,句子可以重新分析,也可视作反诘问句,意即"难道说我不用计吗?"随着"说/道"的引述功能成为羡余,"不成"便吸纳句子的诘问语义和功能,成为反诘副词,整句意即"难道我不用计吗?"例(7)、例(8)的"不成"即是反诘副词。宽泛地看,这两例中的"不成"皆后续小句(如前例句法主语"我(沈括)"可以补出),此时"不成"只宜被视为反诘副词,因为从句法的角度说,只有在作为评价副词时,"不成"才能居于句首统辖整个命题。

也就是说,对话语境所带来的句子交互主观性的加强,对否定副词"不成"的语法化起到了重要作用。否定性评议副词"不成"所表达的内容与说话者的主观预期密切相关,体现了说话者的主观性,也体现了交际过程中说话者与听话者之间的互动关系:说话者有所陈述,表达一定的交际内容,听话者则一定有所回应。"不成"用于对话语境中,这种对话语境必然要求说话者对听话者予以观照,听、说双方需要处在一种良好的互动关系之中。可以说,交互主观性的加强是"不成"由否定副词向反诘副词语法化的重要动因。

不过,尽管反诘副词"不成"在北宋时业已形成,但此时用例不多,在随后的南宋文献中,才渐次使用开来。我们在《朱子语类》(7、8册)中共检得36例,杨永龙(2000a、2000b)也有例举,不复列举。此外,我们在《全宋词》的南宋词部分还检得22例,例如:

(9)话杀浑闲说。不成教、齐民也解,为伊为葛。(《全宋

词·陈亮·贺新郎》)

（10）稼翁居士，有几多抱负，几多声价。玉立绣衣霄汉表，曾览八州风化。进退行藏，此时正要，一着高天下。黄埃扑面，不成也控羸马。(《全宋词·蒋捷·念奴娇》)

（11）既难求富贵，何处没溪山。不成天也，不容我去乐清闲。(《全宋词·荣樵仲·水调歌头》)

例（9）是南宋中期词人陈亮写给辛弃疾的赠答之词。原文虽示以句号，但结合全词的主旨将其理解为反诘问更好，这样不但可以与首句"话杀浑闲说（话再多也只是白说）"在意思上更好地衔接，而且也突出了词人对个人及老友作为平民百姓无法像伊尹、诸葛亮那样为国家的光复事业做出贡献的慨叹与无奈情绪。例（10）是南宋末年词人蒋捷写给友人薛稼堂的贺寿之词。全词的主题是劝解友人在朝代更替的乱世要继续坚守民族气节和个人晚节。词人用诘问的方式告诫友人不应也不能做奔走投机、谋求富贵等苟且之事。例（11）"不成"后接小句，反诘的形式突出了词人归隐的决心之大。

2 反诘副词"不成"的进一步语法化
——句末语气词"不成"的形成机制

杨永龙（2000a）对《朱子语类》全八册进行过调查，未发现"不成"用作疑问语气词的例子。"不成"用作句末语气词，大概始于元代。以下用例转引自徐时仪（2000）：

（12）员外着你跪，你就跪；难道着你死，你就死了不成？(《杀狗劝夫》第二折)

(13)状元大人,你如此说,终不然终身不娶不成!(《幽闺记》第三十九出)

对从反诘副词"不成"到句末语气词"不成"的发展和进一步语法化,需要解释的是,"不成"是如何从句首位移至句末的?

已有研究认为,元明以后随着新的反诘副词"难道"的兴起与广泛使用,语气副词"不成"逐步让位于"难道",转而用作反诘语气词。钟兆华(1991)认为发生上述变化的原因是"不成"受到同义词"终不成"和"难道"的排挤作用。徐时仪(2000)则认为语气副词和语气词没有实质性差异,反诘语气的加强即能造成这种句法位置的灵活移动。前者是从语气副词系统内部成员间的关系中寻找原因,后者是在语气副词和语气词的相通性上寻找理由。

我们认为,交互主观性的加强同样是导致"不成"后移,成为句末语气词"不成"的重要因素。

反诘副词"不成"具备交互主观性特征。语料显示,反诘副词"不成"往往用于对话语境,而对话语境正好体现着对说话者与听话者双方交互性观照的特征。反诘副词"不成"主要用于凸显说话者的"预期",这其实就是说话者主观性的体现。"不成"用于对话框架中,这种对话框架必然要求说话者对听话者予以观照,听说双方需要处在一种良好的互动关系之中。例如:

(14)你便取银子出来,央我买。若是他便走时,不成我扯住他?此事便休了;若是不动身时,事务易成,这光便有六分了。(《金瓶梅词话》第三回)

西门庆欲勾搭潘金莲,想让王婆做中间人。这是王婆说与西门庆的。王婆认为:如果西门庆主动邀约,潘金莲愿意的话,不需要生拉硬拽,潘金莲也会答应;如果潘金莲不愿意,拽也拽不住。

反诘副词"不成"凸显了说话者王婆的预期：你（西门庆）与潘金莲之事，靠我生拉硬拽是成不了的。说话者王婆在表明自己看法的同时，还希望听话者西门庆明白并接受这个道理，对自己的观点给予认同。

句末语气词"不成"所处的语境在交互主观性特征上与反诘副词"不成"是相通的。我们对明代白话小说《金瓶梅词话》、"三言二拍"中的"不成"用例进行了考察，结果发现，使用句末疑问语气词"不成"的问句的一般会话含义是对事理进行询问，这可能是受之前反诘副词身份的影响，同时由于问句多发生在对话中（包括自言自语），并且说话者基本也认为自己的论述是显而易见的事理，不会遭到对方的辩驳，因此句子在表明说话者对所言内容的否定态度的基础上，还要求听话者对自己的观点给予认同，即亮明自己对听话者的态度。例如：

(15) 月娘道："他有酒的人，我怕一时激犯他起来，激的恼了，不打你打狗不成？"（《金瓶梅词话》第七十三回）

(16) 你做了事，须自家当去，我替了你不成？（《二刻拍案惊奇》卷二十一）

以例(15)为例，此例是月娘说给潘金莲的话。月娘认为喝了酒的西门庆如果被惹恼了就很有可能打人，恰巧此时本应照顾醉酒的西门庆的潘金莲却来找她，于是她猜想潘金莲一定是惹恼了对方并被打出来了。在表明应然的事理（"你潘金莲惹恼了西门庆，西门庆就理应打你"）的基础上，月娘认为对方没有理由不接受自己的想法。"不打你打狗不成"意即"不打你打狗吗"。以上两例也可以用反诘副词"不成"来表达，即"不成不打你打狗（难道不打你打狗）""不成我替了你（难道我替了你）"。由于反诘副词"不成"

与句末疑问语气词"不成"所处的语境在交互主观性特征上是相通的,即在体现说话者和听话者之间的交互主观性时功能相通,使得反诘副词"不成"可以由句首移至句末,而当"不成"位于句末时便成为疑问语气词,它在表达反诘语气时与处于句首的"不成"的功用大体是一样的。

所以,反诘副词"不成"通常在对话框架中用以凸显说话者和听话者的"预期",能起到激活对话的交互性的作用。说话者表达预期,往往还要求听话者对自己的观点给予认同,而听话者则必须有所回应,这也是反诘副词"不成"常常出现在对话框架中的原因所在。"不成"的使用也正是为了观照说话者和听话者双方的主观感受,从而体现说话者和听话者之间的交互主观性。反诘副词"不成"与句末语气词"不成"的这种功能相通性是反诘副词"不成"发生句法位置移动并进一步语法化的重要原因。

当然,虚词系统内部的相互影响和制约也会带来虚词系统的调整,成为"不成"后移的原因。也就是有的学者所提出的,元明以后随着新的反诘副词"难道"的兴起与广泛使用,语气副词"不成"逐步让位于"难道",转而用作反诘语气词。

语料显示,后来又出现了"不成"与"岂/难道/终不然/莫不"等反诘副词配合使用的情况,元明以后有相当数量的"难道……不成"格式。反诘副词"难道"等与语气词"不成"搭配使用,二者在情态表达方面相得益彰:前者表达说话者对交谈对方的诘责态度,后者表达说话者对所说内容的反诘态度,二者形成合力强化了全句的反诘语气。例如:

(17)自家想道:"我久与男人做伴,已是不宜,岂可他日舍此同学之人,另寻配偶不成?"(《二刻拍案惊奇》卷十七)

(18)宾相进来说道:"新人将已出轿,没新郎迎接,难道教他独自拜堂不成?"(《醒世恒言》卷八)

(19)泼皮道:"不必作腔,要杀就请杀。小子固然不当,也是令正约了来的。死便死做一处,做鬼也风流,终不然独杀我一个不成?"(《二刻拍案惊奇》卷三十八)

(20)金莲道:"他不来往我那屋里去,我成日莫不拿猪毛绳子套他去不成?"(《金瓶梅词话》第七十五回)

3 小结

关于反诘副词"不成"的来源及其向语气词进一步语法化的动因,我们认为,句法地位、语义内容和语用环境的变化是反诘副词"不成"形成并进一步语法化的重要原因。评议性否定副词"不成"以及反诘副词"不成"在表达说话者与听话者主观性方面都具有明确的交互性特征,因此,在交互主观化作用下,"不成"由否定副词语法化为反诘副词;又由于反诘副词"不成"与句末疑问语气词"不成"在体现说话者和听话者之间的交互主观性时功能相通,从而使得反诘副词'不成'可以由句首移至句末,成为疑问语气词。此外,虚词系统内部的相互影响和制约也对语气词"不成"的语法化起到了促进作用。

附 注

① 参见 Traugott & Dasher(2002:20)、Traugott(2003:128)。Traugott, E. C. and Dasher, R. B. Regularity in Semantic Change[M]. Cambridge:Cambridge University Press, 2002. Traugott, E. C. From Subjectification to Intersubjectification[A]. In R. Hickey(ed.). *Motives for Language Change*[C]. Cambridge:Cambridge University Press,2003.

② 同注①。

参考文献

蒋冀骋、吴福祥　1997　《近代汉语纲要》,湖南教育出版社。
徐晶凝　2008　《现代汉语话语情态研究》,昆仑出版社。
徐时仪　1993　也谈"不成"词性的转移,《中国语文》第5期。
——　2000　语气词"不成"的虚化机制考论,《华东师范大学学报》第3期。
杨永龙　2000a　近代汉语反诘副词"不成"的来源及虚化过程,《语言研究》第1期。
——　2000b　《朱子语类》中"不成"的句法语义分析,《中州学刊》第2期。
钟兆华　1991　"不成"词性的转移,《中国语文》第4期。

Benveniste, E. Subjectivity in language[A]. In Emile Benveniste(ed.). *Problems in General Linguistics*[C]. Coral Gables:FL:University of Miami Press, 1971/1958.

Traugott, E. C. and Dasher, R. B. *Regularity in Semantic Change*[M]. Cambridge:Cambridge University Press, 2002.

Traugott, E. C. From Subjectification to Intersubjectification[A]. In R. Hickey(ed.). *Motives for Language Change*[C]. Cambridge:Cambridge University Press, 2003.

Traugott, E. C. (In press). Revisiting Subectification and Intersubjectification [A]. In H. Cuyckens, K. Davidse & L. Vandelanotte(eds.). *Subjectification, Intersubjectification and Grammaticalisation*[C]. Berlin:Mouton de Gruyter, 2010.

双关系小句标记现象分析

龙海平　闻　静

(广东外语外贸大学英语语言文化学院
北京华文学院专修部)

1 引言

双关系小句标记既可能是单个语言内部的语法现象,也可能是语言接触导致的语法现象。例(1)和(2)语例是单个语言内部的双关系小句标记现象:

(1) 德语(Lehmann, 1984:252、385; Heine & Kuteva, 2006:178)

Wer　　　　**das**　　　　weiß,
关系小句标记　关系小句标记　知道.第三人称单数
der　　bekommt　　　　einen　　Preis.
他　　得到.第三人称单数　不定冠词　奖金
知道的人会拿到奖金。

(2) 阿当语(Adang; Haan, 2001; Hendery & Shapper, 2010)
Namε mate　pir　tou　**ba**　　　niri
人　强壮的　名词类 三个　关系小句标记　第一人称复数.排他式

bɛh	**ho**		tɛʔeng-	am
撞	关系小句标记		跑	完成体

撞了我们的那三个壮汉跑了。

例(1)das 是德语中源于原始印欧语(Proto-Indo-European)的关系小句标记,wer 是后来产生的源于疑问代词的关系小句标记,二者相邻出现。(Lehmann,1984:252、385;Heine & Kuteva,2006:231)与例(1)类似的单个语言内部相邻双关系小句标记现象还有新疆吐火罗语 A 方言(Tocharian A)的 ku s(Hendry,2010:107)、豪萨语(Hausa)的 nan da(Abraham,1959)、古英语(Old English)的 þæt hwæt(Heine & Kuteva,2006:168)、以色列语(Israeli)的 má she(Dixon & Aikhenvald,2006:84)等。

例(2)ba 和 ho 皆为阿当语关系小句标记,二者不相邻出现。(Haan,2001)与例(2)类似的单个语言内部不相邻双关系小句标记现象还有索托语(Sotho)的 esi... yo(Hendery,2012:156)、托克皮辛语(Tok Pisin)的 ia... ia(Sankoff & Brown,1976)、姆邦语(Mbum)的 ai... nu(Hagège,1970)、湘西苗语(Xong)的 max... naond(Sposato,2012:52—53)等。

例(3)和(4)语例是语言接触导致的双关系小句标记现象:

(3)中世纪保加利亚语(Middle Bulgarian;Mirčev,1963:169;Heine & Kuteva,2006:223)

něs		rodivyi	sę	**kto**
抱着.第三人称单数.过去时		新生儿	反身词	关系小句标记

iže	možet		obnaxoditi
关系小句标记	能.第三人称单数.现在时		找到.不定式

silǫb[o]žjo
能力　上帝的

抱着具有发现上帝能力的新生儿

(4)受拉丁语族语言影响的巴斯克语(Romance-influenced Basque;Lafitte,1962;Hendery,2010:113)

ene Seme maitea, **ceinetan**
我的 儿子 亲爱的 关系小句标记.方所格

neure atseguin ona hartzen **baitut**
我的 快乐 美好的 取得.现在时 关系小句标记.助动词

给予我莫大快乐的亲爱的儿子

例(3)iže是古保加利亚语(Old Bulgarian)关系小句标记,kto是中世纪保加利亚语受其他斯拉夫语族语言中源于疑问代词的关系小句标记影响而形成的关系小句标记,二者相邻出现。(Mirčev,1963:168—169;Heine & Kuteva,2006:221—225)与例(3)类似的接触引发的相邻双关系小句标记现象还有受葡萄牙语影响的塔里阿那语(Portuguese-Influenced Tariana)的 kwana ka(Heine & Kuteva,2005:3)、阿卡迪亚法语(Acadian French)的 which qu'il(King,1991)、十九世纪西如梅利土耳其语(West Rumelian Turkey)的ći angi(Dombrowski,2012)、哈尼卡语的 mε^{55} kɯ^{33}(田野调查)、邦多拉祜语的 tu^{31} ve^{33}(李春风,2012)、赵庄白语的 nɔ^{44} pɯ^{33} kua^{33}(赵燕珍,2012)、皖南宿松话的"的个"(田野调查)、赣南于都客家话的"个的"(田野调查)等。

例(4)bai-是巴斯克语原有关系小句标记,它通常依附于动词性成分(如此例中的助动词 tut),cein 是法语、西班牙语等拉丁语族语言关系小句标记 qui(que)在巴斯克语中的变体,二者不相邻出现。(Hendery,2010:112—113)与例(4)类似的接触引发的不相邻双关系小句标记现象还有巴尼瓦语(Baniwa)的 kwaka…ʒi(Aikhenvald,2002:166;Heine & Kuteva,2006:180)、坎那达语(Kannada)的 yāva…avanu(Heine & Kuteva,2006:180—181)、矮寨苗语的 ma^{31}…naŋ^{45}(余金枝,2010)、居都仡佬语的 di^{33}…li^{33}(田野调查)等。

本文分析与双关系小句标记现象相关的两个问题:一是双关系小句标记的存在理据,二是双关系小句标记的语法化过程。

2 存在理据

多数情况下双关系小句标记并非单个关系小句标记的简单叠加,两个配对出现的关系小句标记通常具有彼此不同的功能。这些功能概括起来主要有三种类型。

一是两个关系小句标记分别标示关系小句的起止点。Kuno(1974)用英语词汇模拟 SVO 语序、SOV 语序、VSO 语序最可能出现的 18 种关系小句和中心词的位置关系,我们模拟其中一种位置关系说明双关系小句标记标示关系小句起止点的功能(类似分析参见 Hendery & Schapper,2010):

(5) The man loved the woman hated the child.

 a. [The man loved]the woman hated the child.

 b. The man[loved the woman]hated the child.

 c. The man loved[the woman hated]the child.

 d. The man loved the woman[hated the child].

例(5)表明不借助其他手段我们可能难以弄清某些语言关系小句的起止点,这会给交际带来不便。为了把不便降到最低,有些语言尝试用双关系小句标记标示关系小句的起止点,例(2)阿当语语例和例(4)受拉丁语族语言影响的巴斯克语语例即为这种尝试的例证。

例(2)的 ba 和 ho 皆为阿当语关系小句标记,二者分别标示关系小句 niri bɛh(撞我们)的起点和终点。这种单个语言内部的两个关系小句标记分别标示关系小句起止点的现象在湘西苗语[例(6)]、托克皮辛语(Sankoff & Brown,1976)和姆邦语(Hagège,1970)中也有分布。

(6)湘西苗语(Sposato,2012:52)

max   nonx   hlit   **naond**   miex
关系小句标记 吃 米饭 关系小句标记 人
吃米饭的人

例(4)中的关系小句标记 cein 和 bai-分别标示关系小句 neure atseguin ona hartzen(给我莫大快乐)的起点和终点。这种接触引发的双关系小句标记分别标示关系小句起止点的现象在坎那达语[例(7)]、矮寨苗语(余金枝,2010)和居都仡佬语(田野调查)中也有分布。

(7)坎那达语(Heine & Kuteva,2006:181)

Yāva   mudukanu   pēpar   ōdutta   iddān   ō
关系小句标记 老人 报纸 读 系词 疑问标记

avanu   dāktaranu   iddāne.
关系小句标记 医生 系词

正在看报纸的老人是医生。

二是两个关系小句标记分别占据不同句法位置。以英语关系小句标记 who 为例,who 具有关系小句标记功能(如:The person who breaks the law will be punished),who 同时占据关系小句标记和中心词两个句法位置时必须在后面加词缀-ever[例(8)]。鉴于 who 同时占据关系小句标记和中心词两个句法位置时会受到限制,用两个关系小句标记分别占据不同句法位置就成为一种选择,例(1)德语语例即为此例。

(8)a. **Who*(ever)** breaks the law will be punished.

b. We will punish **who*(ever)** breaks the law.

例(1)德语的关系小句标记 wer 同时充当关系小句 weiß(知道)的中心词成分(Lehmann,1984:252、385;Heine & Kuteva,2006:231),这种由两个关系小句标记中的一个占据中心词句法位置的现象在新疆吐火罗语 A 方言[例(9),关系小句标记 kusne 由兼做中心词的关系小句标记 ku、关系小句标记 s 和词缀 ne 三部分构成]、英语(Heine & Kuteva,2006:168)、以色列语(Dixon & Aikhenvald,2006:84)、受葡萄牙语影响的塔里阿那语(Aikhenvald,2002:183;Heine & Kuteva,2005:3)等语言中也有分布。

(9)新疆吐火罗语 A 方言(Hendry,2010:107)

Kusne ñi kāsu

关系小句标记　第一人称单数.与格　好

yāmäs,

做.不定过去时.第三人称单数

camik näs omäsk(em)

指示代词.领格　第一人称单数.主格　非常

195

pälskā.

想念.不定过去时.第一人称单数

我非常想念那个对我很好的人。

双关系小句标记占据不同句法位置的另一种情况是关系小句标记兼做语气词成分。例(10)"(是)……的"句中的"不会帮你"原为关系小句,"的"是关系小句标记;在"是"可省的情况下,"的"同时占据关系小句标记和事件确认标记两个句法位置。(龙海平、王耿,2011)在皖南宿松话[例(11)]和赣南于都客家话[例(12)]中,这两个句法位置则由两个关系小句标记分别占据,这是两个关系小句标记占据不同句法位置的又一例证。

(10)我(是)不会帮你的。

(11)皖南宿松话(田野调查)

我(是)不会帮你的个。

(12)赣南于都客家话(田野调查)

俺(是)不会帮你个的。

三是两个关系小句标记分别和中心词建立不同语法关系。关系小句标记通常替代中心词充当关系小句的某个成分,除这一基本功能外,关系小句标记通常会和中心词保持某种一致关系,包括人称(person)、数(number)、性(gender)、生命性(animancy)等方面的一致关系。(参见 Andrews,2008)这种一致关系可能由两个关系小句标记分别标识[例(13)阿卡迪亚法语的关系小句标记 which 和 qu'il],也可能由某一关系小句标记单独标识[例(14)豪萨语的 nan 和例(15)西如梅利土耳其语的 angi]。

(13)阿卡迪亚法语(King,1991;Hendery & Schapper,2010)

l'argen	which
钱.无生命.第三人称单数	关系小句标记.无生命
qu'il	a donné
关系小句标记.第三人称单数	助动词 给

他给的钱

(14)豪萨语(Abraham,1959;Henderya,2010)

dokin	**nan**	**da**
马:阳性	关系小句标记:阳性	关系小句标记
ya	mutu	
第三人称:单数	死:过去时	

那匹死掉的马

(15)十九世纪西如梅利土耳其语(Dombrowski,2012)

Maxalji	an-	l-	r,	ol,
已居住的	-叫	反身词-	第三人称.不定过去时那	
taraf-	lar,	ći	angi-	lar-
地-	复数	关系小句标记	关系小句标记-	复数-
da,	čok	ixsan	jaša-	jor.
方所格	许多	人	居住-	第三人称.现在时

那些很多人居住的地方叫做已居住地。

例(13)qu'il是法语关系小句标记que的第三人称单数形式，which是受阿卡迪亚语影响产生的关系小句标记。关系小句标记qu'il和中心词 l'argent 之间具有人称和数的一致关系(第三人称单数)，关系小句标记which和中心词 l'argent 之间则具有生命性

(animate)的一致关系(无生命)。(King,2000:151—157)这两个关系小句标记(which 和 qu'il)分别和中心词(l'argent)建立了不同的一致关系。

例(14)豪萨语语例和例(15)十九世纪西如梅利土耳其语不同。例(14)中 da 是豪萨语原有关系小句标记,nan 是后来出现的源于该语言指示代词的关系小句标记。关系小句标记 nan(na-阳性标记)和中心词 doki-n(马—阳性标记)之间具有性(阳性)的一致。(Abraham,1959)例(15)中 angi 是土耳其语原有关系小句标记,ći 是受马其顿语(Macedonian)产生的新关系小句标记标记;angi(复数形式 angi-lar)和中心词 taraf(复数形式 taraf-lar)之间具有数的一致关系。(Dombrowski,2012)这两个语例中都只有一个关系小句标记和中心词建立了一致关系。

3 语法化过程

双关系小句标记现象既可能是单个语言内部的语法现象,也可能是语言接触的产物。单个语言内部双关系小句标记的形成过程遵循语法化的一般规律,最常见的过程是通过"疑问词＞关系小句标记"的语法化过程形成关系小句标记(Heine & Kuteva,2002)。德语的 wer[例(1)]、新疆吐火罗语 A 方言的 ku[例(9)]、古英语的 hwæt[例(16)]、格鲁吉亚语(Georgian)的 ra/romel(Hendery,2010:111)、以色列语的 má(Dixon & Aikhenvald,2006:84)等皆为这一过程的例证。

(16)古英语(Old English;Lockwood,1968:245—246;Heine & Kuteva,2006:168)

Ne	rædde	ge	þæt	hwæt
否定标记	读	你	关系小句标记	关系小句标记

David dyde.

David 做

你没有读过 David 的事迹吗？

语言接触产生的双关系小句标记现象通常有两个形成途径：一是直接复制模式语（model language）的关系小句标记，皖南宿松话的关系小句标记"的个"[例(11)]、赣南于都客家话的关系小句标记"个的"[例(12)]、阿卡迪亚法语的关系小句标记 which qu'il[例(13)]皆为这一途径的例证；二是复制语法化（replica grammaticalization）途径，即复制语（replica language）模仿模式语的某个语法化过程（MY＞MX），将复制语的某个语法项（RY）语法化为复制语的对应语法形式（RX）的语法化过程。（Heine & Kuteva,2005、2006）

(17)[$M_Y > M_X$]:[$R_Y > R_X$]

Heine & Kuteva（2005、2006）发现复制语法化过程和一般语言内部的语法化过程并无不同，我们关于双关系小句标记形成过程的观察验证了这一观点。我们以受葡萄牙语影响的塔里阿那语的双关系小句标记现象来说明这一问题，葡萄牙语的关系小句标记通常是 quem[例(18)]：

(18)葡萄牙语（Aikhenvald,2002:183;Heine & Kuteva,2005:3）

Quem	sabia,	falava	assim.
关系小句标记	知道	说	这

知道的人说了这话。

在与葡萄牙语的接触过程中塔里阿那语的年轻一代并未直接借用葡萄牙语的关系小句标记 quem,而是参照葡萄牙语"疑问词＞关系小句标记"的语法化过程,将塔里阿那语的疑问词 kwana（谁）语法化为新关系小句标记[例(19)];参见 Aikhenvald,2002:183;Heine & Kuteva,2005:3)。

(19)受葡萄牙语影响的塔里阿那语

Kwana	ka-	yeka-kani	hī
关系小句标记	关系小句标记-	知道	指示代词.有生

kayu-	na	na-
这么-	久远过去时.可见的	第三人称复数-

sape.
说

那些知道的人曾经这么说。

与直接复制模式语关系小句标记的形成途径相比,复制语法化途径更为常见,是形成接触引发双关系小句标记现象的主要途径。中世纪保加利亚语的 kto[例(3);Mirčev,1963:169;Heine & Kuteva,2006:223]、坎那达语的 yāva[例(7);Heine & Kuteva,2006:180—181]、西如梅利土耳其语的 ći[例(15);Dombrowski,2012]等都经历了这一演变途径。

参考文献

李春风　2012　《邦朵拉祜语参考语法》,中央民族大学博士论文。
龙海平、王　耿　2011　"S(是)会 VP 的"句式的形成,《汉语学习》第1期。

余金枝　2010　《矮寨苗语参考语法》，中央民族大学博士论文。

赵燕珍　2012　《赵庄白语参考语法》，中国社会科学出版社。

Abraham, R. C. 1959 *The Language of the Hausa People*. London: University of London Press.

Aikhenvald, Alexandra Y. 2002 *Language Contact in Amazonia*. New York: Oxford University Press.

Andrews, A. 2008 Relative clauses. In T. Shopen(ed.), *Language Typology and Syntactic Description (Second Edition)*. Cambridge and New York: Cambridge University Press.

Dixon R. M. W. & A. Y. Aikhenvald 2006 *Complementation: A Cross-Linguistic Typology*. Oxford: Oxford University Press.

Dombrowski, A. 2012 Multiple relative marking in 19th Century West Rumelian Turkish. BLS 38th Annual Meeting, Berkeley, California, 11-12 February 2012. http://linguistics.berkeley.edu/bls/past_meetings/bls38/BLS38abstracts/dombrowski.pdf.

Haan, J. W. 2001 *The Grammar of Adang: A Papuan Language Spoken on the Island of Alor, East Nusa Tenggara, Indonesia*. Ph. D. dissertation, University of Sydney.

Hagège, C. 1970 *La Langue Mbum de Nganha (Cameroun): Phonologie, Grammaire*. Paris: SELAF.

Heine, B. & T. Kuteva 2002 *World Lexicon of Grammaticalization*. Cambridge: Cambridge University Press.

Heine, B. & T. Kuteva 2005 *Language Contact and Grammatical Change*. Cambridge: Cambridge University Press.

Heine, B. & T. Kuteva 2006 *The Changing Languages of Europe*. Oxford: Oxford University Press.

Hendery, R. 2010 Grammaticalisation of discourse marking elements in relative clauses. In R. Hendery and J. Hendriks (eds.), *Grammatical Change: Theory and Description*[C]. Canberra: The Australian National University, 105 – 122.

Hendery, R. & A. Schapper 2010 Competing motivations in diachronic perspective: doubly-marked relative clauses. Conference on Competing Motivations, Max Planck Institute for Evolutionary Anthropology, Leipzig. November 23 - 25, 2010.

Hendery, R. 2012 *Relative Clauses in Time and Space : A Case Study in the Methods of Diachronic Typology*. Amsterdam & Philadelphia: John Benjamins.

King, R. 1991 WH-words, WH-questions and relative clauses in Prince Edward Island Acadian French. *Canadian Journal of Linguistics* 36(1):65 - 85.

King, R. 2000 *The Lexical Basis of Grammatical Borrowing : A Prince Edward Island Case Study*. Amsterdam/Philadelphia: John Benjamins.

Kuno, S. 1974 The position of relative clauses and conjunctions. *Linguistic Inquiry* 5:117 - 36.

Lafitte, P. 1962 *Grammaire Basque*. Bayonne: Editions des "Amis du Musée Basque" et "Ikas".

Lehmann, C. 1984 *Der Relativsatz*. Tübingen: Gunter Narr Verlag.

Lockwood, W. B. 1968 *Historical German Syntax*. Oxford: Clarendon.

Mirčev, K. 1963 *Istoričeska Gramatika na Bălgarskija Ezik*. Sofia: Nauka i Izkustvo.

Sankoff, G. & P. Brown 1976 The origins of syntax in discourse: A case study of Tok Pisin relatives. *Language* 52:631 - 66.

Sposato, A. 2012 Relative clauses in Xong (Miao-Yao). *Journal of the Southeast Asian Linguistics Society* (5):49 - 66.

被动介词"著"的来源探析

马贝加　张纪花

（温州大学人文学院）

关于被动介词"著"（记为"著₂"）的来源,学者们已有相当深入的研究,主要有三种观点：一是来自"遭受"义的"著"（记为"著₀₄"）,持这一观点的有吴福祥等学者；二是来自"使役"义动词"著"（记为"著₀₂"）,持这一观点的有蒋绍愚、冯春田等学者；三是既来自"遭受"义,也来自"使役"义,持这一观点的有李蓝、屈哨兵等学者。我们认为,在"著₂"的萌生过程中,"遭受—被动"是语义演变的主线,而"著₀₂"的产生与"著₂"几乎同时,从历时角度看,"著₀₂"不可能是"著₂"的来源,但"著₀₂"的产生和存在,对"著₂"的继续发展也有助推作用。此外,汉语史上还有"使用"义动词"著"（记为"著₀₃"）、工具介词"著"（记为"著₁"）,这两者的存在也助推"著₂"的产生,"使用—被动"是演变的次线。

1　语义联系分析

1.1　"著₂"与"遭受"义的联系

在"著₂"的萌生过程中,"遭受—被动"是语义演变的主线。唐代,"著"有"遭受"义,此义来自"逢遇"义,而"逢遇—遭受"的语义

演变在汉语史上不止一次出现,在"著₀₄"之前,"遇、遭"都曾做"遭受"解。如:

1a1. 泯王之遇杀,其子法章变姓名……(史记·田敬仲完世家,1901)

1a2. 中家以上大抵皆遇告。(同上·平准书,1435)

1b1. 朕承鸿业十有余年,数遭水旱疾疫之灾,黎民屡困于饥寒。(汉书·成帝纪,317)

1b2. 文王、孔子,仁圣之人,忧世悯民,不图利害,故其有仁圣之知,遭拘厄之患。(论衡·指瑞,742)

动词"著"在唐代产生"逢遇"义,常见的是短语"著雨"。如:

1c1. 林花著雨燕脂落,水荇牵风翠带长。(杜甫:曲江对雨,唐,2410)

"逢遇"义是"触、附"义的引申,"附着、触及"义可推理出"两者相逢"的蕴含义。"遇雨"蕴含"遭雨淋"之义,由"逢遇"义引申出"遭受"义,从语用推理角度看,是十分自然的。而"遭受"义与表示被动的"著₂"有直接的来源关系。在"遭+N+V₂"式的语义结构中,N是逢遇对象,但也可以分析为V₂的施事。如:

1d1. 夫百草之类,皆有补益,遭医人采掇,成为良药;或遗枯泽,为火所烁。(论衡·幸偶,42)

1d2. 文章滂沛,不遭有力之将援引荐举,亦将弃遗于衡门之下。(同上·效力,584)

1d3. 耆老言国人曾乘船捕鱼,遭风见吹数十日,东得一岛。(三·魏·乌丸鲜卑东夷传,847)

前两例的"医人""有力之将"是逢遇对象,也是"采掇""援引荐举"行为的施事者。例1d3的"风"是渔人逢遇的自然现象,也可分析为"吹"的施事。短语"著雨"中的"雨"是逢遇的自然现象,也可看作淋洗花朵的施事。所以 1c 组中的"著雨"也蕴含"遭雨淋"之义。由"逢遇"义引申出"遭受"义是符合语义推理的。下两例的"著",可以理解为"遭受"义:

1e1.燕子单贫,造得一宅,乃被雀儿强夺,仍自更著恐吓……(敦·燕子赋,249)

1e2.寒士痛遭恐,穷民恶著惊。(邵雍:奉和十月二十四日……,宋,4542)

诚然,"著+雨+V_2"式中的"著"有时可理解为"逢遇"义。如:

1f1.草嫩侵沙短,冰轻著雨消。(司空图:早春,唐,7245)

1f2.芝兰含露秀,雕鹗著风斜。(曾丰:中都邂逅新崇德宰……,宋,30258)

但唐宋时期很多"著+N+V_2"式中的"著"可做两种理解——"遭受"义动词或被动介词。如:

1g1 一朝著病缠,三年卧床席。(寒山:诗三百三首,唐,9098)

1g2.待你著一顿热病打时,方思量我在。(五·卷19·昭觉克勤禅师,1253)

1g3.还家只有梦,更著晓寒侵。(陈师道:宿齐河,宋,12731)

1g4.淹泊自悲穷不醒,衰残更著病相缠。(陆游:西路口山店,同上,24623)

1g5.常恨流年不相贷,若为更著暮蝉催。(陆游:山斋书事,同上,25127)

205

1g6. 芡浦菱陂夜半时,小舟更著疾风吹。(陆游:夜归二首,同上,25143)

1g7. 多难只成双鬓改,流年更著暮笳催。(陆游:再次前韵,同上,25448)

1g8. 年迈欲不竞,仍著疾病压。(方回:正月初四后……,同上,41606)

1g组的"著"还带有"逢遇"义的痕迹,由1c、1e、1g组可以推知:

1)"著"有"触附—逢遇—遭受—被动"的演变路径;

2)"遭受"义的"著$_{04}$"可以进入与"被、遭、受、挨"等"承受"次类的动词相同的构式,"承受"义动词在"V_1+N(施事)$+V_2$"式的V_1位置上有可能演变为被动介词,"著$_{04}$"也可能有相同的发展方向。

1.2 "著$_2$"与"著$_{03}$""著$_1$"的联系

此外"著"还存在"使用—被动"的演变路径,"用"义的动词、介词也与"著$_2$"有联系。汉语史上同一个介词可以兼具引进施事或工具的功能。如上古汉语介词"于"可以标示工具或施事论元,下例的"矢"可做两种分析:

1h1. 郤克伤于矢。(左传·成公2年)

"于矢"可以释义为"被矢","矢"的语义论元可分析为工具,但也不妨看作施事。唐宋时期,一些"被$+N+V_2$"式中的N可能被理解为施事,也可能被理解为工具。如:

1i1. 贫苦无处得,相接被鞭拷。(王梵志:可笑世间人,王梵志诗校注,24)

1i2. 孤松自被斧斤伤,独我柔枝保无害。(皎然:湛处士枸杞架歌,唐,9264)

1i3. 半夜腊因风卷去,五更春被角吹来。(曹松:江外除

夜,同上,8240)

1i4.免随薪爨去,误被斧斤寻。(刘克庄:和张文学投赠,宋,36660)

下面一组例句"著"可做"用"解,也可做"被"解:

1j1.上有金凤相飞唤,欲去不去著锁绊。(邺人金凤旧歌,先诗,513)

1j2.田头有鹿迹,由尾著日炙。(曾崇范妻:梦中语,唐,9840)

1j3.谁教言语如鹦鹉,便著金笼密锁关。(梅尧臣:元从主人……,宋,3215)

1j4.一株斜压半檐茅,索笑谁堪著句嘲。(王庭珪:西园探梅三首,同上,16833)

1j组中,N的语义论元可分析为工具,也可分析为施事。"工具"与"施事"之间存在联系,是一种普遍现象。英语介词"by"一般引进施事,但也可引进工具。唐宋时期,在施事不明确的情况下,"著"可能被今人理解为"用"义,也可能被理解为"被"义。如:

1k1.日色柘袍相似,不著红鸾扇遮。(王建:宫中三台词二首,唐,3423)

1k2.你鼻孔因甚么著挂杖子穿却?(五·卷18·泗洲用元禅师,1171)

1k3.浅著红兰染,深于绛雪喷。(王禹偁:商山海棠,宋,718)

1k4.好继金陵丁太尉,留题尽著碧纱笼。(魏野:送武屯田赴陕路……,同上,956)

1k5.飞花已无定,忍著恶风吹。(同上:拟李义山……,

207

同上,12648)

1k6. 已令人意满,更著驿书催。(李流谦:送李仁甫,同上,23938)

1k7. 藓磴披萝入,茅堂著竹遮。(武衍:访隐者居,同上,38975)

1k8. 谁家园里有此树,郑重已著重帷遮。(谢枋得:荆棘中杏花,同上,41412)

"著"的"使用"义来自"持拿"义,手作动词"著"进入连动结构,南北朝至唐时期已有用例:

111. 公卿皆暴露请雨,洛阳令著车盖出门,汤将卫士钩令车收案。(后汉书·桓荣列传,1250)

112. 伯著火炙之,腹背俱焦坼。(搜神记·卷16,198)

上两例的"著"若理解为动词,可做"持、用、拿"解,也有可能被分析为工具介词,不过,此时的"著+N+V_2"式还不能排除连动结构的可能性。下面一组的"著"也有"持、用、拿"义动词或工具介词两种分析结果:

113. 传语李君劳寄马,病来唯著杖扶身。(白居易:还李十一马,唐,4855)

114. 怜君意厚留新画,不著松枝当酒钱。(刘商:山翁持酒……,同上,3460)

115. 相思堪面话,不著尺书传。(贾岛:寄韩湘,同上,6667)

116. 素面已云妖,更著花钿饰。(杜光庭:咏西施,同上,9666)

1l组显示:南北朝至唐代,"著"的"使用动词—工具介词"演变已经开始。如果构式的N位置上出现表示抽象事物的名词性词语,"著"的工具介词性质就得以确定。如:

1m1. 帝释感师兄说法力,著何酬答唱将来。(敦·维摩诘经讲经文,626)

1m2. 阎王问你时,著什么言词祇被?(同上·无常经讲经文,662)

1m3. 殷勤慰问维摩去,巧著言词问净名。(同上·维摩诘经讲经文,637)

由1m组可知:至迟在五代时期,确凿的工具介词"著$_1$"已存在,由此可以反推,唐代或唐代之前,"著$_1$"已萌芽。导致"著$_1$"产生的主要句法因素是"著+N+V$_2$"式中N的次类变换。唐宋时期,部分"著+N+V$_2$"式中,"著"可分析为工具介词,也有可能被分析为被动介词。如:

1n1. 莫著妄心销彼我,我心无我亦无君。(元稹:酬知退,唐,4588)

1n2. 平日惯从山外看,不禁烦恼著山围。(宋汝为:句,宋,20778)

"工具"与"被动"在语义上的兼容现象,也助推"著$_2$"的产生,"著$_{03}$""著$_1$"可看作"著$_2$"的次要来源——"使用—被动"是演变的次线。这是"著$_2$"与其他被动介词的来源与萌生过程有所不同的地方。为什么中古时期其他工具介词或"使用"义动词没有向被动介词发展的趋势呢?因为它们的源动词没有"遭受"义,而源动词的意义在语法化过程中具有很强的制约作用。

2 "遭受—被动"的演变因素分析

"著"的"遭受—被动"的演变首先是因为"著＋N＋V_2"式的出现；其次是构式中 V_2 部分具有"非企盼"意义；句式和结构复杂化，以及体助词的出现，起着固定演变结果的作用。

2.1 句式的作用

演变首先发生在劝诫句。唐代已见用例：

2a1. 郗公不易胜，莫著外家欺。（王维：戏题示萧氏甥，唐，1280）

上例的"著"可分析为"著$_{04}$"或"著$_2$"，该例显示了"遭受—被动"演变的可能性。宋代沿用唐代的构式和意义。如：

2a2. 张君鼻观间，莫著兰麝杂。（李吕：橘香亭二首，宋，23836）

2a3. 只留谏草传家世，莫著轺车辱户门。（刘克庄：三月二十五日……，同上，36322）

在劝诫句中之所以容易实现"遭受—被动"的演变，是因为劝诫句的句义以及"莫＋著＋N＋V_2"式中 V_2 部分的意义符合"非企盼"的语义特征。

2.2 V_2 部分的意义

初期的"著＋N（施事）＋V_2"式中，V_2 部分所表示的事件若是言说者或承受者不愿意看到或承当的，"著"的"遭受"义就十分明显，并呈现向被动介词发展的趋势。如：

2b1. 弱羽长忧俊鹘拳，疽肠暗著鹓雏啄。（元稹：有鸟二十章，唐，4621）

唐人是将"著"当作"遭受"义动词使用,还是作为被动介词使用?尚难以确定。但上例也显示了"遭受—被动"演变的可能性。

宋代,相同的构式中,V_2部分若表"非企盼"义,"著"亦可做"遭"或"被"解。如:

2c1. 一度著蛇咬,怕见断井索。(五·卷19·龙翔士珪禅师,1310)

2c2. 还家只有梦,更著晓寒侵。(陈师道:宿齐河,宋,12731)

2c3. 千里空携一影来,白头更著乱蝉催。(陈与义:邓州西轩……,同上,19511)

2c4. 如今一物无求,不著邪魔祛使。(释印肃:达理歌,同上,23159)

2c5. 报答春光酒一卮,贫中无酒著春欺。(杨万里:三月三日雨……,同上,26106)

2c6. 生来不著尘泥涴,天下何妨名字多。(孙应时:芙蕖,同上,31772)

2c7. 日射霜林烟罩素,长空不著纤云污。(曾协:风栖梧,全宋词,1357)

2c8. 高古,高古,不著世间尘污。(向子諲:如梦令,同上,866)

由2c组可知:V_2部分所表示的事件若是说话人或承受者不愿意看到或承当的,"著"就被理解为"遭受"义动词,也有可能被理解为被动介词。

2.3 "著+N(施事)+V_2"式的结构复杂化

2c组的"著"已呈现向被动介词发展的明显趋势,甚至可以说已经是被动介词了。但是,"著+N(施事)+V_2"式的"N+V_2"部分还很难排除被分析为一个主谓短语、充当"著"的宾语的可能性。导致"著+N"紧密组合,成为一个介词短语的句法条件是结构的复杂化,主要是 V_2 后面出现宾语、补语和体助词等,以及 V_2 前面出现状语。结构的复杂化固定了"遭受—被动"的演变结果,并使"$著_2$"的性质与功能得到确认。

2.3.1 宾语的出现

"$著_{04}$+N+V_2"式原本可以分析为述宾结构,"遭受"义动词"$著_{04}$"带主谓短语做宾语。然而,"$著_2$+N+V_2"式通常分析为状中结构,"$著_2$+N"部分被分析为介词短语,充当 V_2 的状语。问题是 N 如何从宾语部分的主谓短语的主语变为"$著_2$"的宾语,V_2 如何从主谓短语中的谓语变为句子的谓语。这里有跨层演变问题,也有 V_2 的句法地位提升的问题。我们认为导致结构变化的主要的句法因素是句子结构的复杂化。V_2 后面出现另一个宾语 N,使 V_2 有可能被分析为句子的谓语部分的中心动词。如:

2d1. 春残已是风和雨,更著游人撼落花。(黄庭坚:同元明过……,宋,11388)

2d2. 更著雪添双短鬓,早惊秋隔两重阳。(方回:次韵寄川无竭……,同上,41436)

2d3. 更著乱蛩环独榻,平生天地付神游。(方回:次韵元辉中秋雨,同上,41675)

2d4. 可不著人唾骂奶奶也!(贾仲明:荆楚臣重对玉梳记·1折,全元曲,5576)

随着宾语部分的扩展,主谓短语可以充当 V_2 的宾语。如:

2e1. 不争着你个陈良佐先登了举场,著人道我将你个最

小的儿偏向。(关汉卿:状元堂陈母教子·1折,全元曲,396)

2e2. 呀,著人道牧童归去倒骑牛。(无名氏:瘸李岳诗酒玩江亭·3折,同上,6964)

有时,宾语后面还有补语。如:

2f1. 眼见得他是一个权豪势要之家,著他拐了我浑家去,可怎了也?(高文秀:黑旋风双献功·2折,全元曲,925)

2d—2f组显示:V_2后面宾语的出现,有可能使V_2变为句子谓语部分的中心动词。伴随V_2句法地位的提升,N向前靠拢,与"著"发生较为紧密的句法关系。

2.3.2 补语的出现

V_2后面出现补语,使V_2的谓语部分中心动词的地位得到确认。如:

2g1. 不要走的响了,著人听见,又捏舌也。(李文蔚:同乐堂燕青博鱼·3折,全元曲,1441)

2g2. 汤哥若到前路,无了盘缠,使银子呵,著人拿住,也是个死。(无名氏:罗李郎大闹相国寺·楔子,同上,6869)

2.3.3 状语的出现

状语的出现,也助推V_2提升为句子谓语部分的中心动词。如:

2h1. 飕飕黄叶欲辞枝,况著霜风抵死吹。(陆游:冬夜,宋,25167)

2h2. 归心政与江流动,更著青山隔岸呼。(葛天民:望越怀亲,同上,32066)

2h3. 从知急景彤年驶,更著惊飙截道催。(陈杰:岁晏大风,同上,41127)

2h组的动词"吹""呼""催"前面有状语,状语插入N与V_2之间,使得两者距离拉大,相对来说"著"与N的结构关系变得紧密。而状语的出现,也使V_2被分析为谓语部分中心动词的可能性增大。若V_2被看作谓语部分的中心语,"著"在句法结构中可能变为次要动词,甚至仅仅是介引施事论元的成分。但2h组的"著"仍不能排除"遭受"义动词的可能性。

2.3.4　V_2部分本身的复杂化

V_2部分为连动、并列或兼语结构,相对单个动词来说,结构比较复杂,这也使得V_2部分提升为谓语部分的中心语,并促使"著"与N结合紧密,被分析为一个介词短语。如:

2i1.我只怕进退无名,著人作笑话儿说。(官天挺:死生交范张鸡黍·2折,全元曲,3612)

2i2.俺是甚等样人家,著他辱门败户。(李文蔚:同乐院燕青博鱼·1折,同上,1425)

2.4　体助词出现在V_2后

体助词"了"出现在V_2后面而不是"著"后面,也凸显了V_2的谓语部分中心动词的地位。如:

2j1.你两个仔细看银子,别样假的也还好看,单要防那"四堵墙",休要著他哄了。(无名氏:包待制陈州粜米·1折,全元曲,6243)

若"了"后还有宾语或补语,V_2的中心动词身份也非常明显。如:

2k1.那时节若是别个,也著他送了五星三。(关汉卿:尉迟恭单鞭夺槊·2折,全元曲,512)

2k2.谁想山寿马做了元帅,则道怎生样看觑我,谁想道

著他打了一百！（李直夫：便宜行事虎头牌·4折，同上，1817）

若"了"后既有宾语也有补语，V_2的主要动词地位更为明显。如：

2l1.我干著他打了我一顿，别处告诉去来。（关汉卿：邓夫人苦痛哭存孝·2折，全元曲，17）

若"了"出现在述补结构后面，V_2也是主要动词。如：

2m1.叔叔，这项货紧，则怕著人买将去了。（秦简夫：东堂老劝破家子弟·1折，全元曲，4547）

2m2.俺两个武艺不会，则会吃酒肉，倘或著人拿将去了，杀坏俺两个怎了？（关汉卿：邓夫人苦痛哭存孝·1折，同上，4）

2m3.黑地里交钞，著人瞒过了。（秦简夫：东堂老劝破家子弟·1折，同上，4548）

2.5 小结

唐代开始，汉语中出现了"著＋N（施事）＋V_2"式，且V_2多为"非企盼"义，构式中的"著"已呈现与承受次类的"被、遭、受"等相同的发展趋势，但被动介词"著$_2$"的性质确定是在宋元时期，句子结构的复杂化以及"了"的出现固定了演变的结果。

3 "著$_{02}$"的来源及其与"著$_2$"的关系

唐代已见到"著"可做"使、让"解的少数用例：

3a1.怜渠直道当时语，不著心源傍古人。（元稹：酬孝甫见赠，唐，4575）

3a2.此身岂得多时住，更著尘心起外愁。（刘言史：伤清

江上人,同上,5328)

"著$_{02}$"的大量使用是在宋代,唐代虽罕见,但已现萌芽。如欲寻找语义来源,"著$_{02}$"可以溯及"附着"义动词"著$_{01}$"和由短语"著令"而来的使令动词"著$_{021}$"。(本文区分了使令动词"著$_{021}$"和致使动词"著$_{022}$"。)

3.1 从短语"著令"到使令动词"著$_{021}$"

使役动词"著$_{02}$"可分为使令动词"著$_{021}$"和致使动词"著$_{022}$"。前者的直接来源是短语"著令",后者的直接来源是"附着"义的"著"(即"著$_{01}$")。"著$_{021}$"不是"著$_2$"的来源,"著$_{022}$"的存在助推"著$_2$"的发展;宋元之后,受"教"的"致使—被动"演变路径影响,在某些方言中可能发生"著"的"致使—被动"的演变。

3.1.1 "著令"的功能和意义

"著令"原本为述宾结构,是"记录在典册"的意思。如:

3b1. 长沙王者,著令甲,称其忠焉。(史记·惠景间侯者年表,977)

3b2. 长沙王忠,其定著令。(汉书·吴芮传,1894)

也可以写作"著于令"。如:

3c1. 以故萧相国甲第为安汉公第,定著于令,传之无穷。(汉书·王莽传上,4047)

3b组的"著令"为述宾短语,"著"读 zhu^{51},但使令动词"著令"为并列结构,"著"读 zhuo^{35}。结构、功能与语音的变化主要是由"著令"后面的部分与"著令"的语义关系的变化造成的。

3.1.2 句法结构的变化

汉至南北朝时期,"著令"后面往往出现表示指令内容的语段,但指令内容与"著令"没有句法关系。分三种情况:

1)"著令"后点断,用"令"引出指令内容

这种用法的"著令"还是述宾结构,"令+N+V₂"式为兼语结构。如:

  3d1. ……乃著令,令封君以下至三百石以上吏,以差出牝马天下亭……(史记·平准书,1439)

2)"著令"后面有"曰",用"曰"引出指令内容

这种用法的"著令"是述宾结构。如:

  3d2. 权……后著令曰:"故将军周瑜、程普,其有人客,皆不得问。"(三·吴·周瑜传,1264)

3)指令内容直接附于"著令"后面

在"令""曰"不出现的情况下,命令所针对的人群,由一个名词性短语表达。这种"著令"也是述宾结构。如:

  3d3. 其著令:年八十以上,八岁以下,及孕者未乳,师、朱儒当鞠系者,颂系之。(汉书·刑法志,1106)

以上三种构式中,"著令"与后面的指令性内容没有紧密的句法关系。但指令内容大多限定法令、法规的针对者,限定某个人群的范围。构式中表示这个意义的名词性短语,可以理解为指令所针对的人,也就有可能被理解为兼语结构("V₁+N+V₂"式)的N。这为"著令"的凝固成词奠定句法、语义基础。

随着句法结构的发展,至晋、南北朝时期,"著令"后面虽有停顿,N虽仍是法令、法规针对的人群,但"著令"与N之间发生语义联系的可能性增强,N具有变为兼语结构中的兼语的可能性。如:

  3e1. 乃著令,自今已后有持质者,皆当并击,勿顾质。(三·魏·诸夏侯曹传,267)

上例的N仍是指令针对的人群,但若N不出现,"著令"后

面只出现指令内容,即"著令+V_2"式,该构式相对来说比较短,语音停顿消失。"著令"与后面的动词或动词性短语形成述宾关系。如:

> 3f1.伏见高祖孝文皇帝著令铨衡,取曾祖之服……(魏书·礼志二,2763)

> 3f2.周朝人间行用,及开皇初,著令以为官尺,百司用之,终于仁寿。(隋书·律历志,405)

> 3f3.孔氏之衰,经书绪乱。言诸六学,始自炎汉。著令立官,四方扼腕。(史记·儒林列传,司马贞索隐,3129)

3f组"著令+V_2"式有可能被分析为述宾结构,"著令"有可能被看作一个双音动词,并被分析为并列结构,"著令"被看作使令动词的可能性增强了。

3.1.3 N的次类变换

以上3e、3f组中,指令是针对某个人群发布的,在"著令+N+V_2"式中,N多限定指令针对的人群的范围,即指令对之而发的人(如例3e1),而不是接受指令的人。在句法语义的发展中,"著令+N+V_2"式的N若是接受指令者,整个构式有可能被分析为兼语结构。如:

> 3g1.故人赠我我不违,著令山水含清晖。(李白:酬殷明佐……,唐,1728)

上例的"著令"已呈现并列结构的明显态势,且可以看作一个双音的使令动词。这种用法的"著"也可以用于使令动词"教"前面,"教+著+N+V_2"式中"著+N+V_2"部分也有可能被分析为兼语结构。如:

> 3h1.凭君与向萧郎道,教著青龙取妾来。(曹唐:小游仙

诗……,唐,7350)

例 3g1、3h1 的"著"如单用,就是使令动词。如:

3i1. 专著鹡鸰往捉。(敦·燕子赋,250)

3i2. 我不可著汝这般底,向后去别处打风颠去也。(祖堂集·卷15·盘山和尚,559)

3i3. 见说花间舞蝶狂,翻飞更著游蜂和。(张咏:书园吏……,宋,528)

3i4. 著汝意气勉自强,味哉言语谨勿负。(陈著:送儿沆……,同上,40303)

由 3g—3i 组可知:"著$_{021}$"唐代已萌生,宋代沿用。"著$_{021}$"的存在,对另一方向上的演变(即"著"的"附着—致使"演变)有助推作用。

3.2 从"附着"义动词到致使动词"著$_{022}$"

"附着"义的"著$_{01}$"可用于连动结构的 V_1 位置,充当主语的 N 带有"无生命"的语义特征。如:

3j1. 黑雾著人如墨。(晋书·愍帝纪,128)

唐诗中这种构式较多,且 V_2 位置上出现形容词。如:

3k1. 夜雾著衣重,新苔侵履湿。(韦应物:郡中对雨……,唐,1917)

3k2. 风声吹竹健,凉气著身轻。(齐己:秋兴寄胤公,同上,9452)

就语义关系而言,"著+N+A"式可做多种理解,如例 3k1 的"重"有三种理解:一为"雾重",二为"衣重",三为"雾与衣都重"。若做第二、三种理解,"著+N+A"式就有可能被分析为兼语结构,"著"有做"使"解的可能性。由 3k 组可知:"著$_{01}$"所在的构式,有可能发生"连动—兼语"的结构变化,伴随发生的是"著"的"附着—致使"的语义变化。

"著人"原本是"依附于人"的意思。如:

3l1. 草短犹通屐,梅香渐著人。(徐君茜:初春携内人行戏诗,先诗,2067)

"著$_{01}$＋人＋A"式也可能发生"连动—兼语"的结构变化。比较两例:

3m1. 旅恨共风连夜起,韶光随酒著人浓。(郑准:江南清明,唐,7993)

3m2. 别离滋味浓于酒,著人瘦。(张耒:秋蕊香,全宋词,593)

前例的主语是"韶光","浓"可以理解为"韶光"或酒"的特征。后例的主语已由原先的"雾、气、光"等扩展到"别离滋味","著人"可理解为"使人",但也带有"触及人""依附于人"的痕迹。构式中的 A 为"瘦",一般用来描写人或有生命的事物,例中的"著"做"使"解更为贴切。此类用法宋代很多。如:

3n1. 春愁一段来无影,著人似醉昏难醒。(萧汉杰:菩萨蛮,宋,3072)

3n2. 忧患著人骨肉隔,奔势熏天吴楚亲。(释德洪:王表臣忘机堂,同上,15079)

3n3. 花气著人浑欲醉,妍华过眼旋成空。(陈师道:张谋父乞花,同上,12749)

在"著＋我＋V$_2$"式中,"著"是确凿的致使动词。如:

3o1. 罨画图边,著我披蓑上钓船。(陈三聘:减字木兰花,全宋词,2028)

3o2. 风景似,画图一幅,著我徜徉。(李曾伯:满庭芳,同上,2806)

3o3. 清风著我生双翼,来坐蟾宫变化飞。(米芾:明月歌二首,宋,12257)

由 3k—3o 组的语义关系与句法关系的变化来看,"著$_{01}$"所在的句子可能发生"连动—兼语"的结构变化,"著"可能与 N 发生致使语义关系,语义关系的变化使兼语结构得到确认,在"致使"义的产生过程中,可以看到源词的多个义项在语法化过程的制约作用或影响力,这是"语义滞留"原则在起作用。然而,两种来源的兼语式中,使役动词"著$_{02}$"的功能不完全相同,由"著令"义而来的是使令动词"著$_{021}$",由"附着"义而来的是致使动词"著$_{022}$"。"著$_{021}$"的存在对"附着—致使"的演变也有助推作用,但使令动词是很难直接演变为被动介词的,因此,"著$_{021}$"不可能是"著$_2$"的直接来源。而"著$_{022}$"的直接来源是"附着"义动词"著$_{01}$",由于"语义滞留"原则的作用,"附着—致使—被动"的演变也是很难发生的。其次,"著$_{022}$"萌生于唐代,唐代用例不多。在同一时期,汉语的"致使—被动"演变刚刚开始(以"教"为首发模式),确凿的被动介词"教"唐代也不多见,很难想象一个新产生的致使动词"著$_{022}$"能够随即变为被动介词。鉴于以上两点原因,我们认为"著$_{022}$"也不是"著$_2$"的来源,这是就唐宋时期在文学语言中的演变而言的。

宋元之后,"著$_2$"继续发展,在一些用例中,"著"既可分析为致使动词,也可分析为被动介词,这种两解现象不能作为"著$_2$"来自"著$_{022}$"的证据。因为汉语史上存在"致使—被动"和"被动—致使"两条演变路径。被动介词"被""吃"都有可能做"让"解。如:

3p1. 烧着一只鹅,却揭开锅盖,可被他飞的去了。(马致远:半夜雷轰荐福碑·1折,全元曲,1543)

3p2. 虽然没了功劳,也吃我杀得快活。(水浒·50回,404)

3p组不能作为"被""吃"有"致使—被动"演变的例证。若要证明"著"有"致使—被动"的演变路径,应寻找唐代之前,至少是唐代的例证。

3.3 "著$_{02}$"与"著$_2$"的关系

在汉语史上,唐代出现了"致使—被动"的演变。此后,汉语也出现反向的"被动—致使"的演变。如"被""吃"等。宋代的一些例句中,"著"可能是多解的。如:

3q1. 顺流看过舫,更著快帆追。(陈师道:颜市阻风二首,宋,12729)

3q2. 鬓毛都白尽,更著此花催。(曾几:邓帅寄梅……,同上,18537)

3q3. 檀心半未展,更著红烛催。(胡寅:和信仲酴醿,同上,20930)

3q4. 鳌源春未回,已著金鼓催。(胡寅:用前韵示贾阁老,同上,20932)

3q5. 顺流自行快,更著北风吹。(杨万里:放船,同上,26311)

3q6. 此君已可人,更著水石映。(许及之:题水石翎毛,同上,28401)

3q7. 月中不著蝇点璧,春过翻疑蝶满林。(舒岳祥:栀子花,同上,40983)

因为句首没有明确的施事主语或受事主语,3q组的"著"可释为"被"(甚至是"遭"),也可释为"使、让",还可能理解为"用"。

有时,"著"可能被理解为"被"或"让"义。如:

3r1.林中破笑派雪雨,不著世间笑粉尘。(黄庭坚:北园步折梅寄君庸,宋,11683)

3r2.秋意未教篱菊知,不妨乌帽著风吹。(楼钥:重阳寄雪窗从叔,同上,29414)

有时,"著"可能被理解为"用"或"让"义。如:

3s1.盈盈牛女期,不著雨洗车。(张孝祥:丙戌七夕……,宋,27745)

3s2.好著新晴送行色,莫教风雨漫彷徨。(廖行之:和送春四首,同上,29207)

3s3.轮蹄漠漠红尘里,不著藤萝锁洞天。(程公许:宿旌阳风月……,同上,35624)

两解或多解是因为听话人在推理活动中有不同的视角。虽然"著+N+V_2"式中的N有被理解为不同语义论元的可能性,但V_2的施事和受事是明确的;也就是说,"著"的两解或多解不影响对句子的基本语义关系的理解。由于"著$_2$"的产生与"著$_{022}$"几乎是同时的,我们认为3q—3s组中"著"的多种理解显示了"著$_2$"可能有多个演变方向,不能作为"著$_2$"来自"著$_{022}$"的证据。

3.4 方言现象的解释

"遭受"义的"著$_{04}$"可溯及"附着"义的"著$_{01}$",两者应有语音联系,一般来说两者都读浊声母,表示被动的"著$_2$"也应读浊声母。然而,一些汉语方言中,表示被动的"著$_2$"和表示使役的"著$_{02}$"都读清声母,如何解释这种的现象呢?我们认为,唐宋时期,来自"附

223

着"义的"著$_{022}$"肯定是读浊声母的,来自"著令"短语的"著$_{021}$"原本是读清声母的,但也有可能与"著$_{022}$"合流,也读浊声母。方言中的清声母读音可能是唐宋之后的地域性音变。方言中"著"的"被动"和"使役"读音相同,也有可能作为"致使—被动"演变路径存在的证据。唐代,以"教"为首发模式的"致使—被动"演变已经开始,"教"在宋代已是确凿的被动介词,在"致使—被动"演变路径出现之后,在一些方言中,"著$_{02}$"可能受"教"的带动,也发生"致使—被动"的演变,但这应该是在宋时期或其后发生的演变。

4 结论

在被动介词"著$_2$"的产生过程中,"遭受—被动"是演变的主线,"使用—被动"是次线。而"致使—被动"作为一种演变路径,唐代刚开始,即使是"教",确凿的被动用例在唐代也不多见;而唐代"著$_{022}$"的用例很少,很难想象一个尚未完全定型的致使动词有可能随即变为被动介词。宋代,"致使—被动"的演变路径已存在,受"教"的影响,在一些方言中,"著"可能发生"致使—被动"的演变;但在最初的演变中,"遭受"义是"著$_2$"的主要来源。

参考文献

蒋绍愚　2005　《近代汉语研究概要》,北京大学出版社。
冯春田　2000　《近代汉语语法研究》,山东教育出版社。
吴福祥　1996　《敦煌变文语法研究》,岳麓书社。
太田辰夫　2003　《中国语历史文法》,北京大学出版社。
志村良治　1995　《中国中世语法史研究》,江蓝生、白维国译,中华书局。
李　蓝　2006　"着"字被动句的共时分布与类型差异,《中国方言学报》第1期。

屈哨兵　2004　被动标记"着"的共时/历时分布及衍推路径,《汉语方言语法研究——第二届国际汉语方言语法学术研讨会论文集》,华中师范大学出版社。
田春来　2009　近代汉语"著"字被动句,《语言科学》第5期。
袁　宾　1990　《禅宗著作词语汇释》,江苏古籍出版社。
张振羽　2010　"着"字被动句来源的多视角考察,《宁夏大学学报》(人文社会科学版)第1期。
郑　宏　2006　近代汉语"着"字被动句及其在现代汉语方言中的分布,《语文研究》第2期。
崔显军　张雁　2006　汉语方言中表被动的"着"论略,《湛江师范学院学报》第5期。

引用书目

春秋左传注	杨伯峻著,中华书局,2005
论衡校释	黄晖撰,同上,1990
先秦汉魏晋南北朝诗(先诗)	逯钦立辑校,同上,1983
全唐诗(唐)	同上,1996
全宋词	同上,2009
搜神记	汪绍楹校注,同上,1979
史记	司马迁撰,同上,1975
汉书	班固撰,同上,2002
三国志(三)	陈寿撰,同上,1982
后汉书	范晔等撰,同上,2001
晋书	房玄龄等撰,同上,2008
南齐书	萧子显撰,同上,1997
魏书	魏收撰,同上,1997
隋书	魏征等撰,同上,2008
王梵志诗校注	项楚校注,同上,1991
五灯会元(五)	普济著,苏渊雷点校,同上,1997
全宋诗(宋)	北京大学古文献研究所,北京大学出版社,1992

敦煌变文集（敦）	王重民等编，人民文学出版社，1957
全元曲	徐征等主编，河北教育出版社，1998
祖堂集（四库全书，1285册）	上海古籍出版社，2003
博物志（同上，1047册）	同上
水浒全传（水浒）	唐富龄标点，岳麓书社，2004

从等待义到时间指示功能的演变[*]

邱丽媛　董秀芳

（北京华文学院华侨华人与华文教育研究中心

北京大学中文系）

0　引言

"与语法化相关的语义演变研究"是吴福祥（2009）提出的在当前和未来的汉语语法化研究中须着力研究的四个课题之一。汉语史中的丰富语料，为我们研究语义演变的路径及规律提供了很大可能。

本文探讨一类在汉语中表现十分明显的语义演变路径，即动词由等待义发展出时间指示功能，这一演变路径在汉语史、现代汉语普通话、一些方言，以及外语中都可以观察到，带有一定的规律性。在这种语义演变的过程中，一些形式还发生了语法化。本文具体分析这类语义演变的一些实例，并揭示这类语义演变的机制。

---

[*] 本文的研究得到国家社科基金重大项目"基于多学科视域的认知研究"（项目批准号：12 & ZD119）以及北京大学中国语言学研究中心研究项目（CCL201301）的资助。感谢史金生等先生提出的宝贵意见。本文已发表于《汉语学报》2014年第3期。

1 等待义和时间指示功能在共时的并存

现代汉语中最常见的等待义动词是"等"。表示"等待"义时,"等"可以做谓语,后面可以带宾语,主语一般是指人的。如(现代汉语的例子一部分出自北京大学中国语言学研究中心语料库,一部分是自拟的):

(1)我还是在这里等你吧。

在以下例子中,"等"的等待义虚化,其主要功能是指示其所在小句所描述事件的发生是后续小句所描述事件的时间参照点,"等"前没有主语:

(2)等孩子上了大学,你就轻松了。

(3)等他来了之后再开会吧。

(4)等科学家制造出时间机器,我们就能回到过去。

(5)那年春天,我几乎没注意到城里哪处也同样开着花,等我留神自然景色时夏天已经到了。

观察以上例子可以发现,"等"后的小句所表示的事件可以是尚未发生的,这种情形比较多见,如例(2)、例(3)、例(4),其中例(4)中"等"后的事件发生的假设性较大;"等"后的事件也可以是已经发生的,如例(5)。对例(2)至例(4),还可以说"等"的主体是人,但例(5)中"等"小句的后续小句的主语是"夏天",是无生命的,不能发出等待动作,更可证明"等"的等待意义已经虚化了。

"等"后也可以直接跟时间词,从而明确指示后续小句发生的时间点,如:

(6)等明天你再走吧。

"等"还可以与后置词"时""后""以后""之后""的时候"等配合使用,如:

(7)等下雪时,我们来堆雪人。

(8)等春天来后燕子就从南方飞回来了。

(9)等春天来了以后/之后燕子就从南方飞回来了。

(10)等春天来的时候燕子就从南方飞回来了。

我们可以把上述例中虚化了的"等"的功能概括为时间指示功能。

"等"可以进一步从表示时间虚化为表示条件,如:

(11)等你跟真正的一个美国人生活在一起的时候,你就会发现。

例(11)中,说话人并不在乎听话人"跟真正的一个美国人生活在一起"这一事件是否真的发生,而是提出了一种条件关系,意思接近于"只有你跟真正的一个美国人生活在一起的时候,你才会发现"。从时间义到条件义的语义演变在人类语言中是十分常见的。

(12)等太阳从西边出来他才会答应你的。

例(12)中"等"后的事件是不可能发生的,因此"等"表示的也是条件关系,只是这种条件关系是否定性的,实际指的是在任何条件下后续事件都不会发生。

2 具有时间指示功能的"等"的词性

具有时间指示功能的这种"等"的词性是什么呢?仍是动词,还是变成了连词或者介词?

《现代汉语八百词》(1999:166)指出"等+动/小句[+的时候

229

(以后、之后)]"这一结构"用于另一小句前,表示主要动作发生的时刻",但认为此处的"等"仍为动词;《现代汉语词典(第5版)》认为这样的"等"是连词;李宗江、王慧兰(2011)认为"等"是关联语;《现代汉语常用虚词词典》(曲阜师范大学,1992)、《现代汉语虚词词典》(侯学超,1998)、《汉语虚词词典》(李科第,2001)、彭晓辉(2005)、《现代汉语虚词词典》(朱景松,2007)、《现代汉语词典》(第6版)等认为这样的"等"是介词。还有很多汉语语法类著作在讨论虚词问题时并没有把具有时间指示功能的"等"列入。

虽然"等"有点像连词,但是正如彭晓辉(2005)观察到的,"等"可以被否定词以及副词"一直""只""单""只好"等修饰,前面还可出现"必须""要""得""须得"等助动词,如:

(13)没等他说完,她就哭了。

(14)要照你那么说,甭等这星星撞地球,地球上就得烤成人干儿了?

(15)不等春天到,麦苗就不会返青。

(16)一直等他走出大门,她才忍不住笑出声来。

(17)只/单等他来咱们就开始。

(18)只好等他来了咱们再开始了。

(19)必须/要/得/须得等他来了咱们才能开始。

汉语中的连词一般情况下不能受否定词否定,但是介词可以。如:

(20)他不从北京走。

汉语中的连词一般情况下也不能被副词或助动词修饰,但是介词可以。如:

(21)我一直为他担心。

(22)我们必须从北京出发。

汉语中很多连词和介词是从动词语法化而来的,被否定词和副词修饰是动词的特征,连词的语法化程度较高,因而这两个属于动词的特征就消失了,而介词的语法化程度相对于连词来讲较低,因而还保留了动词的这两个特征。指示时间的"等"具有这两个特征,因此不同于连词,而接近于介词。

由于指示时间的"等"已不能单独做谓语,不能用肯定和否定的并列形式提问,不能重叠,不能后接动态助词,因此"等"不能再分析为动词(彭晓辉,2005)。但是如上面所分析的,"等"还不能看作语法化程度较高的连词,我们支持把"等"分析为介词。[①]除了因为"等"可以前加否定词和副词之外,还有以下两点证据:

A."等"可以出现在以下结构中:"等"+NP+VP,如"等明天再说","等"所出现的位置正是介词通常出现的位置。

B."等"引进的成分后可以出现后置词,如例(7)至例(10)。汉语中有一些框式介词结构,即"前置词+NP+后置词",因而能出现在"NP+后置词"前的就有可能看作是前置词,也就是介词。

但是"等"后可以出现小句,这一句法位置特征类似于连词,对于这一点可以有三种看待的方式。一是把这一句法性质看作"等"具有一点连词的性质,这样的话,"等"是介词兼有一点连词的性质;二是把这一点看作"等"还带有动词的性质,动词后面是可以出现VP或小句的(不过,"等"最初作为动词,其后是跟NP性质的宾语的,带VP或小句是发展的结果);第三种可能的看法是不认为这一点影响"等"的介词性质,因为汉语中VP有时可以无标记地转换为NP,介词后面本应带NP,但是一些名词化的VP或小句也有可能出现在介词之后。这样就要把"等"后的小句看作具有名物化的性质,由表示事件转而表示事件发生的时间。这三种看法哪一种更好,还值得进一步思考。不过,这一不容易定性的性质也是可以理解的,由于词类具有原型范畴的性质,词类和词类之间的界限不是一刀两断、清清楚楚的。因此,我们可以把"等"看作一个不是很典型的介词。

我们可以把指示时间的"等"与同样指示时间的"当"做一下比较。"当"也可以引进一个小句,指示后续小句的发生时间,如:

(23)当你长大了,就会明白妈妈的苦心。

"当"作为时间连词,语法化程度比"等"高,因为"当"前不可以用否定词来否定,一般也不可以前加副词或助动词:

(24)＊不/没当你长大了,就不会明白妈妈的苦心。

(25)？只好当你长大了,这个事再跟你讲。

(26)？必须当你长大了,你才会明白妈妈的苦心。

3 等待义和时间指示功能的历时演变关系

考察汉语史可以发现:很多表示等待义的动词都在历时发展过程中获得了时间指示功能。下面我们对几个等待义动词的语义演变做个案分析。

俟

《说文解字》"人"部:"俟,大也。"段玉裁在"彳"部的注中说:"待,竢也。是为转注,经传多叚'俟'为之,'俟'行而'竢'废矣。"可见,"俟"的等待义源自对表示等待的"竢"的假借。由于"竢"在文献中使用较少,没有发现具有时间指示功能的用例。这里我们只讨论"俟"。

作为等待义动词时,"俟"可以接名词性短语构成述宾结构,也

可以接"NP之VP"式名词化的主谓结构,如:

(27)赵括、赵同曰:"率师以来,唯敌是求。克敌、得属,又何俟?必从齐子!"(《左传·宣公十二年》)

(28)俟我于堂乎而,充耳以黄乎而,尚之以琼英乎而。(《诗·齐风·著》)

(29)宋皇国父为大宰,为平公筑台,妨于农收。子罕请俟农功之毕,公弗许。(《左传·襄公十七年》)

春秋时期开始,"俟"可以以谓词性结构做宾语构成述宾结构,或者其后由"而"引进另一个VP:

(30)臧武仲请俟毕农事,礼也。(《左传·襄公十三年》)

(31)公孙晳曰:"受服而退,俟衅而动,可也。"(《左传·昭公七年》)

不管是以谓词性结构做宾语还是后接"而"引进的另一个VP,句子中都出现了两个动词性成分,这种多动词结构正是语义虚化的温床。"俟"正是在连动结构中发展出时间指示功能,表示其后引入事件的发生是后续小句所述事件的发生时间。如:

(32)凿井城下,俟亓身井且通,居版上,而凿亓一遍,已而移版,凿一遍。(《墨子·备穴》)

(33)事率众多,不可胜以文陈。俟自见,索言之,唯陛下深察焉。(《汉书·外戚传》)

(34)臣愿且得留国邸,旦夕奉问起居,俟有圣嗣,归国守藩。(《汉书·哀帝纪》)

例(32)讲如何凿井,是一个操作说明,如果认为有隐含主语,这个主语也并不是特定的人,而是泛指性的,"等"的动词性因而也就有一定削弱,不是指一个具体的等候事件,而更重要的是指明后

233

续事件发生的时间条件。

六朝以后,"俟"出现了新的用法:"俟"引导的述宾结构后面可以加"时""后""之后"等后置词,如:

(35)友筮之,命作布囊,俟女发时,张囊着窗牖间。(《搜神记》卷三)

(36)遂遣一僧往彼,俟伊上堂时但问作麽生,待渠有语记取来。(唐《马祖语录》)

(37)而今却于引见时,合门积得这榜子,俟放见时,却一并上。(《朱子语类》卷一百二十八)

(38)吴开、莫俦跪求云:"倘蒙再造,俟国相回军后,无论何人何物,惟皇子命。"(北宋《南征录汇》)

(39)季父薛监来省,卢氏出参,俟其去后,命水涤门阈。(《太平广记》卷二百六十六"轻薄二")

(40)乞赐俟班师之后,退守偏土,以备藩屏。(宋·丁特起《靖康纪闻》)

以上例句中,"时""后""之后"等后置词的出现使得前后两小句之间的时间条件关系更为明显。此时"俟"的用法类似于介词。

待

"待"与"竢"为转注,"待"的本义也是等待。"待"在周朝语料中已出现,但是比"俟"少;春秋战国时期"待"的使用频率就已经超过了"俟"并继续增加,到六朝唐宋时期成为了等待义动词的主力,直到"等"的等待义开始发展时"待"才减少。"待"的使用几乎覆盖了整个古代汉语时期,是等待义动词中使用时间最长的,经历了较为完整和全面的发展。直到现代汉语普通话的口语中,"待"才成为构词语素,不能作为词独立使用。

"待"作为等待义动词可以独立做谓语,也可以后接名词性NP或名词化的"NP之VP"做宾语,如:

(41)象曰:往蹇来誉,宜待也。(《周易·蹇卦》)

(42)先王昧爽丕显,坐以待旦。(《尚书·太甲上》)

(43)君若以臣为有罪,请囚于费,以待君之察也,亦唯君。(《左传·昭公三十一年》)

(44)凡守城者,以亟伤敌为上,其延日持久,以待救之至,明于守者也。(《墨子·号令》)

"待"的时间指示功能也是在多动词结构中发展出来的,如:

(45)姑归而息民,待其立君而为之备。(《左传·襄公二十八年》)

(46)一灾不书,待无麦然后书无苗。(《公羊传·庄公七年》)

六朝之后,"待"后也可以出现小句,如:

(47)魏武曰:"卿未可言,待我思之。"(《世说新语·捷悟》)

(48)一人观瓶,而作是言:"待我看讫。"(《百喻经·观作瓶喻》)

(49)俗曰:"近则近,不用上山。明日早朝来乞钱,待他相见。"(《祖堂集》卷六)

以上例中,"待"的动作发出者是听话人,整个句子类似于祈使句。在这样的例子中,说话人的主观色彩增强了,而且"待"后小句是非现实态的,这为"待"的将要、想要义的产生提供了条件。

六朝以后还出现了"待"与后置词"时""后"等共现的用例:

(50)不如即就牛腹盛之,待临会时,当顿𪢮取。(《百喻经·愚人集牛乳喻》)

(51)待捉王陵不得之时,取死不晚。(《敦煌变文集新书·汉将王陵变》)

(52)待他摧毁时,彼此无妨碍。(北宋《禅林僧宝传》卷十)

(53)待友人到后,吾方徐为填还。(《太平广记》卷一百六十六"气义一:吴保安")

在唐代以后的一些例子中,"待"所引入的谓词性成分与后续小句构成条件关系,如:

(54)庞居士问祖云:"不与万法为侣者,是甚麽人?"祖曰:"待汝一口吸尽西江水,即向汝道。"(《马祖语录》)

(55)师曰:"待我死即向汝道。"(《祖堂集》卷三)

南宋时期"待"开始出现"将要"意义,变为一个时间副词,如:

(56)磨砻三尺剑,待斩不平人。(《古尊宿语录》卷八)

(57)到寺中烧香了,恰待出寺门,只见一个官人领着一个妇女。(《简贴和尚》)

(58)那小娘子正待分说,只见几家邻舍一齐跪上去,告道:……(《错斩崔宁》)

"待"后引入的谓词性成分VP1,是后续事件VP2发生的具体的时间参照点。"待VP1"整个结构的意义逐渐赋予"待",使"待"单用时也可以具有时间指示功能。如果VP1不出现,只有"待"单独出现时,整个结构就表达笼统的近将来的事件,以上例句中的结构就是这样形成的。这样的"待"虚化程度进一步提高了,其后一般接动宾结构,"待"处于状语位置,成为时间副词。

随着汉语词汇双音化趋势的发展,近代汉语时期,"待"还可组成一些双音形式,也具有时间指示功能。

待到

(59)待到急迫时,又旋理会。(《朱子语类》卷十二)

(60)这个道理,却急迫不得。待到他日数足处,自然通透。(《朱子语类》卷十六)

(61)初已告报日子,待到那一日四更时,忽扣门报云:"不须集议。"(《朱子语类》卷一百零七)

待等

(62)真君道:"把这瓶儿挂在金殿上正中梁上,待等午时三刻,再取他下来。"(明《三宝太监西洋记》第二十八回)

(63)周氏道:"大娘门前无人照管,不如留他在家使唤,待等丈夫回时,打发他未迟。"(明《警世通言》卷三十三)

(64)待等明日午刻,见了银两,再将衣服对换,岂不是好。(清《七侠五义》第二十八回)

"待等"之后往往接时间名词或"……时"格式,指明具体的时间。

"待"的将要义在现代的胶辽官话、中原官话、冀鲁官话、晋语等方言中还有保留。[②]如属于胶辽官话的山东烟台莱州话中的"待"经常做状语,表示主语将要做某事或某事将要发生,句法上不能单独做谓语,不能单独回答问题,因此可以看作一个表近将来时的副词,如:

(65)你待做什么?——俺待去放鸭子。(你要做什么?——我要去放鸭子。)

(66)他三哥待来家。(他三哥将要回家。)

(67)这些屋待拆了盖楼。(这些房子要被拆了盖楼房。)

在甘肃兰州话、敦煌话中"待"可以表示"刚""刚开始",如:

(68)我们家的保姆待来的时节还本分着哩,没几天就把头发染红了。(《兰州方言词典》,2009:149)

(69)太阳待出来时又大又圆,还不刺眼。(《敦煌方言释义》,2009:37)

"待"表示"刚开始"的这种用法也是与时间指示相关的功能,也是时间副词,其语义可能是在前后语句环境中推导的结果。

"待"在方言中有时还作为构词成分出现,构成具有时间指示功能的词语,如可以构成"待要""才待""待乎""待中"等词。具有时间指示功能的"待"在方言中的使用情况可见下表:

表1 "待"时间相关意义在方言中的分布

	"将要""想要、打算"	"刚"
胶辽官话(山东牟平话)	待、待要、才待	
中原官话(河南洛阳、山东济宁、菏泽、曲阜、阳谷、曹县话)	待、待乎	
冀鲁官话(山东济南、桓台、新泰、滨州、寿光、莒县话)	待、待要、才待、待中	
晋语(山西太原、忻州话)	待	
兰银官话(甘肃兰州话)		待
西南官话(敦煌话)		待

候

"候"在先秦主要做"候望、窥伺"解,到了汉代才发展出等候义,如:

(70)乃拜卿为郎,东使候神于太室。(《史记·孝武本纪》)

后来"候"也发展出了时间指示功能,如:

(71)乃分内诸将,罗兵幽阻,但缮藩篱,不与交锋,候其谷稼将熟,辄纵兵芟刈,使无遗种。(《三国志·吴志·诸葛恪传》南朝宋裴松之注)

(72)候黍、粟苗未与垄齐,即锄一遍。(《齐民要术·杂说》)

例(72)是说明何时锄地,并没有特定的人物出现,因此"候"的等待义不明显而时间指示功能更为突出。

"候"也有与"时""之后"等后置词共现的例子,如:

(73)尝有部刺史奏事过遵,值其方饮,刺史大穷。候遵沾醉时,突入见遵母。(《汉书·游侠传·陈遵》)

(74)候水尽、地白背时,速耕。(《齐民要术·旱稻》)

(75)汴京城内两经根括取索,公私各已罄竭,显见将来难以立国,乞候班师之后,退守偏方,以备屏藩。(《大金吊伐录》卷三)

须

"须"作为等待义动词也是源自假借,在周到东汉期间使用。如:

(76)太康失邦,昆弟五人,须于洛汭,作五子之歌。(《尚书·夏书·五子之歌》)

(77)招招舟子,人涉卬否。人涉卬否,卬须我友。(《诗·邶风·匏有苦叶》)

(78)穴中与适人过。则皆围而毋逐。且战北,以须炉火之然也。(《墨子·备穴》)

"须"作为等待义动词的使用时间较短,到东汉六朝时即发展出需要、应当义,但就在其使用期间,也发展出时间指示功能,如:

(79)须书有符,自相见也,不忧不得天寿也,不但大神邪!(《太平经》卷一百一十四)

等

"等"从周代到唐代大都是等同、等级义,其等待义的产生是由于音转,段玉裁注《说文解字》"待"中说"今人易其语曰'等'",郝懿行疏《尔雅·释诂下》时也指出"今语谓'待'为'等','等'即'待'之声转也"。

"等"作为等待义动词最早出现于唐代,它作为等待义词出现得最晚,到元代时才有取代"待"的倾向,到明代"等"已经成为等待义动词的主流,并一直沿用至今。"等"的等待义动词用法如:

(80)等鹊潜篱畔,听蛩伏砌边。(唐·路德延《小儿诗》)

(81)尔时迦叶说是偈已,遂入王舍城,等阿庠世王。(《祖堂集》卷一)

"等"具有时间指示功能的例子如:

(82)南泉便问,师对曰:"等有伴则来。"(《祖堂集》卷六)

(83)赵正道:"不妨,等城门开了,到日中前后,约师父只在侯兴处。"(南宋《宋四公大闹禁魂张》)

(84)亲家不会惹着你,如何骂分老虔婆?等我满月回门去,到家告诉我哥哥。(南宋《快嘴李翠莲记》)

北宋以后"等"VP后面可以加"时""后""的时节""的后头"等表示时间的后置词:

(85)如公昨夜之说,只是发动方用克,则未发时,不成只在这里打瞌睡蒙憧,等有私欲来时,旋捉来克!如此得否?(《朱子语类》卷四十一)

(86)但直说他,则恐未必便从,故且将去吓他一吓。等他不从后,却说之,此政与商鞅之术同。(《朱子语类》卷一百三十四)

(87)等你在这里卖布的时节,我买些羊。到涿州地方去卖。(元《老乞大新释》)

(88)等那客人去了的后头,事发了。谁知道那人是鞑子人家逃走出来的。(元《老乞大新释》)

等到

元代出现"等到",意义和用法都类似于指示时间的"等",如:

(89)火伴你赶马来,咱好打朵子。等到打完了朵子,他饭也好吃完了,咱们就好行路。(元《老乞大新释》)

(90)这如今凡有多少银子,尽多少献出去,等到回朝之日,奏闻朝廷,一两还二两。(明《三宝太监西洋记》第八十四回)

(91)等到去后,又差人约卢楠时,那牡丹已萎谢无遗。(明《今古奇观》卷十五)

4 从等待义到时间指示功能的演变机制

以上的个案分析表明,汉语历史上存在的一些等待义动词在发展过程中不少都获得了时间指示功能。③在指示时间时,其等待义往往虽然弱化但仍有一定程度的遗留。等待义与时间指示功能的关联反复出现,应该不是偶然的。可以说,从等待义发展出时间指示功能是汉语中存在的一条语义演变路径。

对于演变最为充分的"待"来讲,这一演变路径可以概括为:

等待义动词＞时间指示功能＞表将来的副词

等待义是指"不采取行动,直到所期望的人、事物或情况出现",等待某事的出现需要一段时间,因而其中包含一个时间过程。在等待义动词的词汇语义中,时间的蕴含是很突出的,而行为义是模糊的,由于动作性很弱,因此等待义动词并不是特别典型的动词。这种词汇语义特征是等待义动词获得时间指示功能的内在理据。根据在很多语义演变中都起作用的诱使推理机制(the Invited Inferencing)(Traugott & Dasher,2002),说话人在言谈中将等待义动词隐含的时间义传达给听话人,听话人依据语境进行推理获得了这一隐含义,这一隐含义在使用过程中逐渐凸显并规约化,最终固定成为词语的新义。可见,等待义动词语义虚化的过程就是所蕴含的"直到所期望的人、事物或情况出现"这一时间意义逐渐凸显的过程。

等候行为一般都是有目的性的,当等候的对象出现以后,就会采取下一步行动。这样,等候行为的后面经常会跟着对另一个事件的描述。从以上的个案分析中可以看出,等待义动词的语义虚化是在多动词结构(包括连动结构,也包括动词与谓词性宾语组成的谓宾结构)中发生的,当等待义动词作为多动词结构的前一个动词出现,并且等待义动词后引出的事件是后续事件发生的时间背景时,语义虚化就发生了。

董秀芳(2005:291)指出,诱使推理造成的语义演变"可以是原有的某个义素的弱化和失落,也可以是某个义素成分的凸显或添加。……有时诱使推理带来的语义变化并不造成某一义素的完全消失,而是使其由凸显变为隐含。""等待义>时间指示功能"这一语义演变是诱使推理造成的,在演变过程中,时间义逐渐凸显,同时等待义逐渐弱化,变为隐含。

由于两个先后发生的事件可能具有引起与被引起的关系,因此等待义词的时间指示功能有时也用于表示前一事件是后一事件发生的条件。又由于时间指示功能所在的句子多为非现实态,因此也可以表示假设关系(假设关系是条件关系的一种,即假设的条件)。"待"和"等"都有指示条件关系的用例。

随着语义的虚化,等待义动词的辖域也扩大了,原来的辖域是在句内,虚化以后辖域就可以是整个小句了。

由于等待的事情是尚未发生的,因此等待义动词虚化后可以指示一个将来的时点,这就是"待"在近代汉语及现代一些方言中语法化为表示将要义的时间副词的原因。

Heine & Kuteva(2002:103)在分析"come to＞future"这一演变规律时指出:"这一语法化过程可能是另一更普遍过程的例证:**过程动词语法化形成具有时或体功能的助动词。**"① 比如,完结体可以来自过程动词"放""拿",持续体可以来自过程动词"来""做""去"等,过去时可以来自过程动词"经过",等等。Heine & Kuteva(2002:104)分析"come to＞proximative"时也有同样说法。本文所讨论的等待义动词,无疑也是过程动词,因此,"等待义＞时间指示功能"和"待"的"等待义＞时间指示功能＞表将来的副词"的演变路径符合过程动词语法化为时体意义的普遍演变规律。不过,具体到从等待义发展为时间指示功能(包括将来时)的语义演变路径,在以往的语义演变研究中还没有被明确地归纳出,因此,汉语中存在的这一语义演变路径对于丰富时体语法化的具体源头有参考价值。

用等待义动词引入一个事件来指示另一个事件的发生时间的语言表达,实质上是一种用人的行为(这里是等待行为)转指时间的语言策略。这一策略在汉语中使用比较多(其他一些语言中可能也是如此)。这种策略背后的认知动因是很清楚的,动作行为的完成都需要一定的时间,人们可以在自己的行动中体验到时间的流逝。以下例子中的动词也都表示人的动作行为,也都具有了指

示时间的功能:

回头

(92)回头再去。

转眼

(93)转眼到了年底。

看看

(94)玉漏相传,二更四点,临入三更,看看则是斫营时节。(《敦煌变文集·汉将王陵变》)

(95)不如闻早须造福田,人命刹那,看看过世。(《敦煌变文集·庐山远公话》)

眨眼

(96)眨眼就到。

不过以上由身体动作发展来的与时间指示相关的词语都是副词,等待义动词则主要发展成了介词。

5　结语

在汉语史上,一些原来表示等待义的动词逐渐发生了虚化,具有了时间指示功能。可以说存在这样一条语义演变路径:等待义>时间指示功能。"待"作为等待义动词使用时间长,虚化程度也高,从在特定句法结构中指示事件发生时间进一步演变为时间副词。等待义动词蕴含时间意义,动作性弱,这是其发生语义演变的基础。演变是发生在多动词环境中,通过诱使推理机制实现的。这一演变路径符合过程动词语法化为时体意义的普遍演变规律,也属于用人的动作行为来表示时间的语言表达策略中的实例。

动词的等待义与时间指示功能之间的这种联系,不仅存在于古代汉语、现代汉语普通话和部分方言中,据初步调查,还存在于日语、韩语、马来语等部分语言中。如(以下例句由北京大学中文系留学生提供):

(97)数日　待って　結論　を　　　　出そう。(日语)
　　　几天　　等　　　结论　宾语标记　下
　　　我们等几天再下结论吧。
(98)비 그칠 (때까지 기다린)다음에 가자. (韩语)
　　　雨 停 (直到　等) 之后　走
　　　(等到)雨停之后再走。
(99)Engkau　sampai　nanti
　　　你　　　到　　　等(……的时候)
　　　saya　akan　pergi. (马来语)
　　　我　　将　　走
　　　等你到了我就走。

日语中的"待つ"、韩语中的"기다리다"以及马来语中的"nanti"均为等待义动词,可以做谓语,同时也有指示时间的功能,如例(97)至例(99)所示。与汉语中的"等""待"等相同,这些词也主要用来指示将来的时间。

等待义与时间指示功能的关联虽然在英语、法语等语言中没有表现,但在亚洲却有一些跨语言的存在,这与这一语义演变有着较自然的认知基础有一定关系。

附　注

① 但是我们不同意彭晓辉(2010:82)的下述观点:"('等')第一步由动

词演变为连词,句法位置的改变是诱因,第二步由连词演变为介词,糅合是诱因。"我们认为,"等"尚未演变为连词。

② 在其中一些方言里,"待"是想要、打算义,虚化程度略低于将要义。

③ 上古汉语中"徯"(参看贝罗贝、刘华丽,2013)和"需"也可以表示等待,但是由于使用较少,因而后代没有发展出时间指示功能。

④ Vendler(1967)在探讨动词与时间的关系时,将动词分为过程动词和非过程动词,其区别是有无进行时。

参考文献

贝罗贝、刘华丽 2013 汉语"等待"义动词历时考察,《历史语言学研究》(第六辑),商务印书馆。

蔡 晓 2010 常用词"俟、待、候、等"历时更替考,《广东教育学院学报》第4期。

董秀芳 2005 语义演变的规律性及语义演变中保留义素的选择,《汉语史学报》(第五辑),上海教育出版社。

—— 2008 汉语动转名的无标记性与汉语语法化模式的关联,《历史语言学研究》(第一辑),商务印书馆。

李宗江、王慧兰 2011 《汉语新虚词》,上海教育出版社。

彭晓辉 2005 《时间的"等"字结构及其句式研究》,湖南师范大学硕士学位论文。

—— 2010 "等"的语法化:糅合导致的重新分析,《语言研究》第2期。

杨荣祥 2005 《近代汉语副词研究》,商务印书馆。

张庆庆 2007 《近代汉语几组常用词演变研究》,苏州大学博士学位论文。

Bernd Heine & Tania Kuteva. 2002. *World Lexicon of Grammaticalization*. Cambridge:Cambridge University Press.

Traugott & Dasher, 2002. *Regularity in Semantic Change*. Cambridge:Cambridge University Press.

Vendler,Z. 1967. *Linguistics in Philosophy*. Ithaca,NY:Cornell University Press.

小句语法化为语气标记二例

宋文辉

（中国人民大学文学院）

1 引言

1.1 研究对象

既有复句语法化的研究往往集中在关联词的语法化方面，而对在复句紧缩过程中发生的原来构成复句的小句语法化为语法成分的情况则关注较少。虽已经有所研究，但一些相关现象仍有必要再做分析。

经考察发现，联合结构复句的分句语法化的情况较为少见，而偏正复句中的充分条件复句的主句，则特别容易语法化为语法成分，如"才是、才好、就完了、就结了"等。太田辰夫（2003[1957]）将这类语法化了的成分称为"准句末助词"。本文将这类成分称为语气标记，是为了进一步明确其语法意义定位。当然本文所说的语气是一个广义的概念，除了陈述、疑问、祈使和感叹之外，还包括说话人的主观情绪（也称"口气"），而本文所讨论的对象就属于情绪的标记。

本文旨在通过两个个案的分析说明此类现象的具体发展机制。

1.2 理论背景

构式和预制件、搭配作为语法化语项(linguistic items)的语境及自身作为语法化语项的情况,近年来在语法化研究中颇受重视。本文试图从这个角度来分析相关现象。

1.2.1 构式和语法化

经典的语法化研究倾向于将语法化视为实词或实词性语素变成功能性的语法成分的过程。如Kurylowicz(1975[1965]:52)的经典定义指出,语法化是"一个将词位变成语法形式并使语法形式进一步语法化的过程"。这种研究取向将注意力集中在个体成分如词和语素的命运上。而近年来很多从事语法化研究的学者则认识到,语法化并不是词或语素自身的孤立的演变,其演变往往是发生在特定的语境——特定构式之中的(如Dahl,2001;Traugott,2003;等),并且构式整体也可能发生语法化,同时语言成分的语法化也会产生新的构式类型,或者说语法化过程的输出项往往是新的构式(如Traugott,2008;Trousdale,2008等)。近年来此类考虑激发一些学者提出了"历史构式语法"的研究思路(Noël,2007)。

构式作为语法化环境,其内部仍需进一步区别不同阶段和类型。Diewald(2002、2006)提出了一个综合了语义、形态和结构因素的语境类型模式。该模式区分了语法功能产生过程中的三个阶段,每一个阶段伴随着一种特定类型的语境。

第一阶段叫作"非典型语境(untypical contexts)",即语项扩展到之前不能进入的新的语境中,这类语境是语法化发生的前提条件。在其进一步的发展之中,语法化过程产生的新意义可能会作为一个会话隐含义出现,尚未被编码到语项自身之中。

第二个阶段叫作"关键语境(critical context)",彭睿(2008)将其称为"临界环境",它提供语项语法化过程实际的触发机制。语项在此类语境中使用频率的增长会直接导致其语法化。这个阶段,语法化语项出现在标记性较高的构式中。其特征是该构式存在有多种结构和语义的遮蔽(opacity),因此可能导致多个不同的解释,其中包括新的语法意义。关键语境的功能相当于一种催化剂(catalyst),Diewald认为这种语境只出现在语法化过程的第二阶段,在后来的发展之中就消失了。

第三阶段叫孤立语境(isolating contexts),是语法化结果的固化阶段。在这个阶段,新的语法意义作为一个从旧的更加词汇性的意义中分离出来的意义而被孤立起来。两个意义出现在不同的孤立语境中,因而得以分化和区别,即特定的语境偏好一个解读而排斥另外一个解读。一旦孤立语境之间的对立被建立起来,语法化过程就结束了,语法化了的成分再也不能回复到以前的阶段上了。这时新的语法意义不再依靠会话隐含义推理机制来理解,而是已经成为语法化了的成分的语言意义。

由上述分析可见,发现语法化语项的关键语境——即语法化语项和某种形式和意义特征的固定搭配,在语法化研究中至关重要,这将有利于更好地揭示、解释语法化语项的语法化机制。

Diewald(2002、2006)对于语法化不同阶段和类型的分析很有启发意义,但其论证毕竟是建立在对德语个别现象的分析之上的,因而存在一定的局限性。比如,非典型语境是否必然立刻会产生和语法化过程相关的隐含义,关键语境是否必然存在歧义,关键语境的特征是否都会迅速消失或者必须在孤立语境中消失,都仍有必要再讨论。当然,本文并非旨在讨论此理论的建构问题,因而这里仅简单陈述我们的看法,而不做充分的论证。

基于实际的考虑,我们将其语法化的语境类型理论去除其来自特定实例的特殊规定性,作为分析的起点:本文将词汇性成分因扩展使用范围而进入的能导致其语法化的构式称为"非典型语境",而将此类构式的触发目标项目语法化的下位小类称为"关键语境",将语法化完成阶段包含语法化语项的新的意义和用法的构式称为"孤立语境"。研究实际证明,这样的定义更简单、清晰,因而更便于操作。

1.2.2 预制件、搭配和语法化

Bybee(1998)提出,词库是涌现性的(emergent),它不是抽象的符号的汇集,而是人的语言经验的集中体现,因而被人的语言运用所规定和塑造着。

对于词汇的性质,传统的观点是心灵词库仅仅存储词和语素,大于词的短语不被存储,它们都是在句法过程中生成出来的产品。词库相对于句法生成运动来说是静态的、被动的,仅仅是句法生成过程的材料。Bybee认为,上述性质的词库并不存在,词库是从人的语言使用经验之中涌现出来的,是人的语言使用经验的固化。她用以支持其观点的证据,主要来自于关于语言单位存储和使用的现象。

Bybee认为,心灵词库中,词是作为整体被存储的。词的内部结构仅仅在词汇比较和分析时才会得到,而语素就是上述过程的产物。其原因是只有词才能被独立使用,人只有关于词的使用经验,而没有语素的使用经验,即人的语言使用经验决定词库中存储单位的大小和属性。

更为重要的是语言记忆之中不仅包括词,还包括大量大于词的单位。大于词的存储单位,除了习语,还包括反复出现的短语。

如 I'm,I don't…。这类短语可以称为预制件(Prefabs),其特点有两个方面。首先,它使用频率较高;其次,预制件和习语的边界很难确定,因而二者都是语言记忆的组成部分。

预制件由于使用频率高,其组成成分之间因而形成稳定的搭配(collocations)。预制件和搭配在语法化过程中也起着一定作用(Bybee & Cacoullos,2009;Cacoullos & Walker,2011)。这可以分两方面。首先,预制件或搭配本身是构式的具体的实现,语法化往往是在特定的预制件中开始的,而不是在抽象的构式层面开始的,即预制件或搭配是语法化的重要环境,影响着语法化的方向和结果;其次,预制件或搭配本身可能会成为语法化的语项。

2 由条件复句演化而来的"X 就是了"构式

"X 就是了"构式是现代汉语中的一个构式,其意义有多种。现在仅举一例做简单说明:

(1)他忍住了气:"好,我滚就是了!"(老舍《四世同堂》)

"就是了"读轻声,附着在重读的"滚"上。(1)中,句子表达说话人对听话人(提出要求的人)的不满情绪。"就是了"已然是一个虚词,《现代汉语词典》(第6版)已收录。本节简要分析其语法化的过程和机制。

2.1 既有研究回顾

太田辰夫(2003:357)较早注意到这类现象。他指出近代汉语存在一种准句末助词,大致可分为三类。其中第二类表示限制,如"就是(了)、就完了、就结了、就有了";这些成分原来是全句的述语,虚化之后表示强调和限制的语气了,但陈述功能还没完全去

251

掉,因此称为准句末助词。

李宗江(2008)对此类成分做了更为深入的研究。他认为"就是了"源于"X结构",即 X=SP+(ad+V+了)结构,其中 SP 为一个主谓结构(李宗江,2008:150)。X结构两个部分之间是条件和结果关系,原本是复句、句段,经过简缩变成单句。此过程中:1)结果分句长度变短,小句独立性减弱,再加上关联词的形式衔接作用,整个复合句的整体性增强;2)条件分句表达说话人的主观意愿,表达说话者同意或者要求某一动作或事件的发生,是个主观性的表达,只能在口语对话中出现,有语境的帮助,所以这种分句一般不太长,两个较短的分句便于整合起来一体化;3)从语用上来看,条件和结果关系可以分析为一个话题和说明的关系,当两分句变短之后,话题和说明之间的关系更加凸显;4)关联词语和其后的动词的组合在一定的时期较为集中,此过程使得 X 结构句法化,从而为句末成分虚化提供了前提条件。也就是说,该类成分的语法化机制是:原来的从句(如条件句)变成主句,而原来的主句变成了语法标记。

2.2 新的考察

本文认为既有研究的看法基本上是正确的,即 X 结构是"就是了"的非典型语境,是"就是了"所处小句由独立小句变为条件复句的主句的结果。"就是了"的语法化机制是,X 结构中的原来的从句变为主句,而原来的主句"就是了"语法化为语气标记。这的确揭示了此类成分的语法化机制,具有相当的启发性。但经过考察,本文也发现,该现象的一些细节仍有待进一步探究。

第一,李文认为"是"源自判断动词"是"发展出的"同意、许可"义用法(李宗江,2008:151)。我认为情况并非如此,"是"表示肯定并非源于判断动词"是",后者是东汉之后才兴起的(汪维辉,1998等),而"是"作为表示"正确"或"认为正确"的谓词的用法先秦时代就已经有了,如:

(2)彼人是哉?子曰何其。(《诗·魏风·园有桃》)

(是:正确)

(3)功皆未至,子何独自是而非我哉?(《墨子·耕柱》)

(是:认为正确)

因此"就是了"的"是"即"是非善恶"的"是",而"是了"就是"对了"的意思。我们认为,这种表示对他人行为或言语的肯定性评价用法正是"就是了"未语法化之前的基本用法。此类用法的最早的实例很难考察,不过在清初的《红楼梦》中仍然存在:

(4)惜春听了,便问周瑞家的:"如今各庙月例银子是谁管着?"周瑞家的道:"是余信管着。"惜春听了,笑道:"这就是了!她师父一来,余信家的就赶上来,和她师父咕唧了半日,想是就为这事了。"(《红楼梦》第七回)

这跟现代港台国语的"X就对了"有相通之处。

第二,"就是了"语法化的过程和完成时间仍有待重新考察。李文认为"X就是了"结构是在前代相关结构的基础上经过多次调整而成的。最初"是"用于句末,形成 X 结构,后来"是"前面加上副词"方、便"等,构成"即是、方是、便是"等,到了南宋出现"便是了"结构,而到元代"便"被"就"替换,形成"X 就是了"结构。李文认为"即是"和"便是"的副词变化说明二者的词汇化程度尚浅,因而不可能是语法化的成分,而"就是""就是了"则语法化了,且语法化程度较高。不过我们发现,如按照李文的分析逻辑来看,元、明

253

时代的"就是"也不能看作完全语法化的成分。因为,"就是"后来变成了"就是了",而"就是了"并非"就是"加上"了",而是"就"加上"是了"。即"就是"中的"是"还具有相当的谓词性和独立性,其后可以加上"了"这类语法成分,这说明"就是"并不是词汇化了的成分。所以李文的观点,即元、明时代"就是"和"就是了"就已经高度语法化了,似乎值得再考虑。

我们认为,"就是了"真正语法化的时间比李文所说时间要晚很多,此过程是到了现代汉语时期才基本完成的。因为明、清时期"X就是了"中的"就是了"有时还具有太田辰夫所说的"陈述性"。证据有两个:一、"X就是了"中的"就是了"仍可受到副词性成分的修饰,显然是做谓语的:

(5) a. 贾政因劝道:"此物恐非常人可享者,殓以上等杉木<u>也就是了</u>。"(《红楼梦》第十三回)

b. 马道婆又道:"还有一件,若是为父母尊亲长上点,多舍些不妨;像老祖宗如今为宝玉,若舍多了倒不好,还怕哥儿禁不起,倒折了福。也不当家。要舍,大则七斤,小则五斤,<u>也就是了</u>。"(《红楼梦》第二十五回)

c. 凤姐儿道:"前儿太太赏了她四十两银子,<u>也就是了</u>。"(《红楼梦》第五十四回)

二、当时"就是了"做谓语的主谓句表示肯定判断的用法还存在:

(6) a. 王善保家的见问得奇怪,只得勉强告道:"司棋的姑妈给了潘家,所以他姑表兄弟姓潘。上次逃走了的潘又安就是她表弟。"凤姐笑道:"<u>这就是了</u>。"(《红

楼梦》第七十四回)

b. 紫鹃道:"原来是你说了,这又多谢你费心。我们正疑惑,老太太怎么忽然想起来叫人每一日送一两燕窝来呢?<u>这就是了</u>。"(《红楼梦》第五十七回)

可见,即使到了清初,"X就是了"构式中的"就是了"的用法与该构式之外的"就是了"的用法还没有完全区别开来,"就是了"在该构式中有时既可以理解为语气标记,也可以理解为谓语。即此构式当时仍旧处于"就是了"语法化的关键语境阶段,其所处构式起着触发和促进"就是了"语法化的作用,但是该构式和"就是了"出现的其他语境尚未形成完全的区别和对立,因此"就是了"的语法化尚未进入成熟阶段。

在未开始进入语法化过程之前,"就是了"表示肯定评价,是对既有行为或言语的评价,构成陈述句,属于叙实的范畴。而当其用法扩展到非陈述的言语行为中,用以执行劝慰、要求、命令、承诺等非陈述言语行为时,"就是了"的评价功能受到遮蔽,因而评价意味不断淡化,意义开始抽象化。即其所处复句用于非陈述言语行为是"就是了"语法化的核心的触发因素,而这类用法即构成其语法化的关键语境。

而"就是了"真正语法化,即其所处语境构成独立语境的标志,是"就是了"在"X就是了"语境中不再受修饰,且其独立做谓语的用法消失,这时"X就是了"中的"就是了"作为一个特异性的成分出现。这个时期显然要晚于李文所说的元代,应该是现代汉语时期才形成的。下面通过材料分析具体说明。

"就是了"出现时间晚于"就是",且频率很低,但其后则不断迅速增长,从清代早期《红楼梦》等作品开始,"就是了"已占绝对优

势,此过程如下表所示:

表1 "就是"和"就是了"使用情况表

文献	字数	就是	就是了
三宝太监西洋记	73万	88	3
初刻二刻拍案惊奇	82万	42	16
红楼梦(前80回)	59万	3	120
儿女英雄传	55万	1	21

及至"五四"之后,白话文作品中已极少能见到"就是"。我们考察了民国年间同是北方方言区但地域南北有别的老舍和巴金的一些作品——《四世同堂》《激流三部曲》《爱情三部曲》《寒夜》,其中只有"X就是了",仅《激流三部曲》中有1例"X就是"。当代作品我们考察了《穆斯林的葬礼》《黄河东流去》,其中只有"X就是了",但未见1例"X就是"。

既然现代汉语的通例是不用"X就是",为什么作为现代作家的巴金仍旧会偶尔使用呢?我们发现这可能与其母语是带有南方方言色彩的西南官话(巴金是成都人)有关。在一些方言色彩较重的作品中(南方方言或与之有相似特征的地域靠南的北方方言),"X就是"还零星出现。如作者为上海人的《海上花列传》有3例"X就是",而无"X就是了";作者为四川人的《死水微澜》中有2例"X就是",4例"X就是了"。

并且"五四"以后的文学作品中还出现了一个相关的变化,就是表示肯定的"是"作为谓词的活动能力大为下降,"就是了"不能再做谓语。这使得在"X就是了"构式之外不存在"就是了",语法化语项所处语境和非语法化语境的区分得以形成和强化。我们认为,正是到了这个时候"就是了"的语法化程度才大为提高,成为语气标记。

由上述分析可见,现代汉语的"就是了"中,"了"并非自由选择成分。《现代汉语词典》(第696页)收录了上述词汇化和语法化的结果,标为"就是",并指出后多加"了",显示出"了"的可选性,这显示出辞书所用语料的保守性,并未反映出当代汉语的实际。

第三,对于"就是了"的语法意义,仍有可讨论之处。太田辰夫(2003)认为"就是了"有限制和强调功能,但具体限制什么强调什么则语焉未详。另外一些研究则认为它表示肯定(如李文和《现代汉语词典》)。说"就是了"表示肯定,也太过于抽象了,并且很多例子,如(1)的"就是了",就很显然应理解为肯定。另外李文指出,"就是了"在具体语境中的意义有所不同,不过这些意义很难一一列举。我们认为,这个问题还可以再讨论。虽然具体语境的情况变化万端,但是说话者所执行的言语行为的类型却是有限的,从说话者的话语立场的角度可以大致确定"就是了"常见的较为具体的意思。

需要注意的是,如按照我们的看法,"就是了"是到了现代汉语时期才语法化的,就必须面对下面这个问题:"就是了"未完全语法化之前的"X就是了"构式的意义和"就是了"语法化之后(即现代汉语时期)的"X就是了"构式的意义基本一致。不过这其实并不是真正的问题。因为相关现象可以解释为,"就是了"未完全语法化之前,句子的和语气相关的意义是由整个构式表达的,语气意义作为话语隐含义存在,"就是了"语法化之后则主要由"就是了"来承担。因此我们下面在说明"就是了"的意义时,举例并不限于现代汉语,只要便于说明问题即可。

综合诸方面材料,我们发现,"就是了"最核心的意义是:将其前的命题的内容限定为唯一和交际目的(如要求、命令等)相关的内容,排除增加其他因素的必要性或可能性,且往往表达说话人认为相关命题具有"量"较小的主观认识,这导致"X就是了"构式往往具有相当强的主观色彩。这是"就是了"诸多意义的源头,其他意义都可看作此意义的引申。其具体意义可从"X就是了"执行的言语行为类型的角度来分析。

一、在说明对听话人的要求时,为降低听话人的心理负担,说话者试图将要求说得尽量小。这时"就是了"表达"就行了"的意思,"就行了"作为条件句的主句自然就会让听话者产生条件句为充分条件的理解,因而得到少量、随意的理解:

(7)这一百钱。与你多少米呢?随你馈我多少就是了。(《老乞大新释》)

二、而在劝解听话者执行某一行为时,主观上凸显执行对象的难度较小,从而减小听话人的心理负担,带有轻松随意的色彩:

(8)贾母只得安慰他道:"好宝贝,你只管去,有我呢,他不敢委曲了你。况且你又作了那篇好文章。想是娘娘叫你进去住,他吩咐你几句,不过不叫你在里头淘气。他说什么,你只好生答应着就是了。"(《红楼梦》第二十三回)

三、在回答命令或要求话语时,有两种情况:一种表示肯定强调,一种表示说话者的不满。前者表明说话人对听话人强调肯定自己愿意执行此行为,不过这种强调肯定是通过把说话者要求的事说得轻松和容易完成而达到的,因而这里"就是了"的核心意义还是表示主观小量:

(9)(宝钗劝邢岫烟摘掉首饰。)岫烟笑道:"姐姐既这样说,我回去摘了就是了。"(《红楼梦》第五十七回)

后者则表明除此答应对方要求之外不会再做任何附加的努

力,即说话者不愿意执行行为,是勉强答应,即"就是了"表示同意的量小,如上述(1),从而表达说话人强烈的消极情绪。当然也有消极色彩不太明显的,如:

(10)(凤姐儿不能喝了,鸳鸯调笑并假装不高兴要走。)凤姐儿忙赶上拉住,笑道:"好姐姐,<u>我喝就是了</u>。"说着拿过酒来,满满的斟了一杯喝干。鸳鸯方笑了散去。(《红楼梦》第四十四回)

四、在命令行为中,往往和具有排他性意义的"只"等副词组合,这种搭配具有强烈的排他性,因而有增强命令意味的作用,同时也表达发出命令者对听话者的不耐烦和不满:

(11)宝玉道:"<u>你只快叫茗烟再请王大夫去就是了</u>。"(《红楼梦》第五十一回)

或者即使不和"只"搭配,说话者强调"就是了"本身的限制性和排他性特征,也可起到增强命令口气的作用。

3 由选择问句演化而来的"X是怎么着?"构式

3.1 现象描写

现代汉语普通话口语中存在着一种修辞问句——"X是怎么着?"构式,其中"是怎么着"这个复杂的成分整体语音弱化,附着在X上,X一般是意义消极的成分。如(12)a:

(12)a.你<u>有病是怎么着</u>?

　　b.你有病啊?

　　c.你有病?

(12)a和(12)b都是修辞问句,二者有着诸多相似之处:一、

"是怎么着"和"啊"都不可删除,(12)c这类后面不带语气成分的句子很难理解为修辞问句;二、"是怎么着"和"啊"都不负载句子的命题信息;三、"是怎么着"和"啊"都是轻声成分,其前的"有病"重读,轻重对比十分明显。这些特征让我们有理由认为"是怎么着"更接近一个语义算子,是一个虚化了的语气成分,而不是小句中述谓结构的组成部分。

上述分析结果似乎和我们的一些常识不吻合,因为一般语气成分大都是单个词的形式,并且大都是一个语素构成的。"是怎么着"看上去更像一个短语。不过仔细分析发现,后一种看法成立有困难。

首先,独立做疑问句谓语的"是怎么着"是重读的,且句子是有疑而问,如:

(13)"你是怎么着?——不但雇车,还得告诉赶车的绕着走,找清静道儿走!我告诉你!晕!——"(老舍《二马》)

轻声的"是怎么着"显然不适合做谓语,且句子虽然形式上是疑问句,但并不表示疑问。

其次,(13)和(12)a的"怎么着"的意义也不同。(13)的"怎么着"相当于"怎么做的"。而独立作谓语的"怎么着"的意思与(12)a也有差别:

(14)你怎么着啊?

你怎么着了?

(15)怎么着?想打架啊?

你想怎么着吧?

(14)和(15)的"怎么着"都是有疑而问。(14)的"怎么着"大致相当于"怎么办",(15)的"怎么着"相当于"干什么"。(12)a的"怎么着"与此相比,显然意思要虚得多。

总之,"是怎么着"有着诸多特异性,很难看成一般的按句法规则组合而成的短语,并且其作为整体出现并非偶然现象,而是频频发生,这使得我们有理由认为其整体已经成为一个预制件。由于其语义已经开始抽象化,并承担一定的语法功能,我们有理由相信它正处于语法化过程之中。

这类用法仅在现代汉语口语中存在。在北京大学 CCL 在线语料库现代汉语部分共发现该类情况 23 例,全都来自口语语料或者小说中的口语化的对话。这显示其为新兴的正在进行中的语法化现象。历时考察也可以证明这一点。"怎么着"最早在明代末期出现:

(16)听知得这一场凶报,没奈何,只得挽求天师,怎么着发他们回去。(《三宝太监西洋记》第九十八回)

而"是怎么着"则出现在清代早期,《红楼梦》前 80 回有两例,都是做谓语,且是有疑而问:

(17)凤姐儿说:"蓉哥儿,你且站住。你媳妇今日到底是怎么着?"(《红楼梦》第十回)

茗烟道:"这是怎么着?"(《红楼梦》第二十四回)

时代较晚的《儿女英雄传》中则没有"是怎么着"的用例。"是怎么着"还没有进入选择疑问句。(12)a 这类现象就更不存在了。其兴起显然是比较晚近的事情。

3.2 语法化过程的重构

由于"X 是怎么着?"构式仅在现代汉语口语中存在,且是一个正在进行中的语法化现象。因此,我们主要从共时材料中找到与其相关的各种用法,从而尝试重构其语法化的过程。

结合CCL语料库的语料及网络搜得的语料,经比较分析,我们认为,"X是怎么着?"构式的前身是并列复句形式的选择问句,这是"是怎么着"语法化的非典型语境,即它充当谓语的小句不再是一个独立小句,而是复句的一个分句,这个转化为"是怎么着"的语法化提供了结构基础。这类复句最初的用法是有疑而问,其形式是:

(18)你是想吃烤肉(啊),还是怎么着(啊)?(自拟)

应该怎么办呢?暂停观望吗?还是怎么着,盼回复!(网络实例)

大家说每章的标题是在文章完成后写出?还是怎么着?(网络实例)

这时,第一个分句有较为独立的语调,可以有句末语气词,第二个分句也可以有语气词。网络实例还显示,两个分句都可以有问号,显示其各自较强的独立性。两个分句用"是……还是"联结起来,加强语义上的对立。

选择问句其后的发展过程是:首先,两个分句之间的停顿大为缩短,第一分句的语气词出现大为减少:

(19)考GMAT是先办理护照还是怎么着?

又是我火星了还是怎么着了?

孩子晚上腿疼睡不着觉,是缺钙还是怎么着?

我这是肾虚还是怎么着?(网络实例)

随后第一个分句的关联词"是"省略,同时发生的变化是两个分句的语义对立大为削弱:

(20)爸爸,现在是,这孩子语言发展了还是怎么着,还有我们家那老头儿。

那儿耽不住人还是怎么着？（CCL 语料库 北京口语）

这时,消极色彩的 X 逐渐增多：

(21)吗了 B 的是有人捣乱还是怎么着大家分析分析。

不知道版主是故意搞怪还是怎么着？

要跌停还是怎么着痛快点啊这股真肉啊。要跌停还是怎么着痛快点啊！（网络实例）

在选择问句基础上逐渐出现无疑而问的修辞问句(反问句)用法,具体来说,就是在上述消极色彩的有疑而问的基础上形成无疑而问的用法。因为这时说话人虽有疑问,但也同时在抒发自己的不满情绪。而由此形成的与之功能有接近之处的无疑而问的修辞句用法,则完全是抒发不满情绪。这类表达消极意义的修辞问句用法,正是"X 是怎么着？"构式语法化的关键语境。语法化往往不是整个抽象构式的变化,而是通过例示构式的具体的搭配来发展和实现的,并且搭配自身的语义特征会影响到构式原型的语义。由上述表达消极意义的选择问句发展出来的修辞问句也表达消极意义。

修辞问句紧缩的变化过程,起初和选择问句一样,只是后来其紧缩的程度才变得更高了。起初,在(22)这类完整的选择问句的基础上形成了消极意义修辞问句：

(22)油条白粥你是有病还是怎么着？（网络实例）

随后,第一分句的"是"简缩：

(23)疯了还是怎么着？

你们存心欺负我还是怎么着……

电脑抽筋还是怎么着……

你没见过男人还是怎么着?(网络实例)

随后发生的简缩则是选择问句中不存在的。其过程分为两步。第一步,第二分句的标志两分句语义对立的副词"还"消失掉,这时第一分句的语气词还可出现,"是怎么着"的音强逐渐减弱,附着在第一分句上:

(24)靴子人五人六不傻了,还有病呐是怎么着?(网络实例)

第二步,两个分句紧密结合在一起,第一分句的语气词基本不再出现:

(25)你有病是怎么着?

与形式变化同时,构式的意义也在形成之中——就是表达说话人的不满情绪。这种演变已经基本完成,其标志是,有些X虽然单独看并不表达不满的意思,但是进入此构式就有了这种意思:

(26)我手上有蜜是怎么着?(网络实例)

同时,本身表达消极意义的成分,如"有病(精神有问题)",也很难出现在有疑而问的选择问句中:

(27)?? 你是有病啊,还是怎么着?

?? 你是有病还是怎么着?

你有病还是怎么着?

你有病是怎么着?

而中性理解的"有心脏病"则不容易进入修辞问句:

(28)你是有心脏病啊,还是怎么着?

你是有心脏病还是怎么着?

你有心脏病还是怎么着?

??你有心脏病是怎么着?

这显示出"X是怎么着?"这个专门表达说话人不满情绪的构式已经形成,并且"是怎么着"就是标志此构式的构式常项。

在无疑而问的用法中,"还是怎么着"这个预制件受到语境的遮蔽,其疑问语气被抑制。由于其意义抽象,句子的命题意义主要由前一分句承载,所以"还是怎么着"逐渐附着到前一分句上,从并列复句结构变成了单个小句,"还是怎么着"变成了依附在小句外的附着性成分(clitics)。而随着"还"的消失,该构式中的"是怎么着"在形式和意义上与"是怎么着"在其他语境中的情况差距越来越大,意义越来越抽象。由于其为触发构式义的构式常项,这时句子的语气信息就逐渐被其吸收而附着在其上。总之,无疑而问的用法显然已经构成了"是怎么着"语法化的关键语境。

这是一个正在进行之中的语法化过程,如果此趋势继续下去,按照语法化的常规,可以预见"是怎么着"的形式会继续销蚀,其担当不满情绪标志的功能越来越明朗。

4 两类现象的共性

两类现象的语法化具有一些共性:

一、用法特征。复句中在后的小句是一个固定组合,且频率较高,属于预制件。包含这种成分的复句性构式,由于主句是常项,只有从句是开放的位置,这使得它更容易发生整合。而复句的整合趋向于形成单小句构造,这一过程反过来促使作为预制件的后一个小句逐渐失去结构上的重要地位,演变为黏着性的语法成分。

二、非典型语境的特征。"就是了"和"是怎么着"的基本用法是出现在一个独立小句中做其谓语,而当其所在的小句不再作为一个独立的小句,而是作为复句的一个分句出现时,就形成了其语法化的非典型语境,为其进一步语法化提供了合适的结构环境,但并未立即产生作为语法化语项最终会形成的语法意义的隐含义。

三、关键语境的特征。"X就是了"是从陈述语气转为非陈述语气后发生语法化的,"X是怎么着"则在由疑问语气转为无疑而问的修辞问句后发生语法化。可见二者语法化的核心触发机制是言语行为类型变化,此类语法化语项都是在执行其常规言语行为之外的言语行为类型时语法化的,这种环境即其语法化的关键语境。同时这种环境特征并未在它进入孤立语境之后消失掉。二、三两点为进一步讨论语法化语境的特征提供了新的材料,值得特别关注。

四、意义特征。语法化的小句虽在结构上占据重要地位,但意义却较抽象。

五、位置特征。在后的小句发生语法化,而靠近句末的位置也正是汉语语气成分的常规位置,两方面特征比较契合。

两类情况的差别主要在于,联合复句中小句语法化更难发生。这主要是因为联合复句的并列的各个小句地位等同,并且意义基本上都比较实在,这类复句旨在将不同的方面并置在一起,语义关系比较简单实在;而与此相对,偏正复句的主句和从句地位不等同,二者意义实在程度也往往会有差异,小句之间的语义关系往往是抽象的因果关系,所以相较于联合复句,构成偏正复句的小句,特别是主句,更容易由意义较抽象的预制件构成。

参考文献

李宗江 2008 近代汉语完成动词向句末虚成分的演变,《历史语言学研究》

（第一辑），商务印书馆。

彭睿 2008 "临界环境—语法化项"关系刍议，《语言科学》第3期。

太田辰夫 2003 《中国语历史文法》(第二版)，蒋绍愚、徐昌华译，北京大学出版社。

汪维辉 1998 系词"是"发展成熟的时代，《中国语文》第2期。

中国社会科学院语言研究所词典室编 2012 《现代汉语词典》(第6版)，商务印书馆。

Bybee, J. 1998 The emergent lexicon. *Chicago Linguistic Society* 34. 421–435.

Bybee, J. & R. T. Cacoullos 2009 The role of prefabs in grammaticization: How the particular and the general interact in language change. In Corrigan, R. , E. A. Moravcsik, H. Ouali and K. M. Wheatley eds. *Formulaic Language*. Vol. 1 *Distribution and Historical Change*. Amsterdam/Philadelphia: John Benjamins Publishing Company.

Cacoullos, R. and J. Walker 2011 Collocations in Grammaticalization and Variation. In Heine, B. & H. Narrog eds. *The Oxford Handbook of Grammaticalization*. Oxford: Oxford University Press.

Dahl, Ö. 2001 Grammaticalization and the life cycles of constructions. *RASK -Internationalt tidsskrift for sprog og kommunikation*, 14. 91–134.

Diewald, G. 2002 A model for relevant types of contexts in grammaticalization. Wischer, Ilse & Gabriele Diewald eds. *New Reflections on Grammaticalization*. Amsterdam: Benjamins. 103–120.

2006 Context types in grammaticalization as constructions. *Constructions* SV 1–9/2006 www.constructions-online.de

Kuryłowicz, J. 1975[1965] The evolution of grammatical categories. In *Esquisses Linguistiques*. II, 38–54. Munich: Fink.

Noël, D. 2007 Diachronic construction grammar and grammaticalization theory. *Functions of Language* 14(2):177–202.

Traugott, E. 2003 Constructions in Grammaticalization. In Brian D. Joseph and Richard D. Janda eds. *The Handbook of Historical Linguistics*. Blackwell Publishing Ltd.

Traugott, E. 2008 The grammaticalization of NP of NP constructions. In Bergs, A. and G. Diewald eds. *Constructions and Language Change*. Berlin/New York: Mouton de Gruyter.

Trousdale, G. 2008 Constructions in grammaticalization and lexicalization: Evidence from the history of a composite predicate construction in English. Trousdale, G. & N. Gisborne eds. *Constructional Approaches to English Grammar*. Berlin/New York: Mouton de Gruyter.

语　料

古代:(明)罗懋登著《三宝太监西洋记》,华夏出版社,1995。

(明)凌濛初著《初刻拍案惊奇》《二刻拍案惊奇》,人民文学出版社,1958。

(清)曹雪芹、高鹗著《红楼梦》人民文学出版社,2005。

(清)文康著《儿女英雄传》,凤凰出版社,2008。

(清)韩庆邦著《海上花列传》,齐鲁书社,1993。

现代:老　舍《四世同堂》,《老舍小说全集》,长江文艺出版社,2005。

巴　金《激流三部曲》(包括《家》《春》《秋》)、《爱情三部曲》(包括《雾》《雨》《电》)、《寒夜》,《巴金全集》,人民文学出版社,1986。

李劼人《死水微澜》,华夏出版社,2011。

霍　达《穆斯林的葬礼》,北京十月文艺出版社,1988。

李　准《黄河东流去》,百花洲文艺出版社,1999。

白语 no³³ 的多功能模式及演化路径

吴福祥

（中国社会科学院语言研究所）

剑川白语（徐琳、赵衍荪,1984；徐琳,1988；Fu & Xu,2007）的 no³³ 是个功能异常丰富的语法语素。本文的目的是要说明剑川白语 no³³ 的各种功能是怎样产生的,经历了什么样的演变,演变的路径是什么。本文将证明,no³³ 的诸项功能中,尽管多数是白语内部演变而来的,但也有少数功能是语言接触的产物。

1 no³³ 的多功能模式

据我们观察,剑川白语（徐琳、赵衍荪,1984；徐琳,1988）的 no³³ 至少有以下用法：

(a) 方所后置词[①]

这类 no³³ 标记事物存在的位置、活动进行的场所或客体位移的终点,功能近于汉语的方所后置词"上"。例如[②]：

thu³³ **no³³** tsɯ³³ ji²¹ kɛ⁵⁵.
路　　上　　有　　　人
路上有人。(14)

to^{42} ku^{21} sɯ^{44} **no^{33}** kɑ^{44} ko^{44} sɯ^{44}.
大　桥　　　　（助）把　脚　歇

大桥上面歇[会儿]脚。(46)

(b)指人旁语标记

这里的"指人旁语"是指由指人名词充当的旁语(oblique)，包括受益者(beneficiary)、伴随者(concomitant)、人物终点(human goal)、人物源点(human source)及受使者(causee)等语义角色。no^{33}位于指人旁语之后，指人旁语之前通常有前置词共现。例如：

ŋo^{31} li^{55} pɯ^{55} nɯ^{55} **no^{33}** ɕi^{31} xuɑ^{55}.
我　也　为　你领格 （助）喜欢

我也为你喜欢。(44)

ŋo^{31} tɑ^{44} nɯ^{55} **no^{33}** ja^{44}khɣ^{31}.
我　同　你领格（助）回去

我们同您回去。(45)

(c)间接宾语标记

ŋo^{31} si^{31} lɑ^{42} mɯ^{55} **no^{33}** sɣ^{55} tshuɛ^{44}.
我　给　了　他领格（助）书　本

我给了他一本书。(78)

lao^{31}si^{55} kã^{55} ɑ^{55}ni^{33}kɑ^{55} **no^{33}** xã^{42} ŋɣ^{42}.
老师　　教　阿妮喀　　（助）汉语

老师教阿妮喀汉语。(51)

(d)直接宾语标记

no^{33}标记的直接宾语通常是指人名词，也就是说，这里的"直接宾语标记"主要是指"指人直接宾语标记"。例如：

ma^{55} xɛ^{44}tsuɛ^{44} ɑ^{55}sã^{55}tsi^{33} **no^{33}** lɑ^{42}.
他们　训斥　　小三子　　（助）了

他们训斥小三子了。(51)

mo³¹ ɕi³¹ huā⁵⁵ ma⁵⁵-**no³³**.

他　喜欢　　他们

他喜欢他们。(Fu & Xu,2008:129)

(e)名词化标记

nɑ⁵⁵　tɕhī⁵⁵　**no³³**　kɯ⁵⁵　**no³³**　jɯ⁴⁴　tɕi⁵⁵　tuɑ⁴².

你们　辣　　的　　冷　　的　　吃　　多　　不得

你们不能多吃辣的冷的。(44)

(f)定语标记

这里的定语标记包括"属性标记""属格标记"和"关系化标记"三个小类。③

(f₁)属性标记

ŋɑ⁵⁵　tsv̄⁴²　tɯ⁴⁴　khv̄⁵⁵　khuɑ⁴⁴**no³³**tɕi³¹tā³¹.

我们　种　　着　　　宽　　敞　　的　地　坝

我们种着一坝宽敞的地。(52)

(f₂)属格标记

ɣo⁴² khɛ³¹ **no³³** tsv̄³³

鹤庆　　　的　酒

鹤庆的酒(64)

(f₃)关系化标记

xā⁵⁵　jī⁵⁵　**no³³**　jī²¹　kɛ⁵⁵　tɕi⁵⁵.

看　　戏　　的　　人　　多

看戏的人多。(73)

(g)状语标记

no³³作为状语标记,用法相当于汉语的结构助词"地"。例如：

ŋɑ⁵⁵　jõ⁴⁴　ɕo³¹　**no³³**　ɣɯ⁴².

我们　要　　好　　地　　学

我们要好好地学。(53)

mo³¹ se³¹ tshɛ⁵⁵ se³¹ tɕhi⁴⁴ **no³³** tā⁴² ŋa⁵⁵ tō²¹.
他　小　声　小　气　　地　　回答　我们　话
他小声小气地回答我们。(53)

(h)补语标记

这里的补语标记只指状态补语标记,用法相当于汉语结构助词"得":

pɛ⁴²tso⁴² lɯ³¹ tsɯ³¹ ko⁵⁵ **no³³** lɛ³¹kā⁵⁵lɛ³¹ɯī⁵⁵.
白杨　　这　棵　　长　得　　又高又直
这棵白杨长得又高又直。(69)

ji̠⁴⁴ phī³¹ mɛ²¹ **no³³** xuɛ⁵⁵ ŋui³³.
太阳　亮　　得　　晃　眼
太阳亮得晃眼。(70)

上述 no³³ 的用法可概括成图 1:

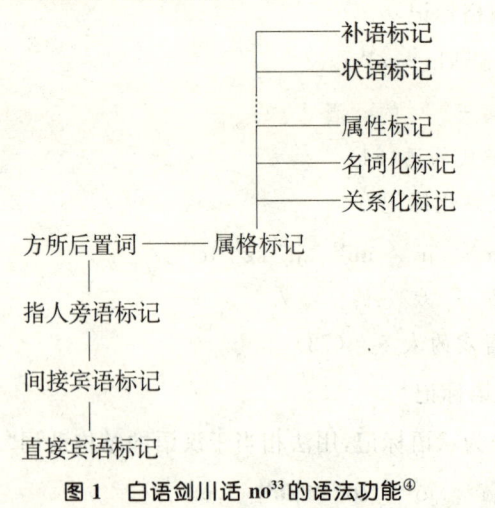

```
                    ┌── 补语标记
                    ├── 状语标记
                    ├── 属性标记
                    ├── 名词化标记
                    └── 关系化标记
方所后置词 ── 属格标记
    │
指人旁语标记
    │
间接宾语标记
    │
直接宾语标记
```

图 1　白语剑川话 no³³ 的语法功能④

在同为白语中部方言的鹤庆话(赵金灿,2010)中,与剑川话 no^{33} 同源的语素是 nɯ^{33},而 nɯ^{33} 的语法功能跟 no^{33} 高度平行。例如[5]:

(a)方所后置词

  so^{42} **nɯ^{33}** sɯ^{55} s^{h}ĩ^{33}.

  山   助词 拾   菌子

  山上拾蘑菇。(155)

(b)指人旁语标记

  pɯ^{31} ta^{44} ŋo^{55} **nɯ^{33}** tɕər^{44} tɕ^{h}æ̃^{44}.

  他   和   我$_{属格}$ 助词 借   钱

  他跟我借钱。(118)

(c)间接宾语标记

  tɕər^{44} pɯ^{55} **nɯ^{33}** niã^{31} pæ^{35} k^{h}uæ^{31} tɕ^{h}æ̃^{42}.

  借   他$_{领格}$ 助词 两   百   块   钱

  借给他两百块钱。(126)

(d)直接宾语标记

  nãu^{31} pɯ^{55} **nɯ^{33}** tsau^{33} tɯ^{44} na^{35} mɯ^{33} læ^{31}?

  你   他$_{属格}$ 助词 找   得   没   吗

  你没有找到他呀?(160)

(e)名词化标记

  jɯ^{44} **nɯ^{33}** ke^{33} tɯ^{44} ta^{55} mɯ^{33}?

  吃   的   拿   得   没

  吃的带了吗?(127)

(f)定语标记

(f₁)属性标记

 k^{h}ō^{55} kua^{44} **nɯ** ^{33} tɕi^{31} ta^{31}

 宽　阔　的　田　坝

 宽阔的田野(125)

(f₂)属格标记

 ɣa^{42} k^{h}ər^{33} **nɯ** ^{33} kā^{55} tɕau^{31}

 鹤　庆　的　干　酒

 鹤庆的干酒(124)

(f₃)关系化标记

 tsau^{33}　pɯ^{31}　**nɯ** ^{33} ji^{21} kər^{55}

 找　　他　的　人

 找他的人(125)

(g)状语标记

 fō^{55}　**nɯ** ^{33} ɣɯ^{55} tsau^{33} nāu^{31}.

 专门　地　来　找　你

 专门来找你。(125)

(h)补语标记

 pe^{44} **nɯ** ^{33} tɕi^{42} tsua^{42}

 走　得　快

 走得快(125)

跟剑川话 no^{33} 不同，鹤庆话的 nɯ^{33} 还有一种标记基准的用法，这种基准标记功能应是由指人旁语标记能衍生而来。例如：

(i)基准标记

ŋo⁵⁵ kau⁴⁴tsi³³pi³¹ puɯ⁵⁵ **nɯ³³** kā⁵⁵.

我₍属格₎ 个 子 比 他₍属格₎ 助词 高

我的个子比他高。(192)

上述鹤庆话 nɯ³³ 的用法可概括成图2：

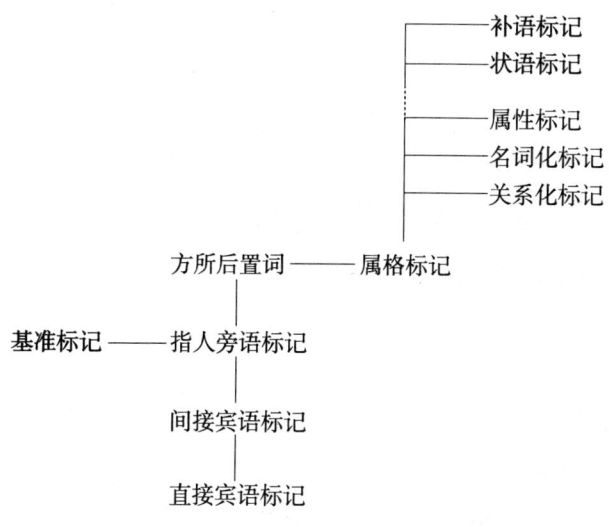

```
                          ┌── 补语标记
                          ├── 状语标记
                          │
                          ├── 属性标记
                          ├── 名词化标记
                          └── 关系化标记

             方所后置词 ──── 属格标记

 基准标记 ──── 指人旁语标记

             间接宾语标记

             直接宾语标记
```

图2 白语鹤庆话 nɯ³³ 的语法功能

上述 no³³/nɯ³³ 的多功能模式也见于白语南部方言。据赵燕珍(2009)，白语南部方言大理土语赵庄话的 nɔ⁴⁴（与 no³³/nɯ³³ 同源）也有大致平行的多功能模式。例如⑥：

(a)方所名词

puɯ⁵⁵ ta⁵⁵tɕi³³tuɯ²¹ suɯ⁴⁴ta⁴²tɔ³⁵ **nɔ⁴⁴** xɔ⁵⁵ (< xuɯ⁵⁵ɔ⁵⁵).

他₍领格₎ 大姐 个 就 踩 在 上面 ₍实现体₎了

姐姐就踩在了上面。(102)

275

(b) 方所后置词

tshɛ⁴⁴ kɯ³³ **nɔ**⁴⁴ tsɯ³³ n̠i²¹ kɛ³⁵.

车　辆　上　有　人

(那)车上有人。(43)

(c) 指人旁语标记

fv⁴⁴ ui⁴⁴ nɯ⁵⁵ **nɔ**⁴⁴　ŋɔ³³ tsɛ²¹ mɯ⁵⁵ ŋɛ²¹ phia⁵⁵.

为了　你_{领格} _{宾语助词}　我　才　来

(＜ phia⁴⁴ xɯ⁵⁵) a⁵⁵ ta⁴⁴ na²¹.

到 _{实现体}　　这里　_{语气词}

为了你我才来到这里。(215)

(d) 直接宾语标记

pɯ⁵⁵ ti³³　ɯ⁴⁴ pɯ⁵⁵ **nɔ**⁴⁴.

他_{领格} 爹　骂　他_{领格}　_{宾语助词}

他爸爸骂他。(139)

(e) 名词化标记

ko⁴⁴ ŋv³⁵ **nɔ**⁴⁴ pi³³ ɕu⁵⁵ tha³³ **nɔ**⁴⁴ xɯ⁴⁴.

网　鱼　的　比　烧　炭　的　黑

打鱼的比烧炭的黑。(149)

(f) 定语标记

(f₁) 属性定语标记

tshɔ⁴⁴ miɯ⁴² **nɔ**⁴⁴ n̠i²¹ kɛ³⁵

聪　明　　的　人

聪明的人(162)

（f₂）属格标记

 nɯ⁵⁵ **nɔ⁴⁴** ko⁴⁴ phu⁴⁴

 你领格 的 脚 只

 你的脚（55）

（f₃）关系化标记

 nɔ³³ ɣɯ⁴⁴ kuo⁴⁴ **nɔ⁴⁴** xɛ⁵⁵ sɿ³³ ŋɔ³³ pɯ³³ ɣɯ⁴⁴.

 你 吃 过 的 饭 我 不 吃

 你吃过的饭我不吃。（148）

（g）补语标记

 pɔ³³ tɕi²¹ khv⁴⁴ tɕi²¹ **nɔ⁴⁴** tɕho⁵⁵.

 她 唱 曲 唱 得 好

 她唱曲唱得好。（150）

大理土语赵庄话 nɔ⁴⁴ 的用法可概括成图3：

```
                              ┌── 补语标记
                              ├── 状语标记？
                              │
                              ├── 属性标记
                              ├── 名词化标记
                              └── 关系化标记

方所名词 ── 方所后置词 ─── 属格标记
              │
              ├── 指人旁语标记
              │
              ├── 间接宾语标记？
              │
              └── 直接宾语标记
```

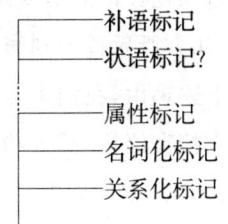

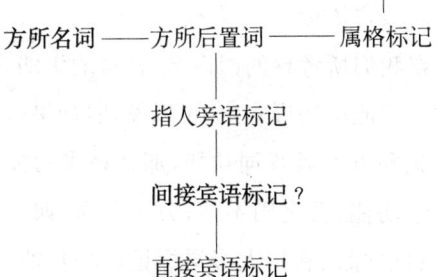

图3 白语南部方言大理土语赵庄话 nɔ⁴⁴ 的语法功能

277

如图3所示,相较于剑川话 no^{33} 和鹤庆话 nɯ^{33},赵庄话 no^{44} 在用法上略有不同:一是具有方所名词的用法,二是间接宾语标记和状语标记这两种功能未见清楚的实例。

2 no^{33} 语义演变的路径

我们现在要回答的问题是,白语的 no^{33} 是如何获得上述语法功能的?假如这些意义都经由演变而来,那么是什么样的演变路径导致上述语法功能逐一产生的?

本文认为,在白语的 no^{33} 的演化过程中,至少有两条演变路径导致 no^{33} 大部分功能的衍生,而这两条演化路径均以方所后置词为初始阶段,即"从方所后置词到宾语标记的演变路径"和"从方所后置词到名词化标记的演变路径"。下面具体讨论。

2.1 从方所后置词到宾语标记

基于下述理由,我们主张,图1中"指人旁语标记""间接宾语标记"和"直接宾语标记"等功能最终均可追溯到"方所后置词";换言之,前者均由"方所后置词"直接或间接演变而来,即"方所后置词＞指人旁语标记间＞间接宾语标记 ＞直接宾语标记"。

第一,如表1所示,在我们所考察的国内22种藏缅语的24个与间接宾语标记相关的多功能语法形式中,可以发现:如果一个语法语素兼有间接宾语标记和方所后置词功能,那么该多功能形式同时也具有指人旁语标记功能,反之则不然;另一方面,如果一个语法语素兼有指人直接宾语标记和指人旁语标记两种功能,那么该多功能形式也同时具有间接宾语标记功能,反之则不然。换言之,"方所后置词""指人旁语标记""间接宾语标记""直接宾语标记"等功能之间存在着显而易见的蕴含关系。这种蕴含关系不仅证明上述功能之间是直接关联的,而且显示其间具有"方所后置词＞指人旁语标记＞ 间接宾语标记＞直接宾语标记"这样的演变方向。

表1 国内部分藏缅语中间接宾语标记的多功能模式[①]

语言	语法语素	方所后置词	指人旁语标记	间接宾语标记	指人直接宾语标记	材料来源
哈尼语	a^{33}	+	+	+		李永燧、王尔松,1986
拉祜语	tha^5	+	+	+	+	常肱恩,1986
阿昌语	te^{55}	+	+	+	+	戴庆厦、崔志超,1985
独龙语	le^{31}	+	+	+		孙宏开,1982
基诺语	a^{33}	+	+	+		盖兴之,1986
纳西语	to^{55}		+	+	+	和即仁、姜竹仪,1985
羌语	ʐo^{33}		+	+	+	孙宏开,1981
	zie^{33}		+	+	+	
普米语	tɕi^{55}	+?	+	+	+	陆绍尊,1983
怒苏语	na^{35}		+	+	+	孙宏开、刘璐,1986
土家语	po^{55}	+	+	+		田德生等,1986
阿侬语	kha^{31}	+	+	+	+	孙宏开、刘光坤,2005
	ba^{31}	+	+	+	+	
浪速语	ʒɛ^{31}	+?	+	+	+	戴庆厦,2005
柔若语	kɔ^{33}	+?	+	+	+	孙宏开等,2002
苏龙语	o^{33}		+	+	+	李大勤,2006
义都语	go^{31}		+	+	+	江荻,2005
仙岛语	te^{55}	+	+	+		戴庆厦等,2005
波拉语	ʒɛ^{31}	+	+	+		戴庆厦等,2007
桑孔语	la^{33}		+	+	+	李永燧,2002
毕苏语	na^{33}		+	+	+	徐世璇,1998
扎巴语	wu^{31}	+	+	+	+	龚群呼,2007
拉坞绒语	khe^{53}	+	+	+	+	黄布凡,2007
	tha^{53}	+	+	+	+	

例如：

(1)"方所后置词-指人旁语标记-间接宾语标记-直接宾语标记"关联模式

基诺语(盖兴之,1986)：a^{33}

(a)方所后置词

　　　khɹɛ⁴² tha⁵⁵ **a³³** a⁴⁴pjo⁵⁵tʃa³⁵.
　　　桌子　　上　书　　有
　　　桌子上有书。(70)

　　　zo⁴² m̥ɛ⁵⁵ pə⁴²tɕiŋ³³ **a³³** le³³.
　　　他们　　北京　　（助词）去
　　　他们去北京。(87)

(b)指人旁语标记

　　　khə⁴² ŋo⁴² **a³³** a⁴⁴ pjo⁵⁵ tso⁴² lɔ⁴².
　　　他　我　（宾助）书　借　来
　　　他向我借书。(36)

(c)间接宾语标记

　　　khə⁴² ŋo⁴² **a³³** a⁴⁴pjo⁵⁵ thi⁴⁴ pɤ³³ pi⁴⁴.
　　　他　我　（宾助）书　一　本　给
　　　给我一本书。(108)

(d)直接宾语标记

　　　khə⁴² ŋo⁴² **a³³** tɤ⁴⁴.
　　　他　我　（宾助）打
　　　他打我。(47)

(2)"方所后置词-指人旁语标记-间接宾语标记"关联模式

土家语(田德生、何天贞等,1986):**po⁵⁵**

(a)方所后置词

ŋa³⁵　xa⁵⁵ tshe⁵⁵ **po⁵⁵**　se²¹ thu³⁵.

我　　菜　　　(助)　粪　倒

我给菜上粪。(75)

ko³⁵ kɨe²¹ **po⁵⁵**　xu⁵⁵ tsha²¹,ē⁵⁵ kɨe⁵⁵　**po⁵⁵**　xu⁵⁵ tsha²¹.

他　这儿(助)　跑　　　　那儿　　(助)　跑

他跑到这儿,跑到哪儿。(54)

(b)指人旁语标记

ŋa³⁵　ko³³　**po⁵⁵**　li²¹.

我　　他　　(助)　讲

我对他讲。(75)

(c)间接宾语标记

ko³³ ŋa³⁵　**po⁵⁵**　　zo³⁵ tha⁵⁵ pha²¹　le³⁵　le⁵⁵.

他　我　(间宾助)羊皮　　　　给　(助)

他给了我羊皮。(97)

(3)"指人旁语标记-间接宾语标记-直接宾语标记"关联模式

羌语(孙宏开,1981):**zie³³**

(a)指人旁语标记

tha⁵⁵ lə⁵⁵ ma⁵⁵ ma⁵⁵　**zie³³**　　ian⁵¹ tɕin¹³　tsʅ⁵¹　a³¹

他　　妈妈　　　(助词)　眼镜　　　一　　个

281

xgy^{33} tə^{31} po^{51}i^{31}.

(前加)买(后加)

他替妈妈买了一副眼镜。(162)

(b)间接宾语标记

ŋa^{55} tu^{55} tsuə^{31} ti^{33} **zie^{33}** 31^{31}31^{33}xda^{31}.

我 弟弟 （助词）（助词） 书 给

我给弟弟书。(162)

(c)直接宾语标记

tha^{55} lə^{55} ŋa^{55} **zie^{33}** phei^{55}phiŋ^{31} pu^{51}i^{31}.

他 我 （助词） 批评 （后加）

他批评我了。(150)

第二，LaPolla(1995,2004)通过对 145 种藏缅语格标记的考察，发现藏缅语中常见的格标记同形(isomorphy)有 22 种模式，其中频率最高的是表 3 所示的九种模式：

表 2 145 种藏缅语中格标记同形的 22 种模式(LaPolla,1995:1170—1)

夺格/施格(ablative/agentive)	工具/夺格(instrumental/ablative)
夺格/与格(ablative/dative)	工具/施格(instrumental/agentive)
向格/与格(allative/dative)	工具/伴随(instrumental/comitative)
向格/受格(allative/patient)	位格/夺格(locative/ablative)
益格/与格(benefactive/dative)	位格/施格(locative/agentive)
属格/夺格(genitive/ablative)	位格/向格(locative/allative)
属格/施格(genitive/agentive)	位格/与格(locative/dative)
属格/与格(genitive/dative)	位格/工具(locative/instrumental)
属格/工具(genitive/instrumental)	位格/受格(locative/patient)
属格/位格(genitive/locative)	位格/受格/与(locative/patient/dative)
属格/受格/与格(genitive/patient/dative)	受格/与格(patient/dative)

表3　145种藏缅语中主要的格标记同形模式(LaPolla,1995:1171)

patient and dative marking	(84 lgs.)
locative and allative marking	(65 lgs.)
agentive and instrumental marking	(52 lgs.)
ablative and instrumental marking	(45 lgs.)
patient/dative and locative marking	(27 lgs.)
agentive and ablative marking	(23 lgs.)
comitative and instrumental	(19 lgs.)
allative and dative	(17 lgs.)
agentive and genitive marking	(16 lgs.)

Lapolla(1995、2004)将上述格标记功能的同构(isomorphism)归纳成三种类型：(1)"施格-工具-夺格"型(agentive-instrumental-ablative)；(2)"受格-与格-向格-位格"型(patient-dative-allative-locative)；(3)"工具-伴随"型(instrumental-comitative)。其中"受格-与格-位格-向格"同形模式在藏缅语中比例最高。LaPolla(1995、2004)基于藏缅语内部比较、标记性理论和原型理论证明，藏缅语的格标记具有下列演变路径(clines)：

(4)(a)ablative > instrumental > manner adverbial > agentive > anterior or causal clause subordinator

(b) **locative > dative > patient** > purposive, temporal, or conditional clausal subordinator

(c)comitative > instrumental

第三，认知语法和语法化的研究表明，空间是人类语言中基本的概念，语言中很多抽象的语法概念或语法标记往往衍生于空间概念(如Anderson,1971；Lyons,1977；Heine et al.,1991；Svorou,1993)。另一方面，就语法化程度而言，旁语标记/宾语标记的语法化程度显然高于方所附置词，而根据语法化单向性原则(语法成分的演变总是由实到虚或由虚到更虚)，旁语标记/宾语标记应源自

283

方所附置词。Heine et al.(1991:156)甚至据此提出一个语法化程度的判定原则:"如果两个格功能的差别只在于一个具有空间格功能而另一个没有,那么后者更为虚化。"[8]

第四,跨语言的语法化研究表明,人类语言中像施格、受格、旁格这类抽象的格标记普遍源自相对具体的空间格(向格、位格和离格)标记。例如:

(5) Heine & Kuteva(2002)概括的跨语言的单向的语法化模式

向格标记 (ALLATIVE) > 与格标记(DATIVE) (37—38页)

与格标记 (DATIVE) > 受格标记(PATIENT) (103页)

向格标记 (ALLATIVE) > 受格标记(PATIENT) (38—39页)

(6)格标记功能的语法化链(Heine et al.,1991:159)

```
ablative   agent        purpose
allative > comitative > instrument > time > condition > manner
locative   benefactive  dative                cause
path                    possessive
```

综上所述,我们认为,剑川白语 no[33] 的指人旁语标记、间接宾语标记、直接宾语标记等三项功能均由方所后置词直接或间接演化而来,即"方所后置词>指人旁语标记>间接宾语标记 >直接宾语标记"。

2.2 从方所后置词到名词化标记

在部分藏缅语中,方所后置词和属格标记用同一个形式编码,这种情形使我们相信这两种功能之间很可能具有概念上的内在关联。例如:

阿侬语(孙宏开、刘光坤,2005):**kha³¹**

(a)方所标记

 mo⁵⁵ do⁵⁵ dɯ³¹ ba³¹ ʈhaŋ⁵⁵ **kha³¹**   a³¹ɹaŋ³⁵ sɹ³¹   a³¹gu⁵⁵ɛ⁵⁵.
 汽车   桥   上   (处助)慢慢地   走(体后缀)

汽车在桥上慢慢地走着。(88)

(b)属格标记

 ŋ³¹ ɲuŋ⁵⁵   **kha³¹**   tɕhɪm³¹
 他们   (领助)   房子

他们的房子(家)(110)

波拉语(戴庆厦、蒋颖、孔志恩,2007):**mɛ̃³¹**

(a)方所后置词

 tʃɔŋ³¹   **mɛ̃³¹**   ŋji⁵⁵/³¹ kɔn³¹/³⁵ a⁵⁵.
 学校   (助)   在   玩   (助)

在学校玩儿。(160)

(b)属格标记

 tʃhə̃⁵⁵/³¹ jam⁵⁵   **mɛ̃³¹/³⁵**   jam⁵⁵ saŋ⁵⁵   a³¹/⁵⁵   jɔ̃³¹.
 这   家   (助)   主人   (助)   他

这家的主人是他。(205)

浪速语(戴庆厦,2005):**mɛ⁵⁵**

(a)处所后置词

 pam³¹   **mɛ⁵⁵**   khjɔ³¹ tsɔ³⁵   kɔi³¹ kɔi³¹ kak³¹ kak³¹.
 山   (助)   小路   弯 弯   曲 曲

山上小路弯弯曲曲。(102)

(b)属格标记

 ŋɔ³¹ maŋ³¹ ʃi³¹ **mɛ⁵⁵**   fɔʔ⁵⁵ khjɛ⁵⁵   vai³¹ nɛ⁵⁵.
 我 芒市 (助)   茶 叶   买 (助)

我买芒市的茶叶。(106)

有意思的是,上举阿侬语 kha³¹ 除方所后置词和属格标记之外,还有指人旁语标记、间接宾语标记和直接宾语标记等功能,这足见白语 no³³ 所具有的方所后置词、属格标记,以及指人旁语标记、间接宾语标记和直接宾语标记等功能之间应是有理据的多义关系而非偶然的同音关系。

阿侬语(孙宏开、刘光坤,2005)**kha³¹**

(a)指人旁语标记

ȵa³¹ ŋ¹ **kha³¹**   ga³¹   mɯ³¹ dʑɛn⁵⁵ dɯ³¹ gu⁵³ o³¹.
你 他(受助) 衣服   洗   帮   (命令后缀)
你帮他洗衣服。(111)

(b)间接宾语标记

a³¹ io³¹ tha³¹ ȵaŋ⁵⁵ **kha³¹**   ʂɿ⁵⁵ va³¹ thɿ³¹ pɯŋ⁵⁵ dʑiŋ⁵⁵.
我 弟弟   (受助)   书 一 本 给
我给弟弟一本书。(111)

(c)直接宾语标记

a³¹ io³¹ a³⁵   mi⁵³ ŋ³¹ **kha³¹**   a³¹ȵɛŋ³³ ɛ³¹.
我 (定助)(施助)他 (受助) 打   (陈述后缀)
我打他了。(124)

我们相信,当一个语法形式同时具有属格标记和方所附置词(前置词和后置词)两种功能时,前者(属格标记)极有可能源自后者(处所附置词)而非相反。

第一,如前所述,方所附置词作为空间格标记,其语法化程度明显低于表达抽象概念的属格标记;因此,按照语法化的单向性原则,二者之间的演变方向应是"方所附置词>属格标记"而非相反。

第二,跨语言的语法化研究表明,人类语言中属格标记源自方所附置词以及其他空间语素,而相反的演变从未见到。例如 Heine & Kuteva(2002:334)的研究表明,人类语言中领属标记有以下 7 种来源:

(7)领属标记(A-POSSESSIVE)的语源

(i) 夺格标记(ABLATIVE);(ii) 益格标记(BANEFECTIVE);(iii)与格标记(DATIVE)

(iv)"家"义名词(HOME);(v)位格标记(LOCATIVE);(vi)"财产"义名词(PROPERTY)

(vii)"物"义名词(THING)

其中,方所标记(方所附置词或方所词缀)是人类语言领属标记的一个重要来源(Heine & Kuteva,2002:204)。例如:

(8)法罗语(Faroese)*hjá*'*at*':"方所介词>属格标记"(Heine & Kuteva,2002:204)

hestur-in   ***hjá***   *Jógvan-i*

horse-DEF:SG:M:NOM   at   John-SG:DAT

John' horse

(9)爱尔兰语(**Irish**)*ag*'*at*':"方所介词>属格标记"(Heine & Kuteva,2002:204)

an   *chathaoir*   *seo*   ***ag***

the:M:SG:NOM   chair:NOM:SG   this   at

Peadar

Peter:NOM:SG

this chair of Peter

第三,某些藏缅语正在发生的相关演变正可用来解释"方所后置词>属格标记"这种演变的条件、环境和机制。下面以波拉语

(戴庆厦等,2007)mɛ̃³¹的演变为例。波拉语的 mɛ̃³¹ 作为方所后置词主要用来标记处所题元(位格),有时也可以用来标记目标题元(向格)。例如:

(10) **mɛ̃³¹**的方所后置词功能(引自戴庆厦等,2007)

  jɔ̃³¹ pɛ³¹kjiŋ⁵⁵ **mɛ̃³¹** ŋji⁵⁵/³¹ a⁵⁵.

  她 北京 (助) 在 (助)

  她在北京。(160)

  jɔ̃³¹ maʔ³¹/⁵¹pam⁵⁵**mɛ̃³¹** mu³⁵/³¹tui³¹/⁵¹a³¹ka⁵⁵.

  他们 山 上 活 干 (助)

  他们在山上干活。(204)

  jɔ̃³¹ tʃɔŋ³¹ **mɛ̃³¹** ai⁵⁵ vɛ⁵⁵.

  他 学校 (助) 去 (助)

  他们去学校了。(160)

当上述"NP mɛ̃³¹"这种后置词结构用在另一名词之前充当修饰语时,"[[NP₁ mɛ̃³¹]NP₂]"可以表示"NP₂ 属于 NP₁"这种领属关系(戴庆厦等,2007):

(11) va⁵⁵ **mɛ̃³¹/³⁵** nɔ³¹

   村 (助) 牛

   村里的牛(159)

   pam⁵⁵ **mɛ̃³¹/³⁵** sak⁵⁵

   山 (助) 树

   山上的树(159)

上述"[[NP₁ mɛ̃³¹]NP₂]"结构中,因为"NP₁ mɛ̃³¹"是 NP₂ 的修饰语,因此可以在"NP₁ mɛ̃³¹"之后加上定语标记"na³⁵/³¹":

(12) maŋ³¹ ʃ₁³¹ **mɛ̃ ³¹/³⁵** (na̠³⁵/³¹) jam³¹ vɔm⁵¹

芒市 （助） （的） 菠萝

芒市的菠萝(188)

paŋ³⁵ luŋ³¹ va⁵⁵ **mɛ̃ ³¹/³⁵** (na̠³⁵/³¹) pam⁵⁵ ja⁵⁵

帮弄寨 （助） （的） 旱地

帮弄寨的旱地(188)

值得注意的是,当"[[NP₁ mɛ̃³¹]NP₂]"中,NP₁为地点名词而NP₂前又无定语标记共现时,[[NP₁ mɛ̃³¹]NP₂]隐含的领属义则得以激活和凸显,mɛ̃³¹很容易发生重新分析:

(13) jin³¹ nan³¹ **mɛ̃ ³¹/³⁵** pju⁵⁵

云南 （助） 人

云南的人(159)

? R₁: 云南里的人

R₂: 云南的人

以上所述的波拉语(戴庆厦等,2007) mɛ̃³¹的演变可能尚未规约化,因为在戴庆厦等(2007)里,属格标记并没有作为 mɛ̃³¹ 的一项独立功能而被描写。但同样的演变在浪速语里则已基本实现。浪速语(戴庆厦,2005)的 mɛ⁵⁵ 大约与波拉语的 mɛ̃³¹ 同源,作为方所附置词主要用来标记源点题元(夺格)和处所题元(位格)。例如:

(14) **浪速语 mɛ⁵⁵ 的方所后置词(戴庆厦,2005)**

khun⁵⁵ mjin³¹/⁵¹ **mɛ⁵⁵** lɔ³¹/⁵¹ ʒu³¹/⁵¹ mo³⁵ tɔ³¹ ɛ³¹.

昆明 （助）来 的 汽车 （助）

从昆明来的汽车。(81)

pam³¹ **mɛ⁵⁵** khjɔ³¹ tsɔ³⁵ kɔ̠³¹ kɔ̠³¹ kak³¹ kak³¹.

山 （助） 小路 弯弯 曲曲

山上小路弯弯曲曲。(102)

跟波拉语的 mɛ³¹ 一样,浪速语的后置词结构"NP mɛ⁵⁵"也可以用在另一个名词之前充当修饰语,这时"[[NP₁ mɛ⁵⁵]NP₂]"不仅表示"NP₁ 是 NP₂ 存在之处",同时也具有"NP₂ 属于 NP₁"这种隐含义:

(15) pam³¹ **mɛ**⁵⁵　jɔ³¹　　　lɔʔ³¹　**mɛ**⁵⁵ na³⁵ li³¹
　　　山　 (助) 地　　　　手　 (助) 表
　　　山上的地(81)　　　　手上的表(81)

　　　muk⁵⁵ **mɛ**⁵⁵ ŋɔʔ⁵⁵　　jin³¹ nan³¹ **mɛ**⁵⁵　piu³¹
　　　天　(助) 鸟　　　　云南　 (助) 人
　　　天上的鸟(81)　　　　云南的人(81)

　　　kuŋ³⁵ ʃɛ³⁵　**mɛ**⁵⁵　thɔ⁵⁵ la⁵⁵ ki⁵⁵
　　　公社　　(助) 拖　拉　机
　　　公社的拖拉机(81)

最后,当"[[NP₁ mɛ⁵⁵]NP₂]"中 NP₁ 为地点名词时,mɛ⁵⁵ 被重新分析为"属格助词"(戴庆厦,2005:93):

(16) maŋ³¹ ʃi³¹　　**mɛ**⁵⁵　jam³¹ vɔm³¹/⁵¹
　　　芒市　 (助) 菠萝
　　　芒市的菠萝(93)

　　　ŋɔ³¹ maŋ³¹ ʃi³¹　**mɛ**⁵⁵　fɔʔ⁵⁵ khjɛ⁵⁵ vai³¹　nɛ⁵⁵.
　　　我 芒 市　　(助) 茶 叶 买　(助)
　　　我买芒市的茶叶。(106)

由此可见,方所后置词演变为属格标记的"桥接语境(bridging context)"是[[NP₁-方所后置词]NP₂]。试比较:

(17)a. 法罗语(Heine & Kuteva,2002:204)

hestur-in   ***hjá***   *Jógvan-i*

horse-DEF:SG:M:NOM   at   John-SG:DAT

John' horse

b. 波拉语(戴庆厦等,2007)

jin^{31} nan^{31} **mɛ̃$^{31/35}$**   pju^{55}

云南   (助)   人

云南的人(159)

尽管波拉语和法罗语的语序类型迥然不同,但属格标记 mɛ̃^{31} 和 hjá 的演变却大同小异。首先,演变的输入项(input)相似:属格标记 mɛ̃^{31} 和 hjá 均源自方所附置词;其次,演变的环境和条件相类:mɛ̃^{31} 和 hjá 发生重新分析的结构式都是包含附置词结构式的 NP;最后,演变的输出项(output)相同:这两类演变相同结果是原先的方所附置词在上述桥接语境中演变为属格标记,原先受附置词支配的名词补足语在演变后的结构式里变为领属语,相应地,原先普通的名词短语变成领属结构式。这两个属格标记演变的"小异"之处在于:法罗语属格标记 hjá 的前身是方所前置词,波拉语属格标记 mɛ̃^{31} 的语源则是方所后置词;另一方面,hjá 发生重新分析的结构式是[NP$_1$ [方所前置词-NP$_2$]],而 mɛ̃^{31} 发生重新分析的结构式则是[[NP$_1$-方所后置词]NP$_2$]。但进一步考察发现,hjá 和 mɛ̃^{31} 桥接语境的差异实际上导源于这两种语言附置词类型和小句语序之别:波拉语是后置词型和 SOV 型语言,这类语言的属格标记若源自方所附置词,其语源结构式自然是[[NP$_1$-方所后置词]NP$_2$];另一方面,法罗语是前置词型和 SVO 型语言,这类语言的属格标记若来自方所附

置词,其语源结构式自然是[NP₁[方所前置词-NP₂]]。如果以上的分析合于事实,那我们可由此导出一条蕴含共性:

(18)在后置词和 SOV 型语言里,若其属格标记源自方所后置词,则其语源结构式是[[NP₁-方所后置词]NP₂],演变而得的领属结构式是[领属语-属格标记-核心语];另一方面,在前置词和 SVO 型语言里,若其属格标记源自方所前置词,则其语源结构式是[NP₁[方所前置词-NP₂]],演变而来的领属结构式是[核心语-属格标记-领属语]。

以上我们证明白语 no³³ 的属格标记功能来自其方所附置词用法,至于 no³³ 的其他相关功能,如关系化标记、属性标记和名词化标记,我们认为源自属格标记而不是由方所附置词直接衍生的。我们初步的推断是:"X(=NP₁领属语)+ no³³ +NP₂"格式中,当 X 由 NP₁领属语 扩展为 AP 时,no³³ 便逐渐演变为属性定语标记;另一方面,当 X 由 NP₁领属语 或 AP 扩展为 VP 时,no³³ 便逐渐演变为关系化标记。至于 no³³ 的名词化标记功能,则很可能是"AP/VP/S + no³³ +NP"格式省略核心语 NP 后逐渐演化而来的。[9] 即:

(19)方所后置词⟶属格标记⟶属性标记／关系化标记／名词化标记

2.3 no³³方所后置词功能的衍生

有若干证据表明,no³³ 在成为方所后置词之前应经历过方所名词这样的演变阶段:第一,剑川白语里一些单音节方位词可后加"边/头"义构词成分 no³³,构成双音方位词(如表 4);既然 no³³ 可以用作"边/头"义方所后缀,那么此前它应该有个方所名词的演变阶段。

表4 由 no³³ 构成的复合方位词（据徐琳、赵衍荪，1984）

单纯方位词	复合方位词
tō³³（上）	tō³³ **no³³**（上边）
ɣɛ³³（下）	ɣɛ³³ **no³³**（下边）
khɯ³¹（里）	khɯ³¹ **no³³**（里边）

第二，据徐琳、赵衍荪（1984：115、145）以及赵衍荪、徐琳（1996：272），no³³ 本义是"脑"，原是汉语"脑"的借词，可见 no³³ 最初本是人体部位词语。而人体部位词语经由方所名词演变为方所附置词，这是最自然的语义演变，也是人类语言中空间语素跨语言反复可见的语义和句法演变模式。⑩

第三，白语南部方言大理土语下关赵庄话（赵燕珍，2009）与剑川白语 no³³ 同源的语素 nɔ⁴⁴ 既有方所后置词用法，又有方所名词功能：

(20) 白语赵庄话 **nɔ⁴⁴**（赵燕珍，2009）的方所名词和方所后置词用法

(a) 方所名词

pɯ⁵⁵　ta⁵⁵tɕi³³　tɯ²¹　sɯ⁴⁴　ta⁴²tɔ³⁵ **nɔ⁴⁴**　xɔ⁵⁵（＜xɯ⁵⁵　ɔ⁵⁵）.

他 领格　大姐　个　就　踩在上面　　　　实现体 了

姐姐就踩在了上面。(102)

(b) 方所后置词

tshɛ⁴⁴ kɯ³³ **nɔ⁴⁴** tsɯ³³ ȵi²¹ kɛ³⁵.

车　辆　上　有　人

（那）车上有人。(43)

基于以上的分析，no³³ 语义演变的路径可拟测如下：

293

```
                                    ┌─ 补语标记
                                    ├─ 状语标记
                                    │
                                    ├─► 关系化标记 ↘
               词内成分              │              名词化标记
                 ↑                   ├─► 属性标记  ↗
人体部位名词→方所名词→方所后置词→属格标记
                         ↓
                     指人旁语标记
                         ↓
                     间接宾语标记
                         ↓
                     直接宾语标记
```

图 4　no^{33} 语义演变的路径

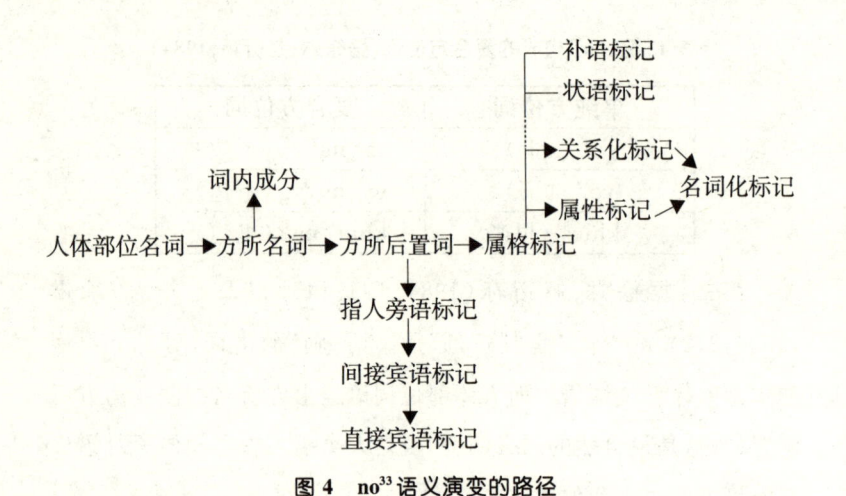

至于 no^{33} 的补语标记和状语标记功能的来源,我们留到下节讨论。

3　no^{33} 状语标记和补语标记两种功能的来源

图 4 所示的 no^{33} 的诸项功能中,有一个非常罕见的语义关联模式,即定语标记(属性标记、属格标记和关系化标记)与状语标记、补语标记采用相同的编码形式:

(21)白语 **no^{33}** 的定语标记、状语标记和补语标记用法(引自徐琳、赵衍荪,1984)

(a)定语标记

(a₁)属性标记

　　　xe^{31} xe^{31}　　**no^{33}**　　kɛ^{55} po^{42} tsō^{55}

　　　稀稀　　　的　　芦席　张

　　—张稀稀拉拉的芦席(42)

(a_2)属格标记

  ɣo⁴² khɛ³¹ **no³³** tsȳ̠³³

  鹤庆   的   酒

  鹤庆的酒(64)

(a_3)关系化标记

  ji²¹ mo³¹ **no³³** thõ⁴² tsi⁵⁵ ji̠²¹ ɣɯ³⁵ la⁴².

  找 他 的   同志   个   来 了

  找他的同志来了。(52)

(b)状语标记

  tshɛ̃⁵⁵ tshɛ̃⁵⁵ **no³³** vɛ⁴²

  轻   轻   地   写

  轻轻地写(43)

(c)补语标记

  ji̠⁴² **no³³** lɛ³⁵   mo²⁴ nɛ⁵⁵!

  拧 得 多么 细 啊!

  拧得多么细啊!(69)

我们的问题是,no³³的定语标记、状语标记和补语标记三种功能之间是同音关系还是多义关系?基于下述理由,我们认为应是同音关系。

第一,定语标记、状语标记和补语标记所联系的句法成分迥然不同,它们所在结构式的句法关系也相距甚远,因此这三种语法标记之间不大可能有演变关系。另一方面,这三种语法标记也不可能是由名词化标记分别衍生而来的,因为名词化标记很难进入谓词性结构并在这种结构里发生重新分析。

第二,定语标记、状语标记和补语标记采用同一语音形式,这

295

种编码模式在中国之外的语言里未见报道,在中国境内的民族语言里也极其罕见。根据我们对国内目前发现的120余种语言的文献调查,在同时具有定语标记、状语标记和补语标记三种语法范畴的语言里,定语标记、状语标记和补语标记采用相同编码形式的语言只有白语和仡佬语(li^{33})。[11]

第三,据我们考察,南方民族语言的补语标记通常来自"获得"义动词,最常见的语法化模式如(23)所示:

(22)汉语和中国南方民族语言"得"义语素的语法化模式(吴福祥,2009:204)

"获得"义动词 → 动相补语 → 完整体标记 / 状态/程度补语标记 → 能性补语标记 / 能性补语

综上所述,剑川白语中用作定语标记、状语标记和补语标记的 no^{33} 体现的是同音模式(源于语音偶合)而非多义模式(源自语义演变)。

我们需要回答的另一个问题是:上述 no^{33} 这种同音模式是该语言内部演变的结果,还是接触引发的语言演变的产物?我们主张是后者,而且进一步认为是受汉语影响的产物。

首先,与白语具有发生学关系的其他彝语支语言均不见与 no^{33} 类似的同音模式,如表5所示[12]:

表5 彝语支语言结构助词的编码形式[13]

语言	结构助词			资料来源
	定语标记	状语标记	补语标记	
彝语	su^{33}	$m(u)^{33}$;ta^{33}	$si^{33}ni^{21}$;$si^{21}(si^{44})$	陈士林等,1985
傈僳语	ma^{44}	be^{33}	ne^{33};ma^{44}	徐琳等,1986
拉祜语	ve^{33}	无?	ve^{33}(?)	张蓉兰、马世册,2007
哈尼语	γ^{33}	ne^{33};me^{55}	γ^{33}	李永燧,2007a
基诺语	ε^1;$mə^2$	ε^2(或 $tɛ^4$)	无?	盖兴之,2007a
纳西语	$gə^{33}$	be^{33}	$nɯ^{33}$;me^{33};$nɯ^{33}$ me^{33};le^{33}	和即仁、姜竹仪,1985

(续表)

语言	结构助词			资料来源
	定语标记	状语标记	补语标记	
堂郎语	ɢʌ³³	无？	无？	盖兴之,2007b
末昂语	ʔeʔ²¹	ni³³	无？	武自立,2007
桑孔语	e⁵⁵	无？	a³³	李永燧,2007b
毕苏语	ŋʁ³³	nɛ³³	无？	李永燧,2007c
卡卓语	pɣ³²³	za³¹	kɛ³³	木仕华,2003
柔若语	ze³³	无？	无？	孙宏开等,2002
怒苏语	e³¹	dze³⁵;gɯ³⁵	无？	孙宏开,2007
土家语	ne⁵⁵	mo²¹	po²¹ ɕi³⁵	田德生,2007

其次,汉语的定语标记"的"、状语标记"地"和补语标记"得"虽是语法功能迥然不同的三个语法语素,但语音演变的结果导致这三个语素在现代汉语平面成为同音形式:

(23) [tə⁰] { 定语标记"的":"宽敞的房子｜洪哥的房子｜洪哥买的那套房子"
状语标记"地":"踏踏实实地做学问"
补语标记"得":"会议开得很成功"

基于以上证据,我们将白语"no³³(定语标记、状语标记和补语标记)"这种同音模式的产生过程构拟如下:

(24)在与汉语的接触中,白语的使用者注意到,汉语定语标记"[tə⁰]"("的")同时兼有状语标记和补语标记两种功能,于是他们赋予其定语标记 no³³ 以状语标记和补语标记功能,从而复制了汉语"tə⁰(定语标记、状语标记和补语标记)"的同音模式,其结果导致定语标记 no³³ 获得状语标记和补语标记两种功能。

综上所述,本文认为,no³³ 的定语标记、状语标记和补语标记三种功能之间是同音关系而非多义关系;也就是说,no³³ 的这种同音模式是接触引发的语言演变的产物而非该语言内部演变的结果,而提供复制模式的是汉语标准语[tə⁰]("的""地""得")的同音模式。

4 结语

本文的考察表明,白语 no^{33} 的诸项语法功能是两种语法演变协同作用的产物。一种是白语内部独立发生的演变,这种演变以方所后置词为枢纽,呈现两条路径:一条是"方所后置词＞指人旁语标记＞间接宾语标记＞直接宾语标记",另一条是"方所后置词＞属格标记＞属性标记/关系化标记＞名词化标记"。至于方所后置词这一功能本身,则是"人体部位词语＞方所名词＞方所后置词"这一演变路径的产物。no^{33} 所发生的另一种演变类型则是接触引发的语法演变,具体说,no^{33} 的状语标记和补语标记这两种功能是复制汉语标准语[tə^0]("的""地""得")同音模式的产物。如图 5 所示:

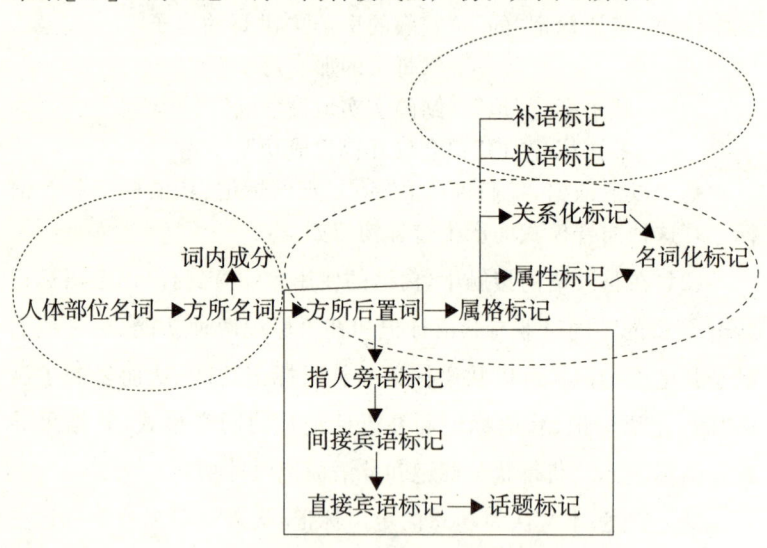

图 5 白语 no^{33} 经历的两种演变类型

(右上端点线所圈＝接触性演变;其他＝独立演变)

本文的讨论显示,多功能语法形式的诸项功能未必都是自然演变(包括接触引发的语义演变)的产物,有些很可能是基于同音模式的语义复制。因此,在多功能语法形式的研究中,无论是共时的语义图研究,还是历时的语义演变研究,均应有效区分自然的语义演变和偶然的同音复制。

基于本文的研究,我们可以对与方所后置词相关的多功能形式的语义演变做出以下预测:

(25)(a)若在一种语言中,方所后置词、指人旁语标记、宾语(间接宾语和直接宾语)标记用同一个形式编码,那么该多功能形式的旁语标记和宾语标记功能应来自该语素的处所后置词功能,且最有可能的演化路径是:方所后置词＞指人旁语标记＞间接宾语标记＞直接宾语标记。

(b)若在一种语言中,方所后置词和属格标记(以及属性标记、关系化标记)、名词化标记用同一个形式编码,那么该多功能形式的属格标记(以及属性定语标记、关系化标记)、名词化标记应来自(直接或间接地)方所附置词,且最有可能的演化路径是"方所附置词＞属格标记＞关系化标记/属性标记/名词化标记"。

(c)如果中国境内的某个语言或汉语方言中,定语标记(属格标记、属性标记、关系化标记)、名词化标记、状语标记和补语标记用同一个形式编码,那么这种功能关联模式一定源于汉语标准语或汉语官话[tə⁰]("的""地""得")同音模式的影响。

附 注

① 这里的"方所后置词"在格功能上相当于后文的"位格标记"和"向格标记",换言之,本文的"方所后置词"(包括"方所标记")兼指"位格"和"向格"

两种格功能。

② 以下所引剑川白语的例子,如无特别注明,均出自徐琳、赵衍荪(1984)。

③ 其间的区别大体是:属性标记附于形容词定语之后,属格标记用于领属定语之后,关系化标记则位于关系小句和核心语之间。

④ 图1中点线"－－－"表示"补语标记""状语标记"功能与图中其他功能之间不具有内在关联,图2和图3的点线同此。

⑤ 白语鹤庆话的例子,均引自赵金灿(2010)。

⑥ 白语赵庄话的例子,均引自赵燕珍(2009)。

⑦ 表1中符号"＋?"表示相关语言的语法语素在特定功能上未见有特别清楚的实例。

⑧ Heine *et al.*(1991:156)的原文是:"If two case functions differ from one another only in the fact that one has a spatial function whereas the other has not, then the latter is more grammaticalized."

⑨ 这个问题论证起来过于复杂,需另文讨论。

⑩ 这方面详细的讨论可参见 Heine *et al.*(1991)和 Svorou(1993)。

⑪ 仡佬语的例子是:

仡佬语(张济民,1993)

a. 定语标记:

tɒ^{33} tɒ^{33} li^{33} qa^{13} ŋkɛ^{21} mpɑu^{33} ȵtɕi^{21} tɒ^{13} ŋkə^{42}.

哥哥　的腿被狗　黄　咬了

哥哥的腿被黄狗咬了。(168)

b. 状语标记:

su^{33} sa^{33} mɛ^{21} xau^{55} xau^{55} li^{33} hau^{13}.

你们　要轻　轻　地拿

你们要轻轻地拿。(241)

c. 补语标记:

tau^{55} kau^{55} sa^{33} li^{33} lɛ^{33} ɯ^{55} tsau^{21}!

老　人　笑　得流水泪

老人笑得流眼泪!(215)

⑫ 白语在本文中被认定为藏缅语族彝语支语言。

⑬ 表5中"无?"表示不能肯定相关语言的语法语素不具备特定功能。

参考文献

薄文泽　1997　《佯僙语研究》，上海远东出版社。
——　　2003　《木佬语研究》，民族出版社。
常竑恩　1986　《拉祜语简志》，民族出版社。
陈士林、边仕明、李秀清　1985　《彝语简志》，民族出版社。
戴庆厦　2005　《浪速语研究》，民族出版社。
戴庆厦、丛铁华、蒋　颖、李　洁　2005《仙岛语研究》，中央民族大学出版社。
戴庆厦、崔志超　1985　《阿昌语简志》，民族出版社。
戴庆厦、蒋　颖、孔志恩　2007　《波拉语研究》，民族出版社。
邓玉荣　2005a　《富川秀水九都话研究》，广西民族出版社。
——　　2005b　《中山方言研究》，广西民族出版社。
盖兴之　1986　《基诺语简志》，民族出版社。
——　　2007a　《基诺语》，孙宏开、胡增益、黄行主编《中国的语言》，商务印书馆。
——　　2007b　《堂郎语》，孙宏开、胡增益、黄行主编《中国的语言》，商务印书馆。
龚群虎　2007　《扎巴语研究》，民族出版社。
和即仁、姜竹仪　1985　《纳西语简志》，民族出版社。
黄布凡　2007　《拉坞绒语研究》，民族出版社。
江　荻　2005　《义都语研究》，民族出版社。
李　彬　2007　《左江土白话研究》，广西大学硕士学位论文。
李大勤　2006　《苏龙语研究》，民族出版社。
李红丽　2007　《广西扶绥城厢平话研究》，广西大学硕士学位论文。
李连进、朱艳娥　2009　《广西崇左江州蔗园话比较研究》，广西师范大学出版社。
李永燧　2002　《桑孔语研究》，中央民族大学出版社。
——　　2007a　《哈尼语》，孙宏开、胡增益、黄行主编《中国的语言》，商务印书馆。
——　　2007b　《桑孔语》，孙宏开、胡增益、黄行主编《中国的语言》，商务印书馆。

李永燧　2007c　《毕苏语》,孙宏开、胡增益、黄行主编《中国的语言》,商务印书馆。
李永燧、王尔松　1986　《哈尼语简志》,民族出版社。
李云兵　2005　《布庚语研究》,民族出版社。
梁伟华、林　亦　2009　《广西崇左新和蔗园话研究》,广西师范大学出版社。
梁忠东　2010　《玉林话研究》,西南交通大学出版社。
刘江丽　2008　《广西融江片宜州德胜百姓话研究》,广西大学硕士学位论文。
陆绍尊　1983　《普米语简志》,民族出版社。
木仕华　2003　《卡卓语研究》,民族出版社。
欧晓敬　2010　《勾漏片方言连山话研究》,广西大学硕士学位论文。
孙宏开　1981　《羌语简志》,民族出版社。
———　1982　《独龙语简志》,民族出版社。
———　2007　《怒苏语》,孙宏开、胡增益、黄行主编《中国的语言》,商务印书馆。
孙宏开、黄成龙、周毛草　2002　《柔若语研究》,中央民族大学出版社。
孙宏开、刘光坤　2005　《阿侬语研究》,民族出版社。
孙宏开、刘　璐　1986　《怒苏语简志》,民族出版社。
田德生、何天贞等　1986　《土家语简志》,民族出版社。
田德生　2007　《土家语》,孙宏开、胡增益、黄行主编《中国的语言》,商务印书馆。
王　琼　2008　《广西罗城牛鼻土拐话研究》,广西大学硕士学位论文。
吴福祥　2009　从"得"义动词到补语标记——东南亚语言的一种语法化区域,《中国语文》第3期。
———　2013　语义复制的两种模式,《民族语文》第4期。
武自立　2007　《末昂语》,孙宏开、胡增益、黄行主编《中国的语言》,商务印书馆。
徐　琳　1988　白语话语材料,《民族语文》第3期。
徐　琳、木玉璋、盖兴之　1986　《傈僳语简志》,民族出版社。
徐　琳、赵衍荪　1984　《白语简志》,民族出版社。
徐世璇　1998　《毕苏语研究》,上海远东出版社。
云南省语言学会　1989《云南省志》卷五十八《汉语方言志》,云南人民出版社。
曾春花　2009　《武宣金鸡伢话语法研究》,广西大学硕士学位论文。

张蓉兰、马世册 2007 《拉祜语》,孙宏开、胡增益、黄行主编《中国的语言》,商务印书馆。

张秀珍 2005 《贺州九都声研究》,广西民族出版社。

赵金灿 2010 《云南鹤庆白语研究》,中央民族大学博士学位论文。

赵衍荪、徐琳 1996 《白汉词典》,四川民族出版社。

赵燕珍 2009 《赵庄白语参考语法》,中央民族大学博士学位论文。

Anderson, John M. 1971. *The Grammar of Case: Towards a Localistic Theory*. London: Cambridge University Press.

Fu, Jingqi and Lin Xu. 2008. From locative to object markers: The parallel development of two postpositions in Bai. In Dan Xu (ed.), *Space in Languages of China: Perspectives Cross-linguistic*, 119-141. Springer.

Heine, Bernd, Ulrike Claudi & Friederike Hünnemeyer. 1991. *Grammaticalization: A Conceptual Framework*. Chicago: University of Chicago Press.

Heine, Bernd & Tania Kuteva. 2002. *World Lexicon of Grammaticalization*. Cambridge: Cambridge University Press.

LaPolla, Randy. 1995. On the Utility of the Concepts of Markedness and Prototypes in Understanding the Development of Morphological Systems. *The Bulletin of the Institute of History and Philology*, 66.4, 1149-1185.

LaPolla, Randy. 2004. On Nominal Relational Morphology in Tibeto-Burman. In Ying-chin Lin *et al.* (eds.), *Studies on Sino-Tibetan Languages: Papers in Honor of Professor Hwang-cheng Gong on His Seventieth Birthday*, 43-73. Institute of Linguistics, Academia Sinica, Taipei, Tanwan.

Lehmann, Christian. 2002[1982]. *Thoughts on Grammaticalization*. Munich: Lincom Europa.

Lyons, John. 1977. *Semantics*. 2 vols. Cambridge: Cambridge University Press.

Svorou, Soteria. 1986. On the evolution paths of locative constructions. *Berkeley Linguistics Society*, 12, 515-527.

Svorou, Soteria. 1993. *The Grammar of Space*. Amsterdam: Benjamins.

闽东北片方言两种处置式介词的来源及其语法化

吴瑞文

(台北中研院)

1 前言

本文根据闽东北片方言第一手调查的语料,探讨闽东北片方言处置式介词的来源,进而说明该标记语法化(grammaticalization)的历程。从地理分区来看,闽东方言内部还可以分为两区,分别是以福州方言为代表的侯官片(南片)和以福安方言为代表的福宁片(北片)。根据《中国语言地图集》(中国社会科学院与澳大利亚人文科学院编,1987:B12),侯官片和福宁片两个闽东方言的代表点如下:

侯官片[①]:福州、长乐、永泰、福清、古田、闽清、屏南、连江、罗源、闽侯、平潭

福宁片:福安、福鼎、柘荣、霞浦、周宁、寿宁、宁德

有关宁德方言在闽东区方言分区中的归属问题,较早时李如龙(2000:85)已经将宁德放入闽东北片方言中。最近秋谷裕幸(2009)从共时与历时音韵现象具体地指出,宁德城关蕉城区之虎

浿、九都等地方言应当归属于北片（相当于福宁片）。我们（陈丽冰、吴瑞文，2014）观察宁德城关变韵的表现，发现宁德城关尽管存在变韵，但具体情况与以福州为代表的侯官片方言也存在相当显著的差异。根据以上看法，本文将宁德视为闽东北片方言的代表。

所谓处置式介词，指的是与汉语普通话"把"相当的语法成分，在[NP₁-把-NP₂-VP]这一线性结构中，"把"的功能是用来引介受事者NP₂，其词类属于介词。（朱德熙，1999：185）根据我们目前所见，闽东方言发表的语法材料主要以南片为多，特别集中在福清（冯爱珍，1993）与福州（陈泽平，1998），较少涉及北片。本文以闽东北片的宁德与柘荣这两个方言为主要取材对象，描写两个闽东方言中与汉语普通话处置式介词"把"相当的功能成分的用法，进一步探讨并比较柘荣与宁德处置式介词的语源（etymology）及其语法化的过程。

从目前我们搜集到的书面材料来看，闽东北片方言处置式介词与南片方言使用不同来源的功能成分。闽东南片多用共（福州 køyŋ⁶），北片方言是使用 puoŋ¹（柘荣）、pɔŋ¹（宁德）及 kak⁷（宁德）。例如：

福州　汝共 **køyŋ⁶** 饭食里咯。（你把饭吃了。）

柘荣　i¹ **puoŋ¹** maŋ⁵ tshiaʔ⁸ lɔ⁰（他把饭吃了）

宁德　**pɔŋ⁴⁴** tsa⁵⁵ uaŋ⁴² puŋ³³² sia²¹ tie⁴² ɔ³²（把这碗饭吃了）

宁德　ua³ **kak⁷** muoŋ² kuoŋ¹ khi³ i⁰ lɔ⁰（我把门关起来了）

由以上可知，与南片比较起来，北片的处置式介词中：1. puoŋ¹/pɔŋ¹ 都是双唇声母且带有鼻音韵尾的阴平字，是否属于同源的成分有待音韵论证。2. kak⁷ 为舌根声母的入声字，其语源也有待研究。②

整体而言,不论是 puoŋ¹、pɔŋ¹ 或 kak⁷,音韵上的表现显示它们与南片的"共"køyŋ⁶ 并不同源。

总的来说,本文的研究目的是:1.提供闽东北片方言与处置式介词相关的第一手田野调查材料。2.根据正确的音韵对当关系,说明闽东北片方言 puoŋ¹ 与 pɔŋ¹ 的语源。3.从正确的语源出发,探究 puoŋ¹ 与 pɔŋ¹ 如何从一个实词演变为一个语法成分。在说明以上的问题后,本文将以闽东方言的现象来检证过去学者对汉语方言处置式介词语法化过程的成果,并对他们的结果提出修改的建议。

本文的调查工作得到柘荣、宁德两地发音合作人的鼎力支持。包括柘荣发音合作人林国森先生(70)、林雪容女士(65)——均为公教人员退休,宁德发音合作人冯仑先生(55)、陈丽冰女士(44)——均为现职公教人员。

本文中的闽东北片方言材料,其标注均采三行式。第一行为方言音标,均以国际音标为主,声调则直接标写个读时的调类,至于相关之语流音变,如声母类化、变韵及连读变调等,都不另外说明。第二行为一对一之汉字批注,放在[]中的释义成分只是训解而非真正的语源。第三行为汉语普通话的翻译。第二行标注语法时的各种功能成分,其缩略的情况如下:**FPAR**(=final particle)句末助词、**PRF**(=perfective)完成体标记、**DO**(=direct object)直接宾语、**IO**(=indirect object)间接宾语。

2 两个闽东北片方言的处置式介词及相关语法功能

2.1 柘荣方言(城关)的处置式介词 **puoŋ¹** 及相关语法功能

柘荣方言中相当于华语(或普通话)处置式介词"把"的成

分是 puoŋ¹。在语句的线性序列(linear order of sentence structure)上,这个成分出现在主语之后,述语之前,并且一定带着一个名词组作为其补语成分。柘荣方言 puoŋ¹ 的线性结构如下:[NP₁-puoŋ¹-NP₂-VP]。就句法结构来看,puoŋ¹ 相当于一个介词(preposition),引入一个与述语事件发生关系的名词组成分(NP₂)。在柘荣方言中,由 puoŋ¹ 所引介的名词组成分(NP₂)与 NP₁ 及 VP 之间的语意关系来看,作为介词成分的 puoŋ¹ 至少有三种功能,分别是:1.引介被处置的成分,也就是受事者;2.引介受益的对象,也就是受益者;3.引介受损的对象,也就是受损者。

2.1.1 引介受事者

在柘荣方言[NP₁-puoŋ¹-NP₂-VP]结构里,介词 puoŋ¹ 引介的 NP₂ 在语意角色上可以是 VP 述语结构中谓词的受事者。此时 VP 述语结构中的谓词必然是个及物性动作动词(transitive verb),NP₂ 是该述语的宾语。NP₁ 则是整个句子的主语,其语意角色是施事者。请看以下例句:

(1) lau⁶ tiŋ² puoŋ¹ ta²puɛ¹pʰak⁷ mai⁵ li⁰ l⁰
　　老　陈　***puoŋ¹***　茶杯　　　拍　[坏]　**PRF FPAR**
　　老陈把茶杯打破了。

(2) a¹lɛ⁶puoŋ¹　maŋ⁵③　tsʰiak⁸　li⁰　lɔ⁰
　　阿丽 ***puoŋ¹***　暝昼　　食　　　**PRF FPAR**
　　阿丽把饭吃了。

(3) a¹lɛ⁶puoŋ¹ tsiɛŋ² puoŋ¹ tsʰik⁸ puan⁵ kʰik⁷ ŋua³
　　阿丽 ***puoŋ¹*** 钱　分　[一]半　乞　我
　　阿丽把钱分一半给我。

307

(4) lau⁶ tiŋ² puoŋ¹　i¹　pʰak⁷si³　li⁰　lɔ⁰
　　老　陈　*puoŋ¹* 伊　拍　死　**PRF**　**FPAR**
　　老陈把他打死了。

在以上例句中,可以发现述语谓词的宾语都出现在介词 puoŋ¹ 之后。换言之,puoŋ¹ 有提升宾语论元语法位置(所谓提宾)的功能。

2.1.2　引介受益者

在柘荣方言[NP₁-puoŋ¹-NP₂-VP(V-O)]结构里,介词 puoŋ¹ 引介的 NP₂ 纯粹是该谓语事件的受益者,跟述语结构中的谓词没有句法上的关系。就述语结构 VP 内部而言,它尚可以包含一个宾语成分。所以 NP₂ 既非 VP 述语动词的宾语,也不会是 VP 的主语。换句话说,就语义角色来看,puoŋ¹ 所引介的 NP₂ 是一个既非施事者也非受事者的论元,这里我们用与事者(theme)来概括。例句如下:

(5) a¹ lɛ⁶　puoŋ¹　i¹　kiaŋ³ tsʰiak⁷ laŋ⁶ liaŋ³ siŋ³ i¹ liɔŋ³
　　阿　丽　*puoŋ¹* 伊　囝　刺　两　领　新　衣　裳
　　阿丽给他儿子织两件新衣服。

(6) siŋ¹ saŋ¹ puoŋ¹　nøŋ² kʰaŋ⁵ paŋ⁶
　　先　生　*puoŋ¹* 农　看　病
　　医生给人看病。

(7) ny³ kʰu⁵ mai⁵ li⁰　lɔ⁰,　ŋua³ puoŋ¹ ny³ puo³
　　汝　裤　[破]　**PRF FPAR**, 我　*puoŋ¹* 汝　补
　　你裤子破了,我给你补。

以上例句中,介词 puoŋ¹ 引介的名词组成分与述语之间没有直接的句法关系,仅仅是语义上得到益处的对象。

2.1.3 引介受损者

柘荣方言中的介词 puoŋ¹ 除了引介受益者，也可以用来引介受损者（malefactive），这个名词组的语法功能及语义角色都与受益者相同，唯一的差别是：就意念上而言，NP₂ 纯粹是主要谓语事件的受损者。请看以下例句：

(8) i¹ tsieŋ² puoŋ¹　ŋua³ sɔŋ⁵ taŋ⁶　li⁰　lo⁰
　　伊 钱　***puoŋ¹***　我　算　［错］ **PRF FPAR**
　　钱他给我算错了。

(9) a¹ lɛ⁶ puoŋ¹　lau⁶ tiŋ² kʰui¹ ŋu⁶ pak⁷ tɔi⁵　li⁰　lo⁰
　　阿丽 ***puoŋ¹*** 老 陈 亏　五 百　［块］ **PRF FPAR**
　　阿丽给老陈亏了五百块。

(10) a¹ kuok⁷ puoŋ¹　a¹ uŋ² i¹　lioŋ² sɛ³ mai⁵　li⁰　lo⁰
　　阿 国 ***puoŋ¹*** 阿文 衣裳　洗［坏］ **PRF FPAR**
　　阿国给阿文衣服洗破了。

以上例句中，介词 puoŋ¹ 引介的名词组成分与述语之间也缺乏直接的句法关系，仅仅是语意上得到损害的对象。而其所以得到损害者的语义，基本上是因为 puoŋ¹ 引介的名词组与述语结构中的宾语成分存在领属关系。

2.1.4 柘荣方言带介词 puoŋ¹ 结构的祈使句/命令句

本节说明柘荣方言带有 puoŋ¹ 的句子在祈使句/命令句等句式中的情况。一般而言，祈使句/命令句预设的主语都是"你"，多半可以省略。在这个情况下，puoŋ¹ 所引介的补语成分（主要述语 VP 的宾语）可以出现在原本主语的位置。与此同时，介词 puoŋ¹ 之后要补入一个第三人称代词 i¹（伊）来复指该补语成分，整个句子就成为[NP₁-puoŋ¹-i¹-V]。请看以下例句：

309

(11)a. puoŋ¹ kie¹ niak⁸ li² tʰai²

  puoŋ¹ 鸡 搦 来 治

 b. kie¹ puoŋ¹ i¹ niak⁸ li² tʰai²

  鸡 ***puoŋ¹*** 伊搦 来 治

 c. *kie¹ puoŋ¹ niak⁸ li² tʰai²

  鸡 ***puoŋ¹*** 搦 来 治

  把鸡抓来杀！

以上例句(11)属于祈使句或命令句。(11)a 中的"鸡"(被处置的成分)在介词 puoŋ¹ 后,为正常语序。(11)b 中被处置的成分则在介词 puoŋ¹ 之前,此时原来的空位须补入一个 i¹(伊)。如果没有补入,则是不合法的句子,如(11)c。这个现象显示,柘荣方言表处置的介词 puoŋ¹ 必然需要一个域内论元,当该论元经过若干语法操作移出原本介词后的位置时,则须放入一个第三人称单数代词,以满足 puoŋ¹ 的句法要求。④

另一个与此相关的句式是[NP₁-puoŋ¹-ŋua³-VP(V-O)],介词 puoŋ¹ 引介的是第一人称单数代词"我"。这类例句在语用上表达说话者强烈的要求及命令,带有强迫、斥责的色彩。例句如下:

(12) ny³ puoŋ¹ ŋua³ ŋia⁶ kʰye⁵

  汝 ***puoŋ¹*** 我 外 去

  你给我出去！

(13) tsieŋ² puoŋ¹ ŋua³ tɔ² tsʰuk⁷ li²

  钱 ***puoŋ¹*** 我 掏 出 来

  钱给我拿出来！

(14) puoŋ¹ ŋua³ heiŋ² tsieŋ²

  puoŋ¹ 我 还 钱

给我还钱!

朱德熙(1999:180)已经指出,普通话中"给我"的这类祈使句,给字后面的宾语指受益者。很显然,柘荣方言[puoŋ¹-ŋua³]的介词结构与引介受益者这类结构也存在相当密切的关系。

2.1.5 柘荣方言带介词 puoŋ¹ 结构的否定形式

柘荣方言[NP₁-puoŋ¹-NP₂-VP]这类带有介词 puoŋ¹ 的结构,其否定形式是在介词成分前放入各式的否定词。例句如下:

(15) lau⁶ tiŋ² **mɔ²** puoŋ¹ ta² puɛ¹ pʰak⁷ mai⁵
    老 陈 无 **puoŋ¹** 茶杯 拍 [坏]
    老陈没把茶杯打破。

(16) a¹ lɛ⁶ **ŋ⁶** puoŋ¹ tsiɛŋ² tɔ² kʰik⁷ ŋua³
    阿 丽 [不] **puoŋ¹** 钱 掏 乞 我
    阿丽不把钱交给我。

(17) a¹ lɛ⁶ **ku⁵ mue⁶** puoŋ¹ i¹ kiaŋ³ tsʰiak⁷ siŋ¹ i¹ lioŋ³
    阿 丽 固 未 **puoŋ¹** 伊团 刺 新 衣裳
    阿丽还没给他儿子织新衣服。

(18) a¹ kuok⁷ **mɛ⁶** puoŋ¹ ny³ i¹ lioŋ² sɛ³ mai⁵ kʰye⁰
    阿 国 儃 **puoŋ¹** 汝 衣裳 洗[坏]去
    阿国不会把你衣服洗破掉。

(19) **ŋ⁶ tʰøŋ¹** puoŋ¹ kie¹ niak⁸ li² tʰai² ~ kie¹
    [不]通 **puoŋ¹** 鸡 搦 来治 ~ 鸡
    ŋ⁶ tʰøŋ¹ puoŋ¹ i¹ niak⁸ li² tʰai²
    [不]通 **puoŋ¹** 伊搦 来治
    别把鸡抓来杀!

由以上例句来看,表达动作否定(ŋ⁶)、存在否定(mɔ²)、推测否

311

定(mɛ⁶)、完成否定(ku⁵ mue⁶)及祈使否定(ŋ⁶ᵗʰøŋ¹)等否定词都出现在介词之前,形成[(NP₁)-NEG -puoŋ¹-NP₂-VP]的结构。

2.2 宁德方言(城关)的处置式介词 pɔuŋ¹ 及相关语法功能

宁德方言中也存在一个多功能的介词成分 pɔuŋ¹。根据我们的调查,宁德方言 pɔuŋ¹ 在句法结构及语法功能上都与柘荣方言相当接近。作为介词成分的 pɔuŋ¹ 在宁德方言里也具备三种功能,分别是:1.引介受事者;2.引介受益者;3.引介受损者。底下分别说明。

2.2.1 引介受事者

在宁德方言中,pɔuŋ¹ 出现在[NP₁-pɔuŋ¹-NP₂-VP]这个结构中,其引介的名词组成分,就语法结构来说,是述语结构中主要谓词的宾语,就语义角色而言,NP₂ 是 V 的受事者,NP₁ 则是 V 的施事者。换句话说,宁德方言的 pɔuŋ¹ 也具有让宾语论元在句法阶层提升的效果。请看以下例句:

(20) lɛ⁶ peŋ² pɔuŋ¹ ty¹ kiaŋ³ tʰai² i⁰ lɔ⁰
丽萍 *pɔuŋ¹* 猪 团 治 **PRF FPAR**
丽萍把小猪杀掉了。

(21) kyŋ⁵ xai³ pɔuŋ¹ ta² pøy¹ pʰaʔ⁷ a⁰ lɔ⁰
建 海 *pɔuŋ¹* 茶杯 拍 **PRF FPAR**
建海把茶杯打破了。

(22) lɛ⁶ tsu¹ pɔuŋ¹ tsiŋ² pɔuŋ¹ søʔ⁸ puoŋ⁵ kʰiʔ⁷ ua⁶ kei²
丽珠 *pɔuŋ¹* 钱 分 一 半 乞 我 **FPAR**
丽珠把钱分一半给我。

(23) lau⁶ tɔuŋ¹ pɔuŋ¹ i¹ pʰaʔ⁷ si⁶ lɔ⁰
老 张 *pɔuŋ¹* 伊 拍 死 **FPAR**

老张把他打死了。

以上诸例句中的 pəuŋ¹ 引介的 NP 是其后谓词的受事成分。

2.2.2 引介受益的对象

宁德方言的 pəuŋ¹ 也可以引介受益的对象。例句如下：

(24)lɛ⁶ xouŋ¹ **pəuŋ¹** i¹ kiaŋ³ mɛ⁶ laŋ⁶ təy⁵ siŋ¹ y¹ syŋ¹
丽芳 ***pəuŋ¹*** 伊囝 买 两 [件] 新 衣裳

丽芳给他小孩买两件新衣服。

(25)i¹ sɛŋ¹ **pəuŋ¹** nœŋ² kʰaŋ⁵ paŋ⁶
医生 ***pəuŋ¹*** 农 看 病

医生给人看病。

(26)ny⁶ y¹ syŋ¹ ma² tsa² a⁰ lɔ⁰, ua⁶ **pəuŋ¹** ny⁶ sɛ⁶
汝 衣裳 [肮脏] **PRF FPAR** 我 ***pəuŋ¹*** 汝 洗

你衣服脏了，我给你洗。

将 NP₂ 分析为受益者，还是分析为受事者其关键在于 NP₂ 与其后的谓词之间存在怎么样的语义关系。如果 NP₂ 是受益者，则 NP₂ 不会是其后主要谓词的施事成分。换言之，作为受益者的 NP₂ 并不参与主要谓语的动作。

2.2.3 引介受损者

宁德方言中的 pəuŋ¹ 也可以引介受损的对象。例句如下：

(27)i¹ nɔʔ⁷ **pəuŋ¹** ua⁶ mɛ⁶ tsʰɔ⁵ ɔ⁰ lɔ⁰
伊 [物] ***pəuŋ¹*** 我 买 错 **PRF FPAR**

他东西给我买错了。

(28)ɹɛ⁶ xouŋ¹ **pəuŋ¹** kyŋ⁵ xai³ kʰui¹ i⁰ søʔ⁸ uoŋ⁶ təy⁵
丽芳 ***pəuŋ¹*** 建 海 亏 **PRF** 蜀 万 [块]

丽芳给建海亏了一万元。

与受益者相同,受损者 NP₂ 也不会与其后的谓词成分有直接的语义关系。例如上句(28),情境是:建海给丽芳两万元做生意,结果丽芳经营不善,造成建海亏了一万元。特别需要注意的是,由 pouŋ¹ 引介的建海是受损者,则这个句子若去掉"pouŋ¹ 建海"这个介词短语,会变成:lɛ⁶ xouŋ¹ kʰui¹ i⁰ søʔ⁸ uoŋ⁶ tøy⁵(丽芳亏了一万元)。丽芳是施事者,亏是述语中的谓词,一万元是宾语。又例如:

(29) lɛ⁶ xouŋ¹ pouŋ¹　lɛ⁶ tsu¹ pøy¹ pʰaʔ⁷ mai⁵ i⁰　　lo⁰

　　丽芳　***pouŋ¹*** 丽珠 杯　拍　［坏］**PRF FPAR**

　　丽芳给丽珠打破了杯子。

丽芳是本句的施事者,杯子是受事者,丽珠是受损者(属于广义的与事者)。整个句子的意思是说:丽芳打破了杯子,这个事件与丽珠有关。而与事者丽珠之所以会在这个句子中得到受损的语义,乃是因为该与事者与谓词后的受事成分存在领属关系。观察(27)—(29)中谓词后的 NP₃,不难知道该 NP₃ 系由 NP₂ 所领属。

2.2.4　宁德方言带介词 pouŋ¹ 结构的祈使句/命令句

宁德方言带介词 pouŋ¹ 结构的祈使句/命令句基本上与柘荣相同,主要的手段是由原先的 [(ny³)-pouŋ¹-NP₁-V] 变换为 [(ny³)-NP₁-pouŋ¹-i¹-V],介词 pouŋ¹ 后的第三人称"伊"i¹ 不能省略。例句如下:

(30) a. pouŋ¹　ki¹ niaʔ⁸ lei² tʰai²

　　　pouŋ¹ 鸡 搦　来 治

　　　把鸡捉来杀

　　b. ki¹ pouŋ¹　i¹　niaʔ⁸ lei² tʰai2

　　　鸡 ***pouŋ¹*** 伊 搦　来 治

　　　鸡把他捉来杀

c. * ki¹ pɔuŋ¹ niaʔ⁸ lei² tʰai²

鸡 ***pɔuŋ¹*** 搦 来 治

鸡把抓来杀

这里与柘荣方言相同,宁德方言 pɔuŋ¹ 的后面一定要有一个复指前面主语的第三人称单数代名词"伊",并且不能省略。

2.2.5 宁德方言带介词 pɔuŋ¹ 结构的否定形式

宁德方言中,带有介词 pɔuŋ¹ 结构句子,其否定成分通常出现在介词之前,一般不会出现在主要谓词之前。例句如下:

(31) lɛ⁶ xɔuŋ¹ **mɔ²** pɔuŋ¹ pøy¹ pʰaʔ⁷ mai⁵

丽芳 无 ***pɔuŋ¹*** 杯 拍 [坏]

丽芳没把杯子打破。

(32) lɛ⁶ xɔuŋ¹ **ŋ⁶** pɔuŋ¹ tsiŋ² tɔ² kʰiʔ⁷ ua⁶

丽芳 [不] ***pɔuŋ¹*** 钱 掏 乞 我

丽芳不把钱拿给我。

(33) kyŋ⁵ xai³ **kou⁵ mui⁶** pɔuŋ¹ kiaŋ³ mɛ⁶ siŋ¹ y¹ syŋ¹

建海 固 未 ***pɔuŋ¹*** 囝 买 新 衣裳

建海还没给小孩买新衣服。

(34) i¹ **mɛ⁶** pɔuŋ¹ ny⁶ y¹ syŋ¹ sɛ⁶ mai⁵ i⁰

伊 燴 ***pɔuŋ¹*** 汝 衣裳 洗 [坏] 去

他不会把你的衣服洗坏的。/他不会给你洗破衣服。

简言之,宁德方言否定成分如 mɔ²、ŋ⁶、kou⁵、mui⁶、mɛ⁶ 的句法位置与柘荣相同,都在介词 pɔuŋ¹ 之前,基本结构为 [NP₁-NEG-pɔuŋ¹-NP₂-V]。

至于宁德方言中否定命令句的表现,与柘荣方言稍有不同。基本上宁德方言的否定命令句不出现介词 pɔuŋ¹,而是省去介词,

并直接将否定成分加在主要动词 V 之前。例如:

(35) a. ki¹ ŋ⁶ tʰøŋ¹ tɔ⁰ tʰai²

　　　鸡　[不]通　掏　治

　　b. ? ŋ⁶ tʰøŋ¹ pouŋ¹ ki¹ tɔ⁰ tʰai²

　　　　[不]通　***pɔuŋ¹***　鸡　掏　治

　　　鸡不能杀!

(36) a. ki¹ mɔʔ⁸ tɔ² kʰy⁵ tʰai²

　　　鸡莫　掏去　治

　　b. ? mɔʔ⁸ pouŋ¹ ki¹ tɔ² kʰy⁵ tʰai²

　　　　莫　***pɔuŋ¹***　鸡掏去　治

　　　鸡别拿去杀!

以上(35)b 与(36)b 的句子就发音人语感而言,固然可以听得懂,但合法度不如(35)a 与(36)a。

2.3　小结

根据以上两节的讨论,底下列出柘荣、宁德两个方言的处置式介词及相关语法成分,表中也列出福州(闽东方言南片)、台湾(闽南方言)、三明(闽中方言)及华语的相关语法成分供参考⑤:

	柘荣	宁德	福州	台湾	三明	华语
受益者	puoŋ¹	pouŋ¹	koyŋ⁶ 共	ka⁶ 共	tʰe⁵ 替	kei³ 给
受损者	puoŋ¹	pouŋ¹	koyŋ⁶ 共	ka⁶ 共	nɔ̃¹ 拿	kei³ 给
受事者	puoŋ¹	pouŋ¹	koyŋ⁶ 共	ka⁶ 共	nɔ̃¹ 拿	pa³ 把

上表可以进一步归纳为三种类型:

1. 使用同一个介词引介受益者、受损者及受事者。这类方言包括闽东北片柘荣(puoŋ¹)、宁德(pouŋ¹)、南福州(koyŋ⁶ 共),以及台湾闽南语(ka⁶)。由此看来,属于沿海闽语的闽东方言与闽南方言在引介受益者、受损者及受事者等语法成分时,尽管个别使用的介词词汇不同,但其语义角色上的分布大体是一致的。

2.使用不同介词区分受益者与受损者。闽中的三明方言在"介词/语义角色"的分布上与闽东、闽南不同,引介受益者用 t^he^5(替),引介受损者与受事者用 $nɔ^1$(拿)。很显然,三明方言可透过介词区分受益者与受损者两类语义角色,并且受损者还进一步发展出引介受事者的功能。

3.使用不同介词区分受事者与非受事者(与事)。根据朱德熙(1999:179—181)的看法,"给"在华语中既可以引出施事者也可以引出与事者。华语属于可以区分受事者与非受事者的类型,受事者用"把",而非受事者(受益者及受损者)用"给"。[6]

3 从音韵对应论两个闽东北片方言处置式介词的语源

从汉语语法史揭橥的历史经验来看,汉语中各式各样的介词往往是由动词经由语法化(grammaticalization)演变而来的。从事现代汉语方言介词体系的研究,除了共时描写之外,在历时发展上最引人入胜的课题是:汉语方言中形形色色的介词究竟是从哪一个动词语法化而来的? 这些介词的语法化透过哪些途径? 从这一观点出发,吾人从事汉语方言各类功能成分的语法化研究,最首要的工作便是确认该功能成分的语源(etymology),唯有找到音韵上符合对应的语源,才能由正确的核心语义出发,参酌汉语语法史的丰富材料,提出合理的语法化途径及演变历程。

汉语方言语源的考证一般称为"考本字",在方法上有"觅字""寻音"和"探义"等三种手段。(梅祖麟,1995;杨秀芳,1999)本节即依照上述原则,透过柘荣、宁德两方言与中古音系的音韵规则对应(根据李方桂修改高本汉的系统,参看李方桂,1980),探求这两个闽东北片方言 puoŋ¹/pəuŋ¹ 的语源。

3.1 柘荣方言 puoŋ¹ 的语源:分

根据我们的观察,柘荣方言 puoŋ¹ 的语源是"分",府文切,臻摄合口三等非母平声字。底下分别就声母、声调及韵母一一说明。

柘荣方言 puoŋ¹ 在声母方面的对应关系如下:

	飞_非	斧_非	富_非	发_非	殕_敷	蜂_敷	饭_奉	吠_奉
柘荣	pue¹	puo³	pu⁵	puok⁷	pʰu³	pʰuŋ¹	puoŋ⁶	pui⁶
中古音	ₒpjwěi	ₒpju	pjə̌u°	ₒpjwɐt	ₒpʰju	ₒpʰjuŋ	bjwɐn°	pjwɐi°

根据以上音韵对当关系,中古合口三等非系字在柘荣方言中有读为重唇音 p-、pʰ- 的规则读法。中古音系中重唇音(帮滂並明)与轻唇音(非敷奉微)在闽语的早期层次中是不分化的,也就是非系读为重唇音。⑦柘荣方言属于闽语中的闽东方言,也具备这个特殊而重要的音韵特征。

柘荣方言 puoŋ¹ 在声调方面的对应关系如下:

	鸡_{阴平}	刀_{阴平}	风_{阴平}	汤_{阴平}	来_{阳平}	球_{阳平}	红_{阳平}	糖_{阳平}
柘荣	kie¹	tɔ¹	huŋ¹	tʰɔŋ¹	li²	keu²	øŋ²	tʰɔŋ²
中古音	ₒkiei	ₒtâu	ₒpjuŋ	ₒtʰâŋ	ₒlâi	ₒgjěu	ₒɣuŋ	ₒdâŋ

闽语各次方言的古平声都根据声母清浊,分化为阴平与阳平两类。从以上对应关系来看,柘荣方言的 puoŋ¹ 来自一个清声母的平声字。

柘荣方言 puoŋ¹ 在韵母方面的对应关系如下:

	山摄合口				臻摄合口			
	饭_{三等}	泉_{三等}	劝_{三等}	砖_{三等}	门_{一等}	本_{一等}	问_{三等}	蚊_{三等}
柘荣	puoŋ⁶	tsuoŋ²	kʰuoŋ⁵	tsuoŋ¹	muoŋ²	puoŋ³	muoŋ⁶	muoŋ²
中古音	pjwɐn°	ₒdzjwän	kʰjwän°	ₒtśjwän	ₒmuən	puən°	mjuən°	ₒmjuən

从上述韵母对应关系来看,柘荣方言的 puoŋ¹ 可能来自山摄

合口三等或者臻摄合口一、三等。

归纳了以上音韵对应关系,我们可以有把握地说,柘荣方言用作介词的 puoŋ¹ 来自臻摄合口三等唇音,府文切的"分"完全符合该语源的音韵条件。另外,从语义来看,《广韵》载"分"的义项包括"赋也、施也、与也,《说文》'别也'",是具备给予义及分别义的动词。在柘荣方言中,puoŋ¹ 确实也具有给予及分别两种意思。例如:

(37) i¹ puoŋ¹ tsieŋ² kʰik⁷ ŋua³
　　 伊 分　钱　乞　我
　　 他分钱给我。

(38) i¹ nøŋ² puoŋ¹ ka¹　li⁰　lɔ⁰
　　 伊 农　分　家　**PRF FPAR**
　　 他们分家了。

(39) lau⁷ tiŋ² tɔ² a¹ lɛ⁶ puoŋ¹　li⁰　lɔ⁰
　　 老 陈 和 阿 丽 分　　**PRF FPAR**
　　 老陈和阿丽分手了。

例(37)中的"分"puoŋ¹ 是主要动词,"乞"kʰik⁷ 是与格标记(dative marker)。例(38)的"分家"一词是述宾结构的复合词,意指分财产,将财产分割成若干部分。例(39)的"分"是分开、分离或不相见的意思。

总而言之,根据以上有关音韵及语义的讨论,我们认为柘荣方言中作为介词及主要动词的 puoŋ¹,其语源是府文切的"分"。

3.2　宁德方言 pəuŋ¹ 的语源:帮

前一节从音韵方面论证柘荣方言的 puoŋ¹ 是"分"。至于宁德的 pəuŋ¹,从该方言与中古音的音韵对应来看,由于语音合并的关系,其语源可能是"分",也可能是"帮"。底下分别就声母、声调及韵母——说明。

宁德方言 pɔuŋ¹ 在声母方面的对应关系如下：

	杯帮	扁帮	布帮	八帮	飞非	斧非	富非	腹非
宁德	pøy¹	pɛŋ³	pu⁵	pɛk⁸	pøy¹	po³	pou⁵	pok⁷
中古音	ₒpuɑi	ₒpien	puo°	pwǎt°	ₒpjwěi	ₒpju	pjɜ̌u°	pjuk°

柘荣方言 puoŋ¹ 在声调方面的对应关系如下：

	鸡阴平	刀阴平	风阴平	汤阴平	来阳平	球阳平	红阳平	糖阳平
宁德	ki¹	tɔ¹	huŋ¹	tʰɔuŋ¹	lei²	keu²	øŋ²	tʰɔuŋ²
中古音	ₒkiei	ₒtâu	ₒpjuŋ	ₒtʰâŋ	ₒlâi	ₒgjěu	ₒɣuŋ	ₒdâŋ

	山摄合口				臻摄合口			
	饭三等	泉三等	劝三等	转三等	门一等	本一等	问三等	蚊三等
柘荣	puŋ⁶	tsuŋ²	kʰuŋ⁵	tuŋ³	muŋ²	pouŋ³	muŋ⁶	(oŋ²)
中古音	pjwɐn°	ₒdzjwän	kʰjwän°	ₒtjwän	ₒmuən	ₒpuən	mjuən°	ₒmjuən

	宕摄开口							
	榜一等	谤一等	仓一等	糠一等	肠三等	两三等	霜三等	瓢三等
柘荣	pouŋ³	pouŋ⁵	tsʰouŋ¹	kʰouŋ¹	touŋ²	louŋ⁶	souŋ¹	nuoŋ²
中古音	ₒpâŋ	pâŋ°	ₒtsʰâŋ	ₒkʰâŋ	ₒtjaŋ	ₒljaŋ	ₒʂjaŋ	ₒńźjaŋ

在宁德方言中，中古山摄合口三等（转），臻摄合口一、三等（本）和中古宕摄开口一、三等（榜、仓、肠、霜）都可以读为 ɔuŋ 韵母。因此，符合音韵规则对应的语源既可以是臻摄合口三等的"分"，也可以是宕摄开口一等的"帮"。个别方言中不同中古韵摄的合并，造成我们在语源考证上的困难。

面对这个问题，我们参考了叶太青（2007）对宁德市所辖洋中镇的调查记录，叶文指出该方言"帮"读为 pɔŋ¹，而"分"读为 puoŋ¹，相当于华语"把"处置式介词的成分是 pɔŋ¹（帮）而不是 puoŋ¹（分）。经由这一音韵比较的关键性证据，我们认为宁德城关方言 pɔuŋ¹ 的语源来自宕摄开口一等帮母的"帮"而不是臻摄合口三等非母的"分"。

综而言之,本节的结论是:闽东北片方言中作为处置标记的成分至少有两种来源,一类是柘荣方言的"分"puoŋ¹,一类是宁德方言(城关、洋中)的"帮"pouŋ¹/poŋ¹。

4 两个闽东北片方言处置式介词的语法化过程

处置式是汉语中一个相当重要的语法范畴,不论是在标准语领域、汉语史领域和汉语方言领域都引起广泛的关注及讨论。(李蓝、曹茜蕾,2013)关于现代汉语方言中处置式介词的语法化来源,近来曹茜蕾(2000、2007)及其研究队伍更对汉语方言处置式提出了跨方言比较的宏观概括。曹茜蕾(2007:186)从形式上给汉语方言的处置式下了一个定义,那就是:"一种直接宾语位于主要动词之前而带有明显的标记的句法结构。我们把这种结构统一处理为'带宾语标记'结构(object-marking structure)。"此外,根据曹茜蕾(2007:187—189)对十类现代汉语方言宾语标记来源的归纳,他认为汉语方言中的宾语标记有三个主要来源,分别是:

(1)"拿"和"握"一类意思的动词。
(2)"给"和"帮"一类意思的动词。
(3)"伴随格"。

以上三类实词演变为直接宾语标记的语法化途径如下:

(i)拿/握→工具格标记→直接宾语标记

(ii)给/帮→受益格标记→直接宾语标记

(iii)动词→伴随格→间接格 ⎰→受话人
⎨→受益者→直接宾语标记
⎱→夺　格[⑧]

综合以上的说明,曹茜蕾提出的假设至少涉及两方面的问题:第一是汉语方言功能成分的实词来源,第二是实词语法化为功能成分之后进一步演变的途径。以下我们就用本文描写的两种闽东方言,对上述假设进行检验,并提出我们的看法。

上文已经提到,宁德方言的 pouŋ¹ 来自"帮",底下我们从语源来探究"帮"的来历。从汉语历史文献来看,"帮"不见于东汉许慎的《说文》及六朝顾野王《玉篇》[9];不过《广韵》已收录"帮"字,其释义为:

帮　衣治鞋履,出文字集略。博旁切。

《集韵·唐韵》亦收录"帮"字,释为"治履边也",系指物体两侧立起来的部分。例如:

柳雨花风,翠松裙褶,红腻鞋帮。归来门掩银釭。(宋·蒋捷《柳梢青·游女》)

文例中"裙折"与"鞋帮"并举,"帮"指的是鞋的左右两侧竖立处。从语义上来看,"物体两侧竖立起来的部分"与"帮"的辅佐或协助的动词用法似乎无关。但是,若从另一个语词"挷"来推敲,则"帮"的名词义与动词义其实出于一源。根据《广韵》:

挷　捍也,卫也。博旁切。

由此可知,"挷"义为捍卫、保护,是一个动词。我们认为,"帮"的名词用法由"挷"转变而来,鞋的左右两侧竖立起来的部分,其作用正是为了保护脚掌及脚趾。另一方面,由捍卫、保护也很容易引申出协助、辅佐,捍卫某人正是协助某人的具体表现。保护与协助之间语义的关系相当密切,例如《广雅·释诂二》曰"护,助也"。具体的例子如下[⑩]:

(40) 高祖为布衣时,何(萧何)数以吏事护高祖。(《史记·萧相国世家》)

以上(40)的"护"应训解为救助、协助。由此观之,"挲"从"捍卫"义发展出"协助"义是相当自然的语义变迁。"挲"与名词义"帮"及动词义"帮"关系如下:

挲 动词,捍卫 ⎧ 帮 名词,左右两侧竖立的部分
　　　　　　　 ⎨
　　　　　　　 ⎩ 帮 动词,辅佐、协助

从历史发展来看,用作"帮助"义的"帮"在意义上是个相当后起的成分,不见于先秦至六朝的文献,其字形也显然是一个后起字。根据早期太田辰夫(2003)和近来马贝加(2002)对近代汉语介词体系的全面性考察,"帮"也没有虚化为功能成分介词的记录,一般都是用作实词(动词)。例如:

(41)他见我说孝心之事,他便情愿嫁我,相帮还债。(《清平山堂话本·雨窗集上·董永遇仙传》)

(42)这桩事须不是你一个妇人家做的,一定有奸夫帮你谋财害命。(《京本通俗小说·错斩崔宁》)

(43)众官今日尽此一醉,明日都各戒酒,帮我守城。(《三国演义》)

曹茜蕾(2007:188)的研究指出,汉语方言中不乏"帮助义"动词演变为"受益者标记"的例子。[①]曹志耘(2000:68)指出金华汤溪方言"帮"(mao²⁴)作为介词,可用来引介受益者[②]:

(44)尔帮我写封信。(你替我写封信。)

(45)尔帮我扇门关去。(你替我把门关上。)

总的来看,我们认为宁德方言"帮"pouŋ¹的语法化途径如下:

帮 pouŋ¹ → 受益者 → 受损者 → 受事者
动词　　　 介词　　　 介词　　　 介词

323

可以说,"帮"在宁德方言中的语法化途径,基本上符合曹文所提到第二种演变途径。唯一不同的是,宁德方言的"帮"pəuŋ¹也可以引介受损者。

接着讨论柘荣方言"分"puoŋ¹的语法化过程。根据太田辰夫(2003)及马贝加(2002)的历时研究,两汉至明清时期的"分"与"帮"相同,在文献中基本都没有虚化为功能成分(例如介词)的表现,一般都是用作实词(动词)。[13]底下略举数例:

(46)我执曹君,而分曹、卫之田以赐宋人,楚爱曹、卫,必不许也。(《左传·僖公二十八年》)

(47)公疾病而乱作,国人分散,故再赴。(《左传·桓公五年》)

(48)儒分为八,墨别为三。(《韩非子·显学》)

以上(46)的"分"意为分割、分开,乃及物动词的用法。(47)的"分"指离散、分散,是不及物动词的用法。(48)的"分"系指儒家内部分裂为八派,也是不及物动词的用法。就语义内涵而言,及物动词"分割"与不及物动词"分散"在概念上更为接近;简言之,一个整体若被分割了,则分割后就呈现为分散的状态。更进一步,若一个整体内部的区别到了某种程度,其具体表现就是分派或分裂。

至于"分"表"给予"的用法,在先秦以至于两汉的文献中也已经被广泛地使用,例如:

(49)多财而不以分贫,二不祥也。(《墨子·鲁问》)

(50)公曰:"衣食所安,弗敢专也,必以分人。"(《左传·庄公十年》)

(51)夏,楚子使然丹简上国之兵于宗丘,且抚其民。分贫,振穷;长孤幼,养老疾。杜预注:分,与也。(《左传·昭公

十四年》)

(52)广廉,得赏赐辄分其麾下,饮食与士共之。(《史记·李将军列传》)

(53)文君夜亡奔相如,相如乃与驰归成都。家居徒四壁立。卓王孙大怒,曰:"女至不材,我不忍杀,不分一钱也。"……卓王孙不得已,分予文君僮百人、钱百万,及其嫁时衣被财物。(《史记·司马相如列传》)

以上诸用例的"分"则是给予,也就是《广韵》所谓"赋也、施也、与也"。特别值得讨论的是(53)。根据贝罗贝(1986)及魏培泉(1993)的观察,就双宾语动词而言,两汉时期开始出现一个新兴的句式结构[$V_1+V_2+IO+DO$]。贝罗贝(1986:205)指出,在上述结构中,动1(V_1)是语义上特定的类,包括"分、赐、传、给(ji3)、献"等,而动2(V_2)在语义上是中性的类,只有"与、予、遗"这三个动词。(53)中"分予文君僮百人"的"分",正是出现在 V_1 的位置。现在的问题是,"分"具有怎么样的语义上的特殊性?

从上古汉语的用法来看,"分"这个动词的语义性质至少包括两方面:一是对完整个体的切分、分割,一是就其切分后之部分进行领属权的转移(the shift of the possession)。换言之,"分"是个综合性的动词。就领属权的转移而言,根据其论元的数量,还有语义的不同:"分"若是两个论元的及物动词[NP_1-分-NP_2],则施事主语 NP_1 必然是复数的,此时受事宾语 NP_2(直接宾语)的领属权属于 NP_1;"分"若是三个论元的双宾语动词[NP_1-Prep-NP_2-分-NP_3]/[NP_1-分-NP_3-Prep-NP_2],则 NP_3 这一宾语成分是间接宾语,直接宾语(NP_2)则由介词(Prep)引介。以下根据先秦汉语文献的表现,说明"分"的语义特性:

(54)(叔术)起而致国于夏父。夏父受而中分之,叔术曰:"不可。"三分之,叔术曰:"不可。"四分之,叔术曰:"不可。"五分之,然后受之。(《公羊传·昭公三十一年》)

(55)甲辰,子展、子西率国人伐之,杀子孔而分其室。(《左传·襄公十九年》)

(56)分人以财谓之惠,教人以善谓之忠,为天下得人者谓之仁。(《孟子·滕文公上》)

例句(54)的"分"是"切分"的意思,夏父将国家分成一半、三等分、四等分及五等分。句中夏父所切分的国家,其领属权归于夏父。这样的语义关系其实涵蕴着一种认知推理,亦即能够对某物进行切分的人,基本上就是该物可能的领属者。(55)是指子展与子西杀子孔,将其室(包括私邑、田地、财帛、妻孥等)切分之后各自占为己有。(55)的"分"不但有分割的意思,同时也具备领属转移的概念:将原属于子孔的"室"转移到子展与子西。在句法结构上,"分其室"的主语是子展与子西,这是由于"分"具有切分义,因此主语必须是复数的成分。⑬再者,这里的"分"为具备两个论元的单宾及物动词,因此动词的领属意义归于结构中唯一属人的主语(子展、子西)。(56)是指把财货分给别人叫作恩惠,这里的"分"是具备三个论元的双宾动词,其后的"人"是间接宾语,利用介词"以"来引介直接宾语(财)。在领属权的转移上,(56)是把"财"之领属权归于"人"。就领属权而言,值得更进一步说明的是,"分"用作单宾语及物动词与双宾语动词,其领属权转移的方向不同:单宾语及物动词的"分",由施事主语获得直接宾语的领属权;双宾语动词的"分",则由间接宾语获得直接宾语的领属权。总的来说,具备领属权转移这一语义征性的"分",其更具体的解释是"使有"(cause to possess),亦即使带有人[＋human]的论元领有某物。最后,当语义上要求引入具体领属物时,"分"最终变成一个"给予"义动词。

归纳起来,"分"之所以和"与、予、遗"(V_2)这些动词不同,乃是就语义而言的,"分"既指自完整个体中切分出来(to divide),同时又具备该完整个体的领属权这两种征性。之后,随着领属权的"使有"这一语义趋于强势,使得"分"由单宾语及物动词发展为双宾语动词。其语义发展如下：

$$\text{分}\begin{bmatrix}+\text{divide}\\+\text{possess}\end{bmatrix} \longrightarrow \underset{\text{单宾语及物动词}}{\text{分 [cause to possess]}} \longrightarrow \underset{\text{双宾语动词}}{\text{分 [to give]}}$$

从汉语历史文献的使用上看,"分"的"分别"义与"给予"义于先秦皆有所本。我们认为,由于"分"早先具备综合性的语义内涵,这是"分"由"分别"义发展出"给予"义的重要语义基础。

回到柘荣方言,柘荣方言中的"分"既有"分别"义[例(39)]也有"给予"义[例(38)],则其语法化的根源来自哪一个动词？倘若参考曹(2007)对汉语方言宾语标记来源所归纳出的结论,似乎没有哪一个汉语方言引介受事者的介词是源于"分别"义的动词,相反地,源自"给予"义的俯拾皆是。基于以上跨方言现象的考虑,我们认为柘荣方言的"分"puoŋ¹虚化为介词的来源也是"给予"义的"分"而非"分别"义的"分"。就历时发展而言,早期汉语中表"给予"义的"分"puoŋ¹为柘荣方言所继承,并在柘荣方言中虚化为介词,"分"先是引介受益者,之后扩大引介受损者,最终语法化为引介受事者,此时的"分"puoŋ¹就相当于一个处置标记。统而言之,柘荣方言"分"puoŋ¹的语法化过程如下：

分 puoŋ¹ → 受益者 → 受损者 → 受事者
动词　　　　介词　　　　介词　　　　介词

比较宁德与柘荣两个闽东北片方言,值得特别注意的是,不管是宁德方言的"帮"pouŋ¹,还是柘荣方言的"分"puoŋ¹,都可以引介一个受损者(malefactive)。从动词原先的语义内涵和该动词虚化为受益者标记的过程看来,闽东北片方言的现象显示在若干方言的语法化过程中,引介受益者的介词并不会直接演变为引介受事者(宾语成分)的介词,而是由引介受益者扩大到引介受损者,然后才用来引介受事者。由于闽东北片方言的启发,我们建议将曹茜蕾的(ii)略加修改如下:

(ii)给/帮 → 受益者 → 受损者 → 受事者

由语法化演变的途径来看,一旦受益者标记演变为受损者标记,意味着介词成分在语法功能上的中立化(neutralize)。换句话说,当上述演变完成时,则这个介词本身所引介的乃是该事件的"受影响者"(Affectee)。事实上,前文(2.3)已经看到,闽东福州话、闽南台湾话乃至于华语(普通话)都存在同一个介词成分既可以引介受益者,也可以引介受损者的情况。这说明受益者标记的中立化现象是汉语方言介词语法化环节中的一个重要演变策略,在跨汉语方言比较上具有不可忽视的意义与价值。

5 结语

根据以上讨论,对于闽东北片方言的处置式介词及其语法化过程,本文获得以下几点认识:

1. 本文以田野调查的语料出发,对柘荣方言与宁德方言的处置式介词及相关的语法功能进行详细的描述。本文发现,柘荣方言puoŋ¹与宁德方言 pouŋ¹ 都可以在[NP₁-PREP-NP₂-VP]中充当介词

(preposition)，引介受益者、受损者及受事者等名词组成分。

2. 本文透过严格的音韵对当关系，指出柘荣方言 puoŋ¹ 来自"给予"义的"分"，宁德方言 pɔŋ¹ 则来自"帮助"义的"帮"。换言之，即使在系属上同为闽东北片方言，并且作为介词有几乎重叠的语法功能，柘荣的 puoŋ¹ 与宁德的 pɔŋ¹ 在语源上并非同源词（cognate）。

3. 本文从语源出发，进一步阐述探究宁德的"帮"pɔŋ¹ 与柘荣的"分"puoŋ¹ 如何从一个实词演变为语法成分。本文同时也观察历史文献的表现，说明：1."帮"的"帮助"义是后起的用法，来自"捍卫"义的"掆"。在宁德方言中，"帮"逐步语法化为引介受事者的介词。2."分"是具备综合性语义的动词，在先秦典籍中已经有"分别"义和"给予"义，其中"给予"义是由语义成分内蕴涵的"使有"逐步发展而来的。

4. 本文所探讨的宁德与柘荣这两个闽东北片方言的语法化途径如下：

宁德　帮 pɔŋ¹（帮助）→ 受益者 → 受损者 → 受事者
柘荣　分 puoŋ¹（给予）→ 受益者 → 受损者 → 受事者

从闽东北片方言的历史经验来看，我们发现，引介受益者的介词在演变为引介受事者之前应当经历引介受损者这个过程，其手段是介词成分的"中立化"。"中立化"这个机制及其演变过程在闽语中的闽东语、闽南语和华语得到实际的验证，应当在汉语方言介词语法化的演变链上给予一个定位。更重要的是，语法成分引介成分的"中立化"在汉语方言语法化研究方面可以提供相当重大的启发。

已经有学者注意到，汉语方言中不乏"被动式"与"处置式"使用相同介词的现象；此外，同一个词汇，在不同的方言中或者作为"被动式"介词，或者作为"处置式"介词，也相当值得注意。（石毓智、王统尚,2009)以本文探讨的"分"为例,在湖南江永方言中,"分"pai[1]既可以用来引介受事者,也可以用来引介施事者,正是所谓"被动式"与"处置式"使用相同介词的方言之一。(黄雪贞,1993)还有,"分"在柘荣方言中用作"处置式"介词(引介受事者),但在客语中"分"pun[1]则用作"被动式"介词(引介施事者)。(江敏华,2006)本文的研究,主要是从实际材料及比较细致的研究出发,说明闽东北片方言也存在"分"用作"处置式"介词的现象,从而对既有的处置式介词语法化途径进行检讨并提出若干修改。至于同源成分的跨方言比较及相关议题,则有待累积更丰富的材料之后逐步开展。

附 注

① 《中国语言地图集》B12闽东区方言中还包括尤溪。不过李如龙(2000:85)的分区方案将尤溪视为闽南、闽东过渡区,我们接受这个说法,将之从闽东方言内排除。

② 关于宁德方言中kak[7]的语源及语法化,我们拟另文讨论,本文将焦点放在puoŋ[1]与pɔŋ[1]两个形式。

③ 闽东北片方言指称"饭"这个概念普遍用maŋ[5],这个词是maŋ[2] tau[5](冥昼)两字的合音,参看吴瑞文(2011)。

④ 根据我们的认识,闽东南片方言(如福州)的处置式介词koyŋ[6](共)在祈使句及命令句中也有相同的句法表现,参看陈泽平(1997:107)。至于闽南语,在上述这类句式中似乎可以不出现复指的代词"伊"i[1]。例如(以台湾三莺地区安溪腔闽南语为例):

kue[1] ka[6] lia?[8] lai[2] tʰai[2]

鸡 共 搦 来 治

把鸡抓来杀!

但应当注意的是,此时处置式介词ka[6](共)读为本调33而不是读为变调后的11,显示其后应当有一个轻读的零形式。我们认为这个零形式正是第三人称单数代词 i[1]（伊）的弱化表现。

⑤ 福州方言根据陈泽平（2000），台湾方言根据郑萦、曹逢甫（1995），三明方言根据吴瑞文（2013）。

⑥ 朱德熙（1999:181）还提到，在"警察给他抓走了"这类介词后的宾语为代词的句子中，"给"可以理解为"被"（警察被他抓走了），也可以理解为"把"（警察把他抓走了）。这牵涉到宾语的词类与"给"的语义性质之间的互动关系，兹不赘述。

⑦ 这是闽语从主流汉语分化出来的一项音韵创新，参看吴瑞文（2012）。

⑧ 曹茜蕾（2007:189）中的夺格（ablative），指的是"买""卖""罚""讨"这类"讨取"类双宾语动词中由介词引介的间接宾语（source marker with ditransitive verbs of taking away），此时介词引介的是直接宾语的来源（source）。例如：**kāi chioh**, borrow from him. **kāi thó**, demand from him. **kāi boé**, buy from him. 详细的讨论参看 Chappell（2000）。不过来源是否可以等同于夺格，可能还需要进一步说明，这里暂时沿用她的说法。

⑨ 据我们检索日僧空海《篆隶万象名义》中的《玉篇》资料，没有发现"帮"这个字。

⑩ 本文中所引用的古籍文献资料，凡未特别注明者，皆取自中研院研发之"汉籍电子文献—瀚典全文检索系统"数据库，特此说明并致谢。

⑪ 曹文举的例子是徽语黟县方言。根据伍巍（2000:98），黟县方言的"帮"可以引进被协助的对象（受益者），例句如：

(a) 渠人手不够，我帮渠莳田。

(b) 帮渠打官司。

伍巍进一步提到，所谓"帮渠打官司"表示协助、参与他打官司。如果将介词"帮"替换为"畀"，则是替代他打官司，当事者（渠）并不出面。需要注意的是，若照伍文所言，(b)句存在"帮"和"畀"的对比，则"帮"应当分析为引介共同施事者（Co-Agent），而非受益者（Benefactive）。

⑫ 至于金华汤溪方言的"帮"是否能够引介受损者，曹志耘文中并未交代。

⑬ 至于"分"的名词用法在语音上读为去声（fèn），显然是由四声别义的手段构造出来的，与本文论题没有太大的关联。

⑭ 表示"分而有之"的"分"，主语数量与所分数量相呼应的用法在《战

国策》中有很清楚的证据,例如:

  知伯从韩、魏兵以攻赵,……今约胜赵而三分其地。(《战国策·卷十八赵一·知伯从韩魏兵以攻赵》)

  约曰,四国(秦齐韩魏)为一以攻赵,破赵而四分其地。(《战国策·卷十九赵二·张仪为秦连横说赵王》)

在(55)中,子展、子西分其室,照逻辑推论应是中分(等分)。

参考文献

Chappell, Hilary 2000 Dialect grammar in two early modern Southern Min texts: A comparative study of dative kit, comitative cang and diminutive-guia. *Journal of Chinese Linguistics* 28.2:247-302.

中国社会科学院、澳大利亚人文科学院编 1989 《中国语言地图集》,香港朗文图书出版公司。

石毓智、王统尚 2009 方言中处置式和被动式拥有共同标记的原因,《汉语学报》第2期(总第26期):43—53页。

江敏华 2006 东势客家话"同"与"分"的语法特征及二者之间的关系,《语言暨语言学》,7.2:339—364页。

朱德熙 1999 《语法讲义》,商务印书馆。

伍 魏 2000 黟县方言介词,李如龙、张双庆主编《介词》(中国东南部方言比较研究丛书第五辑),94—100页,暨南大学出版社。

贝罗贝 1986 双宾语结构从汉代至唐代的历史发展,《中国语文》第3期:204—216页。

李方桂 1980 《上古音研究》,商务印书馆。

李如龙 2000 《福建方言》,福建人民出版社。

李 蓝、曹茜蕾 2013 汉语方言中的处置式和"把"字句,《方言》1/2:11—30/97—110。

吴瑞文 2011 论闽东霞浦方言 mang^2 nau^5 "饭"的来历及相关问题,《中国语言学集刊》4(2):285—304页。

——— 2012 从比较构拟的观点论两个闽语的音韵现象,中国音韵学研究会编《中国音韵学[中国音韵学研究会第十六届学术讨论会暨汉语音韵学第十一届国际学术研讨会论文集(太原·2010)]》,372—391页,九州出版社。

吴瑞文 2013 论三明方言 the^5 的语法功能及其语法化,《语言暨语言学》14(1):241—276页。

秋谷裕幸 2009 论闽东区方言的分区,余霭芹、柯蔚南编《罗杰瑞先生七秩晋三寿庆论文集》,47—76页,香港中文大学中国文化研究所吴多泰中国语文研究中心。

马贝加 2002 《近代汉语介词》,中华书局。

陈泽平 1998 《福州方言研究》,福建人民出版社。

陈丽冰、吴瑞文 2014 宁德方言的变韵及其历时意义,《汉语学报》第4期。

曹志耘 2000 金华汤溪方言的介词,李如龙、张双庆主编《介词》(中国东南部方言比较研究丛书第五辑),60—77页,暨南大学出版社。

曹茜蕾 2007 汉语方言的处置标记的类型,《语言学论丛》第三十六辑:183—209页。

冯爱珍 1993 《福清方言研究》,社会科学文献出版社。

黄雪贞 1993 《江永方言研究》,社会科学文献出版社。

梅祖麟 1995 方言本字研究的两种方法,《吴语和闽语的比较研究》[中国东南方言比较研究丛书(第一辑)],1—12页,上海教育出版社。

杨秀芳 1999 方言本字研究的探义法,In Alain Peyraube and Chaofen Sun eds., Linguistic Essays in Honor of Mei Tsu-Lin: *Studies on Chinese Historical Syntax and Morphology*. Paris:Ecole des Hautes Etudes en Sciences Sociales, Centre de Recherches Linguistiques sur l'Asie Orientale. 299-326。

叶太青 2007 《闽东北片方言语音研究》,福建师范大学博士学位论文。

郑萦、曹逢甫 1995 闽南语 ka 用法之间的关系,曹逢甫、蔡美慧编《台湾闽南语论文集》,23—46页,文鹤出版社。

魏培泉 1993 古汉语介词"于"的演变略史,《历史语言研究所集刊》62.4:717—786。

太田辰夫 2003 《中国语历史文法》,蒋绍愚、徐昌华译,北京大学出版社。

话说"永远":从孔子到老舍[*]

邢福义

(华中师范大学语言与语言教育研究中心)

《辞海》《辞源》和所能见到的古代汉语词典,只收"永",不收"永远"。凡是现代汉语词典,都收"永远",但都只标注为副词。考察语言的历史演变,可以知道,时至当今,"副词"一说已经不能统括所有的"永远"。

1 从《论语》说起

"永"是个古老的词。文献表明,这个词主要用作副词和形容词。

副词"永"用于状语位置,修饰动词或形容词。《论语》中有个特别典型的用例:"四海困穷,天禄永终。"(《论语》卷十)大意是:"(尧对舜说)普天之下如果百姓穷困,老天赐予你的这个禄位定会永远终止。"此例有个语境:孔子同弟子们讨论问题,在转述尧对舜、舜对禹的谈话之后,发表己见。其中的"永终",是"永+动"。至于修饰形容词的用例,例如:"决江疏河,洒沈澹灾,东归之于海,

---

[*] 本文已发表于《光明日报》2013年11月18日第15版"国学版"。

而天下永宁。"(《汉书》卷五十七上)其中的"永宁",是"永+形"。

"永"字用于定语位置或者谓语位置,这是形容词用法。例如:"协律改正,飨兹永年。"(《汉书》卷五)"贵贱并同,以为永制。"(《梁书》卷四十八)上例"永"分别用作"年"和"制"的定语。又如:"霜寒月满窗,夜永人无寐。"(《全宋词》蔡伸《生查子》)"非其次序,故皆不永。"(《汉书》卷二十五)"夜永"中,"永"单独做谓语;"不永"中,谓语中心词"永"受"不"修饰。按学界基本共识,形容词包括一般形容词和非谓形容词。根据语法特征,古代文献所见的形容词"永",属于一般形容词。

由于表示"永远""久远"等意义,"永"字契合人心企求。因此,人们起名喜欢用"永",中国历代帝王的年号,也喜欢用"永"。这种文化心态,对于语法上"永远"适用面的扩张来说,也许是潜性因由。

宋代以降,文言文中出现"永远";从明代起,白话小说中也出现"永远"。"永远"最初以副词身份出现,不久之后演化出非谓形容词用法。跟"永"相比较,"永远"出现很晚,二者时差千来年。

1.1 副词

文言文中,"永远"的副词用法始见于《全宋词》。有两例:"与君别后愁无限,永远团圞,间阻多方。"(胡夫人《采桑子》)"执手相将,永远成鸳侣。"(陶氏《苏幕遮·闺怨》)上例"永远"分别用作"团圞"和"成鸳侣"的状语。往后,在元末丞相脱脱所撰《宋史》中,也可见到副词"永远"。例如:"七年,以十八界与十七界会子更不立限,永远行使。"(卷一百八十一)再往后,清代张廷玉等人所撰《明史》和毕沅所撰《续资治通鉴》中,也出现副词"永远"。例如:"罪无轻重皆决杖,永远戍边。"(《明史》卷九十五)"金带永远许系。"(《续资治通鉴》卷一百一十六)再往后,在北洋政府时期编纂的《清史稿》中,"永远"出现频率大增,共有41处,其中40处用作副词。例如:"其绅户把持、州县浮收诸弊,永远禁革。"(卷一百二十二)"支销浮费及官役陋规,永远裁汰。"(卷三百七十五)近代白话小说中,副词"永远"从明代开始形成气候,在吴承恩《西游记》、冯梦龙"三言"和凌濛初"二拍"中皆可看到。例如:"把那老僧封为'报国僧官',永远世袭。"(《西游记》第九十五回)"落得永远快活,且又不担干系。"(《醒世恒言》卷十五)"永远世袭"是"副词+动","永远快活"是"副词+形"。接下来,清代作品《红楼梦》《儿女英雄传》《老残游记》《官场现形记》等中皆可见到副词"永远",不须赘说。

1.2 非谓形容词

文言文中,"永远"的非谓形容词用法始见于《宋史》,稍后于副词用法。作为非谓形容词,"永远"用于定位,修饰名词;一般不能单独充当谓语,绝对不能受"不"修饰。例如:"昌龄又献议导河大伾,可置永远浮桥。"(《宋史》卷九十三)"永远"修饰名词"浮桥"。非谓形容词"永远"和名词之间,有时必须加"之"。例如:"择便好田宅市之,为子孙立永远之业。"(《续资治通鉴》卷二)上例不能说成"永远业","之"是补足音节的要素。又如:"其所注意不在暂时之撤防,而在永远之辍戍。"(《清史稿》卷五百二十六)上例有"永远之辍戍",其中的"之"是把状语转化为定语的必要手段。一加了"之","永远之辍戍"便成了通常所说的"名物化用法"。近代白话小说中,也出现了"永远"的非谓形容词用法。例如:"何不教他也做这桩道路,倒是个永远利息?"(《醒世恒言》卷二十九)"替老兄想个法子,弄一笔永远经费。"(《官场现形记》第三十三回)上例的"永远利息"和"永远经费"都是"永远+名"。也有加"之"字的。例如:

"思量积攒来传授子孙为永远之计。"(《初刻拍案惊奇》卷十三)"把我那年说的立万年永远之基都付于东洋大海了。"(《红楼梦》第一百零一回)上例分别出现了"永远之计"和"永远之基",都带有文言色彩。值得注意的是:宋代以降出现的非谓形容词"永远",是在副词"永远"的基础上演化而来的,跟上古使用的一般形容词"永"无关。

2 现代汉语中的"永远"

现代汉语中,"永远"进一步发展。一方面,用作副词和非谓形容词的"永远"进一步活跃;另一方面,又演化出了一种新的词性,即用作时间名词。

2.1 副词

鲁迅《我们现在怎样做父亲》:"假使古代的单细胞动物,也遵着这教训,那便永远不敢分裂繁复……"这里的"永远"是副词。检索表明,作为副词的"永远",在现当代不仅保持优势地位,而且显得更为活跃,出现了近古用法中未见到的现象。这是现代汉语更加口语化的结果。比方,做状语的"永远"后边,往往带上结构助词"de",书面上多写成"地"。例如:"正是这种思想,使我的心永远地平静了。"(礼平《晚霞消失的时候》)又比方,做状语的"永远"可以重叠使用。例如:"就这样永远永远地在一起过下去吧。"(冯德英《苦菜花》)"永永远远地把一段辉煌的历史诉说。"(《人民日报》)上例分别使用 ABAB 和 AABB 的重叠方式,都是为了表示强调。再比方,在特定的句管控下,"永远"可以单独见于句尾。例如:"祝福你,永远!"(皮皮《比如女人》)上例的"永远",加重了话语的情味。

2.2 非谓形容词

曹禺《北京人》:"他……期想更深地感动她的情感,成为他永远的奴隶。"这里的"永远"是非谓形容词。检索表明,到了现当代,非谓形容词显现了新的面貌。主要表现为以下几点。第一,用作定语的"永远",后边一般带"的"(不再用"之")。第二,受"永远"修饰的中心词,不仅有典型名词语(如"永远的奴隶"),而且属于动词形容词名物化用法的多了起来。例如:"得到的力量却是永远的提醒。"(皮皮《比如女人》)"这种东西是……是那种天生的永远的脆弱。"(王朔《美人赠我蒙汗药》)由于受到句法格局的管控,本为动词和形容词的"提醒"和"脆弱"都被名物化了。第三,作为非谓形容词,"永远"可以出现在谓语部分,但必须用在"是……的"之间。例如:"一个人的献血行为不可能是永远的。"(《人民日报》)上例不能去掉"是……的"的框式。第四,定心结构"永远的X"可以单独使用。一般是用作书文、戏剧、歌舞等的名称。查看人民日报,可以看到《永远的丰碑》《永远的微笑》《永远的秘密》《永远的中国心》《永远的黑土地》《永远的铺路石》《永远的小桔灯》《永远的高原精神》等用例。

2.3 时间名词

典型的时间名词"永远",用在"从A到B"框架中的B位置,被规约为名词。这个框架的特点是:AB分别用在"从"与"到"的后边,AB二者总是词性相同。比如"从播种到发芽""从弱小到壮大""从北京到上海""从早晨到晚上","播种"和"发芽"都是动词,"弱小"和"壮大"都是形容词,"北京"和"上海"都是方所名词,"早晨"和"晚上"都是时间名词。由此可以推定:"永远"用在"从A到B"的B位置,是时间名词。例如:"《猫》已连演10年,盛况不辍,它的目标是:'从现在到永远'。"(《人民日报》)这里,"现在"和"永远"的对应,决定了二者都是时间名词。跟"永远"相呼应的时间名词是"现在、如今、目前"等。"现在"之类的前边,又可以出现"古代、当年"之类形式。这样,便形成先后推衍的一条时间链。例如:"你不知疲倦地演奏,从远古到今天,从今天到永远。"(《人民日报》)有的时候,"到永远"用在书文题目里面,或者用在誓言口号里面,在语表形式上不出现前项。例如:"民族舞剧《山水谣》,根据青年作家刘醒龙的长篇小说《爱到永远》改编。"(《人民日报》)"海尔人挂在嘴边的话是:'海尔真诚到永远'。"(《人民日报》)这里"爱到永远"和"真诚到永远"分别为书名和誓言。有的时候,时间名词"永远"可以复叠使用。例如:"现在,我的同学大部分已脱离了教育界,而我,仍留守在这片春晖无边的土地上继续耕耘,并且直到永远、永远……"(《人民日报》)这是为了强化无限延伸的后续时间。

3 总体概说

副词"永"为副词"永远"前身,《论语》中有特别典型的用例。千来年之后,"永远"出现了,发展起来了。通考古今演进,笔者观察到了以下三个"第一次":1.在《全宋词》的胡夫人《采桑子》中,第一次见到副词"永远";2.在《宋史》卷九十三,第一次见到非谓形容词"永远";3.在老舍的《四世同堂》中,第一次见到时间名词"永远"。审视现代汉语作品,笔者又观察到了以下三个"第一次":1.在鲁迅的《我们现在怎样做父亲》中,第一次见到副词"永远";2.在曹禺的《北京人》中,第一次见到非谓形容词"永远";3.在老舍的《四世同堂》中,第一次见到同时使用副词"永远"、非谓形容词"永远"和时间名词"永远"。即:"永远忘不了你的恩!"(第一部《惶惑》)"耻辱是他永远的谥号!"(第二部《偷生》)"她手里仿佛拿到了万年不易的一点什么,从汉朝——她的最远的朝代是汉朝——到如今,再到永远。"(第一部《惶惑》)前例"永远"为副词,中例"永远"为非谓形容词,后例"永远"为时间名词。

副词"永远"既然在《全宋词》里即已出现,那么,涉古词典就不应完全排斥"永远"。非谓形容词"永远"既然在《宋史》里即已出现,那么便不能认为是近几十年的新兴用法。只有时间名词"永远"始见于老舍《四世同堂》,才是现当代出现的新用法。

不管用作副词、非谓形容词,还是名词,"永远"都表示时间,但语义并不等同。副词"永远",重在表示连续时间中的动态流移;非谓形容词"永远",重在表示固化时间中的静态凝结;名词"永远",重在表示时间链中的那段后续时间。比较:"她的圆胖脸上永远挂着孩子般的笑。"(戴厚英《人啊,人》)"张秉贵的铜像,依然屹立在百货大楼门前,他那永远的微笑,将留在每一位走进王府井的顾客心间。"(《人民日报》)"在世纪坛上,中华圣火熊熊燃烧,直到永远。"(《人民日报》)前例的"永远"是副词,强调了时间移动过程中人们的突出感觉,事实上这种态势并非总是如此。中例的"永远"是非谓形容词,表示的是全程固化的表象,微笑的势态是永恒凝结的。后例的"永远"是名词,表示的是一段无限延伸的后续时间。

语用需求促进语义和语法的发展演变。从上古万世师表孔子的言辞,到现代语言大师老舍的作品,我们可以观察到"永→永远(副词→非谓形容词→名词)"的历时线索。

"者"衰"底(的)"兴及二者之间的关系[*]

杨荣祥

(北京大学中文系)

结构助词"底(的)"的产生及普遍使用,是汉语语法历史演变中的重要现象,也是汉语语法史学界非常关注的一个重要问题。关于"底(的)"的来源、"底(的)"与"者"的关系,以及"底(的)"的功能扩展,前辈时贤已经有很多研究成果(见冯春田,1991、2000;曹广顺,1995;江蓝生,1999;蒋绍愚,2005;刘敏芝,2008;等),本文所要重点讨论的问题是:(1)上古汉语使用频率极高的"者"经历了怎样的衰落过程?(2)"者"的衰落是否与"底(的)"的兴起有关?二者在语法功能上具有什么样的对应关系?(3)"者"与"底(的)"到底是词汇兴替关系还是音变源流关系?

1 "者"的衰落过程

在汉语语法史的研究中,人们比较多地关心新的语法成分、新

---

[*] 本文是教育部人文社会科学重点研究基地重大项目(编号:12JJD740011)的研究成果。曾在"首届中西文化对话国际学术研讨会"(意大利威尼斯,2013年3月)和第七届"汉语语法化问题国际学术研讨会"(武汉,2013年10月)上宣读,与会学者多所赐教,谨致谢忱。本文已发表于《语文研究》2014年第3期。

的语法结构形式的产生及其发展演变,而对旧有的语法成分、语法结构形式的衰落及其衰落过程关注得比较少。其实,语法的演变,就是不断地有旧质要素衰落、消亡,新质要素产生、发展,只关心新质要素的形成,不探讨旧质要素衰落、消亡的过程和原因,这对语法史的研究来说是不全面的。

众所周知,语法具有很强的系统性,旧质要素的消亡,语法系统中往往会出现新的代偿形式,新旧形式不一定完全等价,也不一定是一对一的关系(参见杨荣祥,2011)。从这个角度讲,描写、分析旧质要素的衰落过程及其原因,有利于我们对新的语法成分和语法结构形式的产生、发展做出更为合理的解释。

上古汉语十分常见的"者"到晚唐五代时急剧衰落,而这时正是"底"兴起的时候,这自然很容易让人想到,"底"的兴起与"者"的衰落是否具有必然的联系。

先看"者"的衰落过程。单从使用频率来看,从东汉开始"者"的使用就在不断减少。据刘一豪(2012),"者"在战国时期使用频率最高,以每千字出现次数计,《孟子》13.7次,《庄子》17.6次,《荀子》17.9次,《韩非子》15.7次,《吕氏春秋》12.7次。到西汉《史记》降至8.3次,东汉的《论衡》比《史记》多,有8.7次[①]。到六朝时期,中土文献如《三国志》每千字只有4.1次,《世说新语》每千字只有2.7次;汉译佛经使用频率还比较高,那有其特殊的原因(参见刘一豪,2012)。唐五代的敦煌变文(限《近代汉语语法资料汇编(唐五代卷)》所收约10万字)每千字1.9次,《北齐书》每千字2次,《祖堂集》每千字2.9次[②]。宋元时期,《三朝北盟汇编》每千字2.2次[③],宋元话本每千字则只有0.4次。明代《金瓶梅》中,每千字"者"不到0.3次,至此,"者"在实际口语中可能除了作为构词语素外,就不再使用了。

"者"在使用频率不断降低的同时,功能却有所扩展。春秋战国时期,"者"的功能是表示指称:用在谓词性成分(动词及动词性结构、形容词及形容词性结构)之后,一般表转指,指称施事(或当事),少数情况下表自指;用在名词性成分之后,表自指(见朱德熙,1983)。但是从西汉开始,"者"陆续产生了一些新的功能:

1.用在动词之后,提取动作的受事。如:

五月,懿公游于申池,二人浴,戏。职曰:"断足子!"戎曰:"夺妻者!"二人俱病此言,乃怨。(《史记·齐太公世家》)

诸侯更强,时菑异记,无可录者。(《史记·天官书》)

"夺妻者"指"妻被人夺走的人","可录者"指"可录之事"(与"可"的出现有关)。这种用法先秦已见端倪,但仅见一例:

及吴师至,拘者道之以伐武城。(《左传·哀公八年》)[④]

"者"的这种用法后来得到了发展,如:

于是至诸屯邸,检校诸顾、陆役使官兵及藏逋亡,悉以事言上,罪者甚众。陆抗时为江陵都督,故下请孙皓,然后得释。(《世说新语·政事》)

后鬼恒在家,家须用者,鬼与之。(《幽明录》,引自《太平广记》卷三百二十)

能问童子:"适才诵者,是何言偈?"(慧能《坛经》)

相公问曰:"是何经题?"远公对曰:"夜昨念者,是《大涅槃经》。"(《敦煌变文·庐山远公话》)

融曰:"我依《法华经》开示悟入,某甲为修道。"四祖曰:"开者开何人?悟者悟何物?"融无对。(《祖堂集》卷三)

2."动+者"用在名词前做定语。这种用法传世文献最先见

于《史记》,是"者"的功能扩展的重要一步。如(据吕叔湘、曹广顺等引):

又因厚币用事者臣靳尚,而设诡辩于怀王之宠姬郑袖。(《史记·屈原贾生列传》)

项王怒,将诛定殷者将吏。(《史记·陈丞相世家》)

于是平原君乃斩笑躄者美人头。(《史记·平原君虞卿列传》)

考文帝尝梦欲上天不能,有一黄头郎从后推之上天……。觉而之渐台,以梦中阴自求推者郎。(《史记·佞幸列传》)

何太子之遣往而不返者竖子也?(《史记·刺客列传》)

据孟美菊、王建民(2002),长沙马王堆汉墓出土的《五十二病方》中有如下用例:

牡痔居窍旁,大者如枣,小者如枣核者方。

牡痔之居窍廉,大如枣核,时痒时痛者方。

此外,俞理明(2001)在《太平经》中也发现了不少"动+者"作定语的用例:

一日而治愈者方,使天神治之;二日而治愈者方,使地神治之;三日而治愈者方,使人鬼治之。(《太平经》卷五十)

地善,则居地上者人民好善。(《太平经》卷四十)

行,为子道学而得大官者决意。(《太平经》卷九十八)

以上这些充当定语的"动+者","者"都是提取动作的施事,到了六朝时期,出现了"者"提取受事的"动+者"做定语的情况。如:

是三千大千世界如树,动之者佛,先度者果熟,未度者果生。(姚秦译经《大智度论》)

时净饭王为王太子,造三时殿……。拟冬坐者殿一向暖,

拟夏坐者殿一向凉,拟于春秋二时坐者,其殿调适,温和处平,不寒不热。(《佛本行集经》)

无论是"者"提取施事还是提取受事,"动+者"都和后面的名词所指相同,据此可以说"动+者"都是"同位性"定语。但换个角度看,这些"者"都可以换成文言中的"之",似乎只是起着连接限定语和中心语的作用。

这种"者"到唐五代时期更为多见。如:

奉敕,辄到者官人解现任,凡人决一顿乃至。(张鷟《朝野佥载》卷三)

(蒋)恒总追集男女三百余人,就中唤与老婆语者一人出,余并放散。(张鷟《朝野佥载》卷四)

公既去,而执拂者临轩指吏曰:"问去者处士第几?住何处?"(杜光庭《虬髯客传》)

当时宝塔新修日,此会终无见者人。(释圆鉴《十偈辞》)

其大王见佛化为一千体相,宜悟(疑悞)问言大臣曰:"那个是前来者一躯佛,交朕如何认得?"……又云:"五百生前耶输陀罗合知先来者佛。"……其臣又奏请:"罗睺之子合知先来者佛。"(《敦煌变文·悉达太子修道因缘》)

左右曰:"启将军,西边是掳来者贼奴念经声。"(《敦煌变文·庐山远公话》)

你前时要者玉,自家甚是用心,只为难得似你尺寸底。(《云麓漫钞》卷十五)

前五例"者"提取施事,后二例"者"提取受事。

3."者"用在名词性成分后表示转指。这种用法先秦已见,但用例很少,且名词性成分限于"形+名"或表方位的短语。如:

楚子享公于新台,使长鬣者相。(《左传·昭公七年》)

故解之以牛之白颡者与豚之亢鼻者,与人有痔病者,不可以适河。(《庄子·人间世》)

西北方之下者,则泆阳处之。(《庄子·达生》)

两汉以后,这种用法的"者"增多。

秦失其鹿,天下共逐之,于是高材疾足者先得焉。(《史记·淮阴侯列传》)

中国外如赤县神州者九,乃所谓九州也。于是有裨海环之,人民禽兽莫能相通者,如一区中者,乃为一州。(《史记·孟子荀卿列传》)

魏武有一妓,声最清高,而情性酷恶。欲杀则爱才,欲置则不堪。于是选百人,一时俱教。少时,还有一人声及之,便杀恶性者。(《世说新语·忿狷》)

有菜名曰"芸薇",类有三种,紫色者最繁,味辛,其根烂熳,春夏叶,密,秋蕊冬馥,其实若珠,五色,随时而盛,一名"芸芝"。(《拾遗记》卷九)

西有崿玉山,其石五色而轻,或似履舄之状,光泽可爱,有类人工。其黑色者为胜,众仙所用焉。(《拾遗记》卷十)

而彼仙人寻即取米及胡麻子,口中含嚼,吐著掌中,语小儿言:"我掌中者,似孔雀屎。"(《百喻经·小儿争分别毛喻》)

我曾所睹,乃为奇特,出过汝今所见者上。……我见奇特,出汝者上。(姚秦译经《日耀经》)⑤

寮友问其故,云:"常有妇人来,美丽非凡间者。"(《幽明录》,引自《太平广记》卷三百一十七)

南中桐花有深红色者。(段成式《酉阳杂俎续集》卷十)

大设珍馔,多诸异果,甘美鲜香非人间者。(戴孚《广异记·汝阴人》)

鲁公曰:"涤烦疗渴,所谓茶也。"赞普曰:"我此亦有。"遂命出之,以指曰:"此寿州者,此舒州者,此顾渚者,此蕲门者,此昌明者,此氵㸒湖者。"(李肇《唐国史补》卷下)

杨贵妃生于蜀,好食荔枝;南海所生,尤胜蜀者。(李肇《唐国史补》卷上)

开成初,余从叔听之镇河中,自洛招致饧者,居于蒲,蒲土因有是饧。其法宁闻传得,博军人窃得十八九,故今奉天亦出轻饧,然而劣于蒲者,不尽其妙焉。(李匡乂《资暇集》卷下)

季和将发,就食,谓三娘子曰:"适会某自有烧饼,请撤去主人者,留待他宾。"即取己者食之。(薛渔思《河东记》)

休祐以己手板托言他人者。(段成式《酉阳杂俎》)

禄山曰:"某贱人也,不幸两足皆有,比将军者色黑而加大,竟不知其何祥也。"(郑綮《开天传信记》,引自《太平广记》卷二百二十二)

太宗骇而问之,伏迦曰:"只为官木橦贵,所以百姓者贱。"(刘肃《大唐新语》卷九)

麦地占他家,竹园皆我者。(《寒山诗·贤士不贪婪》)

从以上举例可以看出,"名+者"表转指的"名"从六朝开始范围逐渐扩大,出现了简单的名词和代词,如"凡间、人间、主人、将军、百姓、他人",还有单音节的地名、代词。

文言与白话分道扬镳从东汉开始就比较明显,六朝后加剧。进入唐代后,文言虚词在实际口语中逐渐消失。为什么"者"到晚唐五代还会保有一定的使用频率呢?我们认为:一方面,今传白话文献并非纯粹的口语,总会夹杂一定数量的文言成分;另一方面,"者"在文言衰落的过程中,产生了上述种种新的功能。总的使用频率的消减与文言的命运一致,而新功能的产生,则给了"者"不灭并获得"新生"的可能。

2 "者"与"底(的)"的功能对应

结构助词"底(的)"产生于唐五代时期。已有研究成果提到的"底(的)"的最早用例有:

> 周静乐县主,河内王懿宗妹。懿妹短丑,武氏最长,时号大哥。县主与则天并马行,命元一咏。曰:"马带桃花锦,裙衔绿草罗。定知帏帽底,仪容似大哥。"则天大笑,县主极惭。(张鹫《朝野佥载》卷四,引自《太平广记》卷二百五十四"张元一"条)

> 崔湜之为中书令,河东公张嘉贞为舍人,湜轻之,常呼为"张底"。后曾商量数事,意皆出人右,湜惊美久之,谓同官曰:"知无?张底乃我辈一般人,此终是其坐处。"湜死十余载,河东公竟为中书焉。(刘𫗧《隋唐嘉话》下,谈刻初印本《太平广记》引作《国史纂异》)

这两例都见于后人辑录的《太平广记》,不是同时资料,且前一例"帏帽底"也可能是"帏帽底下","底"是方位词。(见冯春田,2003,p425)

接下来是敦煌变文和《祖堂集》中的例子。曹广顺(1986、1995)、梅祖麟(1988)、吴福祥(1996)、冯春田(2000)等已有调查分析。诸位学者在分析早期的"底"的用法时,都会拿吕叔湘(1943)

列出的现代汉语中"的"出现的六种格式做对比。刘敏芝(2008)曾拿敦煌变文和《祖堂集》中的"底"对照六种格式,进行了统计,转录如下:

		敦煌变文		祖堂集	
N+底		3		17	
N+底+N		0		5	
A+底		0		9	
A+底+N		1		6	
VP+底		3		40	
VP+底+N	VP底O	8	8	27	126
	VP底S	0		89	
	底表自指	0		10	
合计		15		203	

据此,在《祖堂集》中,"底"已经具有全部六种格式,而这六种格式,此前的"者"也都具备。值得注意的是,"底"的六种格式与"者"的用法,在出现时间的先后和使用数量上具有相当整齐的对应关系。

先看"者"出现得最多的典型用法"VP者"和"A者"。在敦煌变文和《祖堂集》中,相应的"VP底""A底"出现得并不太多,这是因为"者"的典型用法在这个时期依然保持其惯性,书写者对这种自古沿袭而来的用法会感到更加自然和习惯。或许口语中说的是"VP+X""A+X",书写时如果偏重书面学来的用法和习惯,就写成了"VP者""A者",如果偏重实际语言的记录,就可能写成"VP底""A底"。如《祖堂集》中,据刘一豪(2012)统计,"VP者"有382例,"A者"有83例。所以晚唐五代的文献中"VP底"和"A底"还远比"VP者""A者"少。

再看"N+底""N+底+N"对应的"N+者""N+者+N"。如

349

上一节所述,"N+者"先秦就有少数用例,汉代以后逐渐多见,但N限于"形+名"或表方位的短语,而在敦煌变文和《祖堂集》中的"N+底",N也主要限于这两类。同时,六朝以后N也有了简单的名词和代词,正好《祖堂集》中"N+底"的N也有少量的简单的名词和代词(参见刘敏芝,2008)。如:

国师云:"这个是马师底,仁者作摩生?"(《祖堂集》卷十五)

师云:"我不敢瞒却汝底。"(《祖堂集》卷十三)

"N+者+N"历代文献中少见,吕叔湘(1943)曾在唐钺的基础上举出几例,但《战国策》一例存在版本问题,《南齐书》一例可做不同的标点(参见刘敏芝,2008),剩下的也就是《汉书·艺文志》的"儒家者流""农家者流"9个很特别的例子,如何训释还值得研究。此外,中古文献中有"所VP+者+N"的用例:

守尸吏嗔以为大炷,置卓脐中以为灯,光明达旦,如是积日。后卓故部曲收所烧者灰,并以一棺棺之,葬于郿。(《三国志·魏书·董二袁刘传》注引《英雄记》)

试取上古人所案行得天心而长吉者书文,复取中古人所案行得天心者书策文,复取下古人所思务行得天意而长自全者文书,宜皆上下流视考之,必与重规合矩无殊也。(《太平经》卷三十七)

李德裕作相日,人有献书帖。德裕得之,执玩颇爱其书。卢弘宣时为度支郎中,有善书名。召至,出所获者书帖令观之。(张怀瓘《书断》)

"所VP"虽然不是典型的名词,但毕竟是名词性结构,不过这种用法的"者"文献中很少。与此相对应,"底"产生后,"N+底+

N"出现得最晚,《祖堂集》中的用例也最少。如:

> 师向大王云:"世俗中亦有志人底苗稼,佛法中亦有志人底苗稼。"(《祖堂集》卷十)

再看"VP+者+N"和"A+者+N"。前者汉代以后就比较多见了,相应地,"VP+底+N"在晚唐五代用例就比较多。后者文献中极少见,唐钺曾举出《庄子》一例(据吕叔湘,1943):

> 乡吾示之以天壤,名实不入,而机发于踵。是殆见吾善者机也。(《庄子·应帝王》)

但是这一例很奇怪,《应帝王》篇上下文与"善者机"对应的是"杜德机""衡气机",所以"善者机"未必能看作"A+者+N"。一直到敦煌变文里,才见到一例"A+者+N",这也就是许多论著中经常提到的例子:

> 其王崩后,太子二人。大者不恋云华(荣华),山间修道;小者太子丞(承)王宝位,主其天下。(《敦煌变文·悉达太子修道因缘》)

相应地,"底"产生后,"A+底+N"早期也不多见。

根据上面对"者"的六种格式和"底"的六种格式的对应关系分析,我们发现,除了"VP者"和"VP底"、"A者"和"A底"可能因为文言用法惯性而前者多后者少,其他四种格式,基本上是前代或唐五代用"者"的格式多见,用"底"的格式在唐五代也比较多,如"VP+底+N""N+底",相反,前代或唐五代用"者"的格式少见,用"底"的格式在唐五代也比较少。这种对应关系应该不是巧合,它说明"底"与"者"之间具有必然联系,据此我们有理由推测,"底"可能就是"者"的口语读音的新的书写形式。

3 "底"是"者"的口语音书写形式

关于"底"的来源,早先主要有两种观点:吕叔湘(1943)、太田辰夫(1958)倾向于来源于"者",王力(1958)主张来源于"之"。后来的学者或支持前一种观点,如曹广顺(1986、1995)等,或支持后者的观点,如梅祖麟(1988)。也有提出新观点的,如祝敏彻(1982)、俞光中、植田均(1999)主张既来源于"者"也来源于"之"。冯春田(1990、2000)认为来源于指示代词"底",江蓝生(1999)认为来源于方位词"底"。许多学者都曾引章炳麟《新方言》中的话,说章认为"底"既来源于"者"也来源于"之",其实章炳麟只是说白话的"底(的)"相当于文言的"者"和"之",还相当于文言的句尾"只"。[6]

吕叔湘、太田辰夫倾向"底"来源于"者",是看重二者功能上的对应关系;王力认为不可能来源于"者",因为语音上不好解释,功能上也并非完全对应,如"底"后可接中心语;主张双来源者实际上是想调和两种不同的意见,但遇到的困难更大:说部分来源于"者",仍要解释语音上演变的可能性;说部分来源于"之",那么来源于"之"的部分是怎么与来源于"者"的部分合流的呢?两个不同的来源语音上会完全一样吗?既然说"底"来源于"者"或"之"都无法得到很好的解释,会不会是别的来源呢?于是有了冯春田和江蓝生提出的新观点。

前辈时贤的研究,为探讨"底"的来源打下了很好的基础;不同意见之间的讨论,也揭示了其中一些值得进一步研究的问题。我们认为,就像许多学者所说的那样,"底"来源于"之",功能上是无法解释的。"底"是一个功能成分,要探讨其所自来的前身,首先必须看二者在功能上是否有对应关系。从本质上说,"之"作为限定语和中心语的连接标志,是一个前附成分,这是由它来源于指示代词(张敏,2003)所决定的;而"底"从其早期用例来看,是一个后附成分。正因为"之"是一个前附成分,所以它不可能出现在"～之"这样的位置,而"底"因为是一个后附成分,所以既能出现在"～底"这样的位置,也能出现在"～底～"这样的位置。而"底"的后附成分的性质与"者"是一致的。

冯、江二位先生提出的观点,虽然既不存在语音演变解释的问题,也不需要解释结构助词"底"与其前身的功能对应不对应的问题,但是,由指示代词"底"或方位词"底"演变为结构助词"底"的过程并不清楚,缺乏足够的语言实例的支持。我们知道,语法化理论提出了许多语法化原则(参见沈家煊,1994),其中包括频率原则、渐变原则、保持原则,而说结构助词"底"由指示代词或方位词演变而来,都不大符合这几项原则。先看频率原则,指示代词"底"在结构助词"底"形成之前,用例极少,更难见到适宜于其演变为结构助词的语法分布的用例。方位词"底"的频率也不是很高,特别是同样很少见到适宜于其演变为结构助词的语法分布的用例。一个使用频率不高的成分,是不大容易发生语法化的。再看渐变原则,其实与频率原则相关,语法化是一个连续的渐变的过程,一个语言单位由 A 转变为 B,通常可以找到一个既有 A 义(包括功能)又有 B 义(包括功能),或者说既可以理解为 A 义又可以理解为 B 义的中间阶段。然而我们目前并没有发现这种情况。保持原则是说语法化发生后 B 还会多少保留 A 的一些特点(包括意义和功能),然而我们很难从结构助词"底"的身上看到指示代词或方位词的特点。

虽然指示代词和方位词都有可能演变为结构助词,但是就"底"的形成过程来看,因为文献提供的实例太少,目前冯、江二位先生的论证,其说服力似乎还不太充足。[7]

我们倾向于"底"的来源是"者","底"是"者"口语音的新的书写形式。如前文所述,"者"与"底"在功能对应方面不存在问题。以往研究认为"底"出现之前没有或很少见"N者"(转指),通过文献调查可知,"N者"并不少见。这就可以解释为什么"N底"出现得早而且早期用例也比较多。问题还是"者"和"底"的语音关系如何解释。

吕叔湘对"者"变"底"的语音解释说得不是很肯定:"底是否之、者的音变,牵涉到古代的语音,难于论证。要是就之和者来比较,之和底韵母较近,者和底声调相同,可能性的大小也差不多。我们现在只从用法方面来考察。"太田辰夫则根本没提"底"与"者"的语音关系。王力先生明确提出,说"底"来源于"者"从语音上解释不通。

我们认为,由"者"到"底",语音上并不是完全解释不通。吴福祥(1996)曾提到,"者""底"可能都已经轻声化,轻声化可能导致二者的韵母趋同。这种假设当然可能存在。除此之外,"者""底"韵母相近甚至趋同并非完全找不到证据。吕叔湘(1985)在论证指示代词"底"的来源时曾指出:"阿堵的阿是前缀,堵是者(这)的异体。'堵'在《广韵》两见:一为上声姥韵,当古切;一为上声马韵,章也切,与'者'同音。阿堵的堵很可能是后一个音,后来随着者字音变为底,就写成阿底,更后又写成兀底。宋元时代的阿底和兀底就是晋宋时代的阿堵,宋人早已看到这一点:朱翌在《猗觉寮杂记》里说:'王衍见钱曰阿堵物。阿堵如言阿底。'元马永卿的《懒真子》也说:

'古今之语大都相同,但其字各别耳。古所谓阿堵者,乃今所谓兀底也。'"(P241)"堵"从"者"得声,《集韵》中"者"有"董五切"又音(吴福祥,1996)。"堵"能够音变为"底","者"当然也可以音变为"底"。

"董五切"与"当古切"同音,属姥韵(模上声)。唐五代时的语音系统中(主要是以敦煌资料为依据整理的西北方音),鱼模韵字与齐韵字("底"属荠韵,齐韵上声)是有纠葛的。蒋冀骋、吴福祥(1997)曾引周大璞(1979)、罗常培(1933)、邵荣芬(1963)、周祖谟(1988)等人的研究成果讨论唐五代的韵母系统,从中可以看出"者"与"底"的语音联系。

《集韵》马韵:"者,止也切,《说文》:'别事词也。'"姥韵:"者,董五切,语辞。"马韵"者"肯定就是上古沿用下来的文言"者",姥韵"者"是个什么"语辞"呢?肯定不是文言"者",有可能就是由文言用法经功能扩展变异的口语读音"者"。这样,如果能够找到唐五代前后模韵与齐韵之间的关系,也就可以解释"者""底"之间的语音联系了。

周大璞分敦煌变文用韵得23部,鱼模部中的鱼韵有时与支微部(包括齐韵)通押(据蒋、吴,1997,P63),虽然没有模韵字与齐韵字通押,但既然是两部通押,说明二者韵母相去不远。

罗常培(1933)根据对音材料得23摄55韵,齐韵在e摄e、ye、we三韵,模韵在u摄u韵,而鱼韵则一半与脂之支(开)同在i摄i韵,一半与虞韵、模侯尤(唇音)、脂之支(合)同在u摄u韵。根据变文的用韵,鱼模同部,脂之支微齐同部,而二者可以通押,说明根据对音分出的e与i、u三韵之间有某种联系。罗常培在分析鱼韵的读音时说:《切韵》时代的鱼韵应读[io],这个音"读的开唇一点就容易变成[ɨ],读的合唇一点就容易变成[y]。这两个音在吐蕃人耳朵里都是很难辨别的,所以就拿他自己语言中固有的i、u来勉强代替"。据此,则模韵与齐韵分别是清楚的,二者的纠葛是因为押韵系联造成的。但是从罗常培先生的这段话也可以看出,对音受到对译双方语音系统的影响,并不完全能够反映汉语当时的实际音值。既然在对音中鱼韵联系着模韵和脂之支微,脂之支微又与齐韵同部,那么,模韵和齐韵的韵母应该相差不远。

再看敦煌变文的实际用韵,周祖谟(1988)对变文用韵的分析结果与周大璞大致相同,也是23部,其中之部包括支、脂、之、微、齐几韵系和去声祭韵字,鱼部包括鱼、虞、模三韵系和尤、侯韵系的唇音字。"者"入韵均在"假摄(麻部)",自然是马韵的"止也切"一读,而在姥韵读"董五切"的语辞"者"没有入韵的。但是,之部和鱼部可以通押,虽然未见齐韵系与模韵系直接通押,但有模韵系的字与之部通押,如"步、土、五、度、怒"等,语辞"者"的反切下字"五"就可以和之部字通押。据此,"董五切"的"者"与"底"的韵母应该是相近的。蒋冀骋(2005)曾论证:"'底'读te,与'者'的姥韵在方言中的读音ti非常接近,可替代。"这个论证是值得重视的。

我们推测,"者"在唐代有文白两读,文读依据语音演变规律读"章也切",白读依据口语音读"董五切"。"董五切"与"底"声母、声调相同,韵母相近,因与"者"的正常语音演变规律不合,书写时就写成了"底",而文读音则保持着"者"这一书写形式。

因为"者"有文白两读,在白读音写作"底"后,文献中就出现了"者""底"同现的状况,口语中读"底"的音,书写时则既可写作"者",也可写作"底"。冯春田(1990)曾列举许多对偶文句、同一文献中同类结构的文句和不同文献中同类结构的文句中或用"者"或用"底",据此冯文认为"者""底"之间只有词汇替换关系,没有源流演变关系。我们注意到,冯文所列例句中,用"者"的都是"VP者"和"AP者"。如前文所说,在"底"的书写形式出现后,"者"仍然保持着其文言用法的惯性,特别是其典型用法"VP者"和"AP者"。完全有可能口语中说的是"底"音,书写时却不自觉地写成了"者"。

4 结语

"底"在晚唐五代逐渐普遍使用后,"者"的衰亡速度加快。"底"不是"者"的替换形式(词汇替换),而是由"者"演变来的新的书写形式。新形式产生后,旧形式没有立即消失,其原因是"者"有文白两读,加上文读的"者"借助文言的强大惯性,使其能够在书面语中得到较长时间的保留。而白读写作"底"后,渐渐与"者"的典型用法分家,功能也逐步扩大,特别是到了宋元之际写作"的"后,不仅具有了文言中"者"的功能,同时还兼并了文言"之""所"的功能(参见蒋绍愚,2005)。这种功能的扩展,使得"底(的)"看起来既与"者"有联系,也与"之"有联系,但从早期"底"的用法看,它最先只是继承了"者"的功能。

语法的新陈代谢,可能是词汇替换,如处置式标记"把"替换"取、将",事态助词"了"替换"已",新旧形式各自有自己的演化过程;也可能是传承关系,即新形式由旧形式演变而来,只是由于书写符号发生变化,书面上写成了不同的汉字,如第二人称代词"尔"变成"你",语气词"无"变成"吗"。"底"和"者"的关系应该属于后者。

附 注

① 按,"者"在《论衡》中的使用频率比《史记》高,是因为《论衡》中有一

些近似词化的"X者"和特殊的"X者",如"论者"(46次)、"使者"(16次)、"当道者"(9次)、"实者"(16次)、"说(……)者"(34次)、"古者"(16次)、"帝者"(6次)、"儒者"(74次)、"王者"(68次)等。如果去除这些特殊的用法,《论衡》中"者"的使用频率要比《史记》低一些,约每千字7.6次。

② 按,其中有些高频率的"X者",如"侍者"100次,行者59次,"来者"12次,"智者"23次等。如果去除这些用法,《祖堂集》中"者"的使用频率也只有每千字2.2次左右。

③ 刘一豪文只统计了《近代汉语语法资料汇编(宋代卷)》收录部分的约5.5万字。按,其中大部分"者"都出现在叙述性语言中,当是受文言文的影响。

④ 《孟子》中有"治于人者食人,治人者食于人。"(《滕文公上》)因为"治于人"本已用为受动,所以"者"只能提取受事。

⑤ 此例由魏培泉(2004)发现。

⑥ 章炳麟《新方言》:"今人言'底'言'的',凡有三义:在语中者,'的'即'之'字;在语末者,若有所指,如云'冷的''热的','的'即'者'字'者'音同'都',与'的'双声;若为词之必然,如云'我一定要去的','的'即'只'字。"早在元代卢以纬《语助》中就有类似的说法:"(者)或有俗语'底'(平)字意"("者"字条),"凡'之'字多有'底'(平)字义"("之"字条)。章、卢并没有讨论"底"的来源问题(参见刘敏芝,2008),只是比较白话与文言,"底(的)"相当于"之""者""只",或"者""之"相当于白话中的"底(的)"。

⑦ 关于来源于方位词"底"之说的疑点,蒋冀骋(2005)辩之甚详。

参考文献

曹广顺　1986　《祖堂集》中的"底(地)""却(了)""著",《中国语文》第3期。
——　1995　《近代汉语助词》,语文出版社。
冯春田　1990　试论结构助词"底(的)"的一些问题,《中国语文》第6期。
——　2000　《近代汉语语法研究》,山东教育出版社,2003年。
江蓝生　1999　处所词的领格用法与结构助词"底"的由来,《中国语文》第2期。
蒋冀骋　2005　结构助词"底"来源之辨察,《汉语学报》第1期。
蒋冀骋、吴福祥　1997　《近代汉语纲要》,湖南教育出版社。

蒋绍愚 2005 《近代汉语研究概要》,北京大学出版社。

刘敏芝 2008 《汉语结构助词"的"的历史演变研究》,语文出版社。

刘一豪 2012 《结构助词"者"的历史演变》,北京大学硕士学位论文。

罗常培 1933 《唐五代西北方音》,《史语所集刊》甲种之十二。

吕叔湘 1943 论"底"、"地"之辨及"底"字的由来,见《汉语语法论文集》(修订本),商务印书馆,1984年。

吕叔湘著、江蓝生补 1985 《近代汉语指代词》,学林出版社。

梅祖麟 1988 词尾"底"、"的"的来源,《梅祖麟语言学论文集》,商务印书馆,2000年。

孟美菊、王建民 2002 帛书《五十二病方》"者"字用法浅析,《黔西南民族师范高等专科学校学报》第2期。

沈家煊 1994 语法化研究综观,《外语教学与研究》第4期。

太田辰夫 1958 《中国语历史文法》(修订译本),蒋绍愚、徐昌华译,北京大学出版社,2003年。

王　力 1958 《汉语史稿》,中华书局,1980年修订本。

魏培泉 2004 《汉魏六朝称代词研究》,中研院语言研究所(台北)。

吴福祥 1996 《敦煌变文语法研究》,岳麓书社。

杨荣祥 2011 上古汉语连动共宾结构的衰落,《中国语言学》第五辑。

俞理明 2001 《太平经》中的"者"和现代汉语"的"的来源,《汉语史研究集刊》第四辑,巴蜀书社,2001年。

—— 2005 从东汉以前的文献看"者"介入定中之间的过程,《中国语文》第1期。

张　敏 2003 从类型学看上古汉语定语标记"之"语法化的来源,吴福祥、洪波主编《语法化与语法研究》(一),商务印书馆。

周祖谟 1988 敦煌变文与唐代语音,见《周祖谟语言学论文集》,商务印书馆。

朱德熙 1983 自指和转指——汉语名词化标记"的、者、所、之"的语法功能和语义功能,《方言》第1期。

从'往'义动词到远指代词[*]
——上古汉语指示词"之"的来源

张 定

(中国社会科学院语言研究所)

0 引言:动词和指示词两种用法

上古汉语的"之"用法特别丰富,涉及位移动词、指示代名词、指示形容词、指示副词、定语标记、关系化标记等,学界对此关注颇多,余霭芹(Yue,1998)、张敏(2003)等还对其中一些用法的来源做过充分的论证。本文主要关注"之"的以下两种用法:(i)'往'义动词(例1、2、3),其中"之"的宾语"东、一邦"表方位、处所,"莫"表时间;(ii)指示代词(例4、5)。

(1)自伯之东,首如飞蓬。岂无膏沐,谁适为容?(《诗经·卫风·伯兮》)

(2)之一邦,则又曰:"犹吾大夫崔子也。"(《论语·公冶长第五》)

(3)言之,之莫而卒。(《左传·成公十七年》)

---

[*] 本文已发表于《古汉语研究》2015年第3期。

(4) 有狐绥绥,在彼淇梁。心之忧兮,之子无裳。(《诗经·卫风·有狐》)

(5) 燕燕于飞,差池其羽。之子于归,远送于野。(《诗经·邶风·燕燕》)

学界对"之"的这两种用法论述颇多,同时也存在争议。焦点有二:(i)"之"用作指示代词是表近指还是表远指?王力(1980)、陈年福(2007),以及众多先秦古籍译注都认为表近指,而赵诚(1993)、洪波(1994)、张玉金(1994,2001,2006)、沈之瑜(2002)等则认为甲骨文中的指示词"之"表远指。(ii)'往'义动词"之"和指示代词"之"有无渊源?学界对这个问题讨论不多,所见文献大多数都认为是假借,如周法高等(1975)、李圃(1995)等。赵诚(1993)则认为,甲骨刻辞中"之"用作远指代词,可能与'之往'义的引申发展有关,因为"之往"的结果是由此到彼,由近而远。这一推测富有启发性,尽管未加论证。余霭芹(Yue,1998)也指出,尽管指示代词"之"来自位移动词"之"这一假设尚未被学者广泛接受,但这种可能性是存在而且合理的。该文还对这一假设做了一些论证。

以往研究尚未解决的问题有:"之"从位移动词演变为指示词的句法环境是什么?语义上如何关联?本文将利用甲骨文材料,结合汉语史上"往、去"和香港粤语"今"的旁证,以及非洲语言中的平行演变,证明"之"经历了"'往'义动词＞过去的(时间)＞远指代词"这一语法化过程。

1 近指还是远指?

王力(1980:279)明确指出"之"用于指示时,是用作定语的指示形容词,是近指的指示代词,等于现代的"这",所举的例子有"之子于归,宜其室家"(《诗经·周南·桃夭》)"之二虫又何知"(《庄子·逍遥游》)。陈年福(2007:80)指出,"之"相当于"此",而"此"又相当于"这"。Serruys(1981:354—5)也认为甲骨文中的"之"一般解释为"这"(this)。古籍注解中将"之"视为近指的更是不胜枚举。

与此相反,也有很多学者认为"之"表远指。陈梦家(1956:114—5)就已指出,甲骨卜辞中凡称"今日""今夕"的是记卜之当日,凡称"之日""之夕"是追记该日该夕,亦即那天那晚。陈氏虽未明确"之"为远指,但论述中已否认"之"近指。赵诚(1993:112)认为,甲骨刻辞的"之"多用作指示代词或指示词(百条以上),为远指,犹言"彼"。洪波(1994)赞同陈氏的观点,他明确指出,商代甲骨文中,指示代词"之"和"兹"构成一个二元系统:"兹"是近指代词,"之"是远指代词,这种差异在甲骨文占辞和验辞的对比中得到明示。例如:

(6)贞:今日其雨?王占曰:疑,兹气雨?之日允雨。三月。(合集12532正)

洪波(1994)还发现,"兹"和"之"的差异不仅体现在时间上,在处所上也有体现:"兹"只用来指代当前的处所,"之"则用来指代较远的处所。例如:

(7)庚申卜,出贞:今岁秋不至兹商。二月。(合集24225)

(8)王夕入于之,不雨。(合集30113)

张玉金(1994:321—4,2001:30,2006:294—300)也认为甲骨文及西周汉语中做定语的"之"表示远指,并从多角度加以论证。沈之瑜(2002:128—9)认为,卜辞中的"之月""之日"即"是月""是日"。但"之""兹"亦有一些不同之处,"兹"是近指,"之"是远指,有此与彼之别。高岛谦一(2013:359)也认为"之日"表示"那天",例如:"乙卯卜,献贞今日王往于敦。之日大采雨。王不往。"(合集 6710)

比较上述诸家观点,可以看出,远指说具有更充分的证据,不过还得考虑时间因素。从时间上看,"之"表远指仅限于甲骨文,而在西周以后,"之"不再仅表远指,也可以是近指的。(洪波,1994)此外,文本解读上,用作动词宾语的表处所的"之"是否为指示代名词,这一点有不同看法。洪波(1994)认为例(8)中的"之"指代较远的处所;马如森(1993:439)认为动词后的"之"借用作地名,如"亘,贞:于之……"(前 1·53·1),也有借用作人名的,如"贞:命之……"(乙 3400)。焦点在于非借用的"之"除了用在"之日""之夕"这类结构中充当指示形容词之外,有没有充当独立指代的指示代名词的功能。笔者倾向于否定的答案,但这个问题不在本文的讨论范围。

2 有无关联?

绝大多数学者都主张,"之"的本义是'往,到……去',造字和早期材料支持这一看法。"之"在甲骨文中写作业,表示"止"在"一"上,即"一只脚在地面上",因此其本义就是'往,到……去'。这一本义在甲骨文中也有一些用例。如:

(9)……循从之若。二告。(合集 7267 正)

'往,到……去'义的动词"之"与指示形容词"之"有无联系?这一点学界存有争议。不少学者认为后者是假借字。《尔雅·释诂》:"之,往也。"《小尔雅广诂》:"之,适也。"假借为"是"。李圃

(1995:232)认为,"之"为人足趾形,是"趾"的初文。"一"是个字缀,指地面之起讫点,表示人足于地面起讫点有所往义。《尔雅·释诂》"之,往也"当为其初义。"之"属于缀加造字,指事表词。殷商甲骨文时已借记代词或名词。沈之瑜(2002:128—9)、钱宗武(2004:154)等都认为是假借字。

值得一提的是,有几位学者试图建立两者之间的联系,具体解释和论证的思路却迥然有别。前文提到,在国内学界,赵诚(1993)是目前所见最早做出这一推测的。不过,海外有两位学者的讨论更为充分。尽管 Serruys(1981:354—5)将甲骨文中这一用法的"之"看成近指代词,但实际上他首次将"之"的'往,到……去'的本义跟指示代词建立联系。他认为,将"之"解释为'这'(this)不能涵盖甲骨卜辞中出现的所有用例,而符合商代文献中所有用例的是其本义'往,到……去'(to go)。按照这一解释,"之夕"意思是'到晚上'(by the evening),很可能是源自'到晚上去'(going to the evening)。余霭芹(Yue 1998)接受 Serruys 的观点并进一步做出解释。余文首先引用一个语言发展的例子来说明这一衍生过程的合理性。新几内亚的 Tok Pisin 语中,当前使用的后置的直指词(deictic)或指示词(demonstrative)来源于一个处所副词 ia,而 ia 词源上可追溯到英语的 here,ia 的早期语源在 1950 年代拼写为 hia。到了 1970 年代,ia 大量用作指示代词,只是保留了一些处所副词的痕迹。这一扩展过程并非孤例,而是为很多语言所共有。余文进一步指出,"之"本质上是一个全能的直指词(deictic word),包含了动词、指示词(demonstrative)、人称(回指)和副词(程度、方式)等几个方面的直指义(deictic meaning)。从造字的角度说,'往,到……去'义的"之"是一个动词性直指词,即指示动词(deictic verb)。根据跨语言普遍的语义演变规律,"之"从相对具体的动词性用法(含空间义)演变为相对抽象的指示词用法是相对合理的。

不难看出,Serruys 和余霭芹两位先生都努力证明"之"的两种用法之间的联系。不过,他们似乎都没有准确断定'往,到……去'义的动词"之"演变为指示词的句法环境。在 Serruys 看来,甲骨刻辞中的"之日""之夕"最初是个动宾结构,意思是'到白天''到晚上'。这一解释若只限于"之夕",倒也能说得通,但并不适用于"之日""之月"。余霭芹没有提及发生演变的句法环境,她所提供的证据似乎难以证明两者的衍生关系。

我们认为,"之"从'往'义动词演变为指示形容词,最适合的句法环境是"之+时间词",动词"之"直接做时间词"日、夕"等的定语,义为'过去的(时间)',再进一步语法化为指示形容词。

3 "往、去"和"今"的旁证

3.1 "往、去"的平行演变

汉语史上,同为'往,到……去'义的动词"往"和"去"也经历了从位移动词到表'过去的(时间)'义,这一过程与"之"的演变一致。

考察显示,"往"在先秦就已经用来修饰时间词,表'过去的(时间)',后世沿用。例如:

(10)往岁,郑伯请成于陈,陈侯不许。(《左传·隐公六年》)

(11)君卑政暴,往岁克敌,今又胜都,天奉多矣,又焉能进?(《左传·哀公二十四年》)

(12)惜往日之曾信兮,受命诏以昭诗。(《楚辞·九章·惜往日》)

(13)生与来日,死与往日。(《礼记·曲礼第一》)

"去"大约在汉魏时期就可用来修饰时间词,也表'过去的(时间)'。例如:

(14)对酒当歌,人生几何?譬如朝露,去日若多。(曹操《短歌行》)

(15)去岁家南里,薄作少时邻;负杖肆游从,淹留忘宵晨。(《陶渊明集·与殷晋安别并序》)

(16)去岁新婴儿,今年已学步。(白居易《叹老》诗)

(17)去日蒙和尚许个拙斧子,只今便请。(《五灯会元·青原行思禅师》)

上面的例子显示,"往、去"常与"今、来"对举,当为'过去的(时间)'。由此可以推知,甲骨文中"之日、之夕"中的"之"也当为'过去的(时间)'义。陈梦家(1956:114)早已指出这一点,他认为卜辞的"之日""之夕"并非"此日、此夕",而是表示过去的"是日、是夕"。这表明,尽管没有明确提出,但陈梦家显然认为"之日、之夕"是个修饰性结构,而非动宾结构。此外,"之、往、去"三个'往'义动词作为修饰性成分,其后面最常出现的就是"日、夕、月、年"这类时间词,尽管三者内部各有所限,如语料中难以发现"之年、往夕、去夕、去月"等组合。我们对姚孝遂主编的《殷墟甲骨刻辞类纂》中用作修饰成分的"之"做了统计,发现"之日"54 例,"之夕(月)"40 例;疑似"之"修饰其他 NP 的仅有 5 例"祝挈之疾齿鼎龙",但 Serruys 认为这个"之"是动词,高岛谦一认为是人称代词,余霭芹认为"之疾齿"可以理解为"那颗坏牙"。(见 Yue,1998:217、226 注 26)无论如何,作为修饰性成分的"之"出现在时间词前具有统计上的绝对优势,而且,即便考虑"之"在甲骨刻辞中的所有用例,这样的比例也是很高的。

语义上,"之、往、去"从表'往,到……去'到表'过去的(时间)',这一演变是通过转喻而实现的。Langacker(1990:245,2006:34—5)阐述并图示了 go、away 和 gone 的差异。Langacker 认为,动词的语义结构或概念结构表示一个完整的过程,是一个关系性述义(relational predication)。过程是时间的延续,可以理解为一个移动的物体所涉及的空间和时间的认知域。动词 go 的语义是,随着时间(time,t)的推移,作为射体(trajector,tr)的人从作为陆标(landmark,lm)的另一个人身边出发,到达陆标所处空间外的最终位置。在下面的简图上,该过程只给出了四个状态,但它们代表了四个连续的系列状态。away 凸显的是 go 的最后状态,gone 也凸显了这种关系,但参照了不同的基体(base):away 的基体只有空间域,gone 的基体是 go 所凸显的过程——没有 go 的过程,就没有 gone 的状态。因此,go 和 gone 的区别在于两者的凸显对象不同,即 go 凸显横的侧重(profile),gone 凸显竖侧重。侧重是成为注意焦点的被凸显的基体的某一部分,实际上就是被描写的语义,因此,go 的语义凸显过程,而 gone 的语义凸显状态。

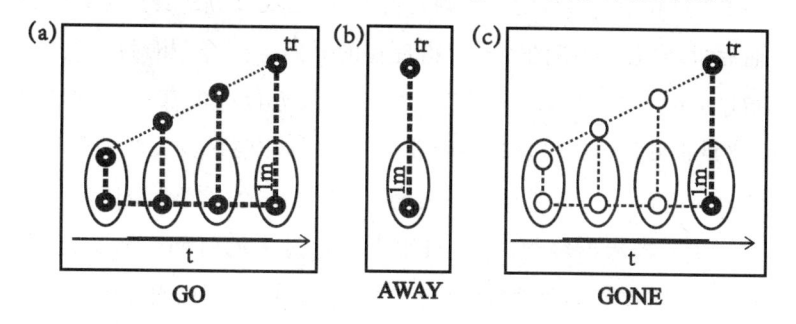

回到"之"的两个相关语义,'往,到……去'凸显过程,'过去的(时间)'凸显状态,从过程到状态/结果的演变过程是转喻促动的。另一方面,'往,到……去'和与之相对的'来'都是以自我为参照的,离我而去的已经走了,朝我而来的还没到来。因此,'往,到……去'可表过去,'来'可表将来[①]。

3.2 甲骨文"之日、之夕"中"之"的性质

以上从句法和语义的角度论证了"之"如何从'往,到……去'义演变为'过去的(时间)'义,这一过程也是"之"和后世的"往、去"所共有的。不同的是,"往、去"并没有演变为指示词。甲骨文中的"之"常与"今"对举,"之日"是相对于占卜的具体日期的"过去的那天",因此,甲骨文中这一用法的"之"似乎可做两解,一是与"往、去"一样仍做动词性解读,一是直接解读为表远指的指示形容词。殷墟卜辞的用例显示后一种解读更为合理。

(18) 贞今夕雨,之夕允雨。(《合集 12944》)

(19) 贞今日壬申其雨,之日允雨。(《合集 12939 正》)

(20) 壬戌卜,癸亥雨,之夕雨。(《合集 12907》)

例(18)显示,殷墟卜辞中的"今夕"特指占卜的那个晚上,因此与"今夕"对举的"之夕"也特指过去的那个晚上,例(19)是更为确切的"壬申"那一天,例(20)则是占卜的"壬戌"之后"癸亥"那一天;而后世与"往"对举的"今"泛指现在的时间,与"今"相对的"往"泛指过去的一段时间。"去年"虽可特指最近过去的那一年,但"之日"并非只是特指最近过去的那一天,具体相隔多少天取决于验辞的刻录时间。这些差异似乎表明,甲骨文中的"之"已经语法化为表远指的指示形容词,并且只用来指示过去的时间。前文提到,Serruys 将甲骨刻辞中的"之日""之夕"解读为'到白天''到晚上'。

如果只看例(18),似乎也能说得通:白天占卜问今天晚上下不下雨,"到晚上"果然下雨了。但是再看(19)就不合适了,因为"之日"无法解读为"到白天"。

先秦文献中,"之"可用来指示人和事物,'过去的(时间)'义完全消失。

(21)乃如之人兮,逝不相好。(《诗经·邶风·日月》)
(22)之二虫又何知?(《庄子·逍遥游》)

3.3 香港粤语"今"的旁证

上一节认为"之"在甲骨文中已经从"过去的(时间)"义演变为表远指的指示形容词,香港粤语的"今"可以提供佐证。张双庆(1999:348—9)提出,香港粤语中表示近指次数时常用的"今"可以视为一个特别的近指代词,意思是"这"或"本","今次"相当于这一次、本次,即"呢次",常见的还有"今期、今铺、今匀"等。他指出,"今"的这个用法应该是从今天、今晚这类词语中引申出来的。

4 非洲语言的平行演变

"之"从'往'义动词演变为表远指的指示形容词并非孤例,非洲的一些语言也有平行的演变。Frajzyngier(1987、1996)的研究显示,非洲的有些乍得语(Chadic)中,远指代词来自"往"义动词。[②]

Frajzyngier(1996)探讨了乍得语中表'说'义和'往'义的动词分别语法化为指示词的过程。'说'义动词作为 NP 的修饰性成分,表示前面话语中已经提及的某个事物,例如现代印欧语中,英语(法律)的 the said document、法语的 ledit journal、西班牙语的 rzeczony dukument。通过转喻,'说'义动词变成表已经说过的某事物的标记,且显示了时间的距离。再通过隐喻,时间距离的标记变成空间距离的标记,即空间直指标记(spatial deictic marker)。

在不少乍得语中,历时重构显示,指示词与'往'义动词同源。例如,在西部乍得语 Mupun 语中,指示词 * dV(即 * d+元音)来自'往'义动词。在中央乍得语 Gidar 语中,远指指示词是以(n)d-为基础而构成的。下面各例来自 Gidar 语,其中前两例为远指指示词,后一例为'往'义动词(Frajzyngier,1996:196—7):

(23) wàhlí-ɗé　　nd-ík-ín　　　ná　　　mə́-ŋ
　　 cow-PL 　　 DEM-PL 　　POSS　 1PL-PL
　　 母牛—复数　指示词—复数　领属　 第一人称复数—复数
　　 'the cows there are ours' '那儿的那些母牛是我们的'

(24) ɗák-kə̀　　　də́-kə̀
　　 woman-F 　 DEM
　　 女人—阴性　指示词
　　 'that woman' '那个女人'

(25) mə̀　　　　　nd-á　　　　mə̀
　　 1PL　　　　 go-DIST　　 1PL
　　 第一人称复数　去—远指　 第一人称复数
　　 'Let us go' '我们走吧'

Frajzyngier(1996:197)提出了下面的一条语法化链:

(26) 'go' → remote deictic → demonstrative → pronoun
　　 '往'→ 远直指词 　　 → 指示词 　　　 →代名词

Frajzyngier 指出,这一变化的语义功能可做出如下解释:过去的事物是遥远的,并且(n)d 从来不表近指。'往'义动词的名词化形式有可能语法化为一个独立的远直指词。

Frajzyngier(1987、1996)还指出:'说'义动词的演变发生在言语域(de dicto),即用来表示先前话语中提及的事物,是一种照应(anaphora);而'往'义动词的演变发生在直指域(de re),即与说话人所在的言语环境有关。

甲骨文"之"的演变与上述语言中'往'义动词的演变十分相似,但在细节上有些差异。相似之处有:首先,它们语法化的输入端和输出端相似,两者都是从'往'义动词到远指词。其次,它们都发生在直指域。甲骨文中的"之"用来修饰时间词时,虽然在所刻的甲骨上与"今"对举,看起来似乎发生在言语域,用来照应前面话语中提及的时间"今",但实际上,"之"是一种远指的直指,因为它实际指示的是与刻录验词的时刻相对的过去的时间。因此,甲骨文中"之"虽然与"今"常对举,但两者涉及不同的层面。差异在于:(n)d 最初发生语法化与处所有关,而甲骨文例则显示"之"最初发生语法化与时间有关。从这个角度来看,"之"与乍得语中的'说'义动词比较相似,并且发生语法化的句法环境也都是修饰性结构。换言之,"之"的这一演变过程,句法上类似于乍得语的'说'义动词,语义上类似于'往'义动词,但最终结果都一样,三者都演变为远指指示词。

5　结论

本文在前人研究的基础上,概括出甲骨文中的"之"经历了"'往'义动词＞过去的(时间)＞ 远指代词"这一语法化过程。这一结论得到了甲骨卜辞语言内部、汉语史上"往、去"的平行演变、香港粤语"今",以及非洲乍得语的一些证据的支持。需要说明的是,这里所说的"远指代词"采用一般文献的说法,实际上是只做修饰语的远指直指限定词(deictic determiner)或远指指示形容词。至于"之"的后续演变,包括定语标记、关系化标记、独立指示代名词等,本文未做讨论,但建立了从'往'义动词到远指直指限定词的联系,"之"作为定语标记、关系化标记等的来源和演变路径也就更加清楚、更容易理解了。

附 注

① 20 世纪 60 年代以来,不少文献认为"来日"可表"往日,过去的日子",但这一观点被朱庆之(2013)所否认。

② Heine & Kuteva(2002)收录了 Frajzyngier 的成果,并专门为此提出一条语法化路径"去＞远指指示词"(GO＞DISTAL DEMONSTRATIVE)。不过,该著采纳余霭芹、贝罗贝的观点,认为上古汉语动词"之"演变为近指示词是上述语法化演变可能存在的反例。该著中文译注本在译者注中做了纠正,指出上古汉语"之"做指示代词非近指,在商代语言里是远指,与近指代词"兹"相对。

参考文献

陈梦家　1956　《殷墟卜辞综述》,科学出版社。
陈年福　2007　《甲骨文词义论稿》,上海古籍出版社。
方文一　2000　"如、适、之、徂、逝、往"的几个问题,《浙江师范大学学报》(社会科学版)第 2 期。
高岛谦一　2013　《安徽大学汉语言研究丛书·高岛谦一卷》,安徽大学出版社。
洪　波　1994　兼指代词语源考,《古汉语研究》第 2 期。
李　圃　1995　《甲骨文文字学》,学林出版社。
马如森　1993　《殷墟甲骨文引论》,东北师范大学出版社。
沈之瑜　2002　《甲骨文讲疏》,上海书店出版社。
王　力　1980　《汉语史稿》,中华书局。

姚孝遂主编　1989　《殷墟甲骨刻辞类纂》，中华书局。

张　敏　2003　从类型学看上古汉语定语标记"之"语法化的来源，吴福祥、洪波主编《语法化与语法研究》（一），商务印书馆。

张双庆　1999　香港粤语的代词，李如龙、张双庆主编《代词》，暨南大学出版社。

张玉金　1994　《甲骨文虚词词典》，中华书局。

——　2001　《甲骨文语法学》，学林出版社。

——　2006　《西周汉语代词研究》，中华书局。

赵　诚　1993　《甲骨文字学纲要》，商务印书馆。

周法高等　1975　《金文诂林》卷六，香港中文大学。

朱庆之　2013　对"来日"一语的汉语史和文学史考察，《语言科学》第1期。

Frajzyngier, Zygmunt　1987　From Verb to Anaphora. *Lingua* 72, 155–168.

——　1996　On Sources of Demonstratives and Anaphors. In Fox, Barbara. (ed.) *Studies in Anaphora*. Amsterdam/Philadelphia: John Benjamins.

Heine, Bernd & Tania Kuteva　2002　*World Lexicon of Grammaticalization*. Cambridge University Press. 中译本《语法化的世界词库》，龙海平、谷峰、肖小平译，洪波、谷峰注释，世界图书出版公司，2012。

Langacker, Ronald W　1987　*Foundations of Cognitive Grammar: Theoretical Prerequisite*. Vol. 1. Stanford: Stanford University Press. 影印本，北京大学出版社，2004。

——　1990　*Concepts, Image, and Symbol: The Cognitive Basis of Grammar*. Berlin: Mouton de Gruyter.

——　2006　Introduction to Concept, Image, and Symbol. In Geeraerts, Dirk. (ed.) *Cognitive Linguistics: Basic Readings*. Berlin: Mouton de Gruyter. 中译本《认知语言学基础》，邵军航、杨波译，上海译文出版社，2012。

Serruys, Paul O. -M.　1981　Toward a grammar of the language of the Shang bone inscriptions. 载《中研院国际汉学会议论文集·语言文字组》，313–364.

Yue, Anne O 余霭芹　1998　Zhi in Pre-Qin Chinese. *T'oung Pao*, (4–5): 239–292. 中译文《先秦汉语的"之"》，王丽玲译，载《境外汉语历史语法研究文选》，吴福祥主编，上海教育出版社。

从前加到后附:"(有)所"的跨层后缀化研究[*]

——兼论"有所"的词汇化及其功能与表达

张谊生

(上海师范大学人文传播学院、语言研究所)

0 前言

0.1 众所周知,"所"是汉语中的一个特殊的前加成分,既有转化功能,又有替代功能,还能构成被动格式。[①]然而,下列"有所 X"短语中的"所"又该如何认定与解释呢?

(1)几十年来,中国乒乓球队努力坚持自己的独特风格,积极适应世界乒乓球运动的发展形势,在实践中不断<u>有所创造</u>、<u>有所前进</u>。(新华社 2004 年新闻稿)

---

[*] 本文初稿曾在第七届汉语语法化问题国际学术讨论会(2013 年 10 月 11—13 日,武汉,华中师大)上报告。根据邢志群、吴福祥、史金生等多位学者的修改意见,又做了进一步的改动。本文是教育部规划基金项目(13YJA740079)"介词演化的规律、机制及其句法后果研究"和上海市哲学社会科学规划课题(2012BYY002)"当代汉语流行构式研究"的专题性成果之一,并获得上海高校一流学科(B 类)建设计划规划项目(118—0501)的资助。对于所得到的各项帮助与资助,笔者表示由衷的谢意。本文修订稿曾发表于《汉语学报》2014 年第 1 期。

(2)当他听完老父亲最后一句话,内心强烈地受到了震动,他仿佛觉得从这一刻开始,自己必须<u>有所决心</u>,<u>有所作为</u>,并且立即付诸行动。(1994年《报刊精选》)

0.2 迄今为止,对于"有所",一直存在着不同的认识:通行的语文词典,从《汉语大词典》(1991)、《现代汉语学习词典》(1995)、《汉英词典》(1997修订版)、《应用汉语词典》(2000),一直到《现代汉语词典》(2012第6版),都没有收录"有所"。[②]只有《现代汉语规范词典》(2010第2版)收录了,标注为动词,解释为"有一定程度(后面多带双音节动词性词语):～改观、～发展、～减轻"。那么,"有所"究竟是否已经词汇化?如果是词,"有"与"所"之间是种什么构造关系?"有所"的功能与表达又具有哪些特点呢?

本文的基本观点是:从构词方式看,"有所"的"所"已完成了由前加到后附的跨层转化重组,从结构助词转化成了后词缀(suffix)。从句法功能看,带体宾的"有所"因及物功能扩展而典型化,带谓宾的"有所"正由粘宾动词向方式副词转化,尽管尚未完成。从表达作用看,无论带宾语还是做状语,"有所"的主要功用在于表示"X"的有界(Telicity)化与适量(appropriate amount)化;四字格与连用、排比式是"有所"的习用表达形式。

0.3 本文将从附缀化、词汇化的角度,本着共时与历时相结合的原则,从两个方面对"有所"进行考察。首先探讨"有所"的历时演化,揭示从助词"所"转化为后词缀的动因与机制,分析"有所"从跨层结构体转化为附缀式动词的发展历程。然后描写现代汉语"有所"的句法功能、表达功用及其共时发展的趋势,揭示其性质与特征,分析其作用与用法。

本文用例引自于北大语料库及网络上的报道与博客(略有删

节),例句全部注明出处。为了便于行文,本文用"X"来替代"有所"后面的成分(必要时注明音节),包括动词、形容词、名词及其相关短语;必要时用"·"标示音节停顿之处,用"/"标示深层结构关系。

1 历时演化的性质与后果

本节主要从历时平面探讨"所"与"有所"的发展、演化历程及其动因与机制。

1.1 从前助词到后词缀

就"有所"之"所"的性质而言,经历了从前助词到后附缀(enclitic)[③]、最后转化为后词缀的三个阶段。作为汉语唯一的前加助词,"所"最基本的功用就是前加指称化,也就是附在谓词性"X"前,组成各种体词性的所字结构。[④]例如:

(3)天矜于民,民之<u>所欲</u>,天必从之。(《尚书·泰誓上》)

(4)盖人目之<u>所见</u>,不过十里。(王充《论衡·书虚》)

作为转指的体词性结构,"所 $X_单$"都是独立的短语,都可以直接充当"有"的宾语。例如:

(5)养志者,心气之思不达也。<u>有所欲</u>,志存而思之。志者,欲之使也。(《鬼谷子·本经·养志》)

(6)儒书之言,殆<u>有所见</u>。然其言触不周山而折天柱,绝地维,消炼五石补苍天,断鳌之足以立四极,犹为虚也。(王充《论衡·谈天》)

有时,"所"也可以附在否定式"$X_单$"或者"$X_双$"之前,构成了三音节的"所 $X_双$"。例如:

(7)故君子内省不疚,无恶于志。君子之所不可及者,其

唯人之<u>所不见</u>乎。(《礼记·中庸》)

(8)子张问:"十世可知也?"子曰:"殷因于夏礼,<u>所损益</u>可知也;周因于殷礼,<u>所损益</u>可知也;其或继周者,虽百世可知也。"(《论语·为政》)

同样,出于表达的需要,"所 X$_{双}$"类的转指结构也可以直接充当"有"的宾语。例如:

(9)故《庄子》曰:"小年不及大年,小知不及大知。朝菌不知晦朔,蟪蛄不知春秋。"此言明之<u>有所不见</u>也。(《淮南子》卷十二)

(10)王者必因先王之礼乐,顺时施宜,<u>有所损益</u>,即人之心稍稍制作。(《前汉纪·孝惠皇帝纪》)

就结构关系而言,"有所 X$_{单}$"与"有所 X$_{双}$"的"所 X"是一样的,都是动宾关系,但由于音步停顿导致了读音与结构错位(dislocation),这些"所"的性质已开始发生变化。例如:

(11)明府素著威名,今不敢取稚季,当且阖阁,勿<u>有·所问</u>。(《汉书·盖诸葛刘郑孙毋将何传》)

(12)故圣人有所不言也,贤者<u>有所·不问</u>也。圣人所不言而言之,虽辨弗听;贤者所不问而问之,虽精勿复。(刘敞《公是先生弟子记》)

(13)既不失其本心,则德亦自然<u>有·所据</u>;若失其本心,则与那德亦不见矣。(《朱子语类》卷三十四)

(14)凡人须要检束,令入规矩准绳,便<u>有所·据守</u>,方少过失。(《朱子语类》卷二十七)

上述"有所 X$_{双}$"结构中,由于助词"所"与动词"有"一再地被挤到同一音步内,引起了"所"的分界转移(boundary loss);随着

"所"的转指功能日渐弱化,其性质发生了根本的变化,成了句法上仍有相应地位,但语音上失去独立性的后附缀(Zwicky,Arnold M,1985;刘丹青,2008:547~560),与此同时"有"也就成了"所"的宿主(host)。再比如:

(15)欢庆之后,因求筝弹,复令其妹理曲,有所·误错,悉皆正之。(戴孚《广异记》卷六)

(16)松闻曹丞相文不明孔、孟之道,武不达孙、吴之机,专务强霸而居大位,安能有所·教诲,以开发明公耶?(《三国演义》第六十回)

(17)梦二女郎被服艳丽,近请曰:"有所·奉托,敢屈移玉。"(蒲松龄《聊斋志异·绛妃》)

(18)至学生此来,并非藉按君势力,有所·希冀,何必苦苦根究?(夏敬渠《野叟曝言》第三十六回)

这一阶段的"所",读音都已靠前,结构上仍从属于后面的"X";而且"有所"在使用时已被看作了一个语法单位。所以,过渡中的"所",从性质上看肯定不再是结构助词了。再进一步发展,随着动名兼类词"X"的出现,"所"终于开始进入了后词缀的阶段。[⑤]例如:

(19)弟已预为筹画至此,已修下荐书一封,转托内兄务为周全协佐,方可稍尽弟之鄙诚,即有所·费用之例,弟于内兄信中已注明白,亦不劳尊兄多虑矣。(《红楼梦》第三回)

(20)胡世经吃了一惊,暗道:"这事何能行得?武后虽是无道,别人如此而行还有所·借口,他自己何能彰明较著,欲夺江山。母子分上,如何解说?"(《狄公案》第五十六回)

兼类词"费用、借口"如分析为动词,仍可以算作"所"的转指对

378

象;如分析为名词,那就只能是直接充当"有所"的宾语,而"所"的转化功能也就彻底羡余(redundancy)了。两种分析看似都能成立,表明演化已处在了临界点上。至此,"有所"的"所"已从表句法的构形前附成分转化成表词法的构词后附成分,"所"也就从结构助词转变成构词后缀了。

1.2 从韵律词到词汇词

"有所"的词汇化,其演化历程经历了从跨层结构转化为韵律词(prosodic word)、语法词(grammatical word),最终虚化为词汇词(lexical word)的三个阶段。⑥"有所"在成为韵律词的过程中,"X"的双音化无疑是最为关键的第一步。例如:

(21)侨闻学而后入政,未闻以政学者也。若果行此,必有·所害。(《左传·襄公三十一年》)

(22)方春少阳用事,未可以暑,恐牛近行用暑喘,此时气失节,恐有所·伤害也。(《前汉纪·问牛》)

(23)世用器械,规矩绳准,称量数度,品有·所成。(《管子·宙合》)

(24)而子贡未至于不器,恐子贱未能强似子贡。又子贱因鲁多君子而后有所·成就,不应鲁人强似子贡者如此之多。(《朱子语类》卷二十八)

尽管"伤害"与"成就"尚未词汇化,但"有所 $X_双$"一再出现,由于音步和停顿的作用,导致"所"在句法结构和韵律构造上出现了附着方向与构造层次的分离:一方面,作为助词的"所"在句法上仍然可以算后面"X"的直接成分,另一方面,作为后附缀的"所"与宿主"有"在音段上已构成了临时的韵律词。在此基础上,随着双音节"X"不断增多,尤其是否定式"$X_单$"的大量使用,韵律词"有所"

也就逐渐成了可以独立运用的语法词了。例如：

(25)瑜曰："公<u>有所·不知</u>：大乔是孙伯符将军主妇,小乔乃瑜之妻也。"孔明佯作惶恐之状,曰："亮实不知。失口乱言,死罪！死罪！"(《三国演义》第四十回)

(26)程宰不过意,只得接了到口,那酒味甘芳,却又爽滑清冽,毫不粘滞。虽醴泉甘露的滋味<u>有所·不及</u>。(《二刻拍案惊奇·叠居奇程客得助 三救厄海神显灵》)

(27)正拟爱立,言官因有内外兼用之议,其说真不可易。而旁观者,谓潜<u>有所·推戴</u>,故建此议,未知确否？(沈德符《万历野获编》)

(28)凡下诏令,秀辄改革,<u>有所·予夺</u>,自书青纸为诏,或朝行夕改者数四,百官转易如流。(《两晋秘史》第三十九回)

所谓语法词,就是指具体使用时句法上已具备了单词的功能与作用,只是在深层结构与词义融合方面还未完全成词者。从演化进程来看,韵律词与语法词并无本质不同,仅有词汇化程度高低的区别。从读音、功能、意义三方面综合鉴定,只有带不及物谓词,尤其是带名词做宾语的"有所",才是真正的词汇词；而开始进入这一阶段,已是晚清民国时期了。例如：

(29)圣天子层层考博,那张廷怀议论风生,百问百答,极称渊博。廷怀<u>有所·难辩</u>,天子亦详为讲解分明,彼此言语投机,各恨相见之晚。(《乾隆南巡记》第十八回)

(30)我的别号,已是过于奇怪,不过<u>有所·感触</u>,借此自表；不料还有人用这个名字,我与他可谓不谋而合了。(《二十年目睹之怪现状》第一回)

(31)平乱旋师,安民定国,虽不为无功,然皆国家之运昌,将士之竭力,吾何功之有! 即率众运筹,有所·勤劳,而使吾率众运筹者,则君相也,其功亦当归之君相,吾何功哉! (《海国春秋》第九回)

(32)母怯烈氏年二十二,寡居守节,拜住有所·动作,必禀承母训,偶一越礼,母即谯诃不少贷,以此饬躬维谨,炼达成材。不没贤母。(《元史演义》第三十三回)

"所难辨、所感触"分析为转指性的所字结构,在理论上勉强还可以存立,尽管实际上这个"所"早已靠前成了后附缀,而"所勤劳、所动作"作为句法结构,则已难以成立。据此,可以肯定地说,凡是直接用在不及物谓词以及名词前的"有所",其词汇化历程已基本完成。与此相对应,进入词汇词阶段后,"有所"的"所"也都已是较典型的后词缀了。

1.3 从转指宾到体词宾

从"有所X"的结构关系看,经历了一条从"有+体词性转指宾"到"有所+谓词性错位宾",再到"有所+谓词、体词宾"的否定之否定的轨迹。如前所述,"有所"既可以带"$X_单$"也可以带"$X_双$",但就内在结构关系看,则存在本质区别。例如:

(33)观君面色,必然心有·/所求。若非侠客怀冤,定被平王捕逐。(《敦煌变文选·伍子胥变文》)

(34)官吏有/所·请求,但得五杨援引,无不如志。(《唐史演义》第四十七回)

(35)典试者将先有/所·要求,而后斡旋之,且许以冠军。(《儿女英雄传》第三十九回)

(36)这淑妃姓潘,巧笑善媚,有/所·需求,辄邀宋主允许。(《南北史演义》第十三回)

看上去"所求"与"所请求、所要求、所需求"一样,都是"所 X"结构,其实深层关系完全不同。"所求"确实是"有"的宾语,"有所求"是单音节动词"有"带转指结构的述宾短语。而后三个"有所"都是语法词,原来靠"所"转指的"请求、要求、需求"都可以直接分析为"有所"的宾语,所以,"有所 X"就是"有所"带谓词宾语的述宾短语。不过,从深层结构仔细分析,虽然都是"有所"带谓词宾语,但至迟到明清,就已开始出现两种不同的"有所＋谓宾"短语:深层与表层错位的 A 式结构与深层与表层一致的 B 式结构。试比较:

(37) 口口相承,心心相契,使他日真仙有/所·传授,江西不至沉没,诸仙以为何如?(《警世通言·旌阳宫铁树镇妖》)

(38) 但只一件,姥姥有/所·不知,我们这里又不比五年前了。如今太太竟不大管事,都是琏二奶奶管家了。(《红楼梦》第六回)

(39) 惟既和之后,尚望竭力设法,务使外人之来贵国者,其性命产业可以永保无虞,并使人民等仍可各奉其愿奉之教,然后有所·/裨益耳。(《西巡回銮始末》卷六)

(40) 太子将升陛座时,也不知是喜极,也不知是慌极,还不知有愧于心,有所·/不安,走到座前,不觉精神惶悚了,手足慌忙。(《隋唐演义》第十九回)

四个"有所 X"的停顿都在"所"后,但"传授、不知"具有及物性,而"裨益、不安"基本没有及物性。由于"所"的语迹(trace)影响,但凡"X"有及物性的,"有"都可以提取,剩下的"所 X"可以单用,也可以构成"所 X 的"短语,进而充当各种句法成分。例如:

(41) 凡人欲以道理教人,当先自行之。昔者救主耶稣所传授其十二门徒之道理,皆一一经耶稣先自行之者。(《西巡

回鹘始末》卷五)

(42)贾政点头道:"先生你<u>所</u>不知,不必说下人,便是自己的侄儿也靠不住。若要我查起来,那能一一亲见亲知。况我又在服中,不能照管这些了。"(《红楼梦》第一百一十四回)

B式中的"X"由于没有及物性,就不宜构成"所X",作为语素的"有",自然也不能随意提取。既然已无须且不能转指化,所以,这类"X"经常可以直接做"有"的宾语。例如:

(43)就是昨夕酒楼所谈,及庙内说的那些话,以后劝贤弟再不可如此。所谓"临事而惧,好谋而成",方于事<u>有∅裨益</u>。(《七侠五义》第六十回)

(44)过公子道:"既是兄台不以朋友为情,决意要行,小弟强留,也自觉惶愧,但只是清晨枵腹而来,又令枵腹而去,弟心实<u>有∅不安</u>。"(《好逑传》第十二回)

进一步深究,A式、B式的"有"都可以被"无"替换,但"无"的性质不同:替换A式的"无"还是个自由动词,替换B式的"无"已是个黏着语素,"无所"才是一个词。试比较:

(45)原来九公为这小事又去打听。如此高年,还是这等兴致,可见遇事留心,自然<u>无/所·不知</u>。我们慢慢走着,请九公把这缘故谈谈。(李汝珍《镜花缘》第十九回)

(46)我自到此,外间以虚誉相推,其实于人<u>无所·/裨益</u>。吃此地饭,用此地钱,而又谬被佳名,返已自思,时深警惕。(陆以湘《冷庐杂识》)

这就表明,虽然都是"有所"带谓词宾语,但例(37)、(38)的"有所X"还是A式,而(39)、(40)的"有所X"已是B式。A式的"有所",词汇化尚未彻底完成,其中"所"还是后附缀而非后词缀;而B

式的"有所",词汇化已基本完成,其中"所"也已经是后词缀了。

两种性质的"有所+谓宾"的频现、共存,表明"有所"作为一个动词,尽管语音上、功能上早已是合格的韵律词和语法词了,但作为一个词汇单位,却始终在不断地发展中。从另一个角度看,既然语言一直在进化之中,那么,A式与B式的区别也并非总是泾渭分明的,有时甚至是比较模糊的。因为有相当一些"有所+谓宾",着眼于演化的基础,就是A式,着眼于演化的后果,就是B式,从而导致两种分析都有一定程度的可接受性。当然,随着词汇化的成熟,"有所"直接带不及物谓词宾语的B式,使用频率正在逐渐赶上A式。

而且,发展到晚清民国,"有所"就可以带指称化形容词,甚至抽象名词直接做宾语了,从而构成了比B式更为典型的"有所+指称形容词/性状抽象名词"的述宾短语。例如:

(47)大鹭道:"差得远呢。敝主人深恐崇伯沿路<u>有所·困难</u>,或有所咨询,所以命某等早来伺候。"(《上古秘史》第一百三十五回)

(48)一经议定,中国既于海口重加其税厘,内地复随意抽收,于贩卖商人<u>有所·不便</u>,即于印度进款<u>有所·不便</u>,而于英廷尤有不便。(李圭《鸦片事略》卷下)

(49)所以,朕拟定了一个养老的典礼,凡年老的人在学宫里奉养他起来,使众弟子见了,知道天子之尊对于老者尚且如此,那么,他们自<u>有所·观感</u>,而兴于孝兴于弟了。(《上古秘史》第一百四十一回)

(50)一连十几日,皇上夜夜入西宫寝眠。张旺对徐进忠说:"陛下终于<u>有所·悔心</u>,对皇嗣之事已有打算,这都是徐

公公劝谏的功劳。"(齐秦野人《武宗逸史》三章)

后两例的"X"都已是较地道的名词,那么,"有所 X"也就是较典型的带体词的述宾短语了。

总之,无论从"所"及其"有所"的性质属性和句法功能来看,还是从"有所 X"的表层与深层关系来看,"有所"到清末已是个动词,应该没有问题。[①]上述论证,归纳如下:

相关例子	"所"的类别	"有所"的性质	"有所 X"的结构关系
有所求	结构助词	跨层结构	有+转指结构→述宾短语
有所要求	后附缀	韵律词、语法词	有所+谓词→错位述宾短语
有所兴奋/先兆	后词缀	词汇词	有所+谓词/体词→述宾短语

2 共时发展的趋势与特征

本节主要从共时平面分析"有所"的发展趋势与性质特征、句法功能与表达方式。

2.1 典型化与副词化

就句法功能来看,"有所"已经出现了分化:从开始只能带谓宾到现在可以经常带体宾,还可以做状语。如前所述,"有所"词汇化初期带的宾语大多是及物动词,这是因为"所"虽已后缀化,但其转化及物动词的用法还有一定影响。例如:

(51)我希望我能够对你<u>有所帮助</u>,如果你有什么难处,或者是碰到什么秀才遇到兵的事情,尽管找我好了,不必客气。(陆文夫《人之窝》)

(52)即使我们的计划没有泄露,我内心中仍然隐隐地<u>有所担心</u>,从事态的普遍发展看来,也许会发生维希政府从达喀尔增援马达加斯加的行动。(《第二次世界大战回忆录》第四卷)

385

随着动词"有所"的日见成熟,现在带不及物动词、形容词做宾语,已经很正常了。例如:

(53)惹这么一位迷人的女士生气是我最不愿意看到的事情,我只是希望,那位已逝的女人曾经为她干过活,她也许对我正在着手进行的调查<u>有所帮忙</u>。(阿加莎·克里斯蒂《清洁女工之死》译文)

(54)"我父亲解放战争期间没写诗,可能是对国共内战<u>有所痛心</u>吧。"牟广丰说。(《乱世名士牟宜之》,2013 年 6 月 22 日《南方周末》)

"帮助"与"帮忙"、"担心"与"痛心",虽然句法功能不同,但是一旦用在"有所"后面,现在都已经是相当合格的指称性宾语了,这就表明"有所"的及物功能已十分成熟了。

在带动名兼类词"X"宾语的基础上,现在"有所"直接带体词宾语的用法正在日渐增多。例如:

(55)演技都不懂,就梦想着成为大明星,这不是痴人说梦吗?她们要不是<u>有所企图</u>,会这么容易上我的当,还要陪我睡觉?!(卞庆奎《中国北漂艺人生存实录》)

(56)杂技团是这样的,你要想<u>有所成就</u>你就会觉得很苦很累,反过来,你要想混你就会觉得很轻松很舒服。(卞庆奎《中国北漂艺人生存实录》)

(57)全世界愿意和平的国家和人民,期待着我们的会议能为扩大和平区域和建立集体和平<u>有所贡献</u>。让我们亚非国家团结起来,为亚非会议的成功努力吧!(北库《周恩来传》)

(58)除了时下趋近年末销售旺季外,更重要的,恐怕还是部分居民对于税制改革和粮油价上涨<u>有所顾虑</u>,购物保值心

理又见增强,于是就多购或提前购置。(1993年12月份《人民日报》)

作为兼类词的"企图、成就、贡献、顾虑"都是"有所"的宾语,已没有什么问题。关键是这些"X"到底是谓宾,还是体宾呢?其实,两种分析都可以成立。如果着眼于历史的来源,当然是谓词宾语,是借助于宾语位置指称化了的谓宾;如果着眼于发展的结果,应该是名词宾语,本身就是指称性的体宾。这就表明,即使"所"的转指功能已消失,但"有所"后的宾语位仍会赋予该谓词相应的指称功能,从而导致谓词与体词的差异在这里几乎中和了。

既然谓词、体词在"有所"后都是指称性宾语,那么,性状名词充当"X"也就顺理成章了。进化到这一步,作为领属动词的"有所",其及物性功能也就已完全成熟了;如果不考虑表达上的差异,"有所"在功能上几乎就相当于另一个双音节的"有"。⑧例如:

(59)在婚礼上的很多时候,来宾们的眼睛都会盯着新娘,作为男主角的新郎,要吸引到来宾的眼球,那就要在着装上要<u>有所(≈有)创意</u>!(《新浪婚礼上的着装创意》,2012年9月2日婚礼妈妈网)

(60)入门数码相机的市场日趋激烈,原本单一的价格优势已经不能完全触动消费者的购买意愿,入门消费机同样要<u>有所(≈有)特点</u>,才能受到更多的注意。(《节后余生 新年过后最值得购买的10款DC》,2007年3月12日太平洋电脑网)

这样一来,"有所"又继承了词汇化之前"有"的基本功能,可以直接带体词宾语了。不过,能够在"有所"后充当宾语的名词,在语义上通常要具有[+抽象][+性状]的特征。而这正是"有所"与"有"的不同之处,因为使用"有所"就是要对其性状加以有界化(见

下节)。例如:

(61)大学一年级要求新生们不仅要学会自我调节,适应新环境,而且还要求新生对自己的未来<u>有所想法</u>、有所准备。(《致大一新生》,2012年12月18日华文教育)

(62)无论是洒脱的心境,随性的表达还是庄重的字风,都让我们看到一位用灵魂写意的书法大家,其中风采自可以从他的书法作品中<u>有所品味</u>。(《执着书法艺术的书坛名家》,2010年11月11日博宝艺术网)

随着"有所"动词功能的日趋典型化,带体词宾语的分布近年来正在扩展中。再比如:

(63)因为同学聚会来过两次,这名为"石磨坊"的茶馆,对它已由陌生转为熟悉,闪亮的招牌字映亮了门前一段路,室内昏黄的灯并不显得浪漫或者<u>有所情调</u>,那几樽特意摆设的石磨,不知是从哪些村落里搜寻来于此。(《记第一次相亲那淡去的印象续篇》,2013年3月14日红豆社区)

(64)女人都希望男人<u>有所格调</u>,尤其是爱情上的,但她又往往会落俗于男人的甜言蜜语或沦陷在花言巧语里。(《浅薄的格调》,2007年8月25日新浪博客)

(65)被寄予厚望中国羽毛球女双的失利似乎<u>有所先兆</u>,虽然高崚、黄穗顺利进入决赛,但头号种子杨维、黄楠雁0:2负于罗景民、李敬元。(《女双告别无敌 羽球丢金》,2002年10月15日《辽沈晚报》)

(66)本训练的设计理念是以《初中语文教学大纲》为基础,以素质教育为核心,以循序渐进的方式促进学生的观察能力、思维能力、想象能力及写作能力等,让学生有话可写,让学生的作文有所增色,有所提高,<u>有所个性</u>!(《初中作文目标序列训练》,2011 年 4 月 14 日山东教育研究)

无论是"情调、格调"还是"先兆、个性",都是可以激活性状的抽象名词。这一语义特征的限制,正是为什么"有苹果、有果盘"可以说,而"有所苹果、有所果盘"不能说的原因。

另一方面,"有所+谓宾"的功能从带形容词宾语开始,又向另一个方向转化了。例如:

(67)东山教育基地周边那么多学校,有千年历史的千佛塔,如建教堂,会不会<u>有所不妥</u>?(《听闻东山教育基地附近要建天主教堂?》,2012 年 10 月 24 日时空资讯)

(68)星澈微笑,然而心底却并没有因为眼前的女子不是妃子而<u>有所高兴</u>,反而是有着浓浓的沮丧,他明显地感觉到,眼前的女子眼中,偏向于帝王。(《帝王绝宠:不做帝王妃》,2011 年 7 月 7 日书包网)

这一分布中的"有所"已接近于"有点儿、<u>有些</u>",功能也就开始逐渐副词化了。再比如:

(69)几天前一位朋友的爷爷去世了,感到一种莫名的伤感。有那么一<u>些</u>人表面总是很坚强,但是人心毕竟都是肉长的。面对生离死别,难免会<u>有所痛苦</u>。(《逝将去汝、适彼乐土》,2012 年 5 月 12 日 百度贴吧)

(70)所谓生活上的知足就是我们要想在物质生活上快乐就必须<u>有所满足</u>,不要一味地企求更高的物质享受。(《以知足为题写一篇作文》,2009 年 8 月 14 日百度知道)

一般情况下,鉴定动宾与状中的句法—语义标准是:前项成分的省略是否影响格式的成立和语义的表达。在上面诸例中,"有所不妥、有所高兴、有所痛苦、有所满足",只要加上表量化的"有点、有些"类完句成分,"有所"都可以被替换。而且,这些四字短语所表达的语义重心,显然也都已转向了后面的"X"。据此而言,可以认为这些分布中"有所"的功能,与其说还是领属性的,不如说已是摹状性的了。换句话说,这类"有所"的摹状、限定功能已强于领有、支配功能。而且,副词化的"有所",不但可以限定心理动词和形容词,甚至一些复合性的形容词短语现在也可以被摹状化的"有所"限定了。例如:

(71)然而,在人们对操纵或者控制感到<u>有所兴奋或者不安</u>之前,一些神经学家已经表示了他们的怀疑。(《美国神经营销中心面市》,2005年1月26日人民网)

(72)无论如何愤慨恼怒,笔者对于公安部的治警"狠话"还是<u>有所高兴和欣慰</u>的,毕竟警察的最高"婆婆"脸面丢大了,雷霆大发了。(《治理交警收"黑钱",嘴狠更要"手狠"》,2012年11月28日红网)

总之,由于"所"原有转指功能的积淀与遗留,导致"有所"的词汇化与粘宾化正好相辅相成。然而,语法化进程总是在不断发展的,一部分带谓宾的粘宾动词,随着语义中心的逐渐后移,"有所X"正在转向表描摹的状中关系,而"有所"正在朝方式副词转化。尽管"有所"修饰不及物心理动词、形容词还不太普遍,但是此类用法发展相当迅速。这就表明,虽然粘宾动词仍是现代汉语"有所"的基本词性,但副词性"有所"也正在形成中。

2.2 有界化与适量化

就表达效用而言,无论是表领有的述宾式还是表描摹的状中式,"有所"的作用就是以添加适量的方式对"X"加以有界化的表述。先比较述宾式：

(73)任何创新都要面对压力和挑战,创新要承担风险,相比之下,墨守成规就不用担当责任。希望长春中院继续在社会管理创新中<u>有突破</u>,敢担当,有作为。(《有改变才有突破》,2012年3月2日北方网)

(74)祖国大陆为实现两岸直接"三通"一直在进行不懈的努力,做好了一切准备。为了<u>有所突破</u>,我们在具体问题上,讲究务实,尽量灵活。(新华社2004年新闻稿)

(75)"一个人应该<u>有追求</u>,<u>有梦想</u>,有实力,而实力得靠自己一点一滴做起。"杨佳用自己的行动诠释了这句话。(《自强模范杨佳:人可以没有视野,但不能没有眼界》,2009年7月4日中国新闻网)

(76)人活着,要<u>有所追求</u>,<u>有所梦想</u>,要生活得开心,快乐,这才是理想的人生。(《大学生如何树立理想与信念》,2011年12月2日百度文库)

"突破"是动词,"梦想"是名词,用在"有"和"有所"后面,句法功能相同,都做宾语,表达功用看似也很相近,都表"具有";但细细品味可以发现:"有突破、有梦想"是简单的直接表达式,而"有所突破、有所梦想"是转化的间接表达式,从而导致"有所"在表示领有的同时还能对动作、行为做有界化描述。也就是说,"有突破、有梦想"只表一般领有关系,而"有所突破、有所梦想"还能兼表适量存有,大体相当于"有一定的X"。例如:

(77)我知道CBA会<u>有所</u>(≈有一定的)<u>担心</u>,但不管在哪种情况下,他们都会对是否让我去NBA一事很慎重的。(姚明《我的世界我的梦》)

(78)少女有纹面的习惯,图案以氏族不同而有所(≈有一定的)差异。(《中国儿童百科全书》)

(79)但对我来说是又一次从最底层做起,对他来说可能是第一次。我想这可能对我有所(≈有一定的)帮助,我对从底层做起这个过程更加熟悉。(姚明《我的世界我的梦》)

(80)在北宋王朝统治的100多年里,社会经济有所(≈有一定的)发展,尤其是南方经济发展较快,超过了北方。(《中国儿童百科全书》)

至于摹状式"有所"的有界表达功用,则接近于对"X"附加动词性"有(一)点儿"。例如:

(81)1994年,伊拉克宣布承认科威特主权和科伊边界,使得两国紧张关系有所(≈有点儿)缓和。(新华社2004年新闻稿)

(82)在食品构成中,粮食消费量有所(≈有点儿)减少,水产品、肉、禽、蛋、牛奶等动物性食品的消费量大幅度增加。(《中国政府白皮书·2000年中国人权事业的进展》)

(83)长野冬奥运会冠军清水宏保,在自己家门口比赛却没有夺得强项500米的金牌,全能排名只是第七,令父老乡亲有所(≈有一点儿)失望。(新华社2004年新闻稿)

(84)雹云是积雨云的一种,它与一般的积雨云有所(≈有一点儿)不同:雹云的云底较低,一般离地面只有几百米,而云顶却很高,可达几万米,云体相当高大深厚。(《中国儿童百科全书》)

用在心理动词和形容词前,副词化较高的"有所",则更接近于副词性"有点儿"例如:

(85)2008年《房地产蓝皮书》既让人感受到了房价持续上涨的压力,但也对上涨趋缓<u>有所(≈有点儿)欣喜</u>,毕竟,政府相关政策调控正日益发挥作用。(《今年房价仍会上涨》,2008年5月4日人民网)

(86)当他们走进业态高端的商场,吹着中央空调,站在自动扶梯上面时,心里必然会<u>有所(≈有点儿)失落</u>。(《喧嚣成记忆 成都金牛区荷花池今夜落幕》,2013年2月7日人民网)

(87)全国海关行风问卷调查结果显示,97%的海关人员和98%的企业认为海关行风"有很大好转",或"<u>有所(≈有点儿)好转</u>",分别比2002年增长了1个和8个百分点。(新华社2004年新闻稿)

(88)如果殿下庇护他,可能会被认为殿下<u>有所(≈有点儿)偏颇</u>,这样子下去可能无法维持内部的和平。(田中芳树《亚尔斯兰战记》译文)

从另一角度看,表达有界化与适量化,对形容词而言,是增添程度性成分,同时也提供了完句功能;对动词而言,增加一种完句功能,其实也就是提供一定的时体性成分。请比较:

(89)受到这些利好经济数据支持,美元汇率当天<u>有所(≈有一定程度的)上涨</u>,但幅度有限。本周末,美国将公布重要的就业数据。(新华社2004年新闻稿)

(90)海口机场码头统计数据显示,近日来进港的游客虽比春节黄金周期间<u>有所(≈有一定程度的)下降</u>,但相比前几年同期的入岛人数却明显上升。(新华社2004年新闻稿)

(91)而今年的封冻期<u>有所(≈业已/正在)推迟</u>。另外从观测的数据看,2003年青海省气温偏高,比往年平均高出1

393

摄氏度,环青海湖地区尤为明显。(新华社2004年新闻稿)

(92)姚明在赛场上偶尔也会有受挫的时候,尽管他的力量<u>有所</u>(≈业已/正在)增强,但他的作风还不够硬朗。(新华社2004年新闻稿)

可见,虽然只增加一个后缀,但"有所"的表达功用与"有"已经明显不同。不过,这种有界与适量功用并不都是"所"带来的,而是"有"在"所"促发下语境吸收(absorption of context)而成的,由于"所"的后附,导致"有"原有的量化功能得到了一定程度的显化。

2.3 四字格与排比式

就"有所X"的使用方式看,古代到近代,再到现当代,从"有所"一开始的多样性用法,用到如今,四字格已占据了一定的优势,排比式正日趋流行。

在古代汉语中,所谓四字格的对举式、排比式,大多还是"W有所X$_单$"类短语。例如:

(93)选贤与能,讲信修睦,故人不独亲其亲,不独子其子,使<u>老有所终</u>,<u>壮有所用</u>,幼有所长,矜寡孤独废疾者皆有所养。(《礼记·大道之行也》)

(94)臣衡中朝臣咸复以为天子之祀,<u>义有所断</u>,<u>礼有所承</u>,违统背制,不可以奉先祖,皇天不佑,鬼神不飨。(《汉书·韦玄成传》)

由于"W有所"后接"不X$_单$"时,"W"作为主语(大多是主题),与后面的谓语(述题)之间可以甚至必须略做停顿,于是,否定式四字格"有所不X$_单$"就初露端倪了。例如:

(95)凡用兵之法,将受命于君,合军聚合,泛地无舍,衢地合交,绝地无留,围地则谋,死地则战;<u>途有所不由</u>,<u>军有所不</u>

击,城<u>有所不攻</u>,地<u>有所不争</u>,君命<u>有所不受</u>。(《孙子兵法·九变篇》)

(96)夫尺有所短,寸有所长,物<u>有所不足</u>,智<u>有所不明</u>,数<u>有所不逮</u>,神<u>有所不通</u>。(《楚辞·卜居》)

与此同时,相对独立的"有所X$_双$"和"有所不X$_单$"四字格,也都逐渐形成了。例如:

(97)所谓修身在正其心者,身<u>有所忿懥</u>,则不得其正;<u>有所恐惧</u>,则不得其正;<u>有所好乐</u>,则不得其正;<u>有所忧患</u>,则不得其正。(《大学·修身正心》)

(98)箪食豆羹,呼尔而与之,<u>有所不就</u>;蹴尔而与之,<u>有所不屑</u>。(《朱子语类》卷四十六)

在继承古代"W有所X$_单$"四字格连用式的基础上,现代又类推出了一系列排比式。例如:

(99)要为学生而教,根据学情而教,使学生<u>读有所感</u>,<u>思有所启</u>,<u>练有所得</u>,<u>学有所获</u>,让课堂教学真正成为思想交流、情感沟通、生命对话的场所。(《浅谈新课改的心得体会》,2012年5月28日江西教育网)

(100)要多谋民生之利,多解民生之忧,解决好人民最关心最直接最现实的利益问题,在<u>学有所教</u>、<u>劳有所得</u>、<u>病有所医</u>、<u>老有所养</u>、<u>住有所居</u>上持续取得新进展,努力让人民过上更好生活。(《实现"中国梦","教育梦"先行》,2013年5月6日中国政协新闻网)

发展到了现当代,"有所X$_双$"四字格,正广泛用于各种连用、排比式当中。⑨例如:

(101)文学欣赏是一个艺术再创造的过程,在鉴赏中有所

发现,有所品味,有所创新,才能领略到鉴赏的乐趣。(《杭州二中高三年级考试题分析》,2012年8月6日中国教育网)

(102)信仰就是让我们有所尊重、有所追求和有所敬畏,只有做到有所敬畏,才能做到真正的无畏。(《有所敬畏,才能无畏》,2009年11月28日左岸读书)

而"有所X"四字格连用式,现在还形成了一系列类推化、程序化的多项排比式。例如:

(103)人类总得不断地总结经验,有所发现,有所发明,有所创造,有所前进。停止的论点,悲观的论点,无所作为和骄傲自满的论点,都是错误的。(毛泽东《学习马克思主义的认识论和辩证法》)

(104)仙桃的工作,能抢一步就不要只抢半拍,要不断有所发展,有所创造,有所作为,有所前进。这要求我们市委领导敢于从实际出发,敢于研究新问题,敢于挑担子。(1994年《报刊精选》)

(105)没有哪一个学生一到学校来就是要成心跟老师过不去,每个学生都有做一个好学生的愿望。让学生在活动中有所感悟、有所快乐、有所收获、有所提高。(《学习体会》,2011年11月3日百度文库)

(106)什么叫好点子?标准应当是能推动人类进步、社会发展、经济增长、科学创新、生活改善,一句话,好点子一定是要有所发明、有所发现、有所创新、有所前进、有所改善,而且尽可能是第一个提出的。(《〈为了未来,我的教育观〉续集2——黄种人真是最聪明的吗?》,2006年7月6日新浪博客)

总之,由于"所"字独特的跨层转化功能的积淀,加之"有所"的音节、表达及语体的特征,导致"(W)有所 X"在使用的过程中,逐渐形成了一种四字格占优、排比式频现的用法特点。

3 结语与余论

3.1 综上所述,归纳如下。首先,历时演化体现为三个方面:"所"从结构助词转化为后附缀,再虚化成为后词缀;"有所"从跨层结构到韵律词、语法词,再转化为词汇词;"有所 X"从带转指结构的述宾短语发展到带谓词的错位述宾短语,再进化为带不及物谓词、体词的述宾短语;这三方面是互相制约、依次关联的。其次,共时发展表现在三个方面:句法功能出现分化,带体词宾语导致及物性增强,描摹心理动词、形容词引发摹状化;表达功用主要是对"X"的有界化与适量化的描述;继承了古代"有所 X"的四字格用法,现已占据了优势,而且现当代还形成了大量的对举、连用式,尤其是多项类推化的排比式。

3.2 现代汉语中,除了"有所"以外,类似的"某所"还有"无所"与"在所"等,尽管绝大多数词典都没收录。⑩其实,"有所"与"无所"是一对功能相近的反义词。例如:

(107)我们不能提倡相信神,但是应该提倡有所畏惧;对困难、对敌人、对坏人坏事,当然应该无所畏惧;但对做不道德的事、违法的事,就应该有所畏惧。(1994年《报刊精选》)

(108)知道一切变化都是我自己佛性的功能所显现,无所追求,无所取着,潇洒自在的,才是大成就,大自在,大神通。假使有所追逐,有所祈求,心里还是烦恼依旧,纵然五通齐发也不是成就。(元音老人《佛法修正心要》)

而"有所 X"和"在所 X"的用法也比较接近,都可以表示一定情况下的存在。试比较:

(109)面对当时复杂的情况,任何人都很难对自己的决策判断准确,失误有所难免,这无损于中央领导的形象。(《项英女儿项苏云追述父辈革命传奇》,2004 年 7 月 30 日《中华读书报》)

(110)年轻人有闯劲、敢创新,但往往经验不足,在工作中出现一些失误在所难免。(《新华社十八大代表手记:开进贤之路 纳天下英才》,2012 年 11 月 11 日新华网)

当然,"有所"表示的是适量,而"在所"表示的是全量;而且,习语化程度也不一样。

调查发现,虽然由于前面提到的一系列原因,作为动词,这三个"某所"几乎都未被承认,实际上它们在汉语中都具有重要的表达功用。这些"某所"的共性在于:都有一部分四字格中原来前加的"所"已经或正在经历着由前加到后附的转化过程。比较而言,"有所"的词汇化程度最高,而"无所 X"的习语化倾向最为明显,包括"W 无所 X$_单$"与"无所 X$_双$",业已形成了近 50 条四音节习语(见附录),而"在所"至今尚未彻底词汇化,只是形成了少量的成语。至于其他"某所",都没有成词,大多只是形成了一些四字格短语。那么,同样是"某所",为什么"有所、无所"词汇化了,而其他"某所"基本上没有?为什么所有"某所"都会形成一系列四字格短语?很显然,除了"所"的原因外,一方面跟"有、无、在"等词的语义、功能及表达有关,另一方面肯定还存在一系列关系到或影响到"某所"词汇化、习语化的因素。由此看来,这方面的课题还需要一系列更为全面、深入的调查与研究。

附 注

① "所"本是个形声字,从斤,户声,本义是伐木声(《说文解字》)。后借用为处所,进而引申出多种用法。当然,关于"所"的本义,现在还存在不同的认识。张雪明《形音义字典》认为:"伐木声"非所字本义,"户"为单扇门,可以代表房子,"斤"是做房子的主要工具,"户、斤"会意,"住所"当是本义(湖北辞书出版社 1992,P1162)。本文只研究助词(后附缀)"所","所"的本义及其他用法,均不在研究之列。

② 傅兴岭、吴章焕主编的《常用构词字典》(1984)收录了"有所",但受体例所限,未做解释。

③ 附缀是指句法上有独立地位,但语音上失去独立性的词;发音时像个构词词缀,但其功能却在短语层面。有关附缀(clitic)和附缀化(cliticization)的研究,请参看刘丹青(2008:547~564)、张谊生(2010)、张斌(2013)以及 Zwicky, Arnold & Geoffrey Pullum(1983)、Zwicky, Arnold M(1985)。

④ 有关前加动词构成转指性"所 V"结构的"所",迄今大多归入助词。尽管有西方学者认为,汉语助词是前语法概念(pre-grammatical concept),不是严格的语法词类,但这方面问题牵涉面太广,本文不做讨论。对于读音与结构错位的"所",根据其特征与功用,本文将其归入了后附缀。需要指出的是,助词"所"并非都是构成体词性"所 V"结构,也可以用在"为……所"被动句中,这种"所 X"结构是谓词性的。例如:"吾悔不用蒯通之计,乃<u>为儿女子所诈</u>"(《史记·淮阴侯列传》)、"今未曾有<u>为天所厌</u>者也"(《论衡·问孔》)。本文只讨论与"有所"相关的体词性"所 X"结构,与被动句式有关的"所"不在讨论之列。

⑤ 后附缀与后词缀在位置上并没有区别,但与前面成分的融合度不一样。后附缀前面是宿主,后词缀前面是词根;附缀与宿主还是句法关系,词缀与词根是词法关系。如果将"所"的虚化与现代汉语的"于"相比,那么,"生于、建于、优于"的"于"是后附缀,而"安于、忠于、善于"的"于"就是后词缀。

⑥ 韵律词是指读音上已经相当于一个词,结构上还未完全凝固,语义上也未完全融合的词。如现代汉语中"站在、来到、高于"是韵律词,而"好在、感到、勇于"就是词汇词。语法词是指在具体使用时已经具备了单词的功能与作用,只是在结构与词义上还未固化成熟者。如现代汉语中"法式、馋相、球状"是语法词,而"新式、长相、现状"则是词汇词。总之,韵律词与语法

词是从不同角度着眼提出的发展形成中的准单词,都还不是严格意义上的词汇词。相关研究,请参看冯胜利(2000)和张谊生(2010)。

⑦ 当然,尽管"有所"现在已成词,但由于受到"所"原前附功能的制约,加之语言发展的不平衡性,使得人们在认定其性质时仍受到了干扰与影响,至今其单词身份还没得到广泛认可。这也就是为什么绝大多数语文词典都没有收录"有所"的原因之一,同时也正是本文研究"有所"的目的之一。

⑧ 在一些动名兼类词和性状名词的前面,"有所"与"有"比较接近。比如"有所顾虑、有所准备"和"有所特点、有所品味",在句法功能上有点接近于"有顾虑、有准备"和"有特点、有品味"。当然,"有所"在表达方面所具有的有界化与适量化功用,"有"虽然也具有,但典型化程度要明显差一些。

⑨ 与"有所"相关的习语、谚语,继承下来的主要有"日有所思,夜有所梦""尺有所长,寸有所短"和"有所为而有所不为"等,其他如"物有所值、学有所成、心有所属、老有所依、情有所缘、若有所思"等,至于"有所作为、有所建树、有所裨益、有所期待、有所寄托"等,大多还处在习语化的过程中。

⑩ 各种"X所",除了"有所",只有《现代汉语规范词典》(第2版)收录了"无所"一词,标注为动词,解释为"没有什么可以(后面多带双音节动词性词语)。~不包、~不能、~顾忌、~畏惧"。不过,作为成语和习语的"W某所X$_{单}$"与"某所X$_{双}$"四字格,大多数词典都多少不等地收录了一些。

参考文献

北京外国语大学英语系《汉英词典》编写组编 1997《汉英词典》,外语教学与研究出版社。
方　梅　2005　认证义谓宾动词的虚化——从谓宾动词到语用标记,《中国语文》第6期。
冯胜利　2000　《汉语韵律句法学》,上海教育出版社。
傅兴岭、吴章焕主编　1984　《常用构词字典》,中国人民大学出版社。
李行健主编　2010　《现代汉语规范词典》(第2版),外语教学与研究出版社/语文出版社。
刘丹青　2008　《语法调查研究手册》,上海教育出版社。
———　2011　语言库藏类型学的构想,《当代语言学》第4期。
陆丙甫　1986　语句理解的同步组块过程及其数量描述,《中国语文》第2期。

罗竹风主编　1991　《汉语大词典》,汉语大词典出版社。
商务印书馆辞书研究中心编　2000　《应用汉语词典》,商务印书馆。
沈家煊　1994　"语法化"研究综观,《外语教学与研究》第4期。
孙全洲主编　1995　《现代汉语学习词典》,上海外语教育出版社。
王灿龙　2014　"有所X"式与"无所X"式及相关问题,《中国语文》第4期。
吴福祥　2006　语法演化的共相与殊相,载《语法化与汉语历史语法研究》,安徽教育出版社。
张　斌　2013　《现代汉语附缀研究》(第十三章),上海师范大学博士学位论文。
张伯江　2010　汉语限定成分的语用属性,《中国语文》第3期。
张雪明编　1992　《形音义字典》,湖北辞书出版社。
张谊生　2000　论语汉语副词相关的虚化机制,《中国语文》第1期。
——　2009　介词悬空的方式与后果、动因与作用,《语言科学》第3期。
——　2010　从错配到脱落:附缀"于"的零形化后果与形容词、动词的及物化,《中国语文》第2期。
中国社会科学院语言研究所词典编辑室编　2012　《现代汉语词典》(第6版),商务印书馆。

Heine, Bernd, Ulrike Claudi, and Fruederike Uünnemeyer 1991 *Grammaticalization: A Conceptual Framework*. Chicago: The University of Chicago Press.

Hopper J. Paul & Elizabeth Closs Traugott 1993 *Grammaticalization*. Cambridge: Cambridge University Press(《语法化学说》,外语教学与研究出版社/剑桥大学出版社,2001年).

Zwicky, Arnold & Geoffrey Pullum 1983 Cliticization vs inflection: English n't Language 59(3).

Zwicky, Arnold M 1985 *Clitics and Particles Language* 61(2).

附录一:与"有所、无所、在所"等相关的成语与习语

a. 将在外,君命有所不受;日有所思,夜有所梦;尺有所长,寸有所短;物有所值、学有所成、心有所属、老有所依、情有所缘、若有所思、学有所教、劳有所得、病有所医、老有所养、住有所居;

b. 有所为而有所不为,有所作为、有所建树、有所裨益、有所期待、有所寄托、有所思念、有所担当、有所启发、有所开拓、有所发现、有所发明、有所创造、有所前进、有所改善、有所贡献;

c. 威无所施、学无所遗、义无所辞,一无所长、一无所成、一无所得、一无所获、一无所好、一无所见、一无所能、一无所取、一无所求、一无所有、一无所知、百无所成、百无所忌、辞无所假、毫无所得、进退无所、计无所出、计无所施、茫无所知、了无所见、生无所求、死无所名、心无所恃;

d. 无所不备、无所不包、无所不从、无所不及、无所不窥、无所不可、无所不能、无所不通、无所不往、无所不为、无所不晓、无所不有、无所不至、无所不在、无所不争、无所不知、无所不作,无所措手、无所遁形、无所顾忌、无所顾惮、无所回避、无所忌惮、无所忌讳、无所可否、无所容心、无所适从、无所事事、无所畏惧、无所依归、无所依托、无所用心、无所用之、无所重轻、无所作为;

e. 在所难免、在所不辞、在所不惜、在所不计、在所不顾、在所不及、在所不免;

f. 力所能及、力所难及、理所当然、势所难免、势所不免、众所周知,畅所欲言、为所欲为,闻所未闻、见所未见,前所未闻、前所未见、前所未有。

武汉方言"得"的模态用法及其语法化

赵葵欣

（日本福冈大学）

1 相关概念及现有研究

1.1 相关概念

正如 Ziegeler(2011)所指出的那样,在谈语法化问题时不能不提到模态范畴。自 Plank(1984)将英语模态的发展作为一个语法化典型案例进行研究以来,关于模态的语法化问题研究备受瞩目,近30年来取得了众多的成果。Ziegeler(2011)对此已有较为详尽的评述,此处不赘。但研究成果的丰富也带来了诸如概念太多、使用混乱的问题,因此在进入研究以前,首先交代一下本文将要使用的若干概念。

本文参考 van der Auwera and Plungian(1998)、Palmer(2001)及范晓蕾(2011),首先将模态分为知识性模态(epistemic modality)和非知识性模态(non-epistemic modality)两大类。知识性模态主要指说话人的判断,是根据说话人判断而产生的可能性和确定性,典型的例子如"他可能已经走了""看样子会下雨"。在知识性模态里,本文将用到"认识可能"这一概念,表示由说话人推测或判断产生的可能性。

非知识性模态里本文将使用到以下四个概念：

能力可能：由参与者的内在因素，比如自身能力、心智条件等导致的可能。典型的例子如：大蒜能杀菌。

条件可能：指由外在于参与者的外部环境、事态等导致的可能。典型的例子如：葡萄熟了，可以吃了。

条件必要：指由于客观条件、外部因素导致必须做某事，或由此产生某种需要。典型的例子如：我得走了，不然来不及了。

义务必要：主要指基于说话人或社会伦理等产生的需要或者强制要求。典型的例子如：应该爱护公共财物。

"能力可能"和"条件可能"属于一般所说的"动力情态（dynamic modality）"，两者的对立在于导致可能的因素来自参与者内部还是外界。"条件必要"和"义务必要"属于"义务情态（deontic modality）"，两者的不同在于导致"必要"的原因一个是客观物质条件，一个是相对主观的社会规范、伦理道德等。"认识可能"则属于一般所说的"认识情态（epistemic modality）"。

以下用这些概念来描写武汉方言"得"的模态用法，进而讨论其语法化问题。[①]

1.2 "得"模态研究回顾

现有关于模态词语法化问题的研究里，涉及汉语的并不多。Traugott and Dasher(2002)在研究模态动词（包括助动词）发展变化的时候，提到了汉语模态助词"得"的语法化路径：获得义动词（obtain）＞参与者内部可能"能力"（participant-internal possibility 'ablity'）＞参与者外部可能、义务可能"允许"/参与者外部需要（participant-external possibility, deontic poss. 'permission'/participant-external necessity）＞知识性可能（epistemic poss.）(Traugott and Dasher,

2002:144—147)。②但是这一研究既没有区分参与者外部可能与需要,每一个发展阶段也没有足够的例子,特别最后关于"知识性可能"例句的解读更存在明显的错误③,因此结论难言可信。Li(2004)较为详尽地描写了现代汉语"得 dé/de/děi"的一系列模态用法,并结合古代汉语,给出了"得"的两条语法化路径:a. 得 dé/de 的语法化路径:获得义动词＞参与者外部非义务模态＞义务/知识模态＞参与者内部可能;b. 得 děi 的语法化路径:获得义动词＞参与者外部非义务模态＞义务模态＞知识模态/参与者内部需要。但是 Narrog(2012)对此却有不同看法,他认为汉语的"得 dé/děi"至今也没有表达参与者内部可能和参与者内部需要的用法,也不能表达知识性模态,他提出的"得 dé/děi"的语法化路径如下④:

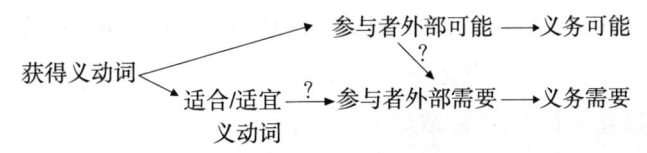

```
                           参与者外部可能 ——→ 义务可能
                         ↗              ↓ ?
获得义动词 ⟨
                         ↘      ?
                    适合/适宜 ——→ 参与者外部需要 ——→ 义务需要
                    义动词
```

带问号的两条线表示这种发展关系只是一种可能,并不确定。Narrog(2012:219)认为汉语里"得"表达参与者外部需要的用法基本处于一种独立地位,它有可能来源于"适合/适宜义动词",也有可能来源于参与者外部可能,或者也有可能是两者的共同影响。以上这些研究成果除了对"得"的词汇性来源,即来自"获得"义动词这一点有共同的认识外,其余都是各持己见。可见这一问题还有探讨的必要。

相比之下,国内关于"得"的研究成果要丰富得多,特别是近年来李明(2001)关于汉语助动词的历史演变研究、吴福祥(2002、2009)关于汉语及东南亚语言"得"义动词语法化的研究、范晓蕾(2011、2014)以语义地图模型理论对汉语方言中能性情态的考察等,都涉及了"得"历时、共时多方面的问题,对本文解析武汉方言中"得"的模态发展提供了重要参考。但也还是有些问题没有解决,比如必要义助动词"得"的来源、方言中"得"多项语义间的联系及具体演变过程、"得"的句法分布与模态功能的关联性等问题,都还不甚明了。

本文以武汉方言"得"的多种模态用法为研究对象,梳理各种用法之间的演变关系及语法化过程,试图探讨一直面目不清的助动词"得(必要义、知识性模态)"的来源及"得"在动词前及动词后表模态功能的差异等问题。

武汉方言缺乏有文字记载的历史文献资料,这是语法化研究无法回避的难题。但好在武汉方言的源头还是古代、近代汉语,因此对古代汉语、近代汉语语料的考察是一个有效而重要的途径,同时本文还参照世界其他语言模态词语法化的研究成果,历时、共时两方面互为补充,以使结论更加可靠。

2 武汉方言"得"的模态用法

"得"在武汉方言里用法很多,此处我们只描写其作为模态助词的各种用法。作为模态助词的"得"在武汉方言里有两种句法位置:动词前和动词后,这一点跟现代汉语普通话一样。但是普通话动词前"得"读做"děi",动词后又有"dé"和"de"两种念法。可是在武汉方言里,"得"只有一种读音,即[tɤ²¹⁴],不论其是在动词前或动词后。也就是说,"得"在武汉方言里语音还未发生分化,这应该是比普通话更早一些的"得"的存在形式。下面按照"得"所处句法位置的不同,分成动词前和动词后两类进行描写。

2.1 动词前"得"

作为助动词的"得"在武汉方言里可以表达以下3种模态。

2.1.1 条件必要。即表示由于客观环境、外部因素导致必须做某事,或由此产生某种需要。如[5]:

(1)快5点了,我得去接伢了。

(2)明天有个会,得早点去准备下子。

(3)A:我把衣服放到你这里洗,得要几天啊?

B:最近活多,恐怕得要一个星期。

例(1)、(2)的"得"是表示"必须做某事",而"必须去接伢""必须早点去"的原因呢,都是外在于参与者的外部因素,即"快5点了""有个会"等。例(3)则是表达一种必需,而产生这种需要的原因也是参与者外部的客观因素,比如"最近活多"等。

2.1.2 义务必要。这是指根据社会伦理或规则等必须做某事。如:

(4)弄坏了东西就得赔。

(5)得有身份证才能开户。

(6)你说话得算数啊。

都是表示根据社会规则或道义的必须。这种义务必要实际上也是一种参与者外部因素导致的需要,只是外部因素主要是一些人为规约,因此主观性较2.1.1强一些。

2.1.3 认识可能。武汉方言动词前"得"还可以表示说话人的某些判断或推测,如:

(7)A:今天得不得下雨啊?

B:我听了天气预报的,不得下雨的。

(8)她不得同意的。

(9)她明天得不得来啊?

这些例子都是说话人根据自己的经验或某些事由对可能性做出的一种判断或推测。不过"得"的这种用法,一般都是在否定句或正反问句中,比如上面的例(7)—(9)就是如此。而如果表示肯定时,就不能再用"得"而要用"会"了。比如回答例(9)的问题,如果是肯定的话,一般要说"她明天会来",而不能说"她明天得来"。可见武汉方言"得"的认识可能用法只存在于否定句和正反问句中。

2.2 动词后"得"

武汉方言动词后的"得"可以表达两种模态:能力可能和条件可能。下面分别讨论。

2.2.1 能力可能。即由参与者自身具备某种能力而产生的可能。有"V得"和"V得C"两种形式。

2.2.1.1 V得

"V得"表能力可能的例子如下:

(10)我吃得睡得,随么事都做得。

(11)那个人蛮嚼得(很能说),一说起来就冇得个完。

(12)他你家啊,才睡得咧,正咱还冇起来。(他啊,真能睡啊,现在还没起床。)

这里的"吃得、睡得、做得"表示参与者自身具备能力吃、睡、做(任何事),"蛮嚼得"就是"很能说","才睡得咧"就是"真能睡"的意思。这种"V得"结构在武汉话里常和表程度高的副词,如"蛮、才、几"等连用⑥,帮助表达"非常、很"具有某种能力,往往带有些夸张语气。比如例(11)和(12)就是,分别用了表程度高的副词"蛮"和"才"。

武汉方言中常用的此类说法还有:喝得(能喝酒)、玩得(会玩儿/能玩儿)、吹得(会吹牛)、打得(能打架)、揣得(能承受恶劣的外部环境)、写得(能写[文章])等。

"V得"的否定形式是"V不得"。如：

(13)我以前是喝得,现在喝不得了。(我以前确实很能喝酒,现在不行了。)

(14)他吃不得辣的,今天的菜莫放辣椒。

(15)你这完全听不得批评,么行咧?(你完全不能听别人的批评,这怎么行呢?)

这儿的"喝不得、吃不得、听不得"都是表示由于参与者自身原因导致的不能。这种"V得""V不得"后面还可以跟宾语,比如例(14)、(15)。

2.2.1.2 V得C

另一种能力可能的格式是"V得C",即"得"在动词后带一个补语的述补结构。其补语C部分可以是动词、形容词、方位词等。如：

(16)我年轻的时候一餐吃得下三碗饭。

(17)A.你看不看得清楚那个牌子高头的字啊?

　　B.看得清楚啊,你咧?

(18)泰山你爬得上去的话,这个山也有得问题。

这些例子里的"吃得下、看得清楚、爬得上去"都是表示参与者本身能力所导致的可能性。

"V得C"的否定形式是"V不C",比如例(17)的问题"你看不看得清楚那个牌子高头的字啊?",否定回答的话就是"看不清楚"。

2.2.2 条件可能。即表示由外部环境、条件导致实现某种可能,是一种基于外部条件的可能性。这也有"V得"和"V得C"两种表达式。

2.2.2.1 "V得"条件可能的例子：

(19)肉熟了,吃得了。

(20)你去得我也去得。

(21)隔夜茶喝不得。

(22)正咱的伢啊,打也打不得,骂也骂不得,真是有得法。

(23)这种昧良心的事做不得啊。

例(19)里"吃得"也是"能吃"的意思,但是这种"能吃"与例(10)不一样,不是参与者的主观能力,而是客观条件"肉熟了",所以"能吃"了。下面的"喝不得"也是如此。比较前面的例(13),例(13)的"喝不得"是由于参与者自身因素,比如身体、健康状态等导致的"不能喝"。而这里例(21)的"喝不得"是由于"茶是隔夜的"这一客观因素。

表条件可能的"V 得"否定式也是"V 不得",后面也可带宾语。如:

(24)油还吃得两回。(油还能吃两次。)

(25)这伢今天有点发烧,打不得预防针。

(26)我最看不得他那个鬼相(鬼样子)。

这几个例子里,"V 得"后分别带了数量宾语"两回"和名词宾语"预防针、他那个鬼相(鬼样子)"。

2.2.2.2 "V 得 C"表条件可能,例子如下:

(27)这次出差有点远,下个星期二才回得来。

(28)点这多菜,哪里吃得完咧。(点这么多菜,怎么吃得完呢。)

(29)那个票蛮俏(畅销),早点去才买得到。

这些例子里的"V 得 C"都是表达由于外部环境、条件等导致的可能或不可能,比如"由于出差地点远",所以"下个星期二才回得来"等。

动词后"得"的两种形式"V 得"和"V 得 C"都既可以表能力可能，又可以表条件可能。但"V 得/V 不得"是表示动作实现的可能，而"V 得 C/V 不 C"是表示动作产生某种结果或状态的可能。如上面例(10)、(19)的"吃得"分别表示由于说话人主观能力或客观具备某种条件而导致"吃"这一动作可能实现；例(16)、(28)的"吃得下""吃得完"则表示主客观条件导致"吃"这一动作产生"吃下、吃完"这种结果的可能。可见动词后"得"的两种句法形式还是具有不同功能的。

将以上武汉方言模态词"得"的各种用法简单归纳一下，可得到表 1。表中"＋"表示有此种模态用法，空白表示没有。

表1 武汉方言"得"的模态用法

	知识性模态（认识可能）	非知识性模态			
		能力可能	条件可能	条件必要	义务必要
动词前	＋			＋	＋
V 得（动作实现）		＋	＋		
V 得 C（结果/状态实现）		＋	＋		

表 1 显示，武汉方言"得"可以表达认识可能、能力可能、条件可能、条件必要和义务必要这五种模态。并且"得"的句法位置，即位于动词前与位于动词后表达的模态呈现出整齐对立。动词前的"得"主要表达必要/需要、判断或推测，动词后的"得"则只表达可能性。也就是说动词前的"得"表达认识模态和义务模态，动词后的"得"表达动力模态，界限分明，各司其职。动词后的"得"又有两种形式："V 得"和"V 得 C"，它们虽然都可以表达能力和条件可能，但前者表达动作实现的可能性，后者表达动作产生某种结果或状态的可能性。

3 "得"模态用法的演变考察

弄清了"得"在武汉方言里的共时模态用法,下面讨论"得"的语法化问题。

3.1 动词前"得"的演变

"得"在早期甲骨文里写作"手"和"贝"(古代货币),《说文》释为"行有所得也"。因此这个字本义是动词"得到、获得"的意思。如①:

(30)求之不得,寤寐思服。(《诗经·周南·关雎》)

(31)上得民心,以殖义方,是以作无不济,求无不获,然则能乐。(《春秋·国语》)

武汉方言里"得"现在也有动词用法,如:

(32)这次考试你得了几多分啊?

(33)她弹钢琴得了好几个奖了。

(34)你得了他的么好处啊,这帮他说话?

这些例子里"得"都还是"得到"的意思。

先秦时期动词"得"后面出现了谓语词性宾语,即"得 VP"结构,表示 VP 得以实现。这种结构用在否定、疑问句里时,都可以理解为表达可能性(杜轶,2007)。如:

(35)夫国家文质礼变,设若相承至于十世,世数既远,可得知其礼乎?(《论语·为政》)

(36)曰:"象不得有为于其国,天子使吏治其国而纳其贡税焉,故谓之放。岂得暴彼民哉?"(《孟子·万章上》)

(37)公子重耳出见使者,曰:"君惠亡臣,又重有命。重耳身亡,父死不得与于哭泣之位,又何敢有他志以辱君义?"(《国

语·晋语二》)

(38)蔡、许之君,一失其位,不得列于诸侯,况其下乎!(《左传·成公二年》)

(39)子产相郑伯以如晋,叔向问郑国之政焉。对曰:"吾得见与否,在此岁也。"(《左传》,引自李明,2001:13)

这些句子里的"得+VP"结构,虽然还可以从字面上解释为表示后面"VP"得以实现,但是理解为表达可能性也完全没有问题了。所以一般学者认为,"得"在先秦就是表可能的助动词了(王力,1990:341;刘利,2000:157—159;李明,2001:13)。就算是不认为"得"已经是助动词的学者(杨平,2001;刘承慧,2002:75;杜轶,2007),也不否认"认为'得'字表示能性,在理解上古汉语中'得+VP'时,不会遇到太大的问题"。但是这种动词前"得"表可能的用法,在武汉方言里并没有留存下来。不过,这一用法却是武汉方言动词前"得"模态用法的源头。具体解释如下:

3.1.1 条件可能＞条件/义务必要

上古汉语里"得+VP"表可能,都是条件可能,即由于外部条件或客观原因造成的可能,例(35)—(39)均如此。这种条件可能的"得+VP"结构主要用于否定或疑问句里,有杜轶统计《孟子》《韩非子》《战国策》得到的数据为证(下表引自杜轶,2007):

文献范围	"得+VP"总数	用于肯定句	用于否定句和疑问句
《孟子》	63	11(17%)	52(83%)
《韩非子》	181	45(25%)	136(75%)
《战国策》	173	72(41%)	101(59%)

而对可能的外部否定,不可能 P(记作$\neg\Diamond P$),在语义逻辑上跟需要/必要的内部否定需要/必要不 P(记作$\Box\neg P$)是一样的,即$\neg\Diamond P=\Box\neg P$(van der Auwera,2001:31),也就是"不可能做什么

413

就是需要/必要不做什么"。举个简单的例子,如果说"去机场不可能坐 25 路车",那么也就是说"去机场需要/必要不坐 25 路车"。正是这种语义逻辑上的一致性,提供了表可能的"得"衍生出需要/必要模态用法的逻辑基础。

具体的演变过程可以在古代汉语里找到轨迹。几乎在先秦"不得 VP"表可能用法出现的同时,双重否定"不得不(不得无/无得不/弗得不)"的用法也出现了(李明,2001:14),如(例40、41引自李明,2001:14):

(40)人臣之于其君,非有骨肉之亲也,缚于势而不得不事也。(《韩非子·备内》)

(41)释父兄与子弟,非疏之也;任庖人钓者与仇人仆虏,非阿之也。持社稷立功名之道,不得不然也。(《吕氏春秋·知度》)

(42)于大罪之间,或情有可恕,尽加大辟,则枉害良善;轻致其罚,则脱漏重辜。以此之故,不得不临时议之,准状加罪。(《左传》卷四十三)

(43)战胜,秦且收齐而封之,使无多割,而听天下;之战不胜,国大伤,不得不听秦。(《战国策》卷一)

(44)臣闻明主莅正,有功者不得不赏,有能者不得不官;劳大者其禄厚,功多者其爵尊,能治众者其官大。(《战国策》卷五)

这些例句中,"不得不"的"得"可以理解为表可能的意思,比如例(41)的"不得不然也"就是"不可能不这样"。但是在语义上也可以理解为"由于外部条件而需要/必要 VP",如例(40)可以解读为"由于'缚于势'而需要/必要'事'";例(41)可以解读为"由于'持社稷立功名之道'而需要/必要这样"。理解为表达可能时整个结构应该分析为"不得＋不 VP",也就是说"得"以否定形式"不得 VP"出现,而正好后面的 VP 又是一个否定形式。而在理解为必要用法时,原来的句法结构就有可能被重新分析为"不得不＋VP"了,即整个"不得不"凝聚在一起独立于动词,表示需要/必要义。

这样的双重否定"不得不 VP"结构,据李明(2001)研究,在两汉已经出现了表义务必要(deontic necessity)的用法,如(例句引自李明,2001:23):

(45)比干曰:"为人臣者,不得不以死争。"(史记·殷本纪,108)

(46)三人非负太守,乃负王法,不得不治。(汉书·何并传,3268)

(47)须菩提当报恩,不得不报恩,何以故?(道行般若经,8/429a)

例(45)是"由于'为人臣',所以需要'以死争'";例(46)是"因为'负王法'所以需要'治'"等。这些句子里的"不得不"已经明显倾向组合在一起,成为"不得不＋VP",表明重新分析已经完成。

由于双重否定在语义上即为肯定,也就是"不得不 VP = 得 VP"。所以原本是"不得不＋以死争""不得不＋治""不得不＋报恩"的"不得不＋VP"结构,就有可能演变为同义的"得＋VP","得＋以死争""得＋治""得＋报恩"。这样一来,"得"就能独立成为一个表条件/义务必要用法的助动词了。

实际上,在两汉文献里已经有几个这样"得"表必要用法的例子(例49、50 来自太田,1988:42):

(48)是女子不好,烦大巫妪为入报河伯,得更求好女,后

日送之。(史记·滑稽列传)

(49)沛公曰:"君为我呼入,我得兄事之。"(史记7·项羽本纪)

(50)祇域神乃如是,我促得报其恩。(奈女祇域因缘经,大14,899上)

特别是例(48)的"得",已经完全可以理解为条件必要了,即"因为'是女子不好',所以需要'更求好女'"。不过这种用法在宋以前都不太多,到宋时才广泛使用开来。

这样"得"从"条件可能＞条件/义务必要"的语法化过程可以简单归纳如下:不得＋不 VP＞不得不＋VP＞得 VP。其中第一步的语法化机制是重新分析,第二步的演变则是同义替换。

3.1.2 条件可能＞认识可能

上古汉语里表可能的"得＋VP"在宋元以后使用明显减少,其表能性的用法逐渐被魏晋南北朝时期出现的"V 得(O)"结构替代(杜轶,2007)。不过,其否定形式的"不得 VP"在明清时代出现了新的用法。在一些句子里,"不得 VP"具有歧义,既可以解读成表条件可能,也可以解读成说话者的一种主观判断,如:

(51)姐姐,这话不是我女孩子家不顾羞耻,事到其间,不说是断断不得明白的了。《儿女英雄传·第 10 回》

"断断不得明白"既可以理解为"断断不能够明白"(因为"不说"的客观原因),又可以理解为"断断不会明白"(说话人的看法或推测)。做第一种理解的话是条件可能,做第二种理解就是认识可能了。下面两个同样来自《儿女英雄传》的例子就更能说明问题了:

(52)他说家里的事情摘不开,不得来,请你老亲自去,今儿就在他家住,他在家老等。《儿女英雄传·第 5 回》

(53)便是你请的那褚家夫妇,我也晓得些消息,大约也绝不得来,你不必妄等。《同上·第5回》

两个句子的"不得来"从句法结构上来说完全一样,但根据两个句子的不同语境,显然例(52)是表达的条件可能(由于家里的事情所以不能来);而例(53)则再也没有歧义,很清楚就是认识可能了(说话人认为褚家夫妇不会来)。在明清语料里,这种例子还有不少:

(54)文聘曰:"只怕崇君侯不得来。"飞虎曰:"将军何以知之?"文聘曰:"崇君侯操演人马,要进陈塘关,至孟津会天下诸侯,恐误了事,决不得来。"《封神演义·第69回》

(55)他这船儿虽是无底,却稳;纵有风浪,也不得翻。《西游记·第98回》

(56)姐姐的深心,除了妹子体贴的到,不但爹妈不得明白,大约安公子也不得明白。《儿女英雄传·第10回》

(57)等你下到要紧地方儿,我只说句哑谜儿,你依了我的话走,再不得输了。《儿女英雄传·第33回》

(58)贾政道:"薛荔藤萝不得如此异香。"《红楼梦·第17回》

(59)袭人道:"老爷怎么得知道的?"《红楼梦·第33回》

(60)你但凡听我一句话,也不得到这步地位。《红楼梦·第34回》

以上这些例子都有认识可能的用法。而且这些句子除了例(59)是疑问句以外,都是否定形"不得VP",这跟武汉方言"得"表知识性模态只用于否定句一致。所以笔者认为,武汉方言"得"的认识可能用法就是由此而来的。

其实,表条件可能的"得"用于反问句时,就有可能产生出表推测的知识性模态用法。这一点李明(2001)也已经注意到,如下面

417

的几个句子(例句引自李明,2001:81):

(61)根生,叶安得不茂?源发,流安得不广?(论衡·异虚,215)

(62)(搽旦云:)兀那厮,甚么官人、娘子!我是夫人,他是我的伴当。(关胜云:)休斗我耍,那得个伴当和娘子一坨儿坐着吃酒?(元曲选·争报恩,157)

(63)这样旷野地方,那得有如此丽人,必是神仙下界了。(红楼梦116回,929)

例(61)"根生"虽然是"叶茂"的条件,但此句并不是陈述事实,而是表达推理,所以在这种语境里,"叶安得不茂"就完全可以理解为说话人的主观推测;而后两例则都是说话人根据已有经验所做出的推理:"伴当不会和娘子坐在一起喝酒""旷野不会有如此丽人"。可见在这些反问句里,"得"都不再表示条件可能,而是知识性模态用法了。不过,有学者认为这些用法还都是"附着于反诘语气之上"的,不宜独立出来(李明,2001:81),但这至少显示出"得"条件可能用法与认识可能用法之间密切的逻辑关联性。这应该就是"条件可能>认识可能"演变的逻辑语义基础。

综上所述,武汉方言动词前"得"的模态用法语法化过程可以图示如下:

获得义动词"得">(得+VP表可能)→常用为否定形"不得VP"

双重否定"不得不VP">得VP[需要/必要]   认识可能

这里"()"内部分表示在现在的武汉方言中并没有此种用法。但是现有的义务模态和知识性模态用法,都是从该用法的否定形发展而来。古汉语语料显示知识性模态用法在时间上晚于义务模态用法,但笔者认为两者间并没有衍生关系,而是都来源于上古汉语表可能的"得 VP"结构。这是本文提出的一个重要观点,跟现有 Traugott and Dasher(2002)、Li(2004)和 Narrog(2012)的结论完全不同。

3.2 动词后"得"的演变

3.2.1 "V 得"的来源

先秦两汉文献里,"获得"义动词"得"还可以用在另一动词后,形成连动结构"V 得 O",义为"V 而得 O"。如:

(64)明一者皇,察道者帝,通德者王,谋得兵胜者霸。(《管子》)

(65)今臣为王却齐之兵,而攻得十城,宜以益亲。(《史记·苏秦列传》)

(66)民采得日重五铢之金。(《论衡·讲瑞》)

这里"谋得、攻得、采得"都可以理解为连动结构,即"谋而得、攻而得、采而得"。"得"也还有一定的实词"获得"义。但它开始用于动词后,就会导致其丧失作为主要动词的地位,这也就为"得"进一步语法化提供了可能。

在下面这样一些句子里,"得"原本的"获得"义虚化,开始表示前一动词的动作达到某种结果。如:

(67)陇有道,出鹦鹉,教得分明解人语。(《敦煌变文集新书·百鸟名君臣仪仗》)

(68)汉王曰:"放卿入楚救其慈母,救得已否?"(《敦煌变文集新书·汉将王陵变》)

例(67)"教"是主要动词,"得"已经没有多少"获得"义,而是表示"教"达成了"分明解人语"这一结果;例(68)"得"就更加虚化,几乎没有独立的实词义,只是表示前面动词"救"的实现,而且"救得"后面也没有宾语,从句法形式上来说,已经是"V得"结构了。

这种表示动作实现的"V得(O)"形式,如果出现在未然语境里,就会被解读为表示动作实现的可能性。如[例(70)—(73)引自吴福祥,2002]:

(69)猕猴尚教得,人何不愤发。前车既落坑,后车需改辙。(唐《拾得诗》)

(70)若有诵得,若有忘者,当为开示。(《生经》,《大正藏》,卷3)

(71)蝴蝶被裹其中,万计无由出得。(《敦煌变文集》)

(72)道士奏曰:"其酒已劣,贯(實)饮不得!"(《敦煌变文集》)

(73)一日近暮,风雪暴至。学童悉归家不得。(《因话录》)

(74)思量言讫,遂乃前来启言将军:但擒虎三杖在身,拜跪不得,乞将军不怪。(《敦煌变文选》)

(75)扫地风吹扫不得,添瓶瓶到不知休。(《敦煌变文选》)

这些例子里的"V得""V不得"都是表达的可能模态。而且既有条件可能,如"饮不得"是因为"酒已劣"(例72),"归家不得"是因为"风雪暴至"(例73)这样的外部客观条件;也有能力可能,如例(69)、(70)、(71)。

"V得"的可能模态用法就是这样产生的。其语义演变过程为:获得＞达成＞可能。句法条件则是"得"充当连动结构的第二动词,被重新分析为表动作实现或达成,继而在未然语境里产生可能模态的用法。至于为什么表动作实现的"V得"在未然语境里会产生可能模态用法,笔者尝试解释如下:一个动作实现了,那么也就意味着这个动作有实现的可能性。它用在未然语境时,实现义无法解读,于是"可能性"的解读被凸显出来,整个结构就会转而表达可能模态。这种从客观"实现"到主观"可能"的演变,也是一种主观化(subjectivisation)的过程,是语法化过程中的普遍规律。

"V 得""V 不得"的可能模态用法在唐以前产生(吴福祥,2002),元明时期使用频率较高,但到了清代前期逐渐衰退,被"V 得/不 C"占去上风(王衍军,2013)。不过这一用法在武汉方言里保留了下来,2.2.1.1 与 2.2.2.1 所描写的"V 得"和"V 不得"的用法就是如此。可见武汉方言动词后表可能的"V 得"应该就是直承古代汉语而来的。

3.2.2 V 得 C 的来源

关于动词后另一种"得"字述补结构"V 得 C"的语法化问题,吕叔湘(1944)、李晓琪(1985)、杨平(1990)、赵长才(2002)、吴福祥(2002)、刘子瑜(2003)、蒋绍愚(2005)、沈家煊(2005)等都做过详细的研究,本文借鉴这些研究成果,主要以吴福祥(2002)对"V 得 C"表达能性范畴的语法化研究为依据,将"V 得 C"可能模态的用法来源简单整理如下:

"V 得"结构里的"得"在唐代进一步虚化,成为一种表动作实现或完成的动相补语(Phase complement),如(以下用例均引自吴福祥,2002):

(76)医得眼前疮,剜却心头肉。(聂夷中《咏田家》,《全唐诗》,7196 页)

(77)两瓶箸下新开得,一曲霓裳初教成。(白居易《湖上招客送春泛舟》,又,4966 页)

421

如果在这样的"V得"后出现谓词性成分,整个结构就成为了述补结构,如:

(78)已应春得细,颇觉寄来迟。(杜甫《佐还山后寄三首》,又,2426页)

(79)深水有鱼衔得出,看来却是鸬鹚饥。(杜荀鹤《鸬鹚》,又,7982页)

这里的"春得细""衔得出"意思就是"春细""衔出",也就是表示前面动作"春"和"衔"的结果。这样一来,后面的谓词性成分充当了前面动词的结果补语,因此原来用作动词补语的"得"就渐渐失去了补语的作用,而被重新分析为一个引导作后面补语的结构助词了。

同样,这种表示某种结果实现的"V得C"如果用于未然语境里,也就会被解读为具有实现某种结果的可能性,"V得C"的可能模态用法就产生了。如:

(80)师曰:"见即见,若不见,纵说得出,也不得见。"(《祖堂集》)

(81)若有人弹得破,莫来;若无人弹得破,却还老僧。(《祖堂集》)

(82)被那旧习缠绕,如何便摆脱得去。(《朱子语类辑略》)

这里要说明的是,"V得"和"V得C"的否定形"V不得"和"V不C",从历史来源来看都早于其肯定式,这一点前贤已有定论,本文不再赘述。

以上以古代汉语语料为依据,借鉴现有研究成果,讨论了"V得"及"V得C"可能模态用法的来源。就此动词后"得"的语法化过程可以概括为:获得义动词"得">V得>V得C。

3.2.3 语义演变

如前所述,武汉方言里的"V得"和"V得C"都可以表达能力可能和条件可能两种模态,那么这两种模态用法之间又是如何发展的呢？下面讨论这一问题。

从"获得"义动词发展出表可能的用法,在类型学研究中已经有很多佐证。Van der Auwera、Kehayov and Vittrant(2009)考察了北欧15种语言后发现,这些语言里的14种都有来源于"get"义动词的模态词表示可能模态的用法。其中8种语言既有参与者外部可能用法(participant-external possibility),也有参与者内部可能用法(participant-internal possibility);6种语言只有参与者外部可能用法;但是没有一种语言只有参与者内部可能的用法。另外Nattog(2012:203)又提供了东南亚语言的例子。东南亚语言里也普遍存在来源于"get"义的模态词表可能的用法,在15种东南亚语言里,有11种同时具有参与者内部可能与参与者外部可能用法,3种语言只有参与者外部可能用法,但是也没有一种语言只有参与者内部可能的用法。这说明,源于"get"义动词的模态词表可能模态具有相当的普遍性。而且,如果一个模态词有表参与者内部可能用法的话,那它一般也同时有表参与者外部可能的用法。反之则不行。这就是说,参与者外部可能是更基本的用法,大多数语言由此还会产生参与者内部可能的模态用法,但也不一定所有的语言都如此。这两篇文章所说的参与者内部可能大致相当于本文的能力可能,参与者外部可能则大致相当于条件可能。因此,Van der Auwera、Kehayov and Vittrant(2009)和Nattog(2012:203)的研究成果说明条件可能是更基本的用法,有些语言还会发展出能力可能的用法,但不一定都会如此。

汉语的情况也证明了这一点。据刘利(2000:157)研究,在先秦汉语中,"得"可以表示"客观条件的许可"和"事理上的许可",但不表示"行事者自身能力"。胡玉华(2001)考察《世说新语》里的"得"发现,表示客观条件许可和事理许可的"得"占绝大多数,但也出现了少量表示主观能力的用例。张泽宁(2004)则通过统计发现,《六祖坛经》里"得"表自身能力的用法已经由《世说新语》里的3.9%上升为22.2%。段业辉(2002:33)也指出"得"表示"自身能力"的用法在中古才出现。

最后从语义虚化角度来看,条件可能是一种客观的可能性,能力可能则增加了很多主观因素,是比条件可能更虚化的模态,因此"条件可能＞能力可能"的语法化路径也体现了语法化往往伴随有主观化这一规律。

由此,武汉方言动词后"得"的语义演变过程应该是:获得义动词＞条件可能＞能力可能。武汉方言"V 得"和"V 得 C"既有条件可能用法又有能力可能用法的情况与现有研究所得到的语言共性完全吻合。

4 小结

本文首先描述了"得"在武汉方言里的各种模态用法,指出表模态的"得"在武汉方言里有动词前和动词后两种句法位置。动词前"得"可以表达三种模态:条件必要、义务必要和知识性模态,动词后"得"只表达可能性(包括条件可能和能力可能)。动词后"得"有两种句法形式"V 得"和"V 得 C",两种结构均既可表条件可能,又可表能力可能。但"V 得"表达动作实现的可能性,"V 得 C"表动作产生某种结果或状态的可能。

利用古代、近代汉语语料,并参照其他语言模态助词的语法化研究成果,本文拟定了武汉方言"得"模态用法的语法化路径,简单归纳如下:

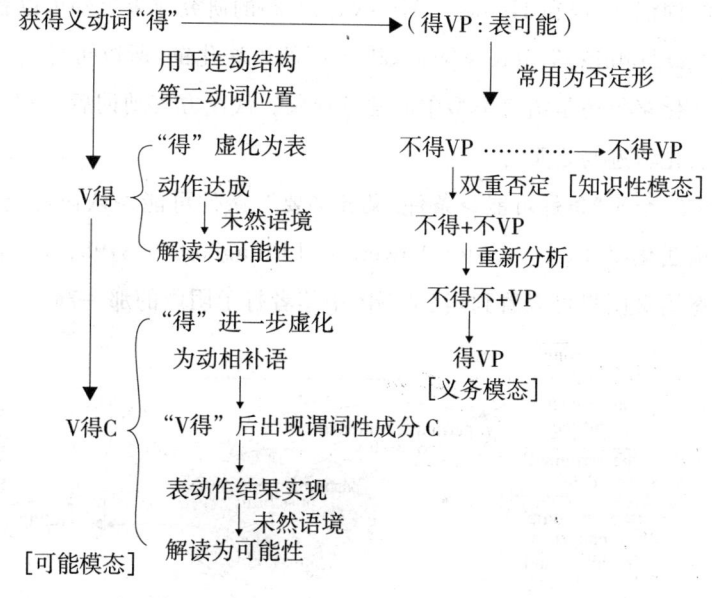

```
获得义动词"得" ─────────────→ (得VP:表可能)
        │                            │
        │ 用于连动结构                 │ 常用为否定形
        │ 第二动词位置                 │
        ↓                            ↓
              ⎧ "得"虚化为表         不得VP ………→ 不得VP
       V得  ⎨ 动作达成                   ↓ 双重否定 [知识性模态]
              ⎪   ↓ 未然语境          不得+不VP
              ⎩ 解读为可能性              ↓ 重新分析
        │                           不得不+VP
        │                                ↓
        ↓                              得VP
              ⎧ "得"进一步虚化          [义务模态]
              ⎪  为动相补语
       V得C ⎨ "V得"后出现谓词性成分C
              ⎪ 表动作结果实现
              ⎪    ↓ 未然语境
              ⎩ 解读为可能性
   [可能模态]
```

说明:( )表示其中的用法现在武汉方言中不存在。……→表示句法形式并未改变,但模态用法不同。

本文还探讨了武汉方言"得"各种模态用法之间的语义演变关系,概括如下:

```
获得 ＞  达成 ＞  条件可能 ＞  能力可能
                  ∨        ∨
                条件必要    认识可能
                  ∨
                义务必要
```

425

从"get"义动词发展出可能模态用法在很多语言里都有,这一点前文提到的 Van der Auwera、Kehayov and Vittrant(2009)和 Nattog(2012:203)的研究已经证明。虽然在有名的 van der Auwera and Plungian(1998:98、100)模态语义图里没有来源于"get"的词汇义,但在 Heine & Kuteva(2002)的研究成果里却可以看到"get＞ability""ability＞possibility"的语法化链,所以可见这一语法化路径还是语言类型中的常见现象。武汉方言动词后"得"的语法化轨迹与之契合。

至于"条件可能＞条件/义务必要""条件可能＞认识可能"的语法化路径,在 van der Auwera and Plungian(1998:98、100)的模态语义图里可以看到,就是下图中笔者打了阴影的那一部分。

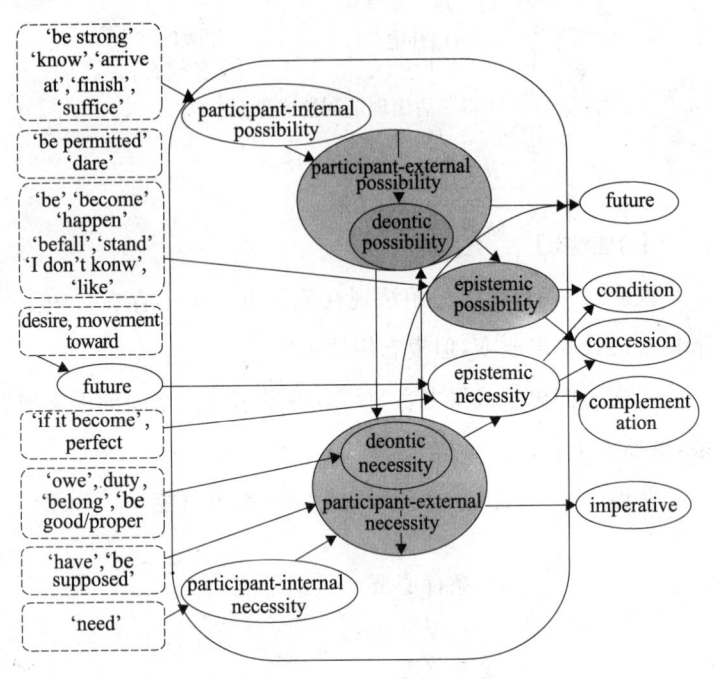

但是在该图中 Participant-external possibility(参与者外部可能,大致相当于本文的条件可能)却包含有 deontic possibility(义务可能),这在本次武汉方言"得"的模态考察中没有观察到,是与西方语言的不同之处。不过,李明(2002:81)在考察古汉语助动词、范晓蕾(2011)在以汉语方言为本制作的能性情态语义图里都提到跟武汉方言一样的"条件可能＞认识可能"演化路径,说明这一语法化链至少在古今汉语中是不乏其例的。

汉语的"得"是一个具有多种模态用法且句法形式也多样的词,因此在模态范畴研究中备受关注。而方言中"得"的用法更加多样,本文对武汉方言"得"动力、义务、知识性模态用法及其语法化的探讨,提供了汉语方言一个具体详细的研究个案,对现有"得"的模态研究有一定的补充和修正作用。"得"在汉语方言中的多功能现象十分普通,更多方言关于其模态以及后模态用法(post-modal meaning)的研究将为模态范畴的语法化及类型学研究提供丰富资料,值得期待。

附　注

①　本文并非要构建完整的模态体系,因此只对本次研究所需概念进行界定,其他问题暂不涉及。

②　原文是一个图形,笔者为了书写方便,改写成了现在这样简单的表示法。汉语为笔者所译。

③　Traugott and Dasher(2002)所举"得"最有可能解读为知识性可能用法的例子是"国欲治可得乎？"。显然这个句子的"得"虽然翻译成英语确实可以是"is it possible",但这里的"得"就是表示动作的实现,甚至还带有很强的动词色彩。"possible"义来自前面的"可",因此笔者认为此例的"得"完全无法解读成表"可能"。

④　据 Narrog(2012:219)图简化而成。

⑤ 以下武汉方言例句一般不加注释,但遇到较难理解的方言说法时,在后面用括号写出普通话说法。

⑥ 关于武汉方言程度副词,参见赵葵欣(2012:95—96)。

⑦ 以下古代、近代汉语用例没有特别注明转引的,均来自北京大学CCL语料库。下文皆同。

⑧ 这一逻辑式里的两种模态,英语原文为"possibility"和"necessity",笔者译为"可能"和"需要/必要"。

参考文献

曹广顺　1995　《近代汉语助词》,语文出版社:72—83页。

杜　轶　2007　"得+VP"结构在魏晋南北朝的发展——兼谈"V得C"结构的来源问题,沈家煊、吴福祥、李宗江主编《语法化与语法研究》(三):1—35页,商务印书馆。

段观宋　2000　禅籍中"得"的用法,《东莞理工学报》15(4):103—105页。

段业辉　2002　《中古汉语助动词研究》,南京师范大学出版社。

范晓蕾　2011　以汉语方言为本的能性情态语义地图,《语言学论丛》(第四十三辑):55—100页,商务印书馆。

——　2014　"汉语方言的能性情态语义地图"之补论,待刊。

蒋绍愚　1995　内部构拟法在近代汉语语法研究中的运用,《中国语文》第3期:191—194页。

——　2005　《近代汉语研究概要》,北京大学出版社。

胡玉华　2001　《〈世说新语〉助动词研究》,陕西师范大学硕士论文。

李　明　2001　《汉语助动词的历史演变研究》,北京大学博士学位论文。

李晓琪　1985　关于能性补语式中的语素"得",《语文研究》第4期:13—17页。

李宗江　1994　"V得(不得)"与"V得了(不了)"《中国语文》第5期:375—381页。

梁银峰　2008　《祖堂集》助动词研究,《上海市社会科学界第六届学术年会文集·哲学历史文学学科卷》:65—369页。

刘承慧　2002　《汉语动补结构历史发展》,(台北)翰芦图书出版有限公司。

刘　利　2000　《先秦汉语助动词研究》,北京师范大学出版社。

刘子瑜　2003　也谈结构助词"得"的来源及"V得C"述补结构的形成,《中国语文》第 4 期:379—381 页。

吕叔湘　1944　与动词后得与不有关之词序问题,《汉语语法论文集》(增订本):127—138 页,商务印书馆,1984。

沈家煊　2005　也谈能性述补结构"V 得 C"和"V 不 C"的不对称,沈家煊、吴福祥、马加贝主编《语法化与语法研究》(二):185—207 页,商务印书馆。

王　力　1990　《汉语语法史》(《王力文集》第十一卷),山东教育出版社。

王衍军　2013　朝鲜时代汉语教科书能性述补结构试析,《语言科学》第 6 期:631—641 页。

吴福祥　1996　《敦煌变文语法研究》,岳麓书社。

——　2002　汉语能性述补结构"V 得/不 C"的语法化,《中国语文》第 1 期:29—40 页。

——　2009　从"得"义动词到补语标记:东南亚语言的一种语法化区域,《中国语文》第 3 期:195—211 页。

杨　平　1990　带"得"的述补结构的产生和发展,《古汉语研究》第 1 期:56—63 页。

——　2001　助词"得"的产生和发展,《语言学论丛》(第二十三辑):122—144 页。商务印书馆。

张明媚、黄增寿　2008　古汉语中"得"的研究综述,《西南交通大学学报》第 9 期:52—57 页。

张泽宁　2004　《六祖坛经》中助动词得、须、可、敢、能的使用法,《广东广播电视大学学报》第 13 卷:78—80 页。

赵长才　2002　结构助词"得"的来源与"V 得 C"述补结构的形成,《中国语文》第 2 期:123—129 页。

赵葵欣　2012　《武汉方言语法研究》,武汉大学出版社。

Heine, Bernd & Tania Kuteva　2002　*World Lexicon of Grammaticalization*. Cambridge: Cambridge University Press.

Li, Renzhi　2004　*Modality In English And Chinese: A Typological Perspective*. Boca Raton, da. Dissertation. com.

Narrog, Heiko　2012　*Modality, Subjectivity, and Semantic Change: A Crosslinguistic Perspective*. Oxford: Oxford University Press.

Narrog, Heiko and Bernd Heine　2011　*The Oxford Handbook of Grammati-

calization. Oxford:Oxford University Press.

Palmer,F. R. 2001 *Mood and Modality*. Cambridge:Cambridge University Press.

Plank,Frans 1984 The Modals Story Retold,*Studies in Language* 8. 3:305-64.

Traugott,Elizabeth Closs & Richard B. Dasher 2002 *Regularity in Semantic Change*. Cambridge:Cambridge University Press.

van der Auwera,Johan and Vladimir A. Plungian 1998 Modality's Semantic Map,*Linguistic Typology* 2. 1:79-124.

Ziegeler Debra 2011 The Grammaticalization of Modality. *The Oxford Handbook of Grammaticalization*,eds by Heiko Narrog and Bernd Heine. 595-604. Oxford:Oxford University Press.

"对了"的两种话语标记用法及其浮现动因

朱 军

(湘潭大学文学与新闻学院)

1 引言

"对了"从语表形式看是由形容词"对"与时态助词"了"构成的谓词性结构,《现代汉语八百词》(吕叔湘,2003)对"对+了"共现的解释比较简单:一是表示动态,后可再带数量,表示"对在哪里,对了多少";二是用在句首,表示突然想起什么事。"对了"的用法大致上可分为两类:

第一类用法是在句中充当句法成分,一般表示对已说出的话语或已发生的行为、事件的确认性判断和评价。例如:

(1)李在彬:那我问你,什么鱼不能吃?赵魏:^离子鱼。李在彬:猜对了。(自然会话)

(2)风:对,一又二分之一,这二分之一就是毛利。风:<XX>,其他都对了啊?雪:<XX>。(自然会话)

上面两例中的"对+了"共现用法有差别:例(1)中是跨层结构,"了"是完句必备成分;例(2)中"对了"才是表示动态的用法,共同充当句法成分。

学界更为关注的是"对了"的第二类用法,即独用的情况。例如:

(3)老蝙蝠嘿嘿笑了说:"往哪儿走?咱们还没起大货呢!"朱开山说:"对了,小斜眼,带着大叔把大货起了吧,我找到买家了。"(电视剧《闯关东》)

(4)牛小伟心里这个气呀:"那还用你领啊?"嘴上却说:"对,你们能认得那路不是?谢谢您啊,警察同志。""不谢不谢,为人民服务嘛。对了,您明天带几百块钱——我看那地形啊,估计还得租吊车。"(电视剧《东北一家人》)

以上两例中的"对了"有一些共同特点:不与其他语法成分构成直接的语法关系,只起连接前后小句或话轮的作用,删略后也不影响命题表达,但会影响话语篇章的连贯性。但例(3)、例(4)中"对了"的用法又有一些不同,引起了学界的一些讨论:刘焱(2007)认为,例(4)中的"对了"具有表"醒悟"的话语意义,是在表赞同的词汇意义的基础上产生的;姜向荣(2008)认为上述两种"对了"都是话语标记用法,还认为例(3)中"对了"是"半语法化"状态,而例(4)中"对了"已是纯衔接的话语标记,处在不同的虚化等级上;罗燕玲(2010)从语义指向角把独用的"对了"分成三种类型:承前型、承前启后型[如例(3)]、启后型[如例(4)],并认为启后型是在前两者基础上虚化而成的;吉益民(2012)也认为有两类"对了",但认为例(4)这类"对了"是在例(3)这类"对了"基础上黏合固化而成,没有注意后者也有固化现象,且没有解释前者为什么会黏合固化。

以上著述的分析都相当细致,但我们仍有两个疑问:

一、这两种用法中"对了"进一步语法化或固化的基础或机制是什么?为什么承前型的变为启后型的就进一步语法化了?

二、为什么只用"对了"来表醒悟或突然想起某一件事的话语意义而不是其他词语？醒悟与赞同之间有何内在联系？

现有文献似乎并没有解释清楚这两个问题。我们从互动语言学(interaction linguists)的立场出发,认为"对了"存在两类相关而不完全相同的用法,两种用法都来源于"对了"作为"确认性判断"的基本用法,差异在于"对了"出现的话语环境特别是引发语[①]不同：一种是具有显性引发语（他人的话语）[②],一种是隐形引发语（说话者自身大脑思索的内容）[③]；引发语不同,使作为应答确认语的"对了"呈现出不同的状态,并进而产生两类不同的话语标记"对了"。现有研究没有注意到这种差异,较为勉强地将两类用法串联在一起,并构建它们之间的联系,缺乏说服力。我们认为,两种用法差异不在于固化或语法化程度,而在于语义基础相同的词语因话语环境、语用机制不同造成的用法及演变方式差异,终点都是话语标记,可谓殊途同归。

基于此思路,下文分析两类不同的话语标记"对了"（称为"对了Ⅰ""对了Ⅱ"）及其产生途径,进入探寻它们产生的动因,并比较两者的不同。

2 话语标记"对了Ⅰ"的形成途径

"对了"由具有真值语义的应答语成分浮现出话语标记"对了Ⅰ"这样的功能词用法,主要经历了下面的演变过程。

在典型互动语境中,"对了"独立使用最初的形态是作为肯定应答语,是对对方问话（引发语）的肯定回答,引发语以显性的状态出现（波浪线部分）。例如：

433

(5)传杰说:"掌柜的,褒就是夸奖,贬就是贬斥,您说对不?"夏元璋一笑:"对了。这句话就是说,客人进了你的店,对你的货吹毛求疵横加贬斥,你千万不要生气,这时候更要和气待客。"(电视剧《闯关东》)

(6)传杰说:"掌柜的,你成天给我说三十六计,这是不是就是您说的,明修栈道,暗度陈仓?"夏元璋笑了说:"对了。"(电视剧《闯关东》)

例(5)、例(6)中"对了"是对对方肯否问句(引发语)的肯定回答,语义上具有明显的承前性。

"对了"除了作为肯定应答语外,还可引申作为确认对方话语信息的应答语,首先表现为单纯的确认,没有其他信息参与,引发语也是显性存在的。例如:

(7)常先生在考传杰的算盘,嘴里念一串数字,快如炒豆:"456,145,125,478,589,254,267……一共是多少?"传杰噼里啪啦一顿演算,报出数。常先生微笑着说:"对了。"(电视剧《闯关东》)

(8)乙:噢,我听说您没少受累。甲:哎!咱们过这个,没少受累干嘛呀!那年你没在家。乙:对了。(相声《白事会》)

例(7)的环境显示,传杰报出数字,即便不是问句,常先生也必须予以肯定(确认)或否定,"对了"起到确认信息的作用;例(8)中"对了"也是对对方话语传递信息的确认。这种用法是说话者之间常见的一种互动方式。

有时,说话人在确认对方信息的同时,还进行了具体阐述或延伸,在具体的阐述中也包含了对对方话语的确认和赞许态度。这种情况产生的后果就是弱化了"对了"的表义功能。例如:

(9)校长:[好好儿学习]学习。男记者:哎,对了。这会儿还真得学习[学习]。(自然会话)

(10)传杰说:"掌柜的,我知道,你是让我历练历练,多长点见识。"夏元璋说:"对了。我看你柜上历练得大有长进,可是对山货的知识还有欠缺。"(电视剧《闯关东》)

例(9)中说话人男记者说"对了",首先是表示对校长说"好好儿学习"的赞同,"对了"后面的话语又追加了类似的信息;例(10)中说话人夏元璋说"对了"是对传杰所说话语的正面确认,随后还有一些追加信息,进一步确认并延伸。

例(9)、(10)中的"对了"的表义功能有了一定程度的弱化,在话语中并非不可缺少,其"确认信息"的功能已经可以由后面的话语成分承担,但"对了"并没有完全虚化,并不是严格意义上的话语标记。因为从语境判断,说话者还有确定对方话语信息的需要。一旦这种确认需要消除,"对了"的表义功能就完全丧失,使用"对了"就纯粹出于一种礼貌、合作的交际策略,这时"对了"就浮现出具有互动功能的话语标记用法。例如:

(11)李在彬:我把你的腿给砍了,所以,割成一块儿一块儿的..吃,吃了你的^肉,^多=好吃了。赵魏:对了,我说老师救命,可是没有老师,这是家=hehehe。李在彬:你就说,^阿姨救命,就好了。(自然会话)

(12)牛大娘问:"干,干啥的呀!""起根上说啊,我们干的这事儿吧,是标准的为人民服务。"牛大娘点头:"哦……你一说为人民服务我就知道了。"推销员说:"对了,还是这位大娘明白。……"(电视剧《东北一家人》)

例(11)中"对了"肯定不能理解为对对方话语内容的赞同,只能说是对对方展开话题的一种延续;例(12)中"对了"也没有真值语义,一是对方没有询问,二是对方并没有需要让说话人确认的内容,"对了"后面的内容只能理解为对对方所说话语的延续和拓展,"对了"主要起到延续对方话语的功能。

所以,在交互性语体中,"对了Ⅰ"的话语标记功能主要是"延续话题"(他人开启的话题),主要是从作为肯定答语的"对了"(语义上承前)演变而来,演变方式为虚化,其演变路径如下:

$$\text{肯定应答语} > \text{确认应答语} > \text{话语标记("对了Ⅰ")}$$

真值语义	+	±	-
言谈衔接	+	+	+

3 话语标记"对了Ⅱ"的产生途径及可能解释

"对了Ⅰ"产生的前提是有一个确定的交际对象及引发语,在此基础上因语用环境的变化浮现出话语标记用法。与此不同,"对了Ⅱ"源自说话者对自身大脑思索话语(引发语)的确认语"对了",引发语一般出现在确认语"对了"后面。

3.1 确认语"对了"的位置及可能解释

如果把"对了"看作是对大脑中存在的引发语(语篇上实现为"对了"后面的成分)的确认语的话,就能够解释在这里为什么使用"对了"而不是其他词语的问题;但接下来的问题是,为什么引发语实现在"对了"的后面,而不像常规情况那样出现在"对了"的前面? 换言之,确认语"对了"为什么不是出现在引发语的后面?

我们认为可能的原因如下:

1.话语连贯的需要。说话人组织话语时,因说话者接下来要说的话语与先前话语之间缺乏直接的联系,需要一些过渡性的话语成分,而后面刚好有一个确认性结构"对了",自然先说出来成为"联系项"(刘丹青2003:72),再说出后续话语。

2.提醒听话人的需要。说话人在说话过程中,提及不同于原先的话语内容,偏离先前谈话轨道,需提醒听话人注意,将听话人带到当下的话语状态下。

3.说话者留给自己思索、说话时间的需要。说话者将大脑中突然出现的想法表述出来,需要一个过程,两段话语中间可能出现短暂空白,"对了"可用于填补这个空白。

在互动性的对话语体中,以上情况较为突出,确认语"对了"也主要出现在引发语前面(详见3.2)。而在口语叙事体中,当以上几点需求没有那么明显时,具有确认功能的"对了"的位置居前、居后都可以,例如:

(13)他那会儿这儿天桥儿净是抓现钱儿的,净你像那生意人不少挣钱,不少挣钱哪,他就胡花。哎对了,三天下雨就没辙么,下三天雨就没辙。(北京口语)

(14)一个人就好称呼了。说"您"是不是。一带们字儿就不能包括一个人了,一个人不能带们,哎对了。(北京口语)

例(13)"对了"前面谈的是"在天桥儿民间艺人挣很多钱"的情况,"对了"后面是说出现另一种情况(下雨)时的状态,出于话语连贯需要,"对了"还是放在引发语前面,突显的是话语标记功能(确认功能很弱);例(14)因"对了"没有了话语连贯的需要,所以可以出现在引发语后面,这时基本就起不到话语标记的作用了,更突显的是确认功能。

437

3.2 从确认语"对了"到话语标记"对了Ⅱ"

一些学者将语篇中引出不同内容的"对了"都看作无实际语义的虚化结构(或话语标记),这是不准确的。实际上这种"对了"都有话语标记功能,但并不是都丧失了确认语功能,这里也有一个用法演变过程。

兼有确认语和话语标记功能的"对了",其后是一个可确定或应答的话语成分。其形式标记是,"对了"和引发语可以交换位置。例如:

(15)"朋友。谁呀?我认不认识?""认识认识,小刘……就那个,在哈尔滨我们两家……对了,就是他。(/就是他,对了。)没问题。"(电视剧《中国式离婚》)

(16)燕红:这不是你常带到我这儿来的那位芭蕾舞团的于小姐么?志新:什么于小姐?这位是……燕红:那就是我记混了,对了,这是侯小姐,当空姐儿的那位。(/这是侯小姐,当空姐儿的那位,对了。)(电视剧《我爱我家》)

例(15)中"对了"后面的话语是说话者"宋建平"一直在思索的内容,"对了"对其进行确认,"没问题"是进一步确认;例(16)中"志新"的话对说话人"燕红"有一定的影响,使说话人"燕红"确认自己记混了人,"对了"则对后面的话进行确认。以上两例中,"对了"移至引发语后面也能说得通。

在确认性话语"对了"和单纯话语标记"对了Ⅱ"之间有过渡性用法,"对了"具有确认语的功能,但形式已经不太自由。例如:

(17)长贵笑,说:有必要这么神秘吗,你来吧,该干啥干啥,我走了。谢大脚送着,说:路上小心点,对了,见了镇长把话说死了,可别把那个王大拿真的弄了来。(/?路上小心点。

见了镇长把话说死了,可别把那个王大拿真的弄了来,对了。)
(电视剧《乡村爱情》)

(18)起明:你要是手头紧,你可以少点也行。别耽误了你自己的生意。阿春:这也是生意呀。噢,对了。麻烦你写一个借据。(/? 这也是生意呀。噢,麻烦你写一个借据。对了。)
(电视剧《北京人在纽约》)

从上面的例子可见,"确认语"后置,话不是不能说,但语篇前后的连贯性相差很多。

因具有确认功能的"对了"一般不在常规位置(引发语后面)出现,其作为确认语的条件逐步被忽略,或者说"对了"不受确认功能的限制,产生一些新的用法,逐步变为单纯的话语标记(即"对了Ⅱ"),标志是"对了"后面的话语是不能用"对了"进行确认的内容,仍然使用"对了"。例如:

(19)"吃这么好的东西还忆个啥苦?旧社会穷人到了灾年能吃上麸子就饿不死啦,不行,你给老子想想,观音土吗?""哎哟,这可没地方找去。""对了,你小子是什么出身?"(/*你小子是什么出身?对了。)(电视剧《亮剑》)

(20)郝江化:对了,你那个徒弟现在怎么样啦?药铺开了没有?(/*你那个徒弟现在怎么样啦?药铺开了没有?对了。)
吴人杰:药铺是开了,可是没生意。(电视剧《新白娘子传奇》)

例(19)中,"对了"后面是一个特殊问句,无法用"对了"确认,说明这时的"对了"失去了确认功能,只是个纯粹的话语标记了;例(20)更为特殊,不仅"对了"后面的内容无法用"对了"确认,而且"对了"作为话语起始句出现,这里的"对了"也是一个只起纯粹话语标记(引发话题)的成分。

在话语中,"对了Ⅰ"的主要功能是话题延续,而"对了Ⅱ"的主要功能是转换话题,有时也引发话题。综上所述,"对了Ⅱ"的用法演变途径如下:

确认应答语＞话语标记("对了Ⅱ")

真值语义　　　±　　　　　－
言谈衔接　　　+　　　　　+

4　话语标记"对了"的形成动因

李丽艳(2011:39)认为口语交际的特点(动态性、互动性、随意性)和交际所要达到的目标之间所存在的矛盾是话语标记产生的直接动因,话语标记便是交际双方为克服障碍而采用的语言手段。"对了"的两种话语标记用法也验证了这一点,下文详述。

4.1　"对了Ⅰ":互动机制和语用原则

由作为肯定性应答语的"对了",演变为没有真值意义的话语标记"对了Ⅰ",其形成的动因是"互动性"机制。

语言不仅有主观性(subjectivity)(沈家煊,2001),还有交互主观性(intersubjectivity),指的是说/写者用明确的语言形式表达对听/读者"自我"的关注。这种关注可以体现在认识意义上,即听/读者对命题内容的关注;但更多的是体现在社会意义上,即关注听/读者的"面子"或"形象需要"。(吴福祥,2004)即说话者非常注重对方的存在和感受,为了使交际意图更为互知互明,说话者会想出各种办法促进双方信息的互动,其中,较为常用的手段就是多使用一些口语表达式,如口语应答语、固定问话结构,甚至是一些没有真值语义的话语标记等。拿"对了"来说,说话者在对话过程中,作为回应和确认对方信息的应答语,是为了遵循语言交际的"质"准则,当这种确认的必要性降低或丧失时,使用"对了"则是为了使话语连贯、顺畅地进行下去,"对了"的语义虚化,就产生了纯粹的互动标记成分"对了Ⅰ"。例如:

(21)"那天你不在舰上,一早便骑自行车出去了,说是去门诊部领药。""对了,那天我可能是去领药了,卫生员经常性的工作之一就是去领药。"(王朔《我是"狼"》)

(22)三奶奶怨慕地说:"不知道何年何月我们也能够分出来独立门户呢!当然现在住在一起,我也占了二姐姐不少光。"二奶奶道:"他们方家只有一所房子跟人家交换,我们是轮不到的。"柔嘉忙说:"我也很愿意住在大家庭里,事省,开销省。自开门户有自开门户的麻烦,柴米油盐啦,水电啦,全要自己管。鸿渐又没有二弟三弟能干。"二奶奶道:"对了!我不像三妹,我知道自己是个饭桶,要自开门户开不起来,还是混在大家庭里过糊涂日子罢。像你这样粗粗细细内内外外全行,又有靠得住的佣人,大哥又会赚钱,我们要跟你比,差得太远了。"(钱钟书《围城》,姜向荣例)

例(21)中"对了"遵循了合作原则的"质"准则,对方话语虽非直接的问话,但话语中有需要说话者确定的信息("说是"),这里的"对了"仍然是一个有实际意义的确认语,表达主要信息,其后话语是补充说明信息,是次要信息。例(22)中"对了"违反了合作原则的"质"准则,但遵循了礼貌原则,"二奶奶"只是表面同意"柔嘉"的看法,内心充满想独立门户不得的嫉妒,使用"对了"降低了语力,缓和了气氛,不危及对方面子,是较为典型的话语标记用法。从上文分析可见,"对了"从一个意义实在的表达式到意义渐趋虚化的话语标记,是交互主观化的结果,同时也是遵循礼貌原则的结果,体现了说话者对于听话者的关注和重视。

4.2 "对了Ⅱ":互动机制与认知联想机制

应该说"对了Ⅱ"的形成也受到互动机制的制约(如确认语"对了"的前置也是为了提醒听话者),虽然它对典型互动语境的依赖不是太强烈。

这里要重点说明的是"对了Ⅱ"形成的另一条动因——认知联想机制。心理学中认知联想的一个基本存在原则:"由新及旧""由近及远"(崔丽娟,2002:120),即由当前讨论的话题(或状态)联想到另一件相关(不一定是同一话题)甚至不太相关的事情,在口语中要把它表达出来,就要解决交际通畅与这种联想随意性之间的矛盾,促成相关的话语成分成为话语标记,"对了Ⅱ"的形成就是这样的结果。

刘丽艳(2011:66—67)在谈到话语标记具有对背景语境的顺应功能时,举到两例"对了"的例子,分别用来说明两种情况:一种是对背景知识的认知状态从暂时忘记到重新想起,叙述甲事件的过程中突然想起乙事件。我们通过对话语标记"对了Ⅱ"的全面考察,发现"对了"提供的并非都是背景信息,也有前景信息或主要信息。例如:

(23)那文笑着说:"行了,行了,别发疯了! 接着说伙计的事吧。"传文兴奋地凑近那文说:"格格请讲,哎,对了,你们王爷府过去也是雇了不少的下人,你家是怎么调理的?"(电视剧《闯关东》)

上例中,本是谈目前伙计出工不出力的话题,说话双方在话语权交换过程中,传文说出"格格请讲",引导听话人那文谈目前的话题,这是正常的话轮运转方式,但传文没有按正常的程序交出话语权,而是转到另外一个话题上,引导听话人那文谈她家里以前的情况。从信息的角度来说,后面话语表示的并非背景或次要信息,而是引导了另一个重要的信息,"对了"在这个过程中起到转换话题的作用。

不管是哪种形式,不可否认的是,话语标记"对了Ⅱ"的形成一定是受到了说话人认知联想机制的促发。

5 余论

再回到"引言"中我们提出的疑问:

一、有些学者认为例(4)中"对了"是例(3)中"对了"的进一步语法化,这是有疑问的;这两种"对了"都有语篇衔接功能(即话语标记用法),但来源不同,产生机制也不同,不能将两者直接联系起来看作发展的不同阶段。

二、我们把"对了"看作是由一种后置引发语的确认语演变而来的话语标记,还解决了为什么"突然想起一件事"(即"醒悟")用"对了"而不是其他的词语的问题;"醒悟"并不是"对了"本身的话语意义,而是其产生的外在动因和外显形式,"对了"本身的话语意义仍是"确认",与第一类"对了"是一致的,是"对了"作为确认语的初始意义,只是在使用中,因功能扩展等原因,确认功能消失,产生单纯的话语标记"对了Ⅱ"用法。

还有一个需要讨论的问题是:

三、为何"对了Ⅱ"能产生外显的"醒悟"或"突然想起某件事"的话语功能,而"对了Ⅰ"没有?我们认为与"了"的用法有关。如例(3)中的"对了"可以替换为"对"[下文例(24)],而例(4)中的"对了"不能替换为"对"[下文例(25)],例如:

(24)老蝙蝠嘿嘿笑了说:"往哪儿走?咱们还没起大货呢!"朱开山说:"<u>对</u>,小斜眼,带着大叔把大货起了吧,我找到买家了。"

(25)牛小伟心里这个气呀:"那还用你领啊?"嘴上却说:"对,你们能认得那路不是?谢谢您啊,警察同志。""不谢不谢,为人民服务嘛。 ＊对,您明天带几百块钱——我看那地形啊,估计还得租吊车。"

这个差别关涉到"了"的功能问题,换句话说,话语标记"对了Ⅰ"有"对"的形式,而"对了Ⅱ"一般不能用"对"。M. van den Berg,Wu Guo(2006)的分析有两点很有道理(转引自杨素英、黄月圆,2009):

1.大脑模式随语境而调整的设想能揭示出互动因素对"了"使用的影响,这样就很好地解释了会话中"了"的使用明显高于其他语篇类型。

2."了"是标注共同基础的协调点,"了"的出现与大脑模式有关,并不是所有新的改变都要求"了"标注,当新的改变偏离原有大脑模式,而信息发出者觉得需要与信息接受者协调大脑模式时,才会用"了"要求信息接受者做出相应的调整。

以上两点,特别是第2点很好地解释了我们的问题,"对了Ⅰ"是顺应引发语的话语,变化不大,可用可不用"了";而"对了Ⅱ"引出的话语一般与原有话语明显不同,就是偏离了原有的大脑模式(这就是"醒悟"的内因),说话者为了与接受者的大脑模式达成一致,必须使用"了"要求信息接受者作出相应调整。

综上所述,"对了"的两种话语标记用法有共性也有差异,具体如下表:

对比项 \ 用法类型	联接方向	对互动语境的依赖性	互动功能	形成机制
话语标记"对了Ⅰ"	承前启后顺应	强　典型	话题延续功能	互动机制语用原则
话语标记"对了Ⅱ"	启后偏离协调	强　非典型	话题转换、引发功能	互动机制认知联想机制

附　注

① 引发语是指在话语中触发说话人说出"对了"的话语内容。

② 由"是""对(了)"这样的肯定应答成分发展为话语标记是人类语言的普遍现象,如英语中的"ok""yes"既可作为肯定应答语或确认语,也发展出话语标记用法。

③ 张定(2014)将"对了"看作是因回声(echoic)引起的话语标记之一,认为"对了"具有启下的功能,似乎并非来自对他人话语的肯定,更有可能来自说话人对自己某些想法或其中某些成分的确认。这与我们把"对了"看作是来自于对大脑思索内容进行确认的看法近似,但我们认为有两种话语标记"对了",这只是其中一种,另一种是在来自于确认他人话语的"对了"基础上产生的话语标记。

参考文献

崔丽娟　2002　《心理学是什么》,北京大学出版社。
吉益民　2012　"对了"的词汇化和语用化,《宁夏大学学报》第5期。
姜向荣　2008　话语标记"对了"的篇章衔接功能,《德州学院学报》第1期。
刘丹青　2004　《语序类型与介词理论》,商务印书馆。
刘丽艳　2011　《汉语话语标记研究》,北京语言大学出版社。
刘　焱　2007　话语标记语"对了",《云南师范大学学报》(对外汉语教学与研究版)第5期。
罗燕玲　2010　句首"对了"的功能类型及其虚化轨迹,《宁夏大学学报》第2期。

吕叔湘主编　2003《现代汉语八百词》(增订本),商务印书馆。
沈家煊　2001　语言的"主观性"和"主观化",《外语教学与研究》第 4 期。
吴福祥　2004　近年来语法化研究的进展,《外语教学与研究》第 1 期。
杨素英、黄月圆　2009　《汉语语气词"了":汉语的语篇构造和语用标记》介绍,《当代语言学》第 1 期。
张　定　2014　回声话语与语法塑造,互动语言学与汉语研究学术讨论会(中国人民大学)论文。
Van den Berg, M. and G. Wu(武果). 2006. *The Chinese Particle le: Discourse Construction and Pragmatic Marking in Chinese*. London: Routledge.

后　　记

2013年10月12—13日,第七届汉语语法化问题国际学术研讨会在华中师范大学举行。会议由中国社会科学院语言研究所与华中师范大学共同主办,华中师范大学语言与语言教育研究中心承办,商务印书馆协办。来自美国、日本、新加坡和中国台湾、香港、澳门及大陆的70余名学者出席了会议,会议收到论文70余篇。

现将部分会议论文辑成《语法化与语法研究》(七)。收入本集的论文均在这次会议上宣读过,会后又经过作者认真修改。由于各种原因,还有一些会议论文未能收入本集,这是我们引以为憾的。

本论文集的编辑和出版得到商务印书馆的大力支持,谨致谢忱。

《语法化与语法研究》(七)编委会
2015年10月

图书在版编目(CIP)数据

语法化与语法研究.7/吴福祥,汪国胜主编.—北京:商务印书馆,2015
ISBN 978-7-100-11657-2

Ⅰ.①语… Ⅱ.①吴…②汪… Ⅲ.①汉语—语法—文集 Ⅳ.①H14-53

中国版本图书馆CIP数据核字(2015)第245936号

所有权利保留。
未经许可,不得以任何方式使用。

语法化与语法研究
(七)
吴福祥 汪国胜 主编

商 务 印 书 馆 出 版
(北京王府井大街36号 邮政编码100710)
商 务 印 书 馆 发 行
北京市艺辉印刷有限公司印刷
ISBN 978-7-100-11657-2

2015年11月第1版　开本 850×1168　1/32
2015年11月北京第1次印刷　印张 14 1/8
定价:39.00元